진암집

이 책은 2019년도 정부(교육부)의 재원으로 한국고전번역원의 지원을 받아
수행된 '권역별거점연구소협동번역사업'의 결과물임.

This work was supported by Institute for the Translation of Korean Classics - Grant funded by the Korean Government.

한국고전번역원 한국문집번역총서/이화여자대학교 한국문화연구원

진암집 2
晉菴集

이천보 지음
李天輔

박재금 옮김
이은영
홍학희
이주해

일러두기

1. 이 책의 번역 대본은 한국고전번역원에서 간행한 한국문집총간 218집 소재《진암집(晉菴集)》으로 하였다. 번역 대본의 원문 텍스트와 원문 이미지는 한국고전종합DB(http : //db.itkc.or.kr)에서 확인할 수 있다.
2. 내용이 간단한 역주는 간주(間註)로, 긴 역주는 각주(脚註)로 처리하였다.
3. 한자는 필요한 경우 이해를 돕기 위하여 넣었으며, 운문(韻文)은 원문을 병기하였다.
4. 맞춤법과 띄어쓰기는 한글 맞춤법과 표준어 규정을 따랐다.
5. 이 책에서 사용한 부호는 다음과 같다.
   ( ) : 번역문과 음이 같은 한자를 묶는다.
   〔 〕: 번역문과 뜻은 같으나 음이 다른 한자를 묶는다.
   " " : 대화 등의 인용문을 묶는다.
   ' ' : " " 안의 재인용 또는 강조 문구를 묶는다.
   「 」: ' ' 안의 재인용을 묶는다.
   『 』: 「 」 안의 재인용을 묶는다.
   《 》: 책명 및 각주의 전거(典據)를 묶는다.
   〈 〉: 책의 편명 및 운문·산문의 제목을 묶는다.

차례

진암집 제4권

소차疏箚

진암집 제5권

소차疏箚

계啓

서계書啓

의議

진암집

제3권

詩 시

심형 성욱 사주[1] 의 화원에서 운자를 뽑아 함께 짓다
沈兄聖郁 師周 花園 拈韻同賦

소나무 그림자 산 한 면을 어렴풋이 가를 제	松影微分一面山
맑게 갠 날 동원에서 우연히 한가함을 즐기네	東園晴日偶偸閒
귀밑머리는 도리어 관하[2]의 이별을 기억나게 하는데	鬢毛却憶關河別
시권이 새로 영남 땅[3]에서 돌아왔구려	詩卷新從嶺嶠還
몸은 말발굽과 수레바퀴 밖에서 고요하고	身靜馬蹄車轍外
꽃은 바둑판과 술잔 사이에서 환하네	花明碁局酒杯間
부러워라 그대, 늙어 벼슬 버리고 산림에 누운 것이	羡君老去休官臥
객이 산 깊은 마을 이르고야 비로소 빗장을 여시는구려	客至深村始啓關

1 심형 성욱(沈兄聖郁) : 심사주(沈師周, 1631～1697)로, 본관은 청송(青松). 자는 성욱(聖郁), 호는 한송재(寒松齋)이다. 효종의 외증손으로 호조 좌랑 · 한성부 판관 · 영덕 현령 · 돈녕부 주부 · 함흥 판관 · 전주 부사 등을 역임하였다. 이천보에게 매제가 된다.

2 관하(關河) : 함곡관(函谷關)과 황하(黃河)의 병칭으로, 고향이나 도성에서 멀리 떨어진 변방을 뜻한다.

3 영남 땅 : 영남(嶺南) 지방을 소백산 이남이라 하여 교남(嶠南)이라 하였다. 심사주가 영덕 현령을 지냈기 때문에 이른 말이다.

홍순보[4]와 이군 봉환[5]이 대궐에서 수창한 시운에 차운하다

次洪純甫及李君鳳煥禁中酬唱韻

부상에 닻줄 매고 아침 해를 맞이하면	扶桑繫纜撫朝暾
침석까지도 큰 파도 소리로 시끄러웠겠지	枕席猶疑巨浪喧
응당 시 백 편 바다 밖에 전했을 터이고	應有百篇傳海外
이미 두 눈으로 일본을 다 보았으리	已將雙眼了天根
대궐에서 조회 기다릴 제[6] 서리가 모자에 내려앉고	金門待漏霜侵帽
황국가로 술동이 옮길 제 눈이 처마로 들이치네	黃菊移樽雪入軒
얘기가 일본 사신 간 데 이르자 도리어 꿈 같으니	說到東槎還似夢
대궐의 멋진 연회 또한 임금의 은혜로세	禁中佳會亦君恩

4 홍순보(洪純甫) : 홍계희(洪啓禧, 1703~1771)로, 본관은 남양(南陽). 자는 순보(純甫), 호는 담와(澹窩). 이재(李縡)의 문인이다. 1747~1748년 일본 막부의 9대 장군 도쿠가와 이에시게〔德川家重〕의 승습을 축하하기 위한 통신상사(通信上使)로 뽑혀 일본에 다녀왔다. 그 뒤 충청도 관찰사·병조 판서·이조 판서·형조 판서 및 예문관대제학을 역임하였고, 판중추부사로서 봉조하(奉朝賀)가 되었다.

5 이군 봉환 : 이봉환(李鳳煥, ?~1770)으로, 본관은 전주(全州). 자는 성장(聖章), 호는 우념재(雨念齋). 이춘영(李春英)의 5대손이다. 영조조에 사마시에 합격하였고, 영의정 홍봉한(洪鳳漢)의 천거를 받아 관직에 나아가 양지현감(陽智縣監)에 이르렀다. 통신사 일행에 포함되었던 것으로 보인다.

6 조회……제 : 원문의 '待漏'는 백관(百官)이 아침 일찍 출근하여 대루원(待漏院)에서 조참(朝參)하는 시각까지 기다리는 것을 말한다.

옥과 사군 이성통[7] 시철 을 송별하는 자리에서 지어서 주다
玉果使君李聖通 蓍徹 別席題贈

중당에 풍악 울리고 송별 자리 열리는데	中堂絲竹別筵開
부임 길 호남 하늘로 외기러기 돌아가네	官路湖天一鴈廻
어린 기생아 술 권하는 노래 부르지 마라	小妓莫歌將進酒
벗은 늘그막에 큰 술잔 경계하나니	故人臨老戒深杯

7 이성통(李聖通) : 자세한 생애는 미상이다.

경오년 9월 12일 대조[8]께서 온천에 납시었을 때 천신이 병조 판서로 배종하다가 나룻가에 이르러 홍 총관 순보의 시운에 차운하다

庚午九月十二日 大朝幸溫泉 賤臣以兵判陪從 到津上 次洪摠管純甫韻

삼가 풍악 소리를 들으며 恭聽管籥響
우리 임금님 병 없으시길 축원하네[9] 無疾祝吾王
임금님께서 멀리 신령한 온천에 목욕하러 가시니 日浴靈泉遠
하늘이 길게 거둥길을 열어주셨구나 天開御路長
논밭엔 말 발자국 드물고 田疇稀馬跡
초목만이 용광[10]을 가까이 하네 草木襯龍光
숙위군 제 할 일 잘 하고 있으니 宿衛周旋好
안장에 기대어 화답시를 짓노라 憑鞍有和章

8 대조(大朝) : 왕세자(王世子)가 섭정하고 있을 때의 임금을 이르는 말이다. 당시 영조가 일선에서 물러나고 장헌세자(莊獻世子)가 1749년(영조25)부터 대리청정(代理聽政)을 하고 있었으므로, 영조를 대조(大朝), 장헌세자를 소조(小朝)로 구분하였다.

9 삼가……축원하네 : 임금이 선정을 펴서 민심을 얻고 있음을 은연중에 함축한 말이다. 맹자(孟子)가 제 선왕(齊宣王)에게 백성들의 말을 빌려 "'우리 왕께서 병이 나지는 않으셨나 보다. 그렇지 않다면 어떻게 음악을 연주하실 수 있겠는가?'라고 한다면…… 이는 다름이 아니라 백성들과 즐거움을 함께 하시기 때문입니다.〔吾王庶幾無疾病與, 何以能鼓樂也?……此無他, 與民同樂也.〕"라고 말한 바 있다.《孟子 梁惠王下》

10 용광(龍光) : 총광(寵光)와 같은 말로 임금의 은총을 말한다.《시경》〈육소(蓼蕭)〉에 "이미 군자를 보니, 용이 되고 광이 된다.〔旣見君子, 爲龍爲光.〕"라고 하였고, 주에, "용(龍)은 총(寵)의 뜻이다." 하였다.

과천 숙참
果川宿站

물시계 소리 아스라하고 벽에 걸린 촛불 밝은데	禁漏迢迢壁燭明
군문에 누워 먼 곳 닭 울음소리를 듣네	轅門臥聽遠雞鳴
은하수 씻은 듯한 빛, 선장[11]을 비추고	星河洗色臨仙仗
조두[12]의 퍼지는 소리, 현성을 둘렀구나	刁斗傳聲繞縣城
숙위에는 병 많은 객 마땅치 않고	宿衛不宜多病客
무장에는 노서생인 것 스스로 우스워[13]	戎裝自笑老書生
문후[14] 겨우 마치고 아침밥을 재촉하니	候班纔罷仍催飯
말들은 바람 향해 울고[15] 이슬은 맑아라	萬馬嘶風玉露淸

11 선장(仙仗) : 임금의 의장(儀仗)을 말한다.

12 조두(刁斗) : 솥같이 생긴 기구인데, 군중(軍中)에서 낮에는 밥을 짓는 데 쓰고, 밤에는 경보를 알리는 데 썼다.

13 무장에는……우스워 : 이천보가 병조판서로 배종하였기 때문에 이른 말이다.

14 문후 : 원문의 '候班'은 신하들이 임금을 만날 때 줄을 서는 반열을 말한다.

15 말들은……울고 : 원문의 '嘶風'은 바람을 맞아가며 소리 내어 힘차게 달리는 말의 기세를 뜻한다.

수원

水原

태수는 갑옷을 입고	太守披金甲
군문에서 예를 행하고 돌아오네	轅門作禮回
날아갈 듯한 일천 기병들[16] 씩씩하고	飛騰千騎健
경치 좋은 누대 하나 열려 있구나	氣色一樓開
부로들은 임금님 뵈러 가까이 오고	父老瞻天近
깃발은 햇살에 번쩍이며 오네	旌旗耀日來
잘 알겠네 삼보[17]의 중한 것을	深知三輔重
보장[18]은 인재에 달려 있음을	保障在人才

16 일천 기병들 : 고악부(古樂府)인 〈맥상상(陌上桑)〉에, 나부(羅敷)라는 미녀가 한 성읍(城邑)의 어른이 된 자기 남편을 자랑하면서 “동쪽으로 떠나는 일천 기마병, 우리 남편 제일 앞자리에 앉아 있네.〔東方千餘騎, 夫婿居上頭.〕”라고 노래한 가사가 실려 있는데, 이로부터 천기(千騎)를 주목(州牧)이나 태수(太守)의 별칭으로 쓰게 되었다. 이곳이 태수가 다스리는 곳이기 때문에 이른 말이다.

17 삼보(三輔) : 한대(漢代)에 장안(長安)에서 동쪽을 경조(京兆)·장릉(長陵), 북쪽을 풍익(馮翊)·위성(渭城), 서쪽을 부풍(扶風)이라 했는데 그 후 장안 인접지(隣接地)를 삼보(三輔)라 하였다. 도성 부근의 큰 고을을 일컫는 말인데, 여기서는 수원을 가리킨다.

18 보장(保障) : 적을 방어하는 보루와 장벽이다. 춘추전국 시대 조(趙)나라 간자앙(簡子鞅)이 윤탁(尹鐸)이라는 사람으로 하여금 진양(晉陽)을 다스리게 하자 윤탁이 “세금을 많이 거둘까요, 보장(保障)이 되게 할까요?”라고 물으니 간자(簡子)가 보장이 되게 하라고 답한 고사가 있다. 《十九史略通攷 卷1 春秋戰國時代》《通鑑節要 卷1 周紀 威烈王》

진위현[19]에서 묵다

宿振威

딱따기 소리 길게 베갯머리까지 들리는데	擊柝聲長度枕邊
맑은 가을 옥장[20]에서 잠 이루지 못하네	秋淸玉帳耿無眠
은하수 그림자 어가 멈춘 곳에 어른거리고	星河影動停鑾地
기러기 울음소리 칼 비낀 하늘에 맴도는구나	鴻鴈鳴回倚劒天
밤 경관은 수많은 깃발에 촛불 높이 걸었고	夜色千旗高掛燭
들 풍경은 수많은 부엌에 연기 어둑 피어오르네	郊光萬竈暗生煙
지친 여행이나 이미 남쪽 고을 길 익숙하니	倦遊曾慣南州路
구면의 호산이 말 앞에 다가서는구나	舊面湖山立馬前

19 진위현(振威縣) : 경기도 평택시 동북쪽 일대에 있던 현(縣)이다.

20 옥장(玉帳) : 군대에서 원수(元帥)가 거처하는 막사로, 옥처럼 견고하다는 뜻에서 붙여진 이름이다.

밤에 앉아서 재종제 백눌 민보[21] 에게 보여주다

夜坐 示再從弟伯訥 敏輔

눈 속에서 서로 만나 복건 젖히니[22]	雪裏相迎岸幅巾
언제 열흘씩 왕래 못 한 적 있던가	何曾步屧阻經旬
학은 야위어도[23] 절대 공명 이룰 골상 아니요	鶴癯判不功名骨
매화는 차가워도 오히려 적막한 몸 아니라네	梅冷猶非寂寞身
부끄러워라 성군께 보답할 재주는 없고	自愧無才酬聖主
그저 벽이 있어 시인만 되었구나	秪緣有癖作詩人
쓸쓸한 완항[24]에 여운이 남았으니	蕭條阮巷留餘韻
다정하게 그대와 이웃하며 회포를 풀리라	襟抱憐君與接隣

21 백눌(伯訥) : 이민보(李敏輔, 1717～1799)로, 본관은 연안(延安), 자는 백눌, 호는 상와(常窩)・풍서(豐墅)・회심와(會心窩), 시호는 정효(貞孝)이다. 우부승지・한성 판윤・형조 판서・한산 군수(韓山郡守)・상주 목사(尙州牧師) 등을 지냈다.

22 복건(幅巾) : 은사가 쓰는 비단으로 만든 두건이다. 두건을 뒤로 젖혀 써서 이마가 훤히 드러나게 하는 것으로, 전의되어 소탈한 태도나 격식을 차리지 않는 옷차림을 형용하는 말이다.

23 학은 야위어도 : 청초하고 수척한 학의 모습은 은자(隱者), 선인(仙人), 고결한 선비 등을 비유한다.

24 완항(阮巷) : 어진 사람이 사는 가난한 거리를 뜻한다. 진(晉)나라 때 완함(阮咸)과 그의 숙부인 완적(阮籍)은 도남(道南)에 살았고 다른 완씨(阮氏)들은 도북(道北)에 살았는데 도남의 완씨는 가난하고 도북의 완씨는 부유했다 한다.《晉書 卷49 阮咸列傳》

백눌에게 장난삼아 답하다

戲答伯訥

소싯적 풍정은 한바탕 꿈	少日風情一夢間
경서 읽고 약 달이며 평생을 보냈네	生涯經卷藥爐間
봄이 오면 그래도 꽃 옮기는 법 묻노니	春來猶問移花法
서원에서 모란 심는 것에 견주어 볼거나[25]	準擬西園種牡丹

25 서원에서……볼거나 : 수 양제(隋煬帝)는 200리의 땅을 서원(西園, 西苑)으로 만들고 천하의 화훼(花卉)를 진상하도록 하였는데 역주(易州)에서 30종의 모란을 진상해서 심었다고 한다. 《海山記》

금릉 안 사군 성시[26] 이 강 물고기를 보내면서 절구 한 수를 부쳤기에 그 운을 따라 지어 사례하다

金陵安使君 聖時 送江魚 仍寄一絶 步韻以謝

매화 곁에서 홀연 사군의 편지를 보니	梅邊忽見使君書
고마운 마음에다 한 자 물고기까지 보내셨구려	好意仍兼一尺魚
편지 외에 속물까지 보내실 필요 없소	書外不須添俗物
아름다운 시구가 선물[27]을 대신하리니	只將佳句代苞苴

26 안 사군 : 안성시(安聖時, ?~?)로, 자는 희중(希仲)이다. 교서관 부정자 · 교서관 정자 · 상운 찰방(祥雲察訪) · 강동 현감(江東縣監) 등을 지냈다.

27 선물 : 원문은 '苞苴'이다. 포(苞)는 생선이나 고기를 포장하는 부들로 만든 꾸러미를 뜻하고, 저(苴)는 물건을 담는 풀로 짠 고리를 말한다. 여기서는 함께 보낸 물고기를 의미한다.

청사 김 상공[28]의 기사[29]시운에 차운하다

次淸沙金相公耆社韻

원로께서 치사하시겠다는 편지에서	元老引年牘
여전히 필력이 높으신 것을 보았는데	猶看筆力尊
의관이 새로 기사에 들어가고	衣冠新入社
그림[30]에 또 인원이 보태졌네	圖繪又添員
도기는 영각[31]으로 통하고	道氣通靈閣
천문은 제원[32]과 접하였는데	天文接帝垣

28 청사 김 상공 : 김재로(金在魯, 1682～1759)로, 본관은 청풍(淸風), 자는 중례(仲禮), 호는 청사(淸沙)·허주자(虛舟子), 시호는 충정(忠靖)이다. 노론 인사로, 신임사화로 쫓겨났다가 영조 등극 후 재등용되어 소론 김일경(金一鏡)을 탄핵하여 죽게 했고, 정미환국으로 소론이 다시 득세하자 파직되었으나, 이듬해 이인좌(李麟佐)의 난이 일어났을 때 충주 목사로 기용되어 반란을 진압하는 데 기여했다. 《경종수정실록》 편찬에 참여하였고, 신임사화로 죽은 노론의 대신 김창집(金昌集)과 이이명(李命)의 복관을 상소하여 신원케 했다.

29 기사(耆社) : 조선 시대에 나이 칠십이 넘은 정2품 이상의 문신들을 경로 및 예우하기 위해 설치한 기구이다. 임금의 생일·정조(正朝)·동지·국가의 경사·임금의 행차 등에 모여서 하례를 행하거나 나라에 중요한 일이 있을 경우 임금의 자문에 응하기도 하였다.

30 그림 : 기로소(耆老所) 안에 있는 어첩(御帖)을 보관하는 누각(樓閣)인 영수각(靈壽閣)이 있는데 공경으로서 나이가 70된 자는 기사(耆社)에 가입하고 영수각(靈壽閣)에다 화상을 걸도록 하였다. 《經世遺表 卷1 春官禮曹 第3 禮官之屬》

31 영각(靈閣) : 기로소 안에 있는 영수각(靈壽閣)을 의미한다.

32 제원(帝垣) : 자미원(紫微垣)이다. 북두성 북쪽에 있는 성좌의 이름으로 제왕의

뜨락에 길든 학 있으니	庭除有馴鶴
여윈 그림자와 무리를 이루리	癯影與爲羣

궁전을 의미한다.

상원일에 정석[33]에 가서 병조 판서 홍순보[34]와 은대에서 비지를 기다리고 있는 중에 참의 남원진 태재[35] 과 승지 윤사홍 광의[36] 도 함께 자리하여 연구 삼첩[37]을 짓다

上元日赴政席 與兵判洪純甫待批于銀臺 參議南元鎭 泰齊 承旨尹士弘 光毅 亦同坐 聯句三疊

눈 개인 선대[38]의 밤이요 _사홍	雪霽仙臺夜
바람이 전하는 금루의 시간이라	風傳禁漏時
응당 밝은 달이야 즐기지 못하겠지만 _의숙	秖應負明月
그래도 좋은 기약 어기지 않았네	猶不枉佳期
비지를 기다리며 어찌 늦는다 불평하랴 _원진	候旨寧嫌晩
시나 지으며 늦는 대로 두세	題詩且任遲
오경에 대문 자물쇠 움직이니 _순보	五更門鑰動
숲속 까치들이 바로 먼저 알아차리는구나 _사홍	林鵲正先知

33 정석(政席) : 벼슬아치의 임면에 관계되는 일을 의논하는 자리이다.

34 홍순보 : 22쪽 주4 참조.

35 남원진(南元鎭) : 남태제(南泰齊, 1699~1776)로, 본관은 의령(宜寧), 자는 원진(元鎭) 또는 관보(觀甫), 호는 담정(澹亭) 또는 학야(鶴野), 시호는 청헌(淸獻)이다. 《숙종실록》 편찬에 참여했고, 이인좌(李麟佐)의 난 때 죄인 국문에 신속히 대처한 공으로 양무원종공신(揚武原從功臣)에 녹훈되었다.

36 윤사홍(尹士弘) : 윤광의(尹光毅, 1695~?)로, 본관은 파평(坡平), 자는 사홍(士弘)이다. 승지·형조참판·대사간(大司諫) 등 요직을 두루 거쳤다.

37 삼첩(三疊) : 같은 운통의 같은 글자로 세 차례 시를 짓는 것을 말한다.

38 선대(仙臺) : 은대를 미화한 말이다.

하늘이 회전하여 다리를 밟는[39] 밤이요 _의숙 天廻踏橋夜
달이 떠올라 풍년을 점치는 때라 月上占豐時
화성[40]에서 모이자 약속하였건만 _원진 畫省要成會
시벗이 기약을 어기고 말았구나 詩朋却誤期
촛불 태워 짧아진들 무슨 상관이랴 _순보 何妨燒燭短
매화 소식 묻는 것 더디어도 괜찮네 不恨問梅遲
한바탕 웃음에 하사주 마시니 _사홍 一笑斟宮醞
호방한 정취를 원리[41]가 아는구나 _의숙 豪情院吏知

봉래[42]에 달 둥글어진 밤이요 _순보 蓬萊月圓夜
태액[43]에 눈 남아있는 때라 太液雪殘時
좋은 계절이 우리를 기다린 듯하고 _사홍 令節如相待
신선들[44]은 만날 기약을 하였네 羣仙却有期

39 다리를 밟는 : 음력 보름날, 즉 상원일에 밤에 다리를 밟던 일을 말한다. 서울에서는 광통교(廣通橋)를 중심으로 하여 12다리를 밟으면, 그 해의 재액(災厄)을 면한다 하여 달 아래에서 즐거이 놀던 풍속이 있었다.

40 화성(畫省) : 상서성(尙書省)을 일컫는 말이다. 옛날에 상서성 안에 호분(胡粉)으로 벽을 바르고 옛날 현인과 열사를 그려놓았다고 한다.

41 원리(院吏) : 승정원에 소속된 하리(下吏)를 말한다.

42 봉래 : 당대(唐代)에 장안(長安) 동쪽에 있던 대명궁(大明宮)을 고종(高宗)이 이름을 고쳐 봉래궁(蓬萊宮)이라고 한 데서 온 말로, 전하여 대궐을 가리킨다.

43 태액 : 태액지(太液池)이다. 당대(唐代)의 대명궁(大明宮) 안에 있던 연못의 이름인데, 전하여 대궐의 연못을 가리킨다.

44 신선들 : 은대(銀臺)가 전설 속 서왕모(西王母)가 거처하였다는 곳이므로 그 속에 있는 자신들을 이렇게 미화한 것이다.

정통이 합문에 전달[45]될 일 아득하고 _의숙	政筒傳閤逈
대궐 촛불, 누각에서 내려오는 것 늦어지네	宮燭下樓遲
성대한 일 잠삼과 두보를 따랐으니[46] _원진	盛事追岑杜
조정 동료들에 말해 주어 알게 하리라 _순보	同朝說與

45 정통이……전달 : 합문(閤門)은 편전(便殿)의 앞문을 이르는 말이다. 이 합문을 통해 임금에게 상소가 전달되고 비지가 내려왔다. 《銀臺條例 禮攷》

46 성대한……따랐으니 : 잠삼과 두보가 연구시를 지은 전례를 말하는 것으로 보인다. 당나라 숙종(肅宗) 건원(乾元) 원년(758)에 중서 사인(中書舍人) 가지(賈至)가 대명궁(大明宮)에서 조회하는 아름다운 광경을 묘사하여 〈조조대명궁정양성요우(早朝大明宮呈兩省僚友)〉라는 칠언율시를 짓자 당시 중서성 사인 왕유(王維)와 우보궐습유(右補闕拾遺) 잠삼(岑參)과 문하성의 좌습유(左拾遺) 두보(杜甫)가 모두 화답시를 지은 바 있다. 《全唐詩 卷235》

신미년 2월 임금께서 친정을 하실 때에 희정당[47]에서 술을 하사하시고 "봄이 궁궐 동산에 돌아오다"를 시제로 내시고는 입시한 제신들에게 지어 올리라고 명하셨다

辛未二月親政時 熙政堂宣醞 上出題春回禁苑 命入侍諸臣製進

봉래의 아름다운 기운 온통 가득하고	蓬萊佳氣政氤氳
상원에 동풍 불어 중춘이 되었네	上苑東風屬仲春
고운 경치 찬 기운 밀치며 전각으로 통하고	麗景排寒通殿閣
맑은 구름 빛을 일렁이며 성곽을 둘렀구나	晴雲動色繞城闉
천심은 삼양의 회태(回泰)[48]로 징험할 수 있고	天心可驗三陽泰
성덕은 응당 천지의 기운을 새롭게 하리	聖德應將一氣新
다만 사사로이 운용할 수 없으니	秖以無私潛運用
그저 경물을 따라 조화의 오묘함[49]을 볼 뿐	更看隨物妙陶匀

47 희정당(熙政堂) : 창덕궁(昌德宮) 부속 건물의 하나로 협양문(協陽門) 안 선정전(宣政殿)의 동쪽에 있다. 평소 여기서 주로 군신(群臣)을 접견하였다. 《東國輿地備攷 卷1 熙政堂》

48 삼양의 회태(回泰) : 신년이 돌아온 것을 이른다. 10월의 순음(純陰)에서 한 달이 지날 때마다 양효(陽爻)가 하나씩 살아나서, 1월이 되면 양효가 셋이 생겨 태괘(泰卦)가 되는데, 이는 음(陰)이 소멸하고 양(陽)이 신장(伸長)하여, 길형(吉亨)의 상(象)이 있다. 《주역》 〈태괘(泰卦) 상(象)〉에 "하늘과 땅의 기운이 서로 통하는 것이 태괘이다. 제왕은 이로써 천지의 도를 지나침 없이 이루고 천지의 일을 모자람 없이 도와서 백성을 보호하고 인도한다.〔天地交泰. 后以財成天地之道, 輔相天地之宜, 以左右民.〕"라는 말이 나온다.

49 조화의 오묘함 : 원문의 '陶匀'은 도자기를 만들 때 그 그릇의 용도에 따라 속도를

동호에 누수 더디 떨어지니[50] 경서 읽기 좋은 낮이요 銅壺漏永臨經晝
벽소[51]에 물결 잔잔하니 자연의 이치를 완미하기 좋은 때라 璧沼波恬玩理辰
보령의 대비[52]께선 노인성을 바라보고 寶筭東朝瞻壽曜
빛나는 세자께선 중륜[53]을 펼치시리 祥暉貳極衍重輪
봄빛은 태평의 기상 다함이 없고 韶光不盡昇平象
만물은 발육의 인덕 모두 머금었네 庶品俱含發育仁
버드나무는 도랑가에서 먼저 싹틀 기색을 띠고 柳意臨溝先氣色
꽃은 비를 기다려서 벌써 싱그러워지는구나[54] 花心待雨已精神

조절하여 적절히 굴리는 물레라는 뜻으로, 천지가 운행하여 만물을 생성함을 비유한 것이다.

50 동호에……떨어지니 : 동호는 물시계이다. 누수가 더디다는 것은 낮이 길어짐을 뜻한다.

51 벽소(璧沼) : 태학(太學)을 말한다. 그 형상이 둥글고 사면이 물로 둘러 있으므로 벽소라 한다. 여기에서는 성균관(成均館)을 뜻한다.

52 보령의 대비 : 원문의 '寶筭'은 보통 임금의 나이를 의미하지만 여기서는 대비의 나이를 가리킨다. 동조(東朝)는 한(漢) 나라 때에 황태후가 거처하던 장락궁(長樂宮)이 황제가 거처하던 미앙궁(未央宮)의 동쪽에 있었던 데에서 유래하여 태후(太后)·대비(大妃)의 궁전을 가리키게 되었다.

53 중륜(重輪) : 태양 주변을 둘러싸고 있는 광채를 가리키는 것으로, 흔히 태자의 덕을 비유할 때 쓴다. 후한(後漢) 명제(明帝)가 태자로 있을 때 악공이 〈일중광(日重光)〉·〈월중륜(月重輪)〉·〈성중휘(星重輝)〉·〈해중윤(海重潤)〉이라는 4장의 노래를 지어 태자의 덕을 찬미한 데에서 유래하였다.《古今注 卷中 音樂》

54 싱그러워지는구나 : 원문의 '精神'은 사물의 청신한 모습을 형용하는 말이다. 송나라 범성대(范成大)의 시 〈재제병중매화(再題甁中梅花)〉에 "바람 소매에 스민 향기 담박하지만, 달빛 창에 비낀 그림자 싱그럽도다.〔風袂挽香雖淡薄, 月窗橫影已精神.〕"라고 하였다.

북궐에서 관복 입고 임금 모시는 일 외람되고　衣冠北闕叨陪座
이조에서 전형하며[55] 사람 뽑는 일 부끄러워라　衡鑑東銓愧選人
모쪼록 알아야 하리 우리 임금 유예[56]하시는 곳을　要識吾王遊豫處
높은 정자에서 농사일 구경하시며[57] 더욱 백성들 걱정하실 것을　亭高觀稼更憂民

55 이조에서 전형하며 : 원문의 '東銓'은 문관(文官)의 전형(銓衡)을 맡은 이조를 가리키는 말이다. 이천보가 두 달 전인 1750년(영조26) 12월에 이조 판서에 제수되었기 때문에 이른 말이다.

56 유예(遊豫) : 노닐고 즐긴다는 뜻으로, 치자(治者)의 순행(巡行)을 비유하는 말이다. 《맹자》 〈양혜왕 하(梁惠王下)〉에 "봄에는 밭갈이가 잘되었는지 살펴보고 부족한 것이 있으면 보충해 주고, 가을에는 수확이 잘되었는지 살펴보고 부족한 것이 있으면 도와준다. 그래서 하나라 속담에도 '우리 임금님이 나들이하지 않으면 우리가 어떻게 쉬며, 우리 임금님이 즐기지 않으면 우리가 어떻게 도움을 받으리오. 한번 노닐고 한번 즐기시는 것이 제후들의 법도가 된다.'라는 말이 있는 것이다.〔春省耕而補不足, 秋省斂而助不給. 夏諺曰: '吾王不遊, 吾何以休? 吾王不豫, 吾何以助? 一遊一豫爲諸侯度.'〕"라는 말이 나온다.

57 농사일 구경하시며 : 원문의 '觀稼'는 임금이 농작물의 작황(作況)을 돌아보던 일을 말한다.

9월 18일 문과 전시[58]에 명정전에 입시하여 임금께서 지으신 시에 화답하다

九月十八日文科殿試 入侍明政殿 賡和御製

청명한 가을날 법전[59]에서 선비들을 시험하는 때	法殿秋淸試士時
금년처럼 네 가지 경사[60]가 있기는 예부터 드문 바라	今年四慶古來稀
기이한 상서가 또 어진이 뽑혔음을 알리니	奇祥更報登賢俊
붉은 구름이 햇빛에 싸여 날아가는 것을 보누나[61]	看取紅雲繞日飛

58 문과 전시(文科殿試) : 고려, 조선시대 과거제도의 하나이다. 임금이 친시(親試)하는 문과의 마지막 시험으로 복시의 최종합격자 33인과 성균관에서의 성적우수자 등이 참여했다.

59 법전(法殿) : 백관(百官)의 조하(朝賀)를 받는 정전(正殿)으로, 여기서는 창경궁의 정전인 명정전을 말한다.

60 네 가지 경사 : 동조(東朝)의 존호(尊號)를 가상한 것, 임금의 환후가 평복(平復)된 것, 왕세손(王世孫)을 책봉(冊封)한 것, 왕세손의 환후(患候)가 평복(平復)된 것을 말한다. 이 네 가지 경사를 기념하여 영조는 명정전(明政殿)에 나아가 정시(庭試)와 전시(殿試)를 베풀었다. 《영조실록 27년 9월 18일》

61 붉은……보누나 : 붉은 구름은 대궐을 감싸고 있는 상서로운 구름으로, 옥황상제가 있는 곳에는 언제나 붉은 구름이 감싸고 있다는 전설에서 유래되었다. 임금이 입시한 과거에서 입은 영광이기 때문에 이렇게 표현하였다.

서장관 조익장 중회 이 연경 가는 것을 전송하다[62]

送趙書狀益章 重晦 赴燕

한기 이는 계주[63] 변방 학사의 수레가	薊塞寒生學士車
조의 입고 눈발 헤치며 궁려[64]에 절하겠지	朝衣披雪拜穹廬
옥하관[65]에서 외로운 등불 반짝이는 밤이면	玉河館裏孤燈夜
응당 생각나리 옛날 대궐에서 상소 올리던 일	應憶天門舊上書

익장이 일찍이 상소하여 대의(大義)를 논핵하였기 때문에 언급한 것이다.[66]

62 서장관……전송하다 : 조익장은 조중회(趙重晦, 1711~1782)로, 본관은 함안, 자는 익장, 시호는 충헌, 이재(李縡)의 문인이다. 개성부 유수·도승지·이조 참판·예조 판서·함경도 관찰사·공조 판서 등을 지내고 기로소에 들어갔으며, 봉조하가 되었다. 이 시는 영조 27년 11월 조중회가 사은 겸 동지 정사(謝恩兼冬至正使)로 청나라에 갈 때 전송한 시이다.

63 계주(薊州) : 지금의 하북성 천진시(天鎭市) 계현(薊縣)이다. 북경의 동쪽에 있다.

64 궁려(穹廬) : 오랑캐들이 거주하는 위가 둥근 이동식 천막을 이르는데 여기서는 청나라 조정을 가리키는 말로 쓰였다.

65 옥하관(玉河館) : 중국 북경(北京)에 있던 사신(使臣)들의 숙소로, 조선의 사신 역시 북경에 가면 여기서 유숙하곤 하였다.

66 익장이……것이다 : 어떤 사건을 말하는지 분명하지 않다. 조중회는 1743년에 정언으로 왕의 빈번한 사묘 참례를 간하다가 파직 당한 바 있고, 1750년에는 윤급(尹汲)을 변호하다 파직당한 바 있다.

효순현빈[67] 만장

孝純賢嬪輓章

우뚝한 효장세자의 묘	峩峩孝章墓
송백이 이미 긴 가지를 뻗었네	松栢已長枝
저승의 재회 서로 기다린 듯	冥會如相待
홀연히 참세계로 떠나셨구나[68]	眞遊忽有期
관원들 흰 상여줄 바라보고	千官瞻素紼
수레들 옛 의전을 떠올리네[69]	百兩憶前儀
꿈이 이미 기이한 상서를 징험하였고[70]	夢已徵奇瑞

67 효순현빈(孝純賢嬪) : 1715~1751. 조선 진종(眞宗: 追尊王孝章世子)의 비(妃)이다. 아버지는 풍양조씨(豊壤趙氏)로 좌의정 조문명(趙文命)이다. 1727년(영조 3) 세자빈에 간택되어 효장세자(孝章世子)와 가례(嘉禮)를 올리고, 1735년 현빈(賢嬪)에 봉하여졌다. 소생은 없었으나 죽은 뒤 효순(孝純)이라는 시호를 받았고, 장헌세자(莊獻世子)의 장남(뒤의 정조)을 입양받아 승통세자빈(承統世子嬪)의 호를 받았다가, 정조의 즉위로 왕비로 추존되었다. 능호는 영릉(永陵)으로 경기도 파주에 있다.

68 참세계로 떠나셨구나 : 원문의 '眞遊'는 참된 세계로 돌아간다는 의미로 죽음을 완곡하게 표현한 말이다.

69 수레들……떠올리네 : '百兩'은 백승(百乘)과 같은 말로, 제후(諸侯)의 딸이 제후에게 시집갈 때 백 량의 수레로 영접한다는 의미에서 혼인을 맺는 것을 뜻한다. 《시경》 〈작소(鵲巢)〉에 "까치 보금자리에 비둘기 옮겨 사네. 그녀가 시집옴에 백량의 수레로 맞이하네.〔維鵲有巢, 維鳩居之. 之子于歸, 百兩御之.〕"라고 하였다. 옛 의전이란 세자빈이 되어 혼례를 거행하던 일을 의미하는 것으로 보인다.

70 꿈이……징험하였고 : 영조가 손수 지은 〈효순현빈묘지(孝純賢嬪墓誌)〉에 의하면 효순현빈의 조모인 이씨(李氏)의 꿈에 어떤 사람으로부터 동필(彤筆)을 받은 뒤에

나면서 응당 아름다운 자질 품부받으셨네 生應禀令姿

아름다운 법도는 내칙[71]을 따랐고 徽規遵內則

아름다운 덕은 명리[72]와 조화하였네 懿德叶明离

행의는 세 조정[73]에 효를 다하였는데 行配三朝孝

신은 온갖 복록[74]에 대해 인색하였네 神慳百福綏

고갯마루 구름 위로 선학은 멀어지고 嶺雲仙鶴遠

궁궐 거울에선 그림 난새가 울었네[75] 宮鏡畵鸞悲

빈을 낳았다고 한다. 《영조실록, 28년 1월 22일》

71 내칙(內則) : 《예기(禮記)》의 한 편명이다. 부녀가 준수해야 하는 규범과 준칙을 담고 있다.

72 명리(明离) : 《주역(周易)》 〈이괘(离卦) 상사(象辭)〉에 "두 개의 밝음이 합쳐져서 이괘를 이루나니 대인이 이로써 밝음을 이어 받아 사방을 비추느니라〔明兩作离, 大人以繼明, 照于四方.〕"라고 하였는데, 전하여 왕세자를 뜻하는 말이 되었다.

73 세 조정 : 숙종·경종·영조의 조정을 가리킨다. 효순현빈은 세 임금은 물론, 숙종의 계비 인원왕후, 경종의 계비 선의왕후, 영조비 정성왕후를 모시었다.

74 온갖 복록 : 원문의 '百福綏'은 《시경(詩經)》 〈규목(樛木)〉에 "남쪽에 가지가 늘어진 나무가 있으니 칡덩굴이 감겨 있도다. 마음씨 좋은 군자여 복록으로 편안히 하도다.〔南有樛木, 葛藟纍之. 樂只君子, 福履綏之.〕"라는 구절에서 원용한 것이다. 여기서 마음씨 좋은 군자란 후덕한 왕비(王妃)를 가리킨다.

75 고갯마루……울었네 : 남편을 잃은 부인을 흔히 '경란(鏡鸞)'에 비유한다. 남조(南朝) 송(宋)나라 범태(范泰)의 〈난조시 서(鸞鳥詩序)〉에서 유래한 고사이다. 계빈국(罽賓國)의 임금이 준기산(峻祁山)에 그물을 쳐서 난조(鸞鳥) 한 마리를 잡아 애지중지하였는데 3년 동안 울지 않았다. 그 부인이 "일찍이 들으니 새는 자기와 같은 무리를 보면 운다고 하였으니 거울을 걸어서 제 모습을 비추어 보게 하지 않겠습니까?"라고 하여 거울을 걸어 두었더니, 난조가 거울에 비친 제 모습을 보고 슬피 울다가 하늘로 한 번 날아오르고는 바로 죽었다고 한다. '仙鶴'는 죽은 남편인 효장세자를 비유하는 바, 효장세자가 죽어 슬퍼하던 모습을 묘사한 것이다.

초례를 행한 것이 어제와 같은데　醮巹空如昨
최복과 계례가 동시에 이루어졌구나[76]　衰笄却並時
외로운 마음으로 시약을 부지런히 하였고　孤情勤侍藥
홀로 남은 몸으로 함이를 받들었네[77]　孑影奉含飴
문안드릴 때는 이불을 덥히었고[78]　昏定追溫被
임금께서 남기신 음식으로 허기를 채웠네[79]　君餘用禦飢
슬픈 얼굴로 외려 눈물을 억제하고　哀容猶制淚
밝은 기색으로 억지로 눈썹을 폈네　愉色强舒眉
남은 생애 괴로움 잊듯이 하였고　若忘餘生苦
오직 성상께 근심 끼칠까 걱정하였네　惟憂聖慽貽

76 최복과……이루어졌구나 : 영조가 쓴 〈효순현빈묘지〉에 의하면 효장세자와 가례를 치른 이듬해 효장세자가 죽었다. 현빈은 최복(衰服)을 입은 중에 계례(笄禮)를 하였고〔加笄于衰服中〕, "뒤를 이을 후사도 없는데 살아서 무엇하느냐"고 울부짖으면서 물 한모금도 넣지 않은 채 집상을 하였다고 한다. 《영조실록 28년 1월 22일》

77 함이를 받들었네 : '含飴'는 입에 엿을 물고 녹여서 손주에게 먹이는 것으로, 손주를 기르는 즐거움을 뜻한다. 한나라의 명덕마황후(明德馬皇后)가 "내가 엿을 물고서 손주 재롱이나 보고 다시는 정사(政事)에 관여치 않을 것이다." 한 데서 유래하였다. 《後漢書 卷10上 明德馬皇后紀》대비를 극진히 봉양한 것을 가리킨다.

78 문안드릴……덥히었고 : 영조의 〈효순현빈묘지〉에 의하면 효순현빈은 영조의 방안에 있던 좌탑(坐榻)이 혹시라도 찰까 염려하여 탑(榻) 아래에다 요를 더 깔아 따스하게 만들곤 하였는데 이에 대해 영조는 "비록 몸으로 이불을 따뜻하게 만들었다는 효성인들 어찌 이보다 더할 수 있겠는가?"라고 찬탄하였다. 《영조실록, 28년 1월 22일》

79 임금께서……채웠네 : 영조의 〈효순현빈묘지〉에 의하면 효순현빈은 하루는 밥을 한차례밖에 먹지 않았고 그것도 몇 수저를 뜨고 말았다. 영조는 이를 "먹은 것이라고는 오직 내가 남긴 음식이었다.〔所食者, 唯予餘繕〕"라고 회상했다. 《영조실록, 28년 1월 22일》

태사와 읍강[80]이 수명과 복록 누리지 못하고　姒姜無壽祿
증삼과 민자건[81]이 경대와 휘장[82] 속에 있네　曾閔在奩帷
낮의 길이는 마음을 사르는 촛불에 짧아지고　晝短燒心燭
바람은 목숨을 잇는 실[83]을 흔드네　風搖續命絲
문득 결별한 한이 어찌 없으랴　那無便訣恨
이 걸음 더딘 걸 늘 애통해하였네　常痛此行遲
기일이 또 같은 달에 있게 되니[84]　諱日還同月
흘러간 세월 어느덧 이십 년이라[85]　流年奄廿朞
동산의 뽕나무는 옛 모습 그대로인데　苑桑回舊色

80 태사와 읍강 : 태사(太姒)는 주 문왕의 비이고, 읍강(邑姜)은 무왕의 비(妃)로, 현숙한 후비의 전형이다.

81 증삼과 민자건 : 공자의 제자로 모두 효행이 있었던 인물이다.

82 경대와 휘장 : 효순현빈이 남긴 물건이다. 여성을 애도하는 글에 슬픔을 매개하는 소재로 자주 등장한다.

83 목숨을 잇는 실 : 원문의 '續命絲'는 속명루(續命縷)와 같다. 단오에 비단실을 팔에 거는 풍속이 있는데 이 실을 '장명루(長命縷)' 또는 '속명루(續命縷)'라고 하였다. 옛날에 양잠과 비단 생산을 주관하는 견관(繭館)에서 비단실로 수를 놓아 금고치를 만들어 궁중에 바치는 풍속이 있었는데, 비단실 한 가닥마다 1년의 목숨이 연장된다고 한다. 구양수의 시에 "견관에서 장명루를 막 만들었네.〔繭館初成長命縷.〕"라고 하였고, 또 "비단 고치 새로운 솜씨 자랑하니, 실을 둘러 목숨 연장시키는 것 기뻐하네.〔綉繭誇新巧, 縈絲憙續年.〕"라는 표현이 있다.《古今事文類聚 卷9 五彩絲》

84 기일이……되니 : 효장세자의 기일이 11월 16일이고 효순현빈은 14일에 죽었다. 영조의 〈효순현빈묘지〉에 의하면 효장세자의 기일이 바로 효장의 생모인 정빈 이씨의 기일과 같은 날이라, 그 날을 전후해서 매년 소식(素食)을 하였는데 그러면서 토황(吐黃)병이 악화되어 죽었다고 한다.《영조실록, 28년 1월 22일》

85 흘러간……년이라 : 효장세자가 1728년에 죽었고 효순현빈은 1751년에 세상을 떴으니 약 23년 후에 죽었다.

소반의 밤은 남은 그리움을 부치네[86] 盤栗寄餘思
시호자로 아름다움을 함께 드날리고 諡字揚徽並
혼례복도 의당 염할 때 넣었네 婚衣入斂宜
먼 산은 채색 운삽을 맞이하고 遙山迎彩翣
잔설은 검은 깃발을 비추는구나 殘雪照玄旗
임금께서 애도의 글 친히 지어 내리시니[87] 雲漢哀編降
천추에 아름다운 곤범 드리우리 千秋美範垂

86 소반의……부치네 : 영조의 〈효순현빈묘지〉에 "현빈이 나를 먹이려고 늘 직접 밤을 삶았는데 죽던 날조차 삶아 놓은 밤이 소반에 남아 있었으니, 이는 그날도 진상하려 삶아 놓았다가 병이 위독해져 하지 못한 것"이라는 내용이 있다. 《영조실록, 28년 1월 22일》

87 임금께서……내리시니 : 원문의 '雲漢'은 아름다운 문장을 형용한 말로, 주로 황제의 필묵(筆墨)을 가리키는 말로 쓰인다. 여기서는 영조가 직접 지은 〈효순현빈묘지〉를 의미한다.

의소세손[88] 만장

懿昭世孫輓章

생각하면 무지개가 한밤중에 흐르는 상서가 있더니	尙憶虹流半夜祥
경춘당 안에서 우렁찬 울음소리 들렸네[89]	景春堂裏聽喤喤
종묘엔 중휘의 경사[90] 흘러넘쳤고	宗祊恰衍重暉慶
완점[91]에선 대를 이어 빛이 나기 시작했네[92]	莞簟初騰赫葉光

88 의소세손(懿昭世孫) : 1750～1752. 사도세자와 혜빈 홍씨의 적장자로서 영조(英祖)의 장손이며 정조(正祖)의 동복형이다. 이름은 정(琔), 시호는 의소(懿昭)이다. 태어난 지 이듬해인 1751년에 왕세손에 책봉되었으나 3살 때 사망하였다. 묘는 서삼릉의 의령원(懿寧園)이다.

89 무지개가…… 들렸네 : 원문의 '虹流'는 황태자의 탄생을 뜻하는 말로, 소호씨(少昊氏)의 어머니 여절(女節)이 무지개 같은 별이 흘러내리는 꿈을 꾸고 소호씨를 낳았다는 전설에서 온 말이다. 영조가 직접 지은 의소세손의 지문(誌文)에 의하면 의소세손(懿昭世孫)은 영조 26년 8월 27일 창경궁의 경춘전(景春殿)에서 탄생하였다. 날 때에 붉은 빛이 하늘까지 뻗쳤다고 한다. 《영조실록 28년 5월 12일》

90 중휘의 경사 : '重暉'는 중광(重光)을 뜻한다. 앞뒤 계속하여 덕을 빛낸다는 뜻으로 덕망이 높은 임금이 잇달아 나옴을 형용하는 말이다. 왕위를 이을 세손이기 때문에 이른 말이다.

91 완점(莞簟) : 풀로 만든 자리와 대로 만든 자리이다. 《시경》 〈사간(斯干)〉에 "아래는 부들자리요 위에는 대자리이니, 여기에서 잠이 편안하리로다. 자고 일어나 내 꿈을 점쳐보니, 길몽은 무엇인가 곰과 큰곰과 큰 뱀과 뱀이로다.〔下莞上簟, 乃安斯寢, 乃寢乃興. 乃占我夢, 吉夢維何? 維熊維羆, 維虺維蛇.〕"라고 하였다. 아들(세손)을 낳은 것을 표현한 말이다.

92 대를……시작했네 : 원문의 '赫葉光'은 왕실이 대대로 어진 인재를 배출함을 뜻한다. 두보의 시에 "선리의 서린 뿌리 크기도 하여, 걸출한 후손들 대대로 빛났어라.〔仙李

말을 배우기도 전에 먼저 글자를 알았고 未及學言先辨字
겨우 무릎에 앉을 때 곧 방위를 알았는데[93] 纔能坐膝便知方
부상에 새로 뜨는 해 바라볼 곳 없으니 扶桑新旭瞻無所
눈물이 천신이 지었던 옛 하례의 글에 쏟아집니다 淚濺微臣舊賀章

두 번째 其二

다팔머리 이마 덮어 오장 면복[94] 어울리니 髧毛覆額五章宜
의젓하게 대궐에서 책봉 의식 받았는데 儼爾彤庭受冊儀
수명이 홀연 꺾여 세 살에 요절하시니 靈筭忽催三歲短
만수무강 기원하던 백성들의 마음 허망하게 저버렸네 羣情虛負萬年期
대궐의 꽃은 봄에 상을 잡고 서던 곳에서 지고 宮花春謝扶床地
누수 소리는 바람결에 임금 모시고 밥 먹던 시간을 전하네 仙漏風傳侍膳時
좋은 기운 깃든 도성 서쪽 새 묘가 가까우니 佳氣城西新兆近
구중궁궐 성상의 슬픔 응당 위로되시겠지 九重應慰聖心悲

蟠根大, 猗蘭奕葉光.]"라는 구절이 있다.《杜少陵詩集 卷2 冬日洛城北謁玄元皇帝廟》

93 말을……알았는데 : 〈의소세손지문〉에 의하면 세손은 두 살되던 겨울부터 능히 글자를 알았다. 겨우 한 살 되던 해 이미 사방을 가리키면 그 곳을 대답하였고, 글자 수 아는 것을 시자(侍者)에게 기록하게 하였더니 69자였다고 한다.《영조실록 28년 5월 12일》

94 오장(五章) 면복 : 세손의 면복이다. 영조는 의소를 왕세손에 책봉하면서 중국의 황세손의 예법에 의거하여 오류오장복(五旒五章服)을 내렸다.《영조실록 26년 12월 14일 · 12월 24일》

어명을 기다리며 마장촌사[95]에서 부질없이 짓다

胥命馬場村舍漫賦

영해도 감내해야 할 분수인데 하물며 전원으로 돌아왔으니[96]
分甘嶺海况歸田

성주의 은혜 깊어 성명이 보전되었네 聖主恩深性命全

놀란 꿈은 겨우 조정 안에서 깨고 噩夢纔廻郞廟裏

쇠잔한 마음은 막 술잔 앞에서 안정이 되는구나 殘魂初定酒杯前

몸은 부서진 노가 위태롭게 지나는 것 같고 身同敗楫傾危過

시는 국화꽃[97]이 적막하게 피어나는 것 같네 詩似寒花寂寞圓

들 밖이라고 감히 대궐 연모하는 것을 잊으랴 野外敢忘京闕戀

지팡이 짚고 오색구름[98] 낀 하늘을 돌아보노라 杖藜回望五雲天

95 마장촌사(馬場村舍) : 마장은 조선시대 한성부 동부인창방에 속해 있던 고을로 현 마장동이다.

96 영해도……돌아왔으니 : 영조 30년(1754) 이천보의 나이 57세에 영의정 이천보는 남의 아내를 빼앗아 첩으로 삼았다는 지평 조종박의 탄핵을 받고 대명(待命)하였다. 이천보는 이 일의 무고를 주장하며 다시 사핵(査覈)해 줄 것을 요청, 누명을 풀었으나 거듭 면직을 요청하여 고귀(告歸)할 수 있게 되었다. 이때의 상황을 읊은 시로 보인다. 《영조실록 31년 1월 4일》등의 기사에서 볼 수 있다.

97 국화꽃 : 원문의 '寒花'는 추운 계절에 피는 꽃으로, 국화를 가리킨다. 당나라 전기(錢起)의 시 〈송원평사귀산거(送元評事歸山居)〉에 "국화는 술이 익기를 재촉하고, 산골 개는 사람이 돌아감을 기뻐하리.〔寒花催酒熟, 山犬喜人歸.〕"라는 구절이 있다. 《全唐詩 卷237 送元評事歸山居》

98 오색구름 : 원문의 '五雲'은 다섯 가지 빛깔을 내는 상서로운 구름으로, 임금이 있는 곳을 가리키는 말이다.

앞의 시운에 거듭 차운하여 함께 공부하던 친구에게 보여주다

疊前韻 示同榻

솔 울타리 한 켠 목면 밭에서	松籬一面木綿田
승상이 어느새 시골 정취 만끽하네	丞相居然野趣全
이어지는 시국 걱정도 오히려 국외의 일이요	滾滾時憂猶局外
드문드문 손님들만 간혹 문 앞에 이를 뿐	踈踈賓剌或門前
가을 소리 들리는 처마 끝엔 매방울 흔들리고	秋聲簷角鷹鈴掣
밤 깊은 시내 복판엔 게 잡는 불빛 가득하네	夜色溪心蟹火圓
시골 막걸리로 그대 머물게 하여 한가히 함께 자게 되니	村酒留君閒並枕
시 논하는 사이에 어느덧 오경이 되었구나	論詩坐到五更天

앞의 시에 첩운하여 백눌[99]에게 부치다

疊前韻 寄伯訥

어디서 온 해학이 산밭 곡식을 쪼아먹는고	何來海鶴啄山田
늙은이 귀농하여 만년 생계 오붓하네	老子歸農晩計全
두려운 눈물[100] 아직도 황각[101]너머에 남아있고	危涕尙餘黃閣外
읽다 남은 책 백발 되기 전 다 보지 못하리	殘書未了白頭前
다리 놓이니 시내의 형세는 유독 멀리 보이고	橋成川勢偏添逈
벼 거두니 들 풍경은 배나 넓게 느껴지네	稻穫郊光倍覺圓
앓고 일어나면 연촌에 내 아우 있으니	病起蓮村吾弟在
나귀 타고 꼭 성곽 동쪽으로 찾아가리	騎驢須訪郭東天

두 번째 其二

먼 산 아득하고 밭이 넓게 펼쳐지니	澹澹遙峰漠漠田

99 백눌(伯訥) : 28쪽 주21 참조.

100 두려운 눈물 : 원문의 '危涕'는 강엄(江淹)의 〈한부(恨賦)〉에 "혹 외로운 신하는 서글피 눈물 흘리고 서자(庶子)는 위태로이 조심한다네.〔或有孤臣危涕, 孽子墜心.〕"라고 한 데서 나온 말이다. 이에 대한 이선(李善)의 주에, "눈물은 '떨구어야〔墜〕'하고 마음은 '위태로이 조심해야〔危〕' 하는데 강엄이 기이함〔奇〕을 애호하여 호문(互文)으로 뜻을 드러낸 것이다."라고 하였다. 《文選 卷16》

101 황각(黃閣) : 재상(宰相)이 집무하는 청사를 말하는데, 여기서는 의정부(議政府)를 말한다. 한나라 때 승상(丞相)의 청사 문을 황색으로 칠하여 궁궐과 구분했던 데에서 유래되었다. 이천보가 영의정을 지냈기 때문에 이른 말이다.

누대에서 보는 경치 시야가 확 트이네 孤樓眼界十分全
물고기 기르는 것은 모름지기 못을 판 뒤에 하고 養魚須待穿池後
밤 심는 것은 원래 지붕 수리하기 전에 하는 것 種栗元從葺屋前
앓고 일어나 옷 입으니 산인의 옷 헐렁하고 病起身披山服濶
시 짓고 먹물 뿌리니 투박한 술통 그득하네 詩成墨灑野樽圓
사서 읽는 아들놈에게 새 숙제를 주고 나니 癡兒讀史添新課
등불 켜진 빈 창에 한 해가 저무는구나 燈火虛牕歲暮天

세 번째 其三

국화와 단풍잎 계곡과 밭두둑에 띠를 두르고 黃花赤葉帶溪田
뚫어진 울타리 사이로 평평한 들 풍경 다 보이네 籬缺平臨野色全
고달프게 풍진과 거마 사이에 있었는데 倦矣風塵車馬際
의연히 이 몸이 그림 앞에 있는 듯하구나 依然身世畫圖前
나무꾼 노랫소리 쓸쓸하니 날 저무는 걸 미리 알겠고 樵歌寂歷先知暝
기러기 떼 비스듬히 나니 우연히 원이 만들어지네 鴈陣欹斜偶作圓
더구나 동쪽 기둥 있어 달 맞기 좋으니 更有東楹宜納月
난간에 기대어 있어도 내 추위 무섭지 않네 憑欄吾不怕寒天

네 번째 其四

몸이 밭에 누운 마른 암소 같아서 身同羸牸臥依田
산중 해 중천에 솟도록 실컷 잠을 자네 山日三竿睡味全
평지에서 위기를 다 겪고 났어도 盡閱危機平地上
대상 앞에 호기가 외려 남아 있구나[102] 尙留豪氣大床前

바람과 서리 매서우니 어량[103]이 드러나고　風霜刻厲漁梁出
닭고기와 술 푸짐하니 사고[104]소리 구성지네　雞酒淋漓社鼓圓
신의 죄가 큰 성은을 저버린 것을 알면서　臣罪自知孤聖渥
변변찮은 시로 부질없이 태평시대 축원하네　小詩空祝太平天

다섯 번째 其五

푸른 들에 어찌 좋은 땅과 밭이 필요하랴　綠野何須好時田
돌아와 한가로움 만끽할 수 있으면 될 뿐　歸來聊喜養閒全
닭 돼지 기르는 가운데 책 보며 느긋하게 지내고　圖書醞藉雞豚內
기러기와 오리 곡식 쪼아 먹는 앞에서 한가로이 졸음에 잠기리　夢寐凄淸鴈鶩前
시는 사람을 놀래킬 만하여도 오히려 누가 되고[105]　詩到驚人猶作累

102 대상……있구나 : 삼국 시대 위나라의 허사(許汜)가 일찍이 유비(劉備)와 함께 이야기를 나누던 중, 자기가 한번은 진등(陳登)을 찾아갔더니 진등이 손님 대접을 제대로 하지 않아서, 주인인 자신은 높은 와상(臥牀)으로 올라가 눕고, 손님인 자기는 아래 와상에 눕게 하더라고 말하자, 유비가 말하기를 "그대의 말이 채택할 만한 것이 없었기 때문이다. 나 같았으면 자신은 백척루(百尺樓) 위로 올라가 눕고, 그대는 땅바닥에 눕게 했을 것이다. 어찌 위아래의 와상의 차이로만 대접하였겠는가."라고 했다는 고사가 있다. 여기서 유래하여 대상(大床)은 남아의 큰 호기를 상징한다. 《三國志 卷7 魏書 陳登傳》

103 어량(漁梁) : 보통 조수 간만의 차가 큰 갯가나 오목하게 들어간 만(灣) 같은 곳에 물만 드나들 수 있도록 나무 장대를 촘촘하게 세워 물고기가 밀물을 타고 들어왔다가 썰물 때 빠져나가지 못하게 만드는 어살(漁箭)을 말한다.

104 사고(社鼓) : 옛날 사일(社日)에 신에게 제사를 지낼 때 연주하던 고악(鼓樂)을 말한다.

105 시는……되고 : 두보의 〈강상치수여해세요단술(江上値水如海勢聊短述)〉 시에

일은 뜻대로 되기 어려워 잘 되길 구하지 않네	事難如意莫求圓
쓸쓸히 삼동 내내 누워있어야 되겠으니	蕭然可得三冬臥
눈 올 때 맞추어 다시금 매화를 옮겨야겠네	更欲移梅趁雪天

"나는 성질이 아름다운 시구를 지나치게 좋아해, 남을 놀래키지 못하면 죽어도 마지않는데, 늘그막의 시편은 다 부질없는 흥취일 뿐이니, 봄이 오매 꽃과 새들은 너무 시름하지 말거라.〔爲人性癖耽佳句, 語不驚人死不休. 老去詩篇渾謾興, 春來花鳥莫深愁.〕"라는 구절이 있다.《杜少陵詩集 卷10》

조카 심재진[106]이 함흥 관아로 따라갔는데 병으로 긴 말을 하지 못하였기에 절구 두 수를 지어 주다

沈甥載鎭隨往咸興親衙 病不得長語 贈二絶

관하[107]에는 색동옷[108] 빙상에 비치고 　關河綵服照氷霜
일로에는 혼정신성 기쁜 마음 유장하리 　一路晨昏樂意長
북녘땅 추위 심하다고 근심치 말라 　北地莫愁寒事最
봄별이 고을 중당에 유독 따스할 터이니 　春暉偏在府中堂

두 번째 其二

성색의 번화함은 사람을 그르치기 쉬우니 　聲色繁華易誤人
예부터 호걸도 물드는 일[109] 있었느니라 　古來豪傑或緇磷

106 조카 심재진(沈載鎭) : 자세한 생애는 미상이다. 대흥 군수(大興郡守)를 지냈다.

107 관하(關河) : 함곡관(函谷關)과 황하(黃河)의 병칭으로, 고향이나 도성에서 멀리 떨어진 변방을 뜻하는데, 여기서는 함흥 지역을 가리켜서 한 말이다.

108 색동옷 : 춘추 시대 초(楚)나라 사람인 노래자(老萊子)는 효성으로 어버이를 섬겨 일흔 살의 나이에도 색동옷을 입고 어린아이의 놀이를 함으로써 어버이를 기쁘게 하였다는 고사에서 나온 것으로, 함흥에 부친이 계시기 때문에 등장한 시어이다.《小學 稽古》

109 물드는 일 : 원문의 '緇磷'은《논어(論語)》〈양화(陽貨)〉에 보이는 공자의 말에 "견고하다고 말하지 않더냐? 견고하면 갈아도 닳아지지 않는 법이다. 희다고 말하지 않더냐? 희면 검은 물을 들여도 검어지지 않는 법이다.〔不曰堅乎? 磨而不磷. 不曰白乎? 涅而不緇.〕"라고 한 데에서 온 말로, 근본 바탕이 튼실하지 못하여 외부의 영향으로 인해 이욕에 물들고 만다는 뜻이다

기녀들[110]은 수령 아이의 얼굴을 모를 터 綺羅不識衙童面
서실에서 응당 처자처럼 지내야겠지 書室應藏處子身

110 기녀들 : 원문의 '綺羅'는 비단옷을 입은 사람을 가리키는 말로, 대체로 귀부인이나 미녀를 비유한다.

늦봄에 농촌에서 학호에 있는 사촌 형[111]의 정사로 거처를 옮기고 두보의 시운을 뽑아 짓다

暮春 自農村移寓鶴湖從氏亭舍 拈杜韻

늙은이가 돌아와 골짝에서 느긋하게 사니	老子歸棲一壑寬
시골 사람들과 어울려[112] 새 기쁨 생기네	野人爭席作新歡
가없는 청산은 지팡이 짚고 따르라 하고	靑山無限隨扶杖
다정한 백조는 관 걸어두기를[113] 기다리는구나	白鳥多情待掛冠
사주[114]는 꽃기운을 더욱 무르익게 하고	社酒剩將花氣重

111 학호에……사촌 형 : 사촌 형은 이정보(李鼎輔, 1693~1766)로, 본관은 연안(延安), 자는 사수(士受), 호는 삼주(三洲)・보객정(報客亭), 시호는 문간(文簡)이다. 대사간・대사성(大司成)・승지(承旨)・양관대제학(兩館大提學)・성균관지사(成均館知事)・예조판서 등을 거쳐 중추부판사(中樞府判事)가 되었다. 학호(鶴湖)는 한강변 학여울을 말한다. 이정보는 만년에 이곳에 정자를 짓고 살았다.

112 사람들과 어울려 : 원문의 '爭席'은 《장자》 〈우언(寓言)〉에 나오는 말이다. 춘추시대에 양자거(陽子居)라는 사람이 여관에 묵을 적에 처음에는 그가 지나치게 예절을 갖추자 다른 사람들 모두 그를 두려워하여 매우 조심스러워 했다. 그런데 노자(老子)의 "정말로 충실한 덕은 부족한 것처럼 보인다."라는 가르침을 받고 소탈한 태도를 보인 이후, 다른 사람들이 그와 더불어 좋은 자리를 서로 다툴 정도로 친숙해졌다고 한다. 전하여 꾸밈없이 순박한 태도로 사람들과 어울리는 것을 의미한다.

113 관 걸어두기를 : 벼슬을 그만두는 것을 뜻한다. 왕망(王莽)이 자식을 죽였는데, 방맹(逄萌)이 이것을 보고는 삼강(三綱)이 끊어졌다 하여 즉시 동도성문(東都城門)에 관을 벗어 걸어 놓고 떠나버린 데서 온 말이다. 《後漢書 卷83 逄萌列傳》

114 사주(社酒) : 춘・추분을 전후하여 가장 가까운 무일(戊日) 즉, 사일(社日)이 되면 마을 단위로 토지신(土地神)에 제사를 지내고 모여서 술을 마시는데 이를 사주라

고깃배는 봄바람 차도 두려워하지 않네　漁舟不怕柳風寒
우리 형은 한성에서 공무가 많으니　吾兄京兆多公務
멀리서 상상컨대 책상에 앉아 문서를 보시리　遙想文書據案看

한다.

밤에 이생의 노래를 듣다

夜聽李生歌

이자가 길게 산수의 맑음을 노래하다가	李子長歌山水淸
남은 소리로 다시 불평한 울음을 내네	餘音更作不平鳴
하늘 가득 눈부신 달빛 아름다운 밤인데	滿天花月娟娟夜
괴이하여라 목에서 슬픈 노래[115] 나오는 것이	怪爾喉間有楚聲

115 슬픈 노래 : 원문의 '楚聲'은 초(楚) 지방의 곡조(曲調)로, 애절하게 울리는 슬픈 소리를 뜻한다.

자다 일어나

睡起

꾀꼬리 울음소리에 꿈에서 깨어	夢覺流鶯囀
지팡이 짚고 저녁 바람을 쐬네	扶藜倚晩風
강과 산은 천 리를 달릴 듯한 기세요	江山千里勢
뽕나무와 밤나무는 몇 년이나 공을 들였던가	桑栗幾年功
술통은 시든 꽃 너머에 있고	野榼殘花外
고깃배는 옅은 안개 속에 있네	漁舟細靄中
병들고 게을러 배움을 놓쳤으니	病慵從失學
부끄럽도다 아이에게 공부를 시키는 것이	自愧課兒童

부질없이 짓다
漫題

겹겹의 성 가깝다 말하지 마라	莫道重城近
어촌은 한낮이 한가롭구나	漁村白日閒
전원은 세상 밖에 있지 않고	田園非世外
궤장은 바로 꽃 사이에 놓였도다	几杖卽花間
강줄기는 응당 우물로 통할 것이요	江脈應通井
담장 그늘은 산을 가리지 않는다	墻陰不礙山
날아온 한 쌍의 백로	飛來雙白鷺
멀찍이 서서 돌아가는 것 잊었구나[116]	逈立欲忘還

116 날아온……잊었구나 : 이해득실을 따지는 기심(機心)이 없는 생활을 함축하고 있는 표현이다. 옛날에 바닷가에 사는 사람이 날마다 바닷가에 나가 갈매기와 놀았는데 그때는 갈매기들이 그를 의심하지 않고 함께 놀더니 어느 날 그가 아버지의 명을 받고 갈매기 한 마리를 잡으려고 바닷가에 나갔더니 갈매기가 기심을 눈치채고 그에게 오지 않았다는 고사를 떠올리게 한다. 《列子 黃帝》

절구
絶句

부끄러워라 꽃가지 꽂고 저녁 바람에 서 있는 것이 羞插花枝立晚風
어느새 거울 속에는 대머리 노인이 있구나 居然鏡裏禿頭翁
근래엔 이미 화려한 생각을 줄여 年來已減繁華想
짙은 빨강 말고 옅은 빨강 사랑한다오 不愛深紅愛淡紅

두 번째 其二

안개 같은 버드나무 돌여울을 스치고 楊柳如煙拂石磯
끊어질 듯 긴 가지 휘휘 늘어졌네 長條欲折更依依
어옹은 봄빛이 다한다고 애석해 하지 않겠지 漁翁不惜春光盡
물고기 꿰차고 술 사서 돌아올 수 있으니 穿得江魚買酒歸

우연히 짓다

偶成

늦봄의 날씨 막 개자 고와지니	暮春天氣媚新晴
잠 깨어 지팡이 짚고 혼자 걸어 보네	睡起扶藜且獨行
꽃 사이 마을 송아지는 어두운 곳으로 돌아가고	村犢花間歸處暗
버드나무 너머 물새는 달 밝을 때 건너가는구나	沙禽柳外度時明
물 흐르고 구름 있으니 본래 취향이 같고	水流雲在元同趣
밥 정결하고 샘 다니 평생 지낼 만하네	飯潔泉甘可一生
마음이 고요하여 도리어 직분 있는 몸 잊으니	心靜還忘身有職
손님들 사립문에 이르지 못하게 해 다오	莫教賓刺到柴荊

강 언덕에 서서

臨江岸

요란스레 날리는 꽃잎 푸른 섬에 떨어지고 撩亂飛花點綠洲
남은 봄 머물러 객을 머뭇거리게 하네 餘春留與客夷猶
마을 깊숙하니 천 그루 버드나무 뿌리내리게 하고 싶고 村深欲着千株柳
지경이 멀찍하니 백 척 누대 올렸으면 좋겠네 地逈宜添百尺樓
황새와 두루미는 헌릉[117]의 비에 듬뿍 젖고 鸛鶴多霑獻陵雨
생선과 소금은 광나루 배에 엄청 많구나 魚鹽最賤廣津舟
밝은 시대라 세 번 쫓겨남[118]도 모두 임금의 은혜이니 明時三黜皆君渥
강호에서 흰머리로 누운 것을 감히 한탄하랴 敢恨江湖臥白頭

117 헌릉(獻陵) : 태종(太宗)과 원경왕후(元敬王后) 민씨의 능이다. 서울특별시 서초구 내곡동에 있다.

118 세 번 쫓겨남 : 《논어》 〈미자(微子)〉에 “유하혜(柳下惠)가 옥(獄)의 관리가 되어 세 번이나 쫓겨났다. 그러자 어떤 사람이 묻기를 ‘그대는 떠날 때가 되지 않았는가?’ 하니, 유하혜가 말하기를 ‘올바른 도리로 사람을 섬길 경우 굳이 어디로 간들 세 번 쫓겨나지 않겠으며, 올바른 도리를 외면하고 사람을 섬길 경우 부모의 나라를 떠날 필요가 있겠는가.〔直道而事人, 焉往而不三黜? 枉道而事人 何必去父母之邦?〕”라고 하였다. 올바른 도리로 벼슬하다가 쫓겨났다는 의미인데 실제로 이천보가 좌천, 삭직, 면직 등의 일을 겪었기 때문에 이른 말이기도 하다.

배를 타고 광나루의 홍 상서 순보[119]를 방문하다

乘舟訪廣津洪尙書純甫

저무는 봄 누워서 보내며 문 걸고 지냈으니	臥送春歸閉戶居
모래섬으로 홀로 배 타고 가는 흥 어떠하랴	中洲孤棹興何如
먼 고을은 들쭉날쭉 버드나무가 반쯤 가렸고	遙村半掩參差柳
성긴 그물에는 팔딱팔딱 물고기가 자꾸 뛰네	疎網頻跳潑剌魚
풍파 속에서 세상일 겪는 것 이미 익숙하여	已慣風波經世路
배와 노로 내 집 삼은들 근심스럽지 않아라	不愁舟楫作吾廬
홍애[120]와 약속 지키러 물길 따라 올라가며	沿洄更赴洪崖約
가랑비 지난 봉창에서 베개를 높이 베네	高枕篷窗細雨餘

119 홍 상서 순보 : 22쪽 주4 참조.

120 홍애(洪崖) : 전설상 황제(黃帝)의 신하로서 신선이 된 영륜(伶倫)의 호이다. 요(堯) 임금 때 이미 나이가 삼천 살이었다 한다. 《神仙傳》 곽박(郭璞)의 〈유선시(游仙詩)〉에, "왼손으로는 부구의 소매를 당기고, 오른손으로는 홍애의 어깨를 친다.〔左相浮丘袖, 右拍洪崖肩.〕"는 표현이 보인다. 여기서는 홍순보를 비유한 말이다.

이군의 시운에 차운하다
次李君

골짝의 새는 계절이 가는 것을 잘 알 테지	谷鳥能知節序歸
홰나무 그늘 우거지기 시작하고 버들 바람 산들 부네	槐陰初密柳風微
노란 대문[121]은 한가한 꿈속에 이미 발길 끊겼고	黃扉已斷閒中夢
흰 겹옷[122]은 앓고 난 뒤 새로 지어 입었네	白袷新成病後衣
먹고 마시는 일 모두 백사장 백로 따라 고요하니	飮啄渾隨沙鷺靜
자고 지내는 일 어찌 들꽃과 어긋나랴	起居寧與野花違
그대 시에서 막다른 길의 느낌을 말하지 말라	君詩莫說窮途感
곡식 심고 채소 가꾸며 함께 의지해 사세나	農圃生涯許共依

121 노란 대문 : 원문의 '黃扉'는 정승을 의미하는 말로, 옛날 승상이나 삼공(三公) 등 고관의 집 문을 황색으로 칠한 데서 온 말이다. 이천보 자신이 영의정을 지냈기 때문에 이른 말이다.

122 흰 겹옷 : 원문의 '白袷'은 백단령(白團領)과 같은 뜻으로, 사인(士人)의 복장(服裝)을 가리키는 말이다.

김생 약구에게 주다

贈金生躍九

짚신 신은 객이 바다 서쪽에서 왔는데	芒鞋客自海西天
소매 속에는 마의도사[123]의 책이 있었네	袖有麻衣道士編
촛불 밝히고 시험 삼아 나의 골상을 보더니	明燭試觀吾骨法
늙어서 고기잡이 배에 붙어살기 딱 좋다 하는구나	白頭宜着釣魚船

123 마의도사(麻衣道士) : 송대의 유명한 관상가로, 후인이 가탁하여 지은 《마의상법(麻衣相法)》의 저자로 알려져 있다.

자안 아우[124]가 진산[125]으로 부임하는 것을 전송하며
送子安弟赴珍山

소나무 계수나무 숲 우거진 고을[126]	松桂林深百里天
산 중의 인물들 절로 즐겁다네	峽中人物自陶然
가난한 관원이라 청한한 선비로 돌아가기 딱 좋으나	貧官政好歸淸士
일 많은 곳이라 수선에 붙어 지낼 수 있을까	劇地何曾着睡仙
복령[127]과 단조[128] 속에 도의 뜻이 있고	道意茯苓丹竈裏
수석과 판여[129] 앞에 기쁜 마음 있으리니	歡情水石板輿前
알겠네 그대는 삼공[130]의 존귀함 원치 않음을	知君不願三公貴

124 자안 아우 : 이국보(李國輔)로, 자가 자안이다. 이천보의 족제(族弟)이고, 은율 현감(殷栗縣監), 진도 군수(珍島郡守) 등을 역임하였다.

125 진산(珍山) : 충청남도 금산지역의 옛 지명이다.

126 고을 : 원문의 '百里'는 옛날 지방관이 관할하던 지역을 가리킨다. 《한서》 권19상 〈백관공경표 상(百官公卿表上)〉에 "현은 대체로 방 백 리이다.〔縣大率方百里.〕"라고 하였다.

127 복령(茯苓) : 고목이 된 소나무 아래에 나는 것으로 선약(仙藥)으로 꼽힌다. 복령을 캔다는 것은 세상을 떠나 은거함을 뜻한다. 원(元)나라 부약금(傅若金)의 〈제화송(題畫松)〉에 "상산사호(商山四皓)가 유씨(劉氏)를 편안케 한 뒤로, 세모에 그 누가 복령을 캐는고.〔自從四皓安劉後, 歲暮何人采茯苓?〕"라고 하였다.

128 단조(丹竈) : 단약(丹藥)을 만드는 화로이다.

129 판여(板輿) : 노인용 가마를 뜻하는데, 주로 지방관으로 늙은 부모를 효성으로 모시는 것을 비유한다.

130 삼공(三公) : 주(周)나라 때 가장 높은 세 벼슬. 곧 태사(太師)・태부(太傅)・태보(太保)를 말하는데, 조선조에서는 영의정(領議政)・좌의정(左議政)・우의정(右議

이 늙은이는 풍진 속에 머리 하얗게 세어가네만　老子風埃雪滿顚

수선(睡仙)은 곧 진산(珍山)의 동헌(東軒)이다.

政)의 삼정승(三政丞)을 삼공이라고 칭하였다.

'면' 자를 얻다
得眠字

봄날[131]의 산 풍광은 기대앉은 궤안 앞에 있고 遲日山光隱几前
산들바람은 갈건 위로 마냥 부네 微風一任葛巾顚
황매우[132]는 닭과 돼지를 씻어 깨끗이 하고 黃梅雨洗雞豚淨
푸른 버들 그늘은 부로들을 감싸 잠들게 하는구나 翠柳陰圍父老眠
건강한 양 신 신고 먼 절 찾아가고 싶고 健欲穿鞋尋遠寺
미친 듯이 뱃전 두드리며 긴 내로 내려가고 싶네 狂思扣枻下長川
짬 내는 중에 되레 일 많다 말하지 말라 偸閒莫道還多事
그래도 밤에 종 치고 새벽에 시계 울리는 때보단 나으니
猶勝宵鐘曉漏邊

131 봄날 : 원문의 '遲日'은 해가 길다는 의미로 봄날을 뜻한다. 《시경》〈칠월(七月)〉의 "봄날이 더디고 더디다.〔春日遲遲〕"라는 말에서 나온 것이다.

132 황매우(黃梅雨) : 매실이 누렇게 익는 계절인 초여름에 긴 장맛비가 내리는데, 이를 황매우(黃梅雨)라고 한다.

등석
燈夕

온 집 밝힌 등불들 하늘의 달과 잇닿았고	萬戶燈光接月霄
대궐의 풍악소리 성대한 오늘밤이라	禁城歌管盛今宵
와병 중에 창강[133]에서 좋은 계절 맞으니	滄江臥病逢佳節
삼경[134]에 고기잡이불 고요 속을 비추네	漁火三更照寂寥

133 창강(滄江) : 창주(滄州)와 같은 의미로, 예로부터 은거지를 뜻하는 말로 흔히 쓰였다. 당나라 요합(姚合)의 시 〈수만년장낭중견기(酬萬年張郎中見寄)〉에 "흑발이 근년 이래 모두 사라졌는데, 창강으로 돌아감이 더디기만 하구나. 언제나 손을 잡고 함께 돌아가, 숲 아래에서 고요히 시를 읊조릴꼬.〔黑髮年來盡, 滄江歸去遲. 何時得携手, 林下靜吟詩?〕"라고 하였다. 《全唐詩 卷501 酬萬年張郎中見寄》

134 삼경(三更) : 밤 11시부터 새벽 1시 사이를 이른다.

매를 놓아 사냥하는 것을 보다

觀放鷹

늠름하니 뛰어난 자질을 보고	颯爽看奇質
푸른 산목에 풀어 놓았네	放來山木青
호탕한 기세 겨우 횃대를 벗어나자	氣豪纔脫架
급한 성질에 그저 방울 소리만 들리는구나[135]	勢急但聞鈴
하늘은 넓어 눈을 드높게 뜨게 하고	天濶憑淩眼
바람은 일어 날개를 냅다 후려치네	風生搏擊翎
긴 여름 동안 한가로이 지냈으니	養閒三夏永
응당 다시금 창해를 날 꿈을 꾸리	應復夢滄溟

135 급한……들리는구나 : 매가 순식간에 날아가버렸다는 뜻이다.

연일 모진 바람이 불어 문을 닫고 틀어박혀 있으면서 '풍'자를 뽑아 울적한 마음을 풀다

連日惡風 閉戶深居 拈風字遣悶

사흘을 미친 듯 휘몰아치니 이 무슨 바람인가	顚狂三日是何風
병든 노인 강 마을에서 문을 닫았네	閉戶江村一病翁
누워 상상컨대 어룡은 먼 포구에서 근심할 테고	臥想魚龍愁極浦
마음으로 짐작건대 구로는 깊은 수풀에 숨었겠지	心知鷗鷺竄深叢
누대는 흔들거리는 작은 배 안인 양 느껴지고	樓疑小艇搖搖裏
몸은 책들 적막한 가운데 안정이 되네	身定羣書寂寂中
때에 따라 행동하고 애오라지 안석에 기댈 뿐	動靜隨時聊隱几
백 년의 오도는 푸른 하늘에 맡기네	百年吾道信蒼穹

아침에 날씨가 조금 좋아져서 문밖으로 나가 노닐다

朝來風日稍佳 出遊門外

고운 햇살 누대 위를 비추니 묵은 안개 걷히고	麗日樓頭宿霧消
바람 고요하니 가지 울리지 않아[136] 참으로 기뻐라	風恬正喜不鳴條
원거[137]는 그림자 안고 끝내 돌아가려 하고	鶢鶋抱影終歸勳
나비[138]는 마음먹고 다시 교만을 부리는구나	蛺蝶生心更作驕
취한 몸 부축하니 화단 밖 오솔길 헷갈리는데	扶醉欲迷花外逕
노랫소리 유독 버들가 다리 쪽에서 들려오네	行歌偏在柳邊橋
맑고 화창한 날씨 요순시대 기상이니	淸和天氣唐虞象
밭두둑에서 깊은 시름에 잠겨 성조를 축원하노라	畎畝憂深祝聖朝

136 가지……않아 : 한(漢)나라 왕충(王充)의 《논형(論衡)》에 "바람은 나뭇가지를 울리지 않고 비는 흙덩이를 깨지 않아서, 오일 만에 한 번 바람이 불고 십일 만에 한 번 비가 온다.〔風不鳴條, 雨不破塊, 五日一風, 十日一雨.〕"라는 말이 있다. 비가 때맞추어 알맞게 내리고 바람이 고르게 분다는 뜻으로 태평성세를 비유한다.

137 원거(鶢鶋) : 해조(海鳥)의 이름이다. 이 새가 일찍이 노나라 교외(郊外)에 날아와 앉자, 노나라 임금은 그 새를 정중히 모셔다가 종묘에서 환영연을 베풀어 순(舜)임금의 소악(韶樂)을 연주하고 소, 양, 돼지고기의 요리로 대접하니, 그 새는 눈이 부시고 근심과 슬픔이 교차하여 고기 한 점도 먹지 못하고 술 한 잔도 마시지 못한 채 3일 만에 죽고 말았다. 《莊子 至樂》 능력과 생리에 맞지 않게 벼슬살이를 했다고 생각한 이천보 자신을 빗댄 것으로 보인다.

138 나비 : 소인배들을 비유하는데, 여기서는 이천보를 탄핵한 소론 세력을 빗대어 한 말이다.

달밤에 강 언덕을 걷다

步月江岸

점차 들판의 안개 걷히고	稍稍野煙斂
두둥실 강달이 떠오르는데	亭亭江月生
어부의 노랫소리 아득히 들려오고	漁歌來浩渺
물가의 새는 환한 곳에서 자네	渚鳥宿虛明
구학은 중년의 계획이요	丘壑中年計
시편은 소싯적 명성이라	詩篇少日名
배회하며 자꾸 그림자 돌아보노니	徘徊頻顧影
백발 되도록 끝내 무엇을 이루었던가	頭白竟何成

거문고 소리를 듣다

聽琴

창주[139]에서 노금사를 다시 만나니　滄洲邂逅老琴師
달빛 속 거문고 소리에 밤이 깊어가네　月裏鳴絃夜色遲
십이옥루[140]로 돌아갈 꿈 아득하니　十二玉樓歸夢濶
그대 통해 우선 보허사[141]를 들어야겠네　憑君且聽步虛詞

두 번째 其二

물가 누대 등불 켜지고 학이 숲으로 돌아가면　水榭燈懸鶴返林
조용히 온 좌중이 읊조림을 멈추네　悄然四座各停吟
강호의 근심과 즐거움은 한이 없는 일　江湖憂樂無窮事
모름지기 희문의 한 조각 마음[142]을 베껴야 하리　須寫希文一片心

139 창주(滄洲) : 물가에 있는 은사(隱士)의 거처를 비유할 때에 쓰는 말이다. 중국 삼국 시대 위(魏)나라 완적(阮籍, 210~263)의 〈위정충권진왕전(爲鄭冲勸晉王牋)〉에 "창주에 가서 지백에게 인사하고 기산에 올라 허유에게 읍을 한다.〔臨滄洲而謝支伯, 登箕山以揖許由.〕" 하였다.

140 십이옥루(十二玉樓) : 신선이 거처한다고 하는 곳이다. 《유설(類說)》 권3에 "곤륜산에 금을 쌓아 성을 만들었는데 천용성이라 한다. 한 면이 방 천 리이며 성 위에 열두 개의 옥루가 있다.〔崑崙山積金爲城, 名天墉城. 面方千里, 上有十二玉樓.〕"라고 하였다.

141 보허사(步虛詞) : 본래 도교(道敎)에서 경을 외우며 예찬(禮讚)하는 사(詞)를 말하는데, 뒤에 세속을 초월한 신선의 아름다움을 노래한 악부(樂府) 잡곡(雜曲)의 명칭이 되었다.

142 희문의……마음 : 희문(希文)은 송(宋) 나라의 명상(名相) 범중엄(范仲淹)의 자이다. 범중엄의 〈악양루기(岳陽樓記)〉에 "조정에 있을 적에는 백성을 근심하고, 강호(江湖)의 먼 곳에 있을 적에는 임금을 걱정하는 것이라, 조정에 나아가도 근심이요 물러나와도 근심이니, 그렇다면 어느 때에 즐거울 것인가? 그것은 반드시 '천하의 근심은 남보다 먼저 근심하고, 천하의 즐거움은 남보다 뒤에 즐긴다.'는 것이다."라고 하였다. 향리에 물러나 은거할 때에도 항상 백성과 임금을 잊지 못하는 마음을 갖겠다는 의미이다.

반가운 비

喜雨

늙은 농부가 어젯밤에 동풍을 점치더니 老農前夜占東風
단비가 아침부터 내려 보리 풍년을 예보하네 好雨朝來報麥豐
기쁜 기색으로 천 이랑 밭이 적셔지는 것을 보고 喜氣卽看千畝潤
쓸데없는 근심일랑 백화 떨어지는 것에 맡기네 閒愁已任百花空
산비둘기[143]는 보슬비 오는 언덕 저편으로 날아가고 鳴鳩隔岸霏微外
고깃배는 빗방울 떨어지는 마을로 돌아가네 漁艇歸村滴瀝中
불현듯 생각나네 작년 사단에서 기우제 지낼 때 却憶去年社壇禱
성상께서 이글거리는 땡볕에 노립[144]해 계시던 것이 龍袍露立烈陽紅

143 산비둘기 : 원문의 '鳴鳩'는 반구(斑鳩)라고도 하는 산비둘기인데 이 새가 울면 비가 온다 하여 비를 부르는 비둘기라는 뜻에서 환우구(喚雨鳩)라고도 한다.

144 노립(露立) : 햇빛이나 이슬을 피하기 위한 일산 같은 것을 쓰지 않고 서 있는 것을 말한다.

삼색도[145]

三色桃

세 가지 색으로 가지 이어져 각기 아름다움을 뽐내니 三色連枝各擅芳
한번 바람에 흔들릴 때마다 한번 향내가 풍기네 一番風動一番香
예쁜 얼굴에 술기운 누가 더 많이 올랐는가 嬌顔酒暈誰多少
천연 속에서는 옅은 화장[146]이 최고라네 就裏天然最淡粧

두 번째 其二

짐짓 가지를 나란히 하여 피고 지기를 함께 하니 開落相隨故併枝
고운 마음은 미모를 질투하는 것[147] 배우지 못했네 芳心不學妬蛾眉
응당 보게 되리 나비가 제 얼굴 엿볼까 부끄러워 應羞蝴蝶窺濃淡
아침놀로 얼굴 가리는 것을 看取朝霞障面時

145 삼색도(三色桃) : 한 나무에서 세 가지 빛깔의 꽃이 피는 복숭아나무를 말한다.

146 옅은 화장 : 아름다운 꽃을 여인의 화장에 비유한 것이다. 소식(蘇軾)이 날이 막 갰을 때 서호(西湖) 가에서 술을 마시며 지은 〈음호상초청후우(飮湖上初晴後雨)〉 시에 "만약 서호의 경치를 서시(西施)에 비긴다면, 엷은 단장 짙은 화장이 모두 서로 어울리지.〔若把西湖比西子 淡妝濃抹摠相宜〕"라는 구절이 있다.

147 미모를 질투하는 것 : 원문의 '蛾眉'는 누에나방의 모양처럼 아름다운 미인의 눈썹을 말한다. 《초사》 〈이소(離騷)〉에, "뭇 여인들은 내 아름다움을 질투하여, 나를 음란한 짓 잘한다고 헐뜯누나.〔衆女嫉余之蛾眉兮, 謠諑謂余以善淫.〕"라고 하였다.

비가 개다

雨晴

농가에 좋은 일이 있어	田家有好事
비 온 뒤 또 날이 개니	旣雨且新晴
구름과 안개의 상태 고요히 살펴보고	靜閱雲霞候
제비와 참새의 마음 한가로이 탐지하네	閒知燕雀情
푸른 숲에선 그물 걸어 햇빛에 말리고	靑林懸網曬
맑은 물에선 쟁기 담구어 논밭을 가는구나	白水沒犁耕
삼 년 동안 중서성에서 녹을 먹었는데	三載中書食
돌아보면 이 삶이 부끄러워라	回頭愧此生

고기를 낚으며

釣魚

녹색 삿갓 쓴 어떤 시골 노인이	綠笠何村叟
맑은 강 낚시터에서 고기를 낚는가	淸江一釣磯
낚싯줄 기니 바람에 언덕을 간질거리고	絲長風裊岸
물고기 뛰니 물방울에 옷을 적시네	鱗躍水吹衣
눈 깜박이지 않는 건 마치 묘리를 본 듯해서이고	不瞬如觀妙
마음 가라앉히는 건 홀연 기심이 발동해서인데	潛心忽動機
물새는 무슨 연유로	渚禽緣底事
다투어 버드나무 그늘을 스치며 나는가	爭拂柳陰飛

낮잠
晝眠

처마 끝 해 일 년 같아 안석에 기대 졸고 있자니	簷日如年隱几眠
산들바람 눈을 가리고 서책을 멋대로 흔드네	微風遮眼任書編
살랑살랑 정원의 꽃은 피기 시작하고	依依始着庭花氣
무성한 언덕의 버드나무는 연기 낀 듯 희미하구나[148]	漠漠仍迷岸柳煙
꿈은 판세 뒤집힌 바둑판 위를 스쳐 지나고[149]	夢過殘碁翻局上
몸은 산전에 드러누운 마른 나무 같은데	身同枯木臥山田
정원의 꾀꼬리 나를 부르니 무슨 일인고	園鶯喚我知何事
향기로운 차 끓는 한낮임을 알리는 것이겠지	應報香茶熟午天

148 버드나무는……희미하구나 : 버들의 지엽(枝葉)이 무성해지면 마치 연기가 자욱하게 낀 것처럼 보이므로 이른 말이다.

149 꿈은……지나고 : 꿈 속에서 벼슬에 얽매여 살면서 잘못 되었던 일을 보게 되었다는 뜻이다.

'시' 자를 뽑아 짓다
拈時字

뽕나무 우거진 외딴 마을	孤村桑柘密
꾀꼬리 지저귀는 사월이라	四月囀黃鸝
시는 봄 경치와 함께 시상을 다 쏟아내고	詩與春俱盡
잠은 길어지는 낮처럼 늘어지기만 하네	眠將晝共遲
날 개자 진흙은 제비집을 적시고	晴泥霑燕壘
바람 불자 꽃술은 거미줄에 감기네	風蘂罥蛛絲
울타리에서 농부들의 말을 듣고 있자니	籬落聞農語
모내기할 때가 되었다 하네	移秧可及時

농사일

農務

농사일 갈수록 바빠지니	農務看看急
농가 소리 곳곳에서 일제히 들리네	田歌處處同
마음 쓰이는 건 모가 비를 기다리는 것이요	關心秧待雨
눈에 가득한 건 보리가 바람에 흔들리는 것이라	滿目麥搖風
꾀꼬리 지저귐 소리 호미 너머에서 멎고	鶯語停鋤外
물고기 파닥거림 물속으로 잦아드네	魚飛引水中
고생스레 일을 하곤 모름지기 열매를 먹어야 할지니	辛勤須食實
공부를 시키며 아이들에게 당부하노라	課學戒癡童

즉흥적으로 짓다

卽事

눠엿눠엿 언덕의 해 저물어갈 제	冉冉墟光暮
못가 이슬 맺힌 풀밭 사이를 도네	巡池草露間
돌아가는 소는 저녁연기 바라보고	歸牛望煙火
둥지에 깃든 새는 사립문을 함께 쓰는구나	棲雀共柴關
농부의 말 대부분은 물가에 임하는 것이요	農語多臨水
어부의 노래 절반은 산을 말하는 것이라	漁歌半說山
관동들은 그 뜻을 이해하고	冠童能會意
낭랑하게 시를 읊으며 돌아온다네[150]	琅爾誦詩閒

150 관동들은……돌아온다네 : 관동(冠童)은 어른과 어린아이이다. 공자의 제자 증점(曾點)이 자신의 뜻을 말하라는 공자의 명에 슬(瑟)을 울리다 말고, "늦은 봄날 봄옷이 이루어지거든 어른 대여섯 사람, 동자 예닐곱 사람과 함께 기수(沂水)에 목욕하고 무우(舞雩)에서 바람을 쐬고 시를 읊으면서 돌아오겠다."라고 하였다. 공자는 이 말을 듣고 그의 쇄락(灑落)한 기상을 허여(許與)하였다 한다. 《論語 先進》

흥이 일어

漫興

모란이 피어 눈에 환하니	牡丹開照眼
가는 봄 보내는 것 믿기지 않네	不信送春歸
보리 익을 제 바람은 정원에 일고	麥氣風生院
홰나무 그늘질 제 빗방울은 사립문에 떨어지는구나	槐陰雨滴扉
창주[151]에서 옥루[152]의 꿈을 꾸고	滄洲玉樓夢
청명한 세상에서 연잎옷[153]을 해 입네	淸世碧荷衣
말을 잊을 곳[154]을 알고자 한다면	欲識忘言處
낚시터에 앉아 물고기를 보아야 하리[155]	觀魚坐石磯

151 창주(滄洲) : 물가에 있는 은사(隱士)의 거처를 비유할 때에 쓰는 말이다.

152 옥루(玉樓) : 임금이 있는 대궐을 가리킨다.

153 연잎옷 : 은자의 생활을 의미한다. 굴원(屈原)의 〈이소(離騷)〉에 "마름과 연잎 재단하여 저고리를 만들고, 연꽃을 모아서 치마를 만들리라.〔製芰荷以爲衣兮, 集芙蓉以爲裳.〕"라고 하였다.

154 말을 잊을 곳 : 말을 잊는다는 것은 뜻을 깨달아 말이 필요 없어졌음을 뜻한다. 《장자(莊子)》 〈외물(外物)〉에 "말이란 뜻을 전하려는 것이니, 뜻을 얻으면 말을 잊는다.〔言者所以在意, 得意而忘言.〕"라고 하였다.

155 낚시터에……하리 : 《장자》 〈대종사(大宗師)〉에 "물고기는 강이나 호수 속에서 서로를 잊고 사람은 도의 세계에서 서로를 잊는다.〔魚相忘乎江湖, 人相忘乎道術.〕"라고 하였다. 서로를 잊은 채 아무런 거리낌 없이 유유자적 살아가는 것을 의미한다.

강에 내리는 비

江雨

부슬부슬 강비 올 제 홀로 누대에 기대니	濛濛江雨獨憑樓
너른 들판에 빗물이 밭두둑을 삼켜 버렸네	野色平臨水沒疇
밭 갈고 난 송아지는 한가함을 만끽하고	剩得優閒耕後犢
몸을 씻은 백구는 더없이 깨끗하구나	不勝孤潔浴餘鷗
중년에 학문 폐하고 시나 읊고 있고	中年學廢惟詩律
성주의 은혜 깊어 또 낚싯배를 타고 있네	聖主恩深且釣舟
이곳은 삼복더위를 피할만한데	是處可逃三伏熱
가장 시원한 곳은 굽은 난간머리라오	微凉最在曲欄頭

책을 읽으며

讀書

푸른 홰나무 우거진 곳에 책상을 붙이니 綠槐深處着書床
바람이 책 읽는 소리 보내어 시원한 저녁을 만드네 風送咿唔作晚涼
눈이 침침해 처음에는 꽃에 안개가 끼었나 했고[156] 眼暗初疑花隔霧
마음이 허전해 잠깐 달이 못을 엿보나 했지 心虛乍若月窺塘
젊어서는 잔재주 탐하다 걱정거리 많이 만들었는데 少耽末技多生累
늙어서 다 못 읽은 경전 끼고 있자니 그 맛이 유장하여라 老抱殘經一味長
아직도 생각나네 종암[157]에서 책상 같이하던 밤 尙憶鐘巖同榻夜
시냇가 등불이 산방을 비추었지 磵邊燈火耿山房

156 눈이……했고 : 노안으로 사물이 뚜렷하게 보이지 않는 상황을 묘사한 것이다. 두보의 〈소한식주중작(小寒食舟中作)〉 시에 "봄 강물에 배 띄우니 하늘 위에 앉은 것 같고, 늙은 눈의 꽃구경은 안개 속에 보는 것 같네.〔春水船如天上坐, 老年花似霧中看.〕" 라고 하였다.

157 종암(鐘巖) : 오원(吳瑗)의 별장에 있었던 곳이다. 이천보는 황경원, 남유용 등과 함께 수시로 종암에 모여 함께 노닐면서 시회(詩會)를 갖곤 하였다. 《진암집》 권1에 〈종암문회에서 덕재 백옥과 함께 짓다〔鐘巖文會 與德哉伯玉共賦〕〉 20수가 실려 있고, 권7에 〈종암수창록 뒤에 쓰다〔題鐘巖酬唱錄後〕〉가 실려 있다.

김성여 선재[158] 가 인제 현감으로 부임하기에 써서 주다
書贈金性汝 善材 赴任麟蹄

다섯 마리 말[159] 울어대니 이별의 슬픔 깊어　五馬蕭蕭別意深
창상[160]에서 다 마른 눈물 다시 옷깃을 적시네　滄桑淚盡更霑襟
구름 오는 영산에선 행차를 잠깐 멈추고　雲來靈嶽參停蓋
사슴 내려오는 관정에선 거문고 소리 듣겠지　鹿下官庭聽鼓琴
지금 세상에선 이은[161]으로 살면 족할 뿐이요　今世秪堪爲吏隱
막다른 길에선 산으로 들어가고픈 마음 저버리지 않으리　窮途不負入山心
알겠네 그대 지내면서 그 슬픔 다함 없으리라는 것을　知君俯仰無窮感
응당 연옹께서 옛날 은거하시던 숲[162]에 조상하시겠지

158 김성여(金性汝) : 김선재(金善材)로, 신임사화(辛壬士禍) 때 삼학사(三學士)의 한 사람인 김민택(金民澤, 1678~1722)의 아들이다. 신임사화 때 정의(旌義)에 유배되었다가 익릉 참봉(翼陵參奉), 상의원 첨정, 한산군수, 인제 현감 등을 역임하였다.

159 다섯 마리 말 : '五馬'는 지방 장관의 수레를 말한다. 한(漢)나라 때 태수(太守)가 다섯 필의 말이 끄는 수레를 탔던 데에서 유래하였다.

160 창상(滄桑) : 창해상전(滄海桑田)의 준말이다. 큰 바다가 뽕밭으로 변하고 뽕밭이 큰 바다로 변한다는 뜻으로, 세상사의 변화가 매우 큰 것을 비유한다.

161 이은(吏隱) : 이익과 녹봉에 마음을 두지 않아 벼슬살이를 하면서도 초야의 은자(隱者)와 같은 사람을 일컫는 말이다. 두보(杜甫)의 시 〈원중만청회서곽모사(院中晩晴懷西郭茅舍)〉에 "완화계 속에 꽃이 사뭇 웃으니, 이은 이름 겸한 나를 믿어주려는지.〔浣花溪裏花饒笑, 肯信吾兼吏隱名.〕"라고 하였다. 《全唐詩 卷228 院中晩晴懷西郭茅舍》

應弔淵翁舊隱林

162 연옹께서……숲 : 연옹(淵翁)은 김창흡(金昌翕)을 말한다. 김창흡은 만년에 인제 갈역(葛驛)에서 지냈다. 김선재의 부친인 김민택과 김창흡의 가문이 신임사화에서 함께 화를 입었기 때문에 남다른 느낌을 갖고 방문하였으리라고 추측한 것이다.

자조

自嘲

삼 년간 중서성에서 양쪽 살쩍 세었는데	三歲中書兩鬢絲
부끄럽네 시대를 바로잡을 만한 학술 없음이	愧無學術可匡時
주변 사람들은 탄식이 늦었다고 다투어 비웃겠지	傍人爭笑嗚呼晚
상국이 지금 와서야 장막을 내렸다고[163]	相國今來始下帷

163 장막을 내렸다고 : 동생하유(董生下帷)에서 온 말이다. 서한(西漢)의 유학자 동중서(董仲舒)가 장막을 드리운 채 강론을 하였으므로 제자 중에서도 그 얼굴을 한 번도 보지 못한 자가 있었으며, 독서에 심취한 나머지 3년 동안 집의 뜰을 내다보지도 않았다는 고사가 전한다. 《史記 儒林列傳 董仲舒傳》 전하여 깊이 들어앉아서 독서에 전념하는 것을 비유한다.

이성보[164] 만사

李聖輔輓

계극 세운 가문[165]에 상서로운 난초 심으니	棨戟門庭種瑞蘭
일찌감치 무학(武學)[166] 버리고 문학을 택하였네	早移旗鼓問詞壇
독서재가 삼청동과 가까워	讀書齋近三淸洞
한 구비 시냇물로 비단옷[167] 빨았네	一曲溪流濯綺紈

두 번째 其二

둥지 엎어진 외로운 학[168] 밤이면 슬피 울더니	覆巢孤鶴夜鳴哀

164 이성보(李聖輔) : 이명익(李明翼, 1702~1755)이다. 본관은 전주, 자는 성보(聖輔), 호는 담존재(湛存齋)로, 덕흥대원군의 7대손이며 이홍술(李弘述)의 손자이다. 임인옥사에 연루되어 서천(舒川)으로 유배되었다가 다시 해남현(海南縣)에 정배되었고, 영조 즉위 후 다시 서용되어 정릉 참봉·동몽교관·공조 좌랑·홍천 현감(洪川縣監) 등을 역임하였다.

165 계극……가문 : 계극(棨戟)은 적흑색(赤黑色) 비단으로 싸거나 옻칠을 한 나무창으로 고대에 관리들이 출행 할 때 앞에서 인도하던 의장(儀仗)이다. 여기서는 이성보의 집안이 무신 명문가임을 나타내기 위해 가져온 표현이다.

166 무학 : 원문의 '旗鼓'는 전장에서 군대를 지휘하고 명령을 전달하는 데에 쓰는 기와 북을 말한다.

167 비단옷 : 원문의 '기환(綺紈)'은 품질 좋은 비단으로 만든 옷으로, 부귀한 집안의 자손을 가리키는데 여기서는 이명익이 종친이기 때문에 이른 말이다.

168 둥지……학 : 원문의 '覆巢'는 멸족(滅族)의 화를 당한 것을 비유적으로 나타낸 말이다. 한(漢) 나라 공융(孔融)이 사형을 당할 때 8세와 9세 된 두 아들의 목숨만은 살려 주기를 원했는데, 이때 두 아들이 "둥지가 엎어질 때 알이 무사했던 적이 있었습니

파리한 그림자 섬을 돌아 날아왔네　瘦影飛從海島廻
쓸쓸한 옛 숲은 새로 주인이 바뀌고　蕭瑟故林新換主
북산에는 밝은 달만 배회하고 있었네　北山明月獨徘徊

세 번째 其三

태평성대라 사대부들에겐 태운[169]이 돌아왔건만　聖代衣冠泰運還
곤궁한 시름으로 그대는 홀로 어느 산에서 꿈을 꾸었던가　窮愁君獨夢何山
두우에 남은 눈물 기어이 피가 되었는데[170]　杜郵餘淚偏成血
다시금 현회 사이에서 윤상을 씻었네[171]　更灑倫常顯晦間

까?〔大人豈見覆巢之下, 復有完卵乎?〕"라고 말했던 고사가 있다.《世說新語 言語》 여기서는 이명익의 조부인 이홍술(李弘述)과 관련하여 온 집안이 겪은 일을 가리킨다. 조부는 1722년(경종2) 목호룡(睦虎龍)의 고변으로 경종 시해 계획의 주동자로 몰려 신문을 받다 끝내 불복하고 옥중에서 죽었고, 형 이명좌는 심문 도중 옥에서 죽었으며, 이명익은 유배되었다. 죽은 뒤 가산이 적몰되고 가옥은 목호룡에게 상으로 주어졌다.

169 태운(泰運) : 천지 상하가 막히지 않고 두루 통하는 대운(大運)을 말한다.《주역》〈태괘(泰卦) 상(象)〉에 "하늘과 땅이 사귀어 조화로운 것이 태이다.〔天地交泰.〕"라고 하였다.

170 두우에……되었는데 : 전국 시대 진(秦)나라의 명장 백기(白起)가 소왕(昭王)에게 불만을 품고 병을 핑계 대며 출전을 거부하다가, 마지못해 함양(咸陽)을 떠나 두우정(杜郵亭)에 이르렀을 때 왕이 사신에게 전한 칼을 받고는 자결을 하자, 사람들이 충신이 억울하게 죽었다고 동정하면서 제사를 지내 준 고사가 있다.《史記 권73 白起王翦列傳》

171 현회……씻었네 : 현회(顯晦)는 어떤 사실이 진면목대로 환하게 밝혀지는 것과 그렇지 못하는 것을 일컫는다. 이 일은 특히 이명익의 형 이명좌(李明佐)와 관련된 일로 보인다. 이명좌(李明佐)는 은(銀)을 내어 궁금(宮禁)과 내통하면서 역모를 꾀했다는 죄를 받고 참형에 처해졌는데 선조(宣祖)의 생부 덕흥대원군(德興大院君)의 봉사

네 번째 其四

강호에서 단검 끼고 슬픈 노래 불렀으니 江湖短劍伴悲歌
용모에서 협기가 많은 것을 잘 알 수 있었지 眉宇深知俠氣多
원량의 트인 마음 오히려 강개하였으니[172] 元亮曠懷猶慷慨
한가할 땐 시구 읊으며 형가를 노래하였네[173] 閒從詩句賦荊軻

다섯 번째 其五

시를 논할 때 눈길은 한당에 있었고 論詩目逈漢唐中
흥에 겨워 근래엔 방옹[174]을 좋아하였지 漫興年來喜放翁

손이었다는 점에서 더 논란이 되었다. 영조는 즉위한 후 이홍술을 비롯하여 연좌되었던 이명익의 친족(親族)들을 신원하고 관작을 복위하였을 뿐 아니라 이명좌의 후사를 특별히 세워 대원군의 종사를 잇게 하였다. 《承政院日記 영조1년 4월 9일》

172 원량의……강개하였으니 : 원량(元亮)은 동진(東晋)의 시인인 도잠(陶潛)의 자이다. 도잠이 팽택의 현령으로 있을 때 군(郡)에서 독우(督郵)를 보냈다. 현리(縣吏)가 도잠에게 의관을 갖추고 맞이해야 한다고 하자, "오두미(五斗米) 때문에 향리의 소아(小兒)에게 허리를 굽힐 수 없다." 하고는, 즉시 인끈을 풀고 〈귀거래사(歸去來辭)〉를 노래하며 고향으로 돌아갔다. 《晉書 卷94 隱逸列傳 陶潛》

173 형가를 노래하였네 : 형가(荊軻)는 전국 시대 말기의 협객으로 연(燕) 나라 태자(太子)인 단(丹)을 위하여 진 시황(秦始皇)에게 복수하려다가 뜻을 이루지 못하고 죽은 인물이다. 후대 많은 사람들이 그를 소재로 한 노래를 지었고, 도연명도 그의 죽음을 서글퍼하는 〈영형가(詠荊軻)〉를 지은 바 있다. 《史記 卷86 刺客列傳 荊軻》《陶淵明集 卷4》

174 방옹(放翁) : 남송의 대표적인 시인이자 문신인 육유(陸游)로, 방옹은 호이다. 조정이 부패하자 은퇴하여 향리에서 시작(詩作)에 전념, 거의 1만 수(首)에 달하는 시를 남겼다. 그의 시는 당시풍(唐詩風)의 강렬한 서정을 표현한 시가 많고, 주제의 폭이 매우 넓어 비통한 우국의 시에서부터 전원생활의 기쁨을 노래하는 한적한 시에 이르기까지 매우 다양하였다.

시어가 사람 놀래키는 것도 오히려 옛 버릇이었으니[175]

語或驚人猶舊癖

막다른 길에서 더 곤궁해지는 것도 두려워하지 않았네

窮途不怕更添窮

여섯 번째 其六

성궐에서 다섯 번 탄식하며 양생을 생각하노니[176] 五噫城闕憶梁生

해진 모자로 먼지 속에 사는 것이 어찌 본래의 마음이랴

破帽衝塵豈素情

늦게 수령자리 얻어[177] 두메산골로 찾아들었으니 晩得一麾尋絶峽

175 시어가……버릇이었으니 : 두보(杜甫)의 시에 "멋진 시구 탐닉하는 성벽이 있는지라, 깜짝 놀랄 말 못 되면 죽어도 쉬지 않네.〔爲人性僻耽佳句, 語不驚人死不休.〕"라는 표현이 있다. 《杜少陵詩集 卷10 江上値水如海勢聊短述》애써 좋은 시를 쓰려는 습벽을 말한다.

176 성궐에서……생각하노니 : 양생은 후한(後漢) 때의 처사 양홍(梁鴻)을 말한다. 양홍이 아내 맹광(孟光)과 함께 도성을 떠나 패릉(霸陵)으로 들어가면서 수많은 토목공사에 백성들이 시달리는 것을 보고 비통한 심정으로 "저 북망산에 오름이여, 슬프다. 황경(皇京)을 돌아봄이여, 슬프다. 궁실이 높고 높음이여, 슬프다. 사람들의 수고로움이여, 슬프다. 아득한 미앙궁이여, 슬프다.〔陟彼北芒兮! 噫, 顧覽帝京兮! 噫, 宮室崔嵬兮! 噫, 人之劬勞兮! 噫, 遼遼未央兮! 噫.〕"라는 노래를 지어 불렀는데, 5구(句)의 시에 구절마다 모두 탄식의 뜻으로 '희(噫)' 자를 붙여 무한한 슬픔을 표현하였기 때문에 〈오희가〉라 불리게 되었다. 《後漢書 卷83 梁鴻列傳》

177 수령자리 얻어 : 원문의 '一麾'는 외직으로 나가 지방관이 됨을 이른다. 진(晉)나라 때 죽림칠현(竹林七賢) 중의 한 사람인 완함(阮咸)이 순욱(荀勖)의 배척을 받아 시평 태수(始平太守)로 나갔는데, 남조(南朝) 시대 송(宋)나라의 안연지(顔延之)가 〈오군영(五君詠)〉을 지으면서, 완함에 대해 "누차의 천거에도 조정엔 못 들어가고,

진정 식구 다 데리고 산으로 들어가려던 뜻 이루었구려

眞成盡室入山行

일곱 번째 其七

긴 강에 옛 복수심 말끔히 다 씻어 버리니	長河洗盡舊讎空
하룻밤 용루[178]에서 성상의 마음 여셔서라	一夕龍樓啓聖衷
천토가 막 이루어지는데 몸은 이제 떠나시니[179]	天討方行身便逝
저승에 가서 알리느라 응당 바쁘시리	也應忙報九原中

순욱이 손 한번 내저으매 고을수령으로 나갔네.〔屢薦不入官, 一麾乃出守.〕"라고 한 데서 온 말이다. 《文選 卷21 五君詠 阮始平》

178 용루(龍樓) : 한(漢)나라 태자궁(太子宮) 문루(門樓)의 이름이 동룡루(銅龍樓)인 데에서 유래하여 흔히 세자궁의 별칭으로 쓰이는데 여기서는 임금의 거소, 혹은 조정을 의미한다.

179 천토가……떠나시니 : 천토(天討)는 하늘이 악인을 응징한다는 뜻인데, 전하여 임금이 하늘을 대신하여 악인을 토벌하는 것을 이른다. 여기서는 영조가 《천의소감(闡義昭鑑)》을 저술하게 하여 토역 사실의 전말을 기록하게 한 것을 말한다. 이명익이 죽은 같은 해 1755년(영조 31)에 사업이 이루어졌다.

정성왕후[180] 만장

貞聖王后輓章

잠저에 계실 때부터 덕 있는 이와 짝하여	配德自潛邸
아름다운 부덕 길상과 잘 맞았으니	芳猷協吉祥
조심하며 일곡[181]을 받들었고	小心承日轂
만물을 도와 건강[182]을 바로잡았네	資物正乾綱
황극[183]은 성대한 치세를 열고	皇極參治盛
원상[184]은 창성한 운수를 이끄니	元裳御運昌
깊고 곧은 품성 이미 발자취 드러나	淵貞猶著蹟
요첩[185]이 뒤늦게 빛을 더하였도다	瑤牒晩增光

180 정성왕후(貞聖王后) : 1692~1757. 영조의 원비(元妃)로, 본관은 달성(達城), 달성부원군(達城府院君) 서종제(徐宗悌)의 딸이다. 연잉군(延礽君)과 가례를 올려 달성군부인에 봉해졌고 연잉군이 세제(世弟)로 책봉되자 세제빈에 봉해졌으며, 영조의 즉위에 따라 왕비에 진봉되었다. 슬하에 소생은 없다.

181 일곡(日轂) : 해 바퀴라는 의미로, 임금을 비유한다.

182 건강(乾綱) : 《주역》에서 유래된 것으로, 건(乾)의 괘상(卦象)이 순강(純剛)의 덕을 지녔다 하여, 하늘의 법칙, 또는 임금의 권세 등에 비유한다.

183 황극(皇極) : 제왕이 세상을 다스리는 준칙(準則)이라는 말로, 《서경(書經)》〈홍범(洪範)〉에, "다섯 번째는 황극이니, 이는 임금이 세상을 위한 표준으로서 대중지정의 도를 세우는 것이다.〔五, 皇極, 皇建其有極.〕"라는 말이 나온다. 여기서는 임금을 가리킨다.

184 원상(元裳) : 《주역》〈곤괘(坤卦) 육오(六五)〉 효사(爻辭)에 "황색 치마이니 크게 길하다.〔黃裳元吉.〕"라는 구절에서 유래하였다. 왕후를 지칭한다.

185 요첩(瑤牒) : 후비 등을 책봉하고 칭송하는 글발을 적어 새긴 간책(簡冊)으로

두 번째 其二

영왕[186]의 총애를 생각하노라니	尙憶寧王眷
빈궁 시절[187] 양지의 효[188]를 돈독히 하셨네	東闈志養敦
늙어서도 여전히 시봉을 부지런히 하셨고[189]	老猶勤寢膳
재계할 때는 능원을 바라보며 우셨도다[190]	齋輒泣陵園
칠십 평생 사모함을 비로소 보고	始見七旬慕
효가 백행의 근원임을 깊이 알 수 있나니	深知百行源
지존께서는 증민의 효[191]을 이루시고	至尊曾閔孝

옥책(玉冊) 등을 말한다.

186 영왕(寧王) : 숙종(肅宗)을 이른다. 원래 《서경(書經)》 〈주서(周書) 대고(大誥)〉에서 주(周)나라 성왕(成王)이 부왕(父王) 무왕(武王)을 가리킨 말로, 무왕이 은(殷)나라를 이기고 천하를 편안히 하였다 하여 지칭한 것인데, 후세에는 선대의 왕을 높이는 칭호로 사용하였다.

187 빈궁 시절 : 원문의 '東闈'는 동궁(東宮)의 문을 가리킨 말이다.

188 양지의 효 : 원문의 '志養'은 어버이의 뜻을 제대로 알고서 그대로 따르는 효도를 말한다. 의식(衣食)을 풍족하게 하는 등 부모의 육신만을 위하는 구체(口體)의 봉양(奉養)과 상대되는 말이다. 맹자는 증자가 부친 증석(曾晳)을 봉양할 때의 일과 증자의 아들이 증자를 봉양할 때의 일을 비교해 거론하면서, 효행은 비슷하지만 증자는 부모의 뜻을 봉양하였고〔養志〕 증자의 아들은 부모의 몸만 봉양한 것〔養口體〕이라며 진정한 효도는 뜻을 봉양하는 것이라고 하였다. 《孟子 離婁上》

189 늙어서도……하셨고 : 정성왕후는 승하 당시까지 80 가까이 된 대비, 즉 숙종의 계비인 인원왕후를 모시고 있었다.

190 재계할……하셨도다 : 영조가 쓴 〈정성왕후 행장〉에 의하면 정성왕후는 영조의 생모인 숙빈 최씨 육상궁의 제전에 정성을 다하였고 묘를 원으로 봉하던 날 호곡하며 눈물을 쏟았다고 한다. 《영조실록 33년 3월 12일》

191 증민의 효 : '曾閔'은 공자의 제자인 증자와 민자건을 가리킨다. 두 사람은 모두 효행이 있었던 인물이다. 《맹자》 〈이루 상(離婁上)〉에 관련 내용이 나온다.

가법 또한 왕비의 덕[192]에 힘입었도다　　家法亦坤元

세 번째 其三

하늘이 한나라 명덕 왕후[193]께 보답하여　　天報漢明德
끝내 만년의 복 융성함을 보게 되시니　　終看晩祉繁
안색 살펴 받들던 문자가 있고[194]　　承顔有文子
머리 쓰다듬던 원손도 있도다　　撫頂又元孫
공검하심은 가득 찬 것을 지키는[195] 법도를 이루셨고　　儉作持盈則
겸손하심은 경사가 모이는 문이 되셨도다　　謙爲集慶門
본손과 지손들 백 세를 기약하였으니　　本支期百世
자애로운 은혜 영원히 잊기 어려우리　　慈覆永難諼

192 왕비의 덕 : 원문의 '坤元'은 만물을 기르는 덕으로, 곤위(坤位)의 덕을 가리킨다. 《주역》 〈곤괘(坤卦) 단전(彖傳)〉에 "지극하도다, 곤원이여. 만물이 이에 의뢰하여 생겨나나니, 이에 하늘을 순종하여 받들도다.〔至哉 坤元！ 萬物資生, 乃順承天.〕" 하였다.

193 명덕황후(明德皇后) : 후한(後漢) 명제(明帝)의 후비인 명덕마황후(明德馬皇后)를 가리킨다. 복파장군(伏波將軍) 마원(馬援)의 딸로서, 황후가 된 뒤에도 검소한 복장을 하는 등 부덕(婦德)이 매우 훌륭하였고 친정 사람들이 조정 일에 간섭하지 못하게 하였다. 《後漢書 卷10 明德馬皇后紀》 여기서는 정성왕후를 비유한다.

194 안색……있고 : 원문의 '承顔'은 존안을 살펴가며 기분이 상하지 않도록 받드는 것을 의미하고, 문자(文子)는 제왕(帝王)의 후손을 가리킨다. 《서경》 〈입정(立政)〉에 "지금부터 이후로 문자와 문손은 여러 옥사와 여러 신중히 할 형벌을 그르치지 마시고, 오직 정(正)을 다스리소서.〔繼自今, 文子文孫, 其勿誤于庶獄庶愼, 惟正是乂之.〕"라는 말에서 유래하였다.

195 가득……지키는 : 원문의 '持盈'은 매사에 조심하면서 신중하게 대처하는 것을 말한다. 《도덕경(道德經)》 9장의 "손에 쥐고 가득 차서 흘러넘치게 하기 보다는 아예 손에 쥐지 않는 것이 낫다.〔持而盈之, 不如其已.〕"라고 하였다.

네 번째 其四

3기[196] 동안 숨은 공[197] 넓었고	三紀陰功博
사사로움 없이 일덕[198]이 순일하셨으니	無私一德純
수성이 여러 별과 빛나는 것 바라보고	壽星瞻並曜
규목시 읊으며 인덕이 뻗치는 것 칭송하였네[199]	樛木頌覃仁
궁중의 규범 엄한 것을 알고자 하면	欲識宮規謹
모름지기 외척의 집 가난함을 보아야 하는 것	須看戚第貧
임금의 글 완염[200]에 드리우니	宸辭垂琬琰
천년토록 아름다운 자취 빛나리	千載耀芳塵

196 3기(三紀) : 36년을 말한다. 정성왕후가 곤위에 있었던 기간 33년을 대략 말한 것이다.

197 숨은 공 : '陰功' 은 뒤에서 돕는 숨은 공이란 의미로, 여기서는 왕비의 내조(內助)를 가리킨다.

198 일덕(一德) : 순일(純一)한 덕, 즉 마음을 뜻한다. 《서경》 〈함유일덕(咸有一德)〉에 이윤(伊尹)이 "저는 몸소 탕왕(湯王)과 더불어 모두 일덕을 지녀 능히 천심(天心)에 합당하여 하늘의 밝은 명을 받아서 구주의 무리를 소유하여 이에 하나라의 정삭을 바꾸었습니다.〔惟尹躬暨湯, 咸有一德, 克享天心, 受天明命, 以有九有之師, 爰革夏正.〕"라고 하였다.

199 규목시……칭송하였네 : '覃仁'은 인덕이 아랫사람에게 뻗치는 것이다. '樛木'은 후비(后妃)의 훌륭한 덕을 읊은 《시경》 〈주남(周南)〉의 편명이다. 후비가 투기(妬忌)를 하지 않고 미천한 후궁들에게 두루 은혜를 베풀자, 후궁들이 그 덕에 감복하여 부른 노래이다.

200 완염(琬琰) : 주나라 때 서서에 보관되어 있던 귀한 보옥이다. 《서경》 〈고명(顧命)〉에 "옥을 오중(五重)으로 하며 보물을 진열하니, 적도와 대훈과 홍벽과 완염은 서서에 있고, 대옥과 이옥과 천구와 하도는 동서에 있다.〔越玉五重, 陳寶, 赤刀大訓弘璧琬琰在西序, 大玉夷玉天球河圖在東序.〕"라고 하였다. 여기에는 영조가 직접 쓴 행장이자 홍릉(弘陵)의 지문(誌文)이 된 글을 뜻한다.

다섯 번째 其五

온 나라가 바야흐로 교화에 젖으려는데　率土方涵化
느닷없이 밤에 수의(壽衣)가 펼쳐졌네　容衣奄夕張
비 내린 뒤 시냇가에서 마름을 따고[201]　雨餘中澗藻
봄이 깊어갈 제 뽕나무 숲으로 오르는구나　春老上林桑
길한 무덤은 선왕의 능과 가깝고[202]　原吉先陵邇
향내 나는 함에는 어찰이 담겼네[203]　函香御札藏
세자[204]께서는 어두운 얼굴빛으로　銅樓深墨色
백료들을 감동시키시는도다　感動百僚行

여섯 번째 其六

이 해는 국운이 애달파　是年哀國運

201 시냇가에서……따고 : 원문의 '澗藻'는 시냇가 마름으로 제수(祭需)를 뜻한다. 《시경》〈채빈(采蘋)〉에 "이에 마름 뜯기를 남쪽 산골 물가에서 하도다.〔于以采蘋, 南澗之濱.〕"라고 하였다.

202 길한……가깝고 : 여기서 선왕은 숙종을 말한다. 영조는 정성왕후가 승하하자 정성왕후의 능을 아버지인 숙종(肅宗)의 명릉(明陵) 근처에 만들고 훗날 자신이 정성왕후의 옆에 묻히기 위해 옆자리를 비워두었다

203 향내……담겼네 : 왕비가 보관하고 있던 어찰로 보인다. 영조가 지은 왕비의 행장에 "아, 그가 재궁(梓宮)에 들어가던 날 봉치(封置)해 놓은 것을 보았더니, 바로 옛날의 어찰(御札)과 대궐에 들어온 뒤에 사명(賜名)한 것이었으니, 여기에서 왕후가 항상 추모하던 마음을 알 수 있어서 더욱 슬펐다."라는 내용이 있다. 《영조실록 33년 3월 12일》

204 세자 : 원문의 '銅樓'는 동룡루(銅龍樓)의 준말로 한(漢)나라 태자궁(太子宮)의 누각 명칭이다. 세자를 가리킨다.

대비께서도 승하하시니[205] 太母又遐賓
선어[206]가 구름을 따라 인도하고 仙馭隨雲導
장례 의장 한 달 걸려 펼쳐지는도다 廞儀隔月陳
응당 임금의 옥체 상할까 근심하시며 秪應憂聖體
차마 대궐을 떠날 수 없으실 터 未忍背重宸
돌아가 선왕 모실 교산[207] 길에는 歸侍喬山路
꽃 난간에 별도로 봄이 펼쳐있으리 花欄別有春

205 대비께서도 승하하시니 : 정성왕후 승하 후 얼마 있다 대비인 인원왕후(仁元王后)가 승하하였다. 《영조실록 33년 3월 26일》

206 선어(仙馭) : 신선이 타고 오르는 수레. 곧 임금의 죽음을 이르는 말인데 여기서는 왕비의 죽음을 비유하였다.

207 교산(喬山) : 본래 황제(黃帝)를 장사 지낸 곳을 의미한다. 용을 타고 선계로 떠나는 황제를 신하들이 용의 수염을 붙잡고 따라가려고 하자, 용은 수염이 뽑히며 날아가 버리고 황제는 활과 검이 떨어졌다고 한다. 《史記 卷28 封禪書》전하여 왕릉을 가리킨다.

인원왕후[208] 만장

仁元王后輓章

장락궁[209] 우뚝하고 노인성 높이 떴는데　長樂巋然壽曜尊
아득히 궁검을 그리워하며 헌원께 곡하셨네[210]　緬思弓劒哭軒轅
우러르는 백성들[211] 하늘이 무너지는 아픔을 외려 위로하고　瞻依尙慰天崩痛
만물은 땅의 실어주는 은혜를 고루 입었도다[212]　品物均涵地載恩

208 인원왕후(仁元王后) : 1687~1757. 숙종의 둘째 계비로, 본관은 경주(慶州), 성은 김(金), 존호(尊號)는 혜순자경(惠順慈敬), 휘호(徽號)는 정의장목(定懿章穆), 전호(殿號)는 효소(孝昭)이다. 경은부원군(慶恩府院君) 주신(柱臣)의 딸이다. 1702년(숙종28) 왕비에 책봉되었으며, 소생은 없다.

209 장락궁(長樂宮) : 한(漢) 나라 때 장안(長安)에 있던 궁전의 이름으로 미앙궁(未央宮)의 동쪽에 있었다. 혜제(惠帝) 이후 황제는 미앙궁에 거처하고 장락궁에는 태후(太后)를 모셨으므로, 후세에는 태후, 또는 대비의 궁을 지칭하는 말로 쓰이게 되었다.

210 궁검을……곡하셨네 : 활과 검은 임금의 죽음을 뜻한다. 황제 헌원씨(黃帝軒轅氏)가 승하할 때 하늘에서 용이 수염을 드리우고 내려와 그를 모시고 올라갔는데, 이때에 황제를 따라간 신하들과 후궁들이 70여 명이었다. 이에 나머지 사람들이 용의 수염을 잡으니 수염이 뽑히면서 황제의 활과 검이 함께 땅에 떨어졌는데 남은 백성들은 곧 그 활과 검을 끌어안고 하늘을 우러러보았다 한다.《史記 卷28 封禪書》 여기서는 숙종의 승하를 의미한다.

211 우러르는 백성들 : 원문의 '瞻依'는 항상 바라보고 의지한다는 뜻으로, 부모나 존장(尊長)에 대한 경의(敬意)를 나타내는 말이다.《시경》〈소아(小雅) 소반(小弁)〉에 "뽕나무와 추자나무도, 부모가 심었으면 반드시 공경하거든, 우러러볼 것이 아버지 아님이 없으며, 의지할 것이 어머니 아님이 없도다.〔維桑與梓, 必恭敬止. 靡瞻匪父, 靡依匪母.〕"라고 하였다. 대비에 대한 신료와 백성들의 존경과 의지를 표현한 말이다.

열 첩의 존호는 대비를 높였고[213] 十疊瑤章隆太母
세 조정의 임금은 훌륭한 자손을 안았네 三朝綵袞抱佳孫
같은 기둥의 보탑에서 유지를 따르실 터 同楹寶榻遵遺意
송백 우거진 선릉에선 오른쪽 언덕을 여시리라[214] 松栢仙陵啓右原

두 번째 其二

위태롭던 신축년 아직도 마음을 놀래키니[215] 時危辛丑尙驚心
존망의 위기 속에 임해주심을 믿었네[216] 一髮存亡恃有臨

212 만물은……입었도다 : 인원왕후의 후한 덕이 백성들에게 은택을 끼쳤다는 뜻이다. 《주역》 〈곤괘(坤卦) 상(象)〉에 "땅의 형세가 곤이니, 군자가 이것을 인하여 후한 덕으로 만물을 싣는다.〔地勢坤, 君子以, 厚德載物.〕"라고 하였다. 흔히 왕비의 덕을 가리키는 말로 쓰인다.

213 열 첩의……높였고 : 인원왕후는 숙종 때 혜순(惠順)이라는 존호를 받은 이래, 왕대비로 있으면서 1722년(경종 2) 자경(慈敬), 1726년(영조 2) 헌열(獻烈), 1740년 광선(光宣) 동년 현익(顯翼), 1747년 강성(康聖), 1751년 정덕(貞德), 1752년 수창(壽昌), 1753년 영복(永福), 1756년 융화(隆化) 등 10여 차례의 존호(尊號)가 올려졌고 사후에 휘호(徽號) 정의장목(定懿章穆)이 올려졌다.

214 송백……여시리라 : 선릉(仙陵)은 숙종의 능 명릉(明陵)을 가리킨다. 명릉은 숙종과 인현왕후의 능이 쌍릉으로 나란히 놓여 있고, 인원왕후가 오른쪽 언덕에 단릉(單陵)으로 모셔져 있는 동원이강릉(同原異岡陵) 형식이다.

215 위태롭던……놀래키니 : 신축옥사를 가리킨다. 왕위 계승 문제를 놓고 노론과 소론 사이에 일어난 옥사로, 경종 1년 신축년(1721)에 시작하여 이듬해인 임인년(1722)까지 이어졌다 하여 신임옥사(辛壬獄事)라고도 한다. 김창집(金昌集)·이건명(李健命)·이이명(李頤命)·조태채(趙泰采) 등 노론 사대신이 주장하여 연잉군(延礽君)을 왕세제(王世弟)로 책봉하자 소론의 조태구(趙泰耉), 유봉휘(柳鳳輝) 등이 반대하고 목호룡(睦虎龍)이 사대신을 역모로 무고하여, 사대신 이하 노론 일파가 대거 실각한 사건이다.

새로 돌 다듬어 천주를 떠받치니[217]	天柱擎來新鍊石
몇 겹 음지 속에서 해가 솟았는가	日輪扶出幾層陰
중위[218]에서 신묘한 공 조용히 거두시니	重闈斂用神功寂
황극[219]의 끼쳐준 계책 지극한 교화 깊어라	皇極貽謨至化深
소감[220]을 엮어 신 머리 조아리니	昭鑑編成臣稽首

216 존망의……믿었네 : 원문의 '一髮'은 일발인천균(一髮引千鈞)의 줄임말이다. 한 가닥의 머리카락으로 3만 근이나 되는 무거운 물건을 끌어당긴다는 뜻으로 극히 위험하거나 무모한 일을 비유한다. 소론이 벌인 옥사(獄事) 당시 연잉군이 경종 시해 음모에 연루됐다는 혐의를 받자, 왕대비였던 계모 인원왕후를 찾아가 울며 호소하였고 인원왕후가 경종에게 연잉군의 목숨을 살려주라는 간절한 내용의 편지를 언문으로 써 보낸 덕택에 연잉군은 가까스로 목숨을 부지하고 소론측의 전횡을 누그러뜨릴 수 있었다. 《영조실록(英祖實錄)》의 〈영조대왕 묘지문〉에는 이때 대비가 쓴 편지의 내용이 실려 있다.

217 새로……떠받치니 : 연석보천(鍊石補天) 고사로, 엄청난 재난을 극복하거나 불리한 국세(局勢)를 만회하는 것을 비유한다. 옛날에 공공씨(共工氏)가 전욱(顓頊)과 싸우다가 화가 나서 부주산(不周山)을 머리로 치받자 하늘 기둥이 부러지면서 하늘은 서북쪽으로 기울고 땅은 동남쪽으로 꺼졌는데, 이에 여와씨(女媧氏)가 "오색의 돌을 구워서 터진 하늘을 메우고, 자라의 다리를 잘라서 땅의 사방 기둥을 받쳐 세웠다."고 한다. 《淮南子 覽冥訓》

218 중위(重闈) : 겹겹의 궁문이나 아녀자가 거처하는 깊숙한 규방을 뜻하는데, 여기서는 인원왕후를 비유한다.

219 황극(皇極) : 제왕이 세상을 다스리는 준칙(準則)이라는 말로, 《서경》 〈홍범(洪範)〉에 "다섯 번째는 황극이니, 이는 임금이 세상을 다스리는 표준으로 대중지정(大中至正)의 도를 세우는 것이다.〔五, 皇極, 皇建其有極.〕"라고 하였다.

220 소감(昭鑑) : 1755년(영조31) 왕명으로 김재로(金在魯), 이천보(李天輔) 등이 편찬해 올린 《천의소감(闡義昭鑑)》을 말한다. 1721년(경종1) 신임사화에서 1755년(영조31) 탕평책에 이르기까지 경종·영조 대에 일어난 토역(討逆)의 사실을 모아 전말을 기록하였다.

권의 반 이상은 휘음[221]이라　　卷中强半是徽音

세 번째 其三

만년 영화 누리시면서도 처창한 옛 생각 유독 떠올라　　晩享偏添愴舊情

좋은 날 매번 축수의 잔[222] 물리치셨네　　良辰每却萬年觥

효성은 봄볕[223]의 영구함에 미치지 못할 듯이 하셨건만　孝如不及春暉永

겸덕으로 땅의 도 이루는데 빛을 더하셨도다[224]　　謙以彌光地道成

하늘이 도우시어 막 온갖 복과 경사 펼쳐지려 할 때도

221 휘음(徽音) : 후비(后妃)의 아름다운 덕행과 언어를 뜻한다. 《시경》 〈사제(思齊)〉에 "태사께서 태임(太任)의 아름다운 덕을 이어 받으셨다.〔太姒嗣徽音.〕"라는 말에서 나왔다.

222 축수의 잔 : 원문의 '萬年觥'은 주공(周公)이 일찍이 빈(豳) 땅을 농정(農政)으로 잘 다스렸던 선조(先祖) 후직(后稷)과 공류(公劉)의 풍화(風化)를 서술하여 지은 《시경(詩經)》 〈칠월(七月)〉에 "시월엔 채마밭 깨끗이 닦고, 두 항아리 가득히 술을 걸러, 염소와 양을 잡아 잔치를 열고, 저 공당에 올라가서, 무소뿔 잔을 들어 비노니, 만수무강하리로다.〔十月滌場, 朋酒斯饗, 曰殺羔羊, 躋彼公堂, 稱彼兕觥, 萬壽無疆.〕" 한 데서 온 말이다.

223 봄볕 : 원문의 '春暉'는 봄날의 따뜻한 햇볕 같은 부모의 은혜를 가리킨다. 맹교(孟郊)의 〈유자음(遊子吟)〉에 "누가 한 치 풀의 마음을 가지고 삼춘의 햇볕에 보답한다고 말하랴.〔誰言寸草心, 報得三春暉?〕"라는 구절이 있다.

224 겸덕으로……더하셨도다 : 《주역》 〈곤괘(坤卦) 문언(文言)〉에 "음(陰)이 비록 아름다운 덕을 지니고 있을지라도, 이를 숨기고 왕의 일에 종사하여 감히 그 일을 자기가 이룬 것처럼 하지 말아야 하니, 이것이 땅의 도이고 아내의 도이며 신하의 도이다. 땅의 도는 자기가 이룬 것처럼 내세우지 않고 하늘을 대신하여 끝마무리를 하는 것이다.〔陰雖有美, 含之以從王事, 弗敢成也, 地道也, 妻道也, 臣道也. 地道, 无成而代有終也.〕"라는 말이 나온다.

天佑方申千福慶

백성에 대한 근심은 오히려 음양의 조화를 걱정하셨네
民憂猶軫一陰晴

궁중의 지극한 즐거움 이제 적막하게 되었으니 金宮至樂今寥廓
대궐 나무엔 쓸쓸한 바람과 맑은 이슬 뿐이라 禁樹風凄玉露淸

네 번째 其四

칠십에 최마복은 백왕 중 드문 일인데[225] 七十衰麻罕百王
엄려[226]의 통곡 온종일 계속되었네 嚴廬攀哭六時長
보삽[227]의 금빛 의장 몸소 모시고 躬陪寶翣流金節
완염에 새긴 문장[228] 눈물에 젖었도다 淚濕天題刻琬章
새 능의 술잔은 전에 올리던 것으로 하고 新寢尊罍仍昔薦
내탕고의 은과 비단 흉년을 만나 썼네[229] 內頒銀綺值年荒
슬퍼라 중전의 수레 응당 앞서 인도하시리니 傷心坤御應先導

225 칠십에……일인데 : 영조 66세에 인원왕후가 세상을 떠나 영조가 아들로서 상복을 입은 것을 말한다.

226 엄려(嚴廬) : 임금이 국상(國喪)을 당하였을 때 거처하는 여막(廬幕)이다.

227 보삽 : 삽(翣)은 발인(發靷) 때 상여의 앞뒤에 세우고 가는 치장 제구의 하나로, 죽은 사람의 영혼을 좋은 곳으로 인도해 달라는 염원을 담고 있다.

228 완염에……문장 : 영조가 친히 지은 인원왕후의 행록을 말한다. 이 내용은 그대로 지문(誌文)이 되어 인원왕후가 잠든 명릉(明陵)에 묻혔다. 《영조실록 33년 3월 26일》

229 내탕고의……썼네 : 원경하(元景夏, 1698~1761) 가 쓴 〈인원왕후시책(仁元王后諡冊)〉에 의하면 인원왕후의 평소 유언에 따라 장례 때 내탕고의 은자(銀子)는 탁지(度支)에 출연하고 상방(廂房)의 비단도 장례와 산역에 동원되는 인부와 석공 등에게 반포하여 노역을 덜어주고 공납을 도왔다고 한다. 《蒼霞集 卷10 大行大王大妃諡冊文》

마치 패옥 소리 울리며 혼정신성 하시는 것 같으리[230]

彷彿晨昏響珮璜

230 슬피라……같으리 : 1759년(영조33) 2월 15일에 며느리인 영조의 원비(元妃)인 정성왕후(貞聖王后) 서씨(徐氏)가 승하하고, 3월 26일에 시어머니가 되는 숙종의 계비(繼妃)인 인원왕후(仁元王后) 김씨(金氏)가 연이어 승하하였기 때문에 이른 말이다.

아이들이 동정[231]으로 나가 글을 읽었는데 창수한 시축이 있기에 〈밤에 읊다〉라는 시운에 차운하다

兒輩出東亭讀書 有唱酬軸 次其夜吟韻

아이들의 시가 나를 흥기시키니	兒曹詩起我
좋은 시구가 동정에 가득찼네	佳句滿東亭
등잔불 아래 한 해가 저물이가는데	燈火將殘歲
산림에서도 경문의 뜻을 풀지 못했구나	山林未了經
마음을 씻어내며 찬 데서 시냇물 소리 듣고	洗心寒聽磵
서책을 탐독하며 새벽에 별을 보네	耽讀曉看星
동정은 때에 따라 징험을 하는 것[232]	動靜隨時驗
궁음[233]엔 문을 닫는 것이 마땅하리	窮陰合閉扃

231 동정(東亭) : 오원(吳瑗)의 별장에 있었던 정자 이름으로 서울 종암(鐘巖)에 있었다. 이천보는 수시로 이곳에 와서 지냈고 남유용, 황경원 등을 비롯한 여러 문사가 모여 시주회를 가졌다.

232 동정은……하는 것 : 《주역(周易)》 〈간괘(艮卦) 단사(彖辭)〉에 "간은 그친다는 뜻이니, 때가 그칠 만하면 그치고, 때가 행할 만하면 행하여 동정이 그때를 잃지 않아야만 그 도가 광명해진다.〔艮止也, 時止則止, 時行則行, 動靜不失其時, 其道光明.〕"라는 말이 있다.

233 궁음(窮陰) : 음(陰)이 꽉 찬 상태인 겨울 음력 10월을 뜻한다. 음력 10월은 순음(純陰)인 곤괘(坤卦)에 해당하고, 동지가 되면 양효(陽爻) 하나가 아래에서 다시 생겨나, 11월에 해당하는 복괘(復卦)가 된다. 여기서는 좋지 않은 시국을 암시한다.

박 봉조하 필기[234] 만사

朴奉朝 弼琦 輓

비의[235]를 일소에 부치고 공명을 사절하니 緋衣一笑謝功名
나이 차서 굳이 벼슬 이루기를 기다렸으랴 年至何須待宦成
소부의 황금[236]도 오히려 속물로 여겼으니 疏傅黃金猶俗物
도서 쌓인 낡은 집 두어 칸 청결하였네 圖書老屋數椽淸

두 번째 其二

한가히 지내며 평지에서 진선이 되어 閒來平地做眞仙
백발 쓸쓸히 팔십을 지냈네 霜髮蕭然八十年
삼생[237]에 청한한 팔자 있음을 알겠노니 知是三生淸分在
속세의 갓끈을 몇 번에나 구룡연[238]에 씻었던가 塵纓幾濯九龍淵

234 박 봉조하 : 박필기(朴弼琦, 1677~1757년)로, 본관은 반남(潘南). 자는 치규(稚圭), 호는 무취옹(無臭翁)이다. 지평(持平)을 시작으로 장령(掌令)·헌납(獻納)·지제교(知製校)·대사간(大司諫)·집의(執義)·등을 지내고 통정대부(通政大夫)로 치사(致仕)하였다.

235 비의(緋衣) : 붉은색의 얇은 비단으로 만든 조복(朝服)으로 당상관이 입는다.

236 소부의 황금 : 소부는 중국 한(漢)나라 때의 소광(疏廣)을 가리킨다. 그가 태자사부(太子師傅)로 있다가 치사하고 고향으로 돌아올 때 황제와 태자가 수십 근의 황금을 하사하였는데, 자제들이 생업을 일으키기를 청하였지만, 소광은 이를 거절하고 황금을 팔아 날마다 주연을 베풀어 다 써버렸다고 한다. 《漢書 卷71 疏廣傳》

237 삼생(三生) : 불교 용어로, 즉 전생(前生)·금생(今生)·내생(來生)을 이른 말이다.

공이 아홉 번이나 금강산에 들어갔기 때문에 이렇게 말한 것이다.

세 번째 其三

시는 예스럽고 글씨는 힘찼으니 詩能蒼古筆淋漓
마음 쏟기를 요할 뿐 기이한 것을 요하지 않았네 只要遊心不要奇
붓을 휘두르면서 때로 천방[239]의 의취를 보았는데 揮灑時看天放趣
양생의 참된 비결 아는 사람 적었네 養生眞訣少人知

두 번째 구는 다른 곳에는 "젊은 날의 공부 늙어가며 더욱 기이해졌네〔少日工夫老更奇〕"로 되어 있다.

네 번째 其四

세상사 살펴보면 몇 판의 바둑일까 世事觀來幾局碁
종남산 푸른 빛 아래 한가한 노인이었네 終南蒼翠澹鬚眉
당 앞에 열 길 소나무 늙어가는데 堂前十丈喬松老
아직도 기억나네 한가한 노인이 손수 그 나무 심던 때가 尙記閒翁手種時

238 구룡연(九龍淵) : 내금강 구룡폭포 아래에 있는 연못이다. 《신증동국여지승람(新增東國輿地勝覽)》에 의하면 옛날 아홉 마리의 용이 숨어 있던 연못을 메우고 유점사(楡岾寺)를 짓자, 용이 여기로 옮겨 왔기 때문에 그렇게 불렀다고 한다.

239 천방(天放) : 자유방임(自由放任), 즉 남의 간섭을 받지 않고 자유자재로 즐겁게 살아가는 것을 말한다. 《장자(莊子)》 〈마제(馬蹄)〉에 "자연과 혼연일체가 되어 한쪽에 치우친 삶을 살아가지 않는 것을 일컬어 천방이라 한다.〔一而不黨, 命曰天放.〕"라고 하였다.

다섯 번째 其五

거마가 사람을 도성 거리로 모니　　車馬驅人九陌中
새벽 종 밤 시계 소리 부질없이 바쁘구나　　晨鐘夜漏謾忽忽
초연히 학을 타고 청도[240]로 떠났으니　　超然騎鶴淸都去
공을 슬퍼할 필요 없네 외려 공을 하례해야지　　不必悲公且賀公

240 청도(淸都) : 천제(天帝)가 거처한다는 천상의 궁전으로 여기서는 죽음을 의미한다.

견책을 받고 나와 신촌에 머무르면서 아이들의 시운에 차운하다

被譴出住新村 次兒輩韻

성주의 은혜 깊어 성곽 동쪽에 누우니	聖主恩深臥郭東
약봉지와 바둑판이 짝하여 주네	藥囊碁局伴人同
마음은 사직의 안위 사이에서 놀라고	心驚社稷安危際
힘은 성상의 진노[241] 속에서 빠지는구나	力盡雷霆震疊中
가지 끝 가을 매미[242]는 저녁 비 소리 듣고	樹杪寒蟬聞暮雨
밭머리 외론 학은 가을바람 맞고 섰네	田頭孤鶴立秋風
맑은 시내에서 그림자 돌아보니 백발이 한탄스러워라	淸溪顧影嗟華髮
7년을 중서성에서 병 요양한 늙은이로세[243]	七載中書養病翁

241 성상의 진노 : 원문의 '雷霆'은 천둥 같은 임금의 위엄을 말하고, '震疊' 또한 임금 등 존귀한 사람이 몹시 성을 내어 그치지 않는 것을 뜻한다.

242 가을 매미 : 원문의 '寒蟬'은 추운 가을날 울지 못하는 매미를 말한다. 《후한서(後漢書)》 권67 〈당고열전(黨錮列傳) 두밀(杜密)〉에, "유승(劉勝)은 지위가 대부(大夫)에 이르러 상빈(上賓)으로 예우를 받고 있지만 선한 사람임을 알면서도 천거하지 않고 악한 것을 듣고서도 말하지 않아 실정을 숨기고 자신만을 아꼈으니, 마치 울지 않는 가을매미〔寒蟬〕와 같았다."라고 한 고사가 있다. 여기서도 말해야 할 때 말하지 못하는 자신을 비유한 것으로 보인다.

243 중서성에서……늙은이로세 : 송(宋)나라 인종(仁宗) 때의 재상인 진요좌(陳堯佐) 등이 병치레만 하고 제대로 정사를 돌보지 못하므로, 간관으로 있던 한기(韓琦)가 "중서성이 병을 요양하는 곳이 되어 버렸다.〔中書番爲養病坊.〕"라는 당시의 말을 인용하여 상소를 올려 사직하게 하였다는 고사가 있다. 《宋史全文 卷7下》

또 짓다
又

산 트이고 들판 환한 소루의 동쪽이라	山開野曠小樓東
바위샘 몇 구비에서 소요하는 것 같네	徙倚巖泉數曲同
병들어도 돌 위에 시 쓰는 일 그만두지 않고	病不廢詩題石上
게을러져 도성에 편지 써 들이는 일 없지	慵無修札入城中
사흘 밤 꿈은 오동에 떨어지는 빗소리에 편안하였으나	三宵夢穩梧桐雨
십 년간 몸은 염예[244]의 폭풍 속을 지나는 것이었네	十載身經灩澦風
성세의 한가로움 초택은 아니지만	聖世優遊非楚澤
거닐며 읊조리며 그래도 어부에게 묻고 싶구나[245]	行吟猶欲問漁翁

'게을러져〔慵〕'는 다른 곳에는 '한가해져〔閒〕'로 되어 있다.

244 염예(灩澦) : 염예퇴(灩澦堆)를 말하는데, 사천성 봉절현(奉節縣) 서남쪽 양자강의 구당협(瞿唐峽) 어귀에 있는 바위이다. 지형이 높아 물살이 매우 사납고 험해 배들이 전복되는 경우가 많다고 한다.

245 성세의……싶구나 : 초택(楚澤)은 초(楚) 지방에 있는 호수로, 전국 시대 때 초나라의 굴원(屈原)이 소인(小人)의 참소에 의해 조정으로부터 쫓겨나 있던 곳이다. '行吟'은 굴원이 이곳을 거닐며 시를 읊은 것을 가리키고 초췌한 굴원을 보고 어부가 "창랑의 물이 맑거든 내 갓끈을 씻고, 창랑의 물이 흐리거든 내 발을 씻으리라.〔滄浪之水淸兮, 可以濯吾纓, 滄浪之水濁兮, 可以濯吾足.〕"라고 노래 불렀다는 이야기가 〈어부사(漁父辭)〉에 나온다. 이곳은 성세이고 현재 자신은 굴원과 같은 신세는 아니지만 처세의 문제를 고민하고 있음을 나타낸다.

육화정[246]은 곧 조후계[247]의 옛 집터에 지은 것이라 느낌이 일어 짓다

六化亭卽趙后溪舊基 感而有賦

후계를 사람들은 동중선이라고 부르니　　后溪人喚洞中仙
송학[248]은 일찍이 집 지은 해를 알고 있으리　　松鶴曾知卜築年
정자가 제냥 사람 맞기를 여관처럼 하니　　亭自閱人如逆旅
하늘이 응당 나에게 인연을 만들어 주신 게지　　天應敎我作因緣
구름은 와서 죄 지은 늙은이[249]를 늘 보호하고　　雲來常護丹書老
우물은 차서 푸른 시내에서 떨어지는 물을 받네　　井洌仍承碧澗懸
후한 녹봉에 쓸모없이 자리 차지하고 있는 것 부끄럽구나　　厚俸自羞空竊位
그저 능한 것은 산 살 돈 넉넉하다는 것일 뿐　　只能贏得買山錢

246 육화정(六化亭) : 이천보가 만년에 벼슬에서 물러나 강가에 짓고 살았던 정자이다. 이천보는 여기서 빈객들과 더불어 소요자적하다가 여기서 죽었다.《江漢集 제16권 大匡輔國崇祿大夫議政府領議政兼領經筵弘文館藝文館春秋館觀象監事世子師文簡李公墓誌銘》《영조 37년 1월 5일 이천보 졸기》

247 조후계(趙后溪) : 조유수(趙裕壽, 1663~1741)로, 본관은 풍양(豐壤), 자는 의중(毅仲), 호는 후계(後溪)이다. 옥천 군수(沃川郡守)·회양 부사(淮陽府使)·무주 부사(茂朱府使) 등을 지냈고 돈녕부도정(敦寧府都正)·오위장(五衛將)을 거쳐 판결사(判決事)에 이르렀다.

248 송학(松鶴) : 송(松)과 학(鶴)은 수명이 길기 때문에 집의 햇수가 오래되었음을 의미하기 위해 끌어온 소재이다

249 죄 지은 늙은이 : 원문의 '丹書'는 죄인의 범죄 사실을 붉은 글씨로 기록한 문서이다.

광류 형 철보[250] 이 배를 타고 찾아와 주었는데 그 아우 계상 길보[251] 이 조카 택지 심원[252] 를 데리고 서울에서 와서 모였기에 다시 '동' 자 운을 써서 함께 짓다

廣留兄 喆輔 乘舟過訪 其弟季祥 吉輔 率姪宅之 心源 自京來會 疊東字共賦

그림 배 멀리 뚝섬 동쪽에서 오는데 畫艦遙從纛島東
연이어 아우도 형과 함께 왔네 聯翩更有弟兄同
시국 걱정에 눈물은 강호 위에 떨어지고 時憂淚落江湖上
가을 기운에 몸은 공무 중에 가볍구나 秋氣身輕簿牒中
행주[253]를 언덕 곁에 차리니 물고기가 물결을 불고 行廚傍岸魚吹浪
돌아온 배 닻줄이 모래를 끄니 기러기가 바람을 일으키네 歸纜牽沙鴈起風
조만간 알게 되리 그대의 인끈 던질 계획[254] 早晩知君投紱計

250 광류 형(廣留兄) : 이철보(李喆輔, 1691~1770)로 본관은 연안(延安), 자는 보숙(保叔), 호는 지암(止庵)이다. 승지·대사간·도승지·호조·공조·병조·예조의 판서를 지냈고 두 차례 청나라에 사신으로 다녀왔다.

251 아우 계상(季祥) : 이길보(李吉輔, 1700~1771)로, 본관은 연안(延安), 자는 계상(季祥)이다. 승지·대사헌·도승지·대사간·공조 판서 등을 역임하였다.

252 조카 택지(宅之) : 이심원(李心源)으로, 초명은 인원(仁源)인데, 국시(國諡)를 피하여 개명하였다. 택지(宅之)는 그의 자이다. 정언·지평·사서·교리·수찬·헌납·도승지 등을 역임하였다.

253 행주(行廚) : 음식을 장만하기 위해 임시로 차려 놓은 부엌이다.

254 인끈……계획 : 사직(辭職)할 계획을 말한다. 소식(蘇軾)의 〈화치사장낭중춘주(和致仕張郎中春晝)〉 시에 "인끈 버리고 돌아오니 만사가 홀가분해라, 아직 다 사라지

흰 머리로 두 어부가 마주하고 있겠지　　　　白頭相對兩漁翁

지 않은 건 풍정일 뿐일세.〔投紱歸來萬事輕, 消磨未盡秖風情.〕"라는 구절이 있다.《蘇東坡詩集 卷8》

이생 홍상[255]의 시운에 차운하다
次李生鴻祥韻

난간 삼면이 툭 트이니	欄干三面豁
기세가 인가를 벗어날 듯하네	勢欲出人煙
기러기 돌아가는 들녘엔 하늘이 아득하고	天逈歸鴻野
해오라기 멱 감는 시내엔 모래가 깨끗하구나	沙明浴鷺川
발을 걷으니 나뭇가지 끝이 보이고	捲簾應樹杪
베개에 기대니 구름이 펼쳐지는데	欹枕且雲前
낭랑하게 들리는 그대의 시 읊는 소리	朗爾聞君詠
예서 묵는 것이 몇 날 밤인가	留連幾夜眠

255 이생 홍상 : 이홍상(李鴻祥)으로 이천보의 아들인 이문원(李文源)이 경상 감사로 있을 때 비장(裨將)으로 있던 사람이다. 《正祖實錄 5年 9月 29日, 10月 18日》

밤에 서종제 예보[256]의 시운에 차운하다
夜次庶從弟禮輔韻

한가로이 지내노라니 절후는 흘러가고	閒居節候問流行
들보의 제비가 둥지 떠나는 것도 물정이라	樑燕辭巢亦物情
돛 그림자에 바람 높으니 쌍섬은 멀어져가고	帆影風高雙島遠
다듬이질 소리에 이슬 내리니 사방이 말쑥하네	砧聲露下四鄰淸
강호에 남은 자취 선배를 그리워하고	江湖遺躅懷前輩
한묵의 남은 인연 후생에게 부치리	翰墨餘緣付後生
허름한 야인 옷에 푸른 부들 삿갓이라[257]	野服蕭然靑蒻笠
십 년간 공명 좇은 것 후회스럽구나	十年端悔做功名

256 예보 : 이예보(李禮輔)로, 이천보의 아들인 이문원(李文源)이 경상 감사로 있을 때 이홍상(李鴻祥) 등과 함께 비장(裨將)으로 있었다.

257 푸른 부들 삿갓 : 은사의 복장이다. 당나라의 장지화(張志和)가 연파조도(烟波釣徒)라 자칭하면서 강호에 살았는데 그가 지은 〈어부사(漁父詞)〉에, "푸른 부들 삿갓에다 푸른 도롱이 입고, 비낀 바람 가랑비에 돌아갈 곳 없어라.〔靑蒻笠綠蓑衣, 斜風細雨不須歸.〕"라는 구절이 있다.

지난날을 추억하다

憶昨

대궐[258]에서 지난날 붉은 섬돌 오르던 일 생각하니	天門憶昨上丹除
아직도 향로의 향기 소매에 남아 있는 듯하네	尙有爐香滿袖餘
눈물 줄줄 흘림은 단지 성세를 걱정해서요	涕淚只緣憂聖世
고향으로 돌아감은 감히 내 집을 사랑해서가 아니라	歸來非敢愛吾廬
밤중에 들리는 돌샘소리 궤안을 침범하고	石泉夜響侵凭几
맑은 빛 스민 종이창은 읽는 책을 비추네	紙牖晴暉照讀書
나가든 물러나든 모두 성대한 은혜임을 잘 아니	進退深知皆盛渥
다시 지팡이 짚고 고기 잡는 것 구경 가야겠네	更扶藜杖去觀魚

258 대궐 : 원문의 '天門'은 천상에 있는 문으로 상제(上帝)가 사는 곳인데, 흔히 황제의 대궐을 미화할 때 쓰는 말이다.

서용하라는 명이 내려진 후 사촌 형의 시운에 삼가 수창하다
叙命後 奉酬從氏

허겁지겁 의관 걸치고 냇가집 앞에서	顚倒衣冠磵戶前
은혜로운 열 줄 윤음 공손히 받들었네	恭承恩綍十行宣
성상의 도량 능히 만물을 포용함을 잘 아니	深知聖度能容物
외로운 충성 성상께 닿지 못함이 부끄럽구나	自愧孤誠未格天
강가를 배회하노라니 가을은 느꺼워지기 쉽고	江漢徘徊秋易感
풍상을 두루 겪고 나니 밤은 잠들기 어려워라	風霜閱歷夜稀眠
몸 한가히 서추[259]의 관직을 좋게 지니고	身閒好帶西樞秩
솔뿌리 높이 베고 돌샘 소리 듣노라	高枕松根聽石泉

259 서추(西樞) : 중추부(中樞府)의 별칭이다. 처음에는 왕명(王命)의 출납(出納)·숙위(宿衛)·군기(軍機)를 맡았는데, 세조(世祖) 때 와서는 일정한 사무가 없어 현직(現職)이 없는 당상관(堂上官)들의 벼슬자리로 되었다.

9일에 병으로 높은 곳에 오르지 못하다[260]

九日 病不登高

금년 명절엔 산에 오르지 못하고	今年佳節負登山
몸져누운 단풍 숲에 잎새가 문을 가렸네	伏枕楓林葉擁關
사랑스러워라 응봉[261]의 서리 내린 뒤 골격이	可愛鷹峰霜後骨
허옇게 여윈 얼굴들 서로 마주하고 있구나	蒼然相對兩癯顏

260 9일에……못하다 : 9일은 음력 9월 9일 중양절(重陽節)을 가리킨다. 중양절에 높은 곳에 올라 재액(災厄)을 피하는 풍속이 있었다. 《임하필기(林下筆記)》〈문헌지장편(文獻指掌編) 절일(節日)〉에 "중추절에는 달맞이를 하며, 9월 9일 중양절에는 높은 곳에 오르고……이와 같은 것들은 모두 옛날의 풍속이다.〔中秋玩月, 九日登高, ……皆古俗也.〕"라고 하였다.

261 응봉(鷹峯) : 창덕궁 뒤에 있는 주봉(主峰)이다.

또 짓다

又

사립문에 백의 입은 사람 오지 않으니[262]	柴門未見白衣來
적막하게 가는 가절을 누워서 보내는데	臥送佳辰寂寞回
국화 떨기는 새로 금주한 것을 알지 못하고	叢菊不知新禁酒
두어 가지 부질없이 낮은 담장 곁에 피었구나[263]	數枝空傍短墻開

262 백의……않으니 : 백의 입은 사람은 술을 가지고 오는 사람을 뜻한다. 도연명(陶淵明)이 중양절(重陽節)에 술이 없어 울 밑에서 속절없이 술에 띄울 꽃잎만 따고 있던 차에 백의(白衣)를 입은 사람이 술을 싣고 왔는데, 바로 강주 자사(江州刺史) 왕굉(王宏)이 보낸 사람이었다는 고사가 있다. 《宋書 卷93 陶潛列傳》소식(蘇軾)의 〈장질부송주육호…(章質夫送酒六壺 …)〉 시에 "백의로 술 보낸다기에 연명처럼 춤추면서, 바람난간 급히 쓸고 깨진 술잔 씻어놓았네.〔白衣送酒舞淵明, 急掃風軒洗破觥.〕"라는 구절이 있다.

263 국화……피었구나 : 중양절(重陽節)이면 사람들이 붉은 주머니에 수유(茱萸)를 담아서 팔뚝에 걸고 높은 산에 올라가 국화주(菊花酒)를 마심으로써 재액(災厄)을 소멸시킨 풍습이 있었기 때문에 이른 말이다.

홍도경 대원[264] 이 도성으로 들어가고 혼자 앉아 감회가 일다
洪道卿 大源 入城 獨坐有懷

해는 외기러기 나는 저편으로 떨어지고 日落孤鴻外
서리는 늙은 국화 곁에 맑게 내렸네 霜淸老菊邊
마음 알아주는 것은 오직 밝은 달 뿐이요 知心惟素月
명을 내리는 것은 곧 높은 하늘이라 有命卽高天
도성으로 돌아가는 객 슬퍼하고 怊悵歸城客
물결 거슬러온 배 머뭇거리네 遲徊逆浪船
영균이 원유하고자 했던 뜻[265] 펼치고 싶으나 靈均遠遊意
여생이 얼마 없다는 것 외려 두렵구나 猶恐少餘年

264 홍도경(洪道卿) : 홍대원(洪大源)으로, 본관은 남양(南陽), 직장(直長) 홍의인(洪義人)의 아들이며, 수백재(守白齋) 홍주익(洪柱翼)의 아버지로, 한성부 주부(漢城府主簿)·비안 현감(比安縣監) 등을 지냈다.

265 영균이……뜻 : 영균(靈均)은 굴원(屈原)의 자이다. 그는 초사 〈원유(遠遊)〉에서 선인(仙人)들과 함께 유희하면서 천지 사방을 이르지 않은 데 없이 두루 유람하고자 하는 뜻을 피력한 바가 있다. 전하여 사방을 유람하거나 먼 길 여행 가는 것을 의미한다.

나귀를 타고 가다 앞 포구에서 고기 잡는 것을 구경하다

騎驢 前浦觀漁

시골 마을 오가는 데는 각건[266] 하나가 제격 村社歸來一角巾
고기잡이 구경거리 물가 서쪽에 많이 있네 觀魚多在水西濱
작은 나귀 타고 거친 비탈길 다니는 것이 蒼驢三尺荒陂路
외려 높은 수레가 길 먼지 잔뜩 일으키는 것보다 낫구나 猶勝高車漲陌塵

266 각건(角巾) : 처사(處士)나 은자(隱者)가 쓰는 두건을 말한다.

달밤에

月夜

강달이 물가집 창틈으로 사람을 엿보니 江月窺人磵牖開
홀로 외로운 그림자 끌고 한차례 배회를 하네 獨携孤影一徘徊
섬마을은 저물어 어룡의 기운을 품고 島村暝抱魚龍氣
산나무는 차가워 관학의 슬픔을 일으키는구나 山木寒生鸛鶴哀
질병은 도를 구하는 뜻을 이루지 못하게 하고 灾疾未成求道志
안위는 시국 구제할 재주 없음을 부끄럽게 해 安危元愧濟時才
한가해지고 보니 가장 사랑스러운 것은 돌샘 소리라 閒來最愛巖泉響
맑은 시내 베개 삼으려 특별히 누대를 지었네 爲枕淸流別起臺

창을 닫다

閉牖

창을 닫고 쓸쓸히 아무 일도 없으니	閉牖蕭然一事無
차화로와 약탕기가 담박한 공부일세	茶爐藥鼎淡工夫
주렴은 빽빽해도 두 갈래 강[267]빛 막지 않고	簾深不隔雙江色
병풍은 짧아 외려 오악[268]의 그림을 여는구나	屛短猶開五岳圖
객은 시를 익혀 한위를 말하고	客有攻詩談漢魏
아이는 학업을 닦아 당우를 외네	兒能課學誦唐虞
분 옮기고 동쪽 이웃의 국화 얻어왔으니	移盆更乞東隣菊
당에 올라와 병든 몸과 짝하여 주려무나	許爾升堂伴病軀

267 두 갈래 강 : 이천보가 살고 있던 가평의 두물머리를 말한다.

268 오악 : 한양의 관악산과 개성의 송악산, 파주의 감악산, 포천의 운악산, 가평의 화악산을 경기 5악(五岳)이라고 했는데 가평에 화악산이 있으므로 이른 말이다.

석림정을 지나며 김퇴어 진상[269] 를 그리워하다

過石林亭 懷金退漁 鎭商

공은 태허[270]로 돌아간 외로운 구름 같았는데 公似孤雲返太虛
이호[271]의 가을은 낚싯대 드리우던 곳에 들었네 梨湖秋入釣竿餘
석림정 가 졸졸 흐르는 시냇물은 石林亭畔泠泠磵
일찍이 고인의 밤 글 읽는 소리에 화답하였겠지 曾和高人夜讀書

269 김퇴어(金退漁) : 김진상(金鎭商, 1684~1755)으로, 본관은 광산(光山), 자는 여익(汝翼), 호는 퇴어이다. 신임옥사로 무산(茂山)에 유배당했으나 영조가 즉위하자 풀려나 수찬·필선·부교리 등을 지냈고, 기유처분으로 실시된 탕평책에 반발하여 퇴거하기도 하였으나 다시 진출하여 부제학·대사성·대사헌을 거쳐 좌참찬에까지 이르렀다.

270 태허(太虛) : 참으로 도를 아는 자가 노니는 세계를 가리키는 말이다. 《장자(莊子)》 〈지북유(知北遊)〉에, 태청(太淸)과 무시(無始)가 도에 대하여 논하는 대목에 "이 같은 자는 밖으로는 우주를 보지 못하고 안으로는 태초가 무엇인지 알지 못한다. 이 때문에 곤륜산을 지나가지 못해서 태허에서 노닐지 못한다.〔若是者, 外不觀乎宇宙, 內不知乎大初. 是以, 不過乎崑崙, 不遊乎太虛.〕"라는 말이 나온다.

271 이호(梨湖) : 현재 여주시 금사면 이포리이다. 김진상은 여주(驪州)에 물러가 살면서 제배(除拜)의 명이 있어도 모두 사양하곤 하였다. 실록에서는 그를 가리켜 "산수(山水) 사이에서 노닐기를 좋아하여 지역 안의 이름난 곳을 거의 두루 돌아다녔고, 시와 술을 가지고 스스로 즐기니, 사류(士類)들이 모두 칭찬했었다."라고 적고 있다. 《영조실록 14년 12월 15일》

사촌 형께 부치다

寄從氏

집은 호중[272]에 있어 속된 인연 맑게 하고	宅在壺中淨俗緣
상서는 일이 없어 중천에 해 뜨도록 잠을 자오	尙書無事日高眠
시는 성곽 밖으로 기러기 소리 들리는 밤에 전하고	詩傳郭外聞鴻夜
정자는 호숫가 학 놓아 준 하늘[273]에 솟아 있겠지요	亭起湖邊放鶴天
요로는 응당 후배에게 돌아가야 하고	要路只應歸後輩
열관[274]은 진즉에 청수한 신선[275]과는 안 맞았던 것	熱官曾不合臞仙

272 호중(壺中) : 신선이 사는 별천지를 뜻한다. 후한(後漢)의 술사(術士) 비장방(費長房)이 시장에서 약을 파는 선인(仙人) 호공(壺公)의 총애를 받아 그의 호리병 속으로 들어갔더니, 그 안에 일월(日月)이 걸려 있고 선경인 별천지(別天地)가 펼쳐져 있었다 한다. 《後漢書 卷72下 費長房列傳》

273 정자는……하늘 : 이천보의 사촌형인 이정보(李鼎輔)가 한강변 학호(鶴湖 현 학여울)에 정자를 짓고 살고 있었다. 송나라 때 은자인 임포(林逋)가 은거지인 고산(孤山) 북쪽 기슭에 지었던 방학정(放鶴亭)을 지어놓고 노닐었던 것을 연상시킨다. 《진암집》 권3에 있는 〈늦봄에 농촌에서 학호에 있는 사촌 형의 정사로 거처를 옮기고 두보의 시운을 뽑아 짓다〔暮春自農村移寓鶴湖從氏亭舍 拈杜韻〕〉 참조.

274 열관(熱官) : 권세가 대단한 관리라는 뜻인데, 조선 시대에는 주로 인사권을 쥔 이조의 관원을 가리킨다. 여러 문집에 "전랑은 세상에서 열관으로 불린다.〔銓郎世號熱官〕"라는 문장이 산견된다.

275 청수한 신선 : 한나라 사마상여(司馬相如)가 일찍이 천자에게 아뢰기를 "산택 사이에 거주했다고 전해지는 역대 신선들은 형용이 몹시 파리하니, 이것은 제왕이 바라는 신선이 아닙니다.〔列仙之傳居山澤間, 形容甚臞, 此非帝王之仙意也.〕"라고 한 데서 유래한 말로, 전하여 모습이 깡마른 은자를 가리킨다. 《史記 卷117 司馬相如列傳》

밝은 시대에 창주[276]의 계획 져버리지 마오　明時莫負滄洲計

형은 안개 속에 도롱이 입고 아우는 뱃전을 두드릴 테니
兄着煙蓑弟扣舷

276 창주(滄洲) : 75쪽 주139 참조.

흥취를 풀다
遣興

계곡물 끌어다 소나무 심어 사립문 두르니	栽松引澗繞柴關
늙은이의 경륜이 이 사이에 있도다	老子經綸在此間
늙도록 헛되이 마음 쓰다 삼경[277]이 좁아졌으니	白首費心三逕窄
황비[278]에서 녹만 축낸 것이 몇 년이던가	黃扉伴食幾年間
깊은 곳 용은 가을 되어 편히 누워 있고	龍深穩作淸秋臥
지친 학은 석양을 자꾸 보며 돌아오는데	鶴倦頻看落日還
우스워라 누대가 지금도 있어	自笑樓臺今有地
아득히 노래자 그리워하며 도리어 부끄러워함이[279]	緬懷萊老却羞顔

277 삼경(三逕) : 세 오솔길이란 뜻으로, 한나라 때 은사(隱士) 장후(蔣詡)가 자기 문정(門庭)에 세 오솔길을 내놓고 구중(求仲)과 양중(羊仲) 두 사람하고만 종유했던 데서 전하여 은자의 처소를 가리킨다. 《三輔決錄》 도잠(陶潛)의 〈귀거래사(歸去來辭)〉에 “세 오솔길은 묵었으나, 소나무와 국화는 아직 남아 있도다.〔三逕就荒 松菊猶存〕”라고 하였다. 《陶淵明集 卷5》

278 황비(黃扉) : 황각(黃閣)과 같은 말로, 한(漢)나라 때 승상(丞相)이 집무하는 청사의 문을 황색으로 칠했던 데에서 유래하여 재상의 직위를 뜻하는 말이 되었다. 이천보가 영의정으로 있었기 때문에 이른 말이다.

279 아득히……부끄러워함이 : 노래자(老萊子)는 옛날 초나라의 유명한 효자로, 나이가 일흔 살이 되어서도 두 어버이를 즐겁게 해 드리기 위하여 어린애처럼 색동저고리를 입고서 새 새끼를 가지고 장난을 치며 놀았다는 인물이다. 《小學 卷4 稽古》 아마도 누대가 부모님과의 추억이 있던 공간인 듯싶다.

밤에 앉아서

夜坐

시냇가 서재의 평상 자리 썰렁함을 느끼게 하는데	澗齋床簟覺淸泠
숲속 학은 서리에 놀라 간혹 깃을 떨구네	林鶴驚霜或墮翎
바람 맞은 짧은 머리 유독 너풀거리고	短髮臨風偏兀兀
달빛 스민 국화꽃 참으로 어여쁘구나	寒花依月故亭亭
젊을 적 먹은 장한 뜻 천고에 드물었건만	少來壯志希千古
늙어가는 쇠잔한 몸 경서 한 권과 짝할 뿐	遲暮殘骸伴一經
누워 생각하네 도성에서 취해 꿈꾸던 시절	臥想城中方醉夢
누대 몇 곳이 빈 물가에 문 잠겨 있을까	樓臺幾處鎖虛汀

누대에서 밤에 기러기 소리를 듣다

樓夜聽鴈

늙은 기러기 울며울며 가을을 보내려 하고	老鴈鳴鳴欲送秋
하늘 가득 밝은 달은 서루[280]를 지나네	滿天明月過書樓
낮게 날아 서강으론 가지 말거라	低飛莫向西江去
그곳은 바람 사나워 물결이 모래톱을 치니	政是風顚浪拍洲

280 서루(書樓) : 서재로 쓰거나 책을 넣어 두는 다락이다.

가을 회포

秋懷

구월의 바람 높아 홀로 옷깃 여미는데	九月風高獨攬衣
난간의 서북쪽에서 기러기 몇 마리 날아오네	欄干西北數鴻飛
고기잡이 마을엔 단풍잎 모두 졌으니	漁村落盡丹楓葉
다시 가을 소리를 어느 곳으로 돌려보낼까	更送秋聲底處歸

감회가 일어
有感

외로운 마을에서 또 한 번 가을을 보내노라니 孤村又送一秋回
병중에 세월 빠른 것 더욱 놀라네 病裏偏驚歲月催
기러기 오리 굶주린 소리에 밭의 이삭들 다 없어지고
鴈鶩聲飢田穗盡
바람 서리 매서운 기운에 골짝의 난초 처량하구나 風霜氣烈谷蘭哀
차가운 등불에 책을 덮음은 천 년의 일[281] 때문이고 寒燈掩卷千年事
새벽녘 베갯머리에서 시절을 근심함은 9월의 우레 소리[282] 때문이라
曉枕憂時九月雷
태평성대라 이를 만한 기상이 그래도 있으니 可道昇平猶有象
늙은이 한가히 누워 연못과 누대 좋을시고 老夫閒臥好池臺

281 천 년의 일 : 천 년 역사 속 안타까운 사실을 말한다. 송나라 증극(曾極)의 〈진정기에게 주다(寄陳正己)〉라는 시에 구십 일 봄날엔 갠 날이 적고 일천 년 일 속엔 난시가 많도다.〔九十日春晴景少, 一千年事亂時多.〕라는 구절이 있다.

282 9월의 우레 소리 : 《월령(月令)》에, "8월에 우레가 비로소 소리를 거둔다.〔八月雷始收聲〕"고 하였으므로 9월의 우레는 재변으로 여겼다.

도경[283]이 와서 자게 된 것을 기뻐하며

喜道卿來宿

사랑스러워라 홍도사	可愛洪都事
곡구의 기약[284]을 자주 이루어주는구나	頻成谷口期
붉은 대문은 모두 옛 벗이 되었고[285]	朱門皆故友
누런 국화만이 새 시를 짓게 하네	黃菊獨新詩
처자에겐 삼묘[286]의 땅 없고	妻子無三畝
공명은 일휘[287]를 기다릴 뿐	功名待一麾

283 도경 : 홍도경(洪道卿), 즉 홍대원(洪大源)이다. 본관은 남양(南陽), 직장(直長) 홍의인(洪義人)의 아들이며 수백재(守白齋) 홍주익(洪柱翼)의 아버지로, 한성부 주부(漢城府主簿)·비안 현감(比安縣監) 등을 지냈다.

284 곡구의 기약 : 곡구(谷口)는 한(漢)나라 정자진(鄭子眞)이 은둔해 살았던 곳이다. 정자진은 수도묵수(修道墨守)하면서 권세가인 대장군 왕봉(王鳳)의 예빙(禮聘)에도 일체 응하지 않고 곡구에서 은거해 지냈기 때문에 '곡구자진(谷口子眞)'이라 불리었다. 《漢書 卷72》《高士傳 中》여기서는 자신이 은거해 있는 곳에서 만나기로 한 약속을 의미하는 것으로 보인다.

285 붉은……되었고 : 원문의 '朱門'은 붉은 칠을 한 문으로, 지위(地位)가 높은 벼슬아치의 집을 비유한다. '故友'가 되었다는 것은 함께 벼슬하던 사람들이 죽고 없음을 의미한다.

286 삼묘(三畝) : 한 사람이 살 만한 작은 땅을 말한다. 《회남자(淮南子)》〈원도훈(原道訓)〉에 "한 사람의 능력만 믿으면 삼묘의 택지도 다스릴 수 없다.〔任一人之能, 不足以治三畝之宅也.〕"라고 한 데서 온 말이다. 묘(畝)는 면적의 단위로 대략 30평 정도이다.

287 일휘(一麾) : '일휘출수(一麾出守)'의 줄임말로, 지방관을 이른다. 진(晉)나라

멍하니 주객을 잊으며	嗒然忘主客
등잔 아래서 이따금 바둑을 두네	燈下或爭碁

때 완함(阮咸)이 순욱(荀勗)의 배척을 받아 시평 태수(始平太守)로 나간 일을 두고, 남조(南朝) 송(宋)의 안연지(顏延之)가 〈오군영(五君詠)〉이란 시를 지으면서 완함에 대해, "누차 천거 받았어도 내관직에 못 들고, 한 깃대 잡고 지방관으로 나갔도다.〔屢薦不入官, 一麾乃出守〕"라고 한 데서 온 말이다. 《文選 卷21 五君咏 阮始平》

비가 개어 조금 따뜻해지므로 기뻐 짓다

新晴稍暄 喜而有賦

자욱하게 강 가득 비가 내리더니	漠漠連江雨
아침 되자 기후가 새로워졌네	朝來氣候新
정녕 날이 개지 않는 것 시름겹더니	正愁無白日
홀연 따뜻한 봄볕을 보는 듯하구나	忽若見陽春
백사장의 갈매기는 처음으로 날개를 말리고	沙鳥初乾翅
숲속 단풍은 반쯤 몸을 눕혔는데	林楓半臥身
산빛은 운무를 뿜어	山光出雲霧
나를 향해 감싸려 하네	對我欲氤氳

동원에서 더위를 피하다

避暑東園

누대 그림자 느릿느릿 하루가 일 년 같으니	樓影遲遲日抵年
지내는 곳 오직 묵은 소나무 앞일세	起居惟在古松前
파리한 학은 매양 맑은 새벽 공기에 단련을 하고	鶴癯每鍊淸晨氣
고단한 갈매기는 자주 대낮에 조는구나	鷗倦頻成白晝眠
도에 굴신이 있으니 바야흐로 역리(易理)를 믿겠고	道有屈伸方信易
몸이 영욕을 겪으니 비로소 하늘을 알겠네	身經寵辱始知天
찌는 더위에 산에 사는 맛 가장 잘 느끼는 것은	炎蒸最覺山居味
느지막이 밥 먹고 예사로이 석천에서 세수하는 일	晩飯尋常洗石泉

조하의 반열에 참여하기 위하여 도성으로 들어가다가 조 옥당 영순 의 상서[288]가 있음으로 인하여 비를 무릅쓰고 육화정[289]으로 돌아오다

爲參賀班入城 因有趙玉堂 榮順 書 冒雨歸六化亭

가랑비에 도롱이 입고 성곽을 나서는데	細雨披蓑出郭行
버들 그늘 깊은 곳에서 시냇물 소리 들었네	柳陰深處聽溪聲
창강[290]에 돌아와 누운 것이 누구의 힘인지 알겠으니	滄江歸臥知誰力
학사의 무정이 죄다 유정이었구나	學士無情儘有情

288 조 옥당의 상서 : 조 옥당은 조영순(趙榮順, 1725~1775)으로, 의주 부윤·황해도 관찰사·형조 참판·대사성·이조·병조·호조 참판 등을 역임한 인물이다. 이 일은 부수찬 시절 조영순 등이 영의정 이천보가 남의 아내를 빼앗은 일을 탄핵한 사실을 가리키는 것으로 보인다. 이천보가 강력하게 부인한 까닭에 다시 사핵해서 탄핵한 자들을 처벌하는 것으로 끝을 맺었는데 이에 대해 사신(史臣)은 "조영순이 일찍이 참하홍록(參下弘錄) 때문에 이천보에게 바라는 것이 있었으나 이천보가 들어주지 않았으므로, 이 때문에 이천보를 원망하는 것이 날로 심해져서 탄핵한 것"이라고 규정지었다. 《영조실록 30년 11월 20일, 12월 7일》

289 육화정 : 114쪽 주246 참조.

290 창강(滄江) : 창주(滄州)와 같은 의미로, 은거지를 뜻한다.

불어난 물을 구경하다

觀漲

밤을 이어 내린 비로 먼 호수까지 불어나	積雨連宵漲遠湖
모래펄과 근처 언덕 순식간에 사라졌네	平沙近岸失須臾
우거진 숲은 짤막짤막 그래도 지탱을 하는데	高林短短猶撐拄
기울어진 섬은 흔들흔들 금세 있다 없어지는구나	側島搖搖乍有無
닭과 개는 생애 처음 거룻배에 오르고	雞犬生涯登野艇
물고기들은 기세가 시골 주방을 압도하네[291]	魚龍氣勢壓村廚
뗏목 하나 맑은 강에 띄우고 싶지만	孤槎欲泛空明外
우스워라 쇠한 늙은이가 장한 계획 품은 것이	自笑衰翁亦壯圖

291 닭과……압도하네 : 떠내려 오던 닭과 개를 배에서 건져 올리고 물이 주방에까지 차올라 물고기들이 밀려들어오는 것 등 홍수가 난 상황을 묘사한 것이다.

밤에 앉아 운을 부르다

夜坐命韻

붉은 해 지루하게 있다 저무니	赤日支離暮
서늘한 기운 누운 곳으로 돌아오네	微凉臥處回
달은 뭇 움직임을 거두어 안정시키고	月收羣動定
바람은 하늘을 쓸어내 여는구나	風掃太虛開
밤의 기운 맑기가 이와 같고	夜氣淸如許
가을의 소리 소슬하게 다가오려 하네	秋聲颯欲來
그윽한 회포에 도를 향한 뜻까지 더해져	幽懷兼道意
지팡이 짚고 한차례 배회를 하노라	扶杖一徘徊

우연히 쓰다

偶書

이 빠지고 머리 벗겨지고 온갖 생각 재처럼 식었는데	齒豁頭童萬念灰
손님 드문 문 앞에는 이끼만 길게 자랐네	客稀門巷長新苔
중년의 출처엔 천 가지 후회가 생기고	中年出處生千悔
뜬세상 존망에는 여덟 가지 슬픔[292]이 있네	浮世存亡有八哀
오동잎 펄럭펄럭 비 맞아 깨끗해지고	梧葉旛旛經雨淨
매미 소리 갸날프게 가을을 보내어 오네	蟬聲嫋嫋送秋來
마음 기울이는 것은 단지 동강의 계획[293]을 두는 것	關心只有東崗計
누워서 상상하네 폭포가 석대를 휘감은 모습을	臥想飛泉繞石臺

292 여덟……슬픔 : 원문의 '八哀'는 당(唐)나라의 시인 두보(杜甫)가 지은 〈팔애시(八哀詩)〉에서 나타낸 슬픔을 말하는 것으로, 당시의 현신(賢臣)이었던 왕사례(王思禮)·이광필(李光弼)·엄무(嚴武)·왕진(王璡)·이옹(李邕)·소원명(蘇元明)·정건(鄭虔)·장구령(張九齡) 등 8인의 죽음을 슬퍼하여 지은 애도시이다. 여기서도 친구들을 잃은 슬픔을 의미한다.

293 동강의 계획 : 동강(東岡)은 벼슬에 나가지 않고 물러나 있는 곳을 말한다. 후한의 주섭(周燮)이 효렴(孝廉)과 현량방정(賢良方正)으로 천거를 받아 천자가 특별히 불렀는데도 질병으로 사양하고 나가지 않자 종족이 나아가기를 권하여 "선대부터 훈총이 줄을 이었는데 그대만 어찌 유독 동강의 비탈을 지키는가?〔自先世以來, 勳寵相承, 君獨何爲守東岡之陂乎?〕"라고 한 말에서 유래하였다. 《後漢書 周燮列傳》

한가한 날의 흥취

閒興

서추[294]에서 성은 입어 한가로이 수양하니	西樞恩許養閒身
바둑판과 거문고[295] 만년의 계획 이루게 되었네	碁局琴床晩計眞
한 가지 일인들 어찌 성세에 보탬이 되었으리오	一事何曾裨聖世
천 편의 시가 시인 만들기 딱 좋았을 뿐	千篇端合作詩人
문을 닫으니 해가 초선에 걸리고	閉門白日懸蕉扇
발을 말아 올리니 청산이 갈건[296]을 마주하네	捲箔青山對葛巾
가장 사랑스러운 건 나처럼 늙어가는 뜨락의 홰나무	最愛庭槐如我老
맑은 그늘이 도성 거리 먼지를 막아준다네	淸陰遮斷九街塵

294 서추(西樞) : 조선 시대 중추부를 달리 이르는 말이다. 특정한 관장사항이 없이 문무의 당상관으로서 소임이 없는 자들을 소속시켜 대우하던 기관이다.

295 거문고 : 원문의 '琴牀'은 거문고를 안치해 놓은 상을 가리킨다.

296 갈건(葛巾) : 갈포로 만든 두건으로, 은자가 쓰는 두건을 뜻한다. 도잠(陶潛)이 숨어 살면서 술이 익으면 이 갈건을 가지고 술을 거르고 다시 닦아서 머리에 썼다고 한다.《宋書 卷93 陶潛列傳》

장계공자 병[297] 가 연경에 가는 것을 전송하다
送長溪公子 棅 赴燕

공이여 가거들랑 형경의 비수[298]를 사지 마오	公去莫買荊卿匕
날은 춥고 역수는 넘실넘실 흐를 테니[299]	天寒易水流瀰瀰
누린내[300]만 가득한 채 협굴은 텅 비고	腥膻滿目俠窟空
온 세상 적막하여 선비 하나 없겠지요	四海寥寥無一士
공을 보내는 어느 곳에서 예악을 볼 수 있을까	送公何處觀禮樂
성현의 남은 자취는 그저 책 시장에만 있을 터	聖賢遺跡但書市
고귀한 기운 영겁의 세월 속에서도 사그러들지 않고	寶氣不消浩刧餘
비단 표대 상아 찌[301] 찬연히 언덕을 이루었겠지요	錦縹牙籤燦成峙

297 장계공자 : 이병(李棅, ?~1766)의 봉호가 장계군이다. 조선 제14대 임금 선조의 현손으로, 영조 때 동지 사은 정사(冬至謝恩正使), 세손 책봉 주청사(世孫冊封奏請使)로 청나라에 다녀왔으며, 사옹원 제조 등을 역임하였다.

298 형경의 비수 : 형경(荊卿)은전국 시대 위(衛)나라의 자객(刺客) 형가(荊軻)를 말한다. 연(燕)나라 태자 단(丹)의 원수를 갚기 위하여 진(秦)나라로 가서 비수를 꺼내 진 시황(秦始皇)을 죽이려다 실패하고 죽음을 당하였다.《史記 卷86 刺客列傳》

299 날은……흐를테니 : 형가가 태자 단(丹)을 위하여 진 시황을 죽이러 떠날 적에 역수(易水) 가에서 전별하였는데, 고점리(高漸離)가 축(筑)을 두드리자 형가가 화답하여 노래하기를 "바람이 쓸쓸하게 부니 역수가 차갑구나. 장사가 한번 떠나가니 다시는 돌아오지 못하리라.〔風蕭蕭兮易水寒, 壯士一去兮不復還.〕" 하였다.《史記 卷86 刺客列傳》

300 누린내 : 원문의 '腥膻'은 고기의 비린내와 누린내로 오랑캐를 의미한다.

301 비단……찌 : 표대(縹帶)는 책을 묶는 띠이고 아첨(牙籤)은 상아로 만든 책 찌를 말한다. 한유(韓愈)의 〈송제갈각왕수주독서(送諸葛覺往隨州讀書)〉 시에 "업후의 집에

늙은이 벽이 있어 책에 미쳤으니 老夫有癖癖於書
물건은 좋아하는 이를 따라 만 리에서 오는 법 物因所好來萬里
작년에는 경서 한 권을 사고 去年購一經
올해에는 사서 한 권을 샀지요 今年購一史
아침 창에 햇살 비치고 밤 침상에 등불이 밝으면 朝窗晴旭夜榻燈
제자서 백가서들 서로 포개어 있곤 했는데 枕藉百家與諸子
하느님이 나를 미워하여 갑자기 부자가 되게 하니[302] 天公憎我享暴富
육정신[303]이 내려와 잿더미 속에서 가져갔답니다 六丁下取灰燼裏
뜬구름 지나가는 새처럼 모두 허망하게 되었으니[304] 浮雲過鳥摠幻境
예사로운 사물의 이치가 성패를 깨닫게 했습니다 物理尋常悟成毁
한가한 서재엔 짝해주는 이 없이 파리한 그림자 뿐 閒齋無伴獨癯影
사방 벽은 쓸쓸하여 빈 안석만 어루만졌지요 四壁蕭條撫空几
공의 편에 보지 못한 책을 알아보려 했으니 憑公欲問未見帙

는 서책이 하 많아서, 서가에 삼만 두루마리가 꽂혀 있고, 하나하나 상아찌를 달아 놓았는데, 손도 안 댄 것처럼 깨끗하다네.〔鄴侯家多書, 架插三萬軸, 一一懸牙籤, 新若手未觸.〕"라는 표현이 있다. 《韓昌黎集 卷7》

302 갑자기……하니 : 보통 '暴富'는 학식이 매우 빨리 진보하는 것을 의미하는데 여기서는 책을 많이 가지고 있었던 사실을 가리킨다.

303 육정신(六丁神) : 도교의 신명으로 화신(火神)을 가리키는 말이다. 육갑(六甲) 중의 정신(丁神), 곧 정축(丁丑)·정묘(丁卯)·정사(丁巳)·정미(丁未)·정유(丁酉)·정해(丁亥)의 여섯 신이 여기에 해당된다.

304 뜬구름……되었으니 : 새가 눈앞을 스쳐 지나가듯 순식간에 허무한 인생이 되었다는 말이다. 소식(蘇軾)의 〈화기천선장관(和寄天選長官)〉 시에도 "세월을 어떻게 믿을 수가 있겠는가, 백년도 눈앞을 지나가는 새와 같은걸.〔流光安足恃, 百歲同過鳥.〕"이라는 말이 나온다. 《蘇東坡詩集 卷49》

우습습니다 삼생[305]에 누를 다 씻지 못했나 봅니다 自笑三生不盡累
가시는 수레가 바로 백화의 소굴을 지날 때 行車政過百貨窟
고상한 지조는 응당 비단옷[306]을 빨았을 터 雅操知應洗紈綺
연산[307]에서 꾸려 돌아오는 행장은 맑기가 얼음 같을 것인데
燕山歸橐淸似氷
몇 권의 책이 사람 따라 패수를 건널지요 幾軸隨人渡浿水
우리나라만이 홀로 옛 의관 보존하고 東韓獨保舊衣冠
대보단[308] 높이 세워 황제께 제사 올렸으니 大報壇高奠皇祀
가지고 나와 멀리 되놈 지경[309]을 벗어날 제 携來遠出穹廬障
책에 만일 신이 있다면 신 또한 기뻐하리 書若有神神亦喜
아. 한 부의 《춘추》가 공을 기다려 읽힐 터 噫吁戲一部春秋待公讀
이별하는 자리에 날 저물 제 슬픈 노래 일어납니다 離筵日暮悲歌起

305 삼생(三生) : 전생(前生), 현생(現生), 내생(來生)을 가리킨다.

306 비단옷 : 원문의 '紈綺'는 품질 좋은 비단으로 만든 옷으로, 부귀한 집안의 자손을 가리킨다. 대상이 왕자이기 때문에 이른 말이다.

307 연산(燕山) : 연산부(燕山府), 즉 연경(燕京)을 가리킨다.

308 대보단(大報壇) : 임진왜란 때에 원군을 보낸 명나라 신종(神宗)의 은혜를 기리기 위해 1704년(숙종30)에 창덕궁(昌德宮) 안에 설치한 제단으로, 1749년(영조25)에는 명나라 태조(太祖)와 의종(毅宗)까지 합사(合祀)하였다.

309 되놈의 지경 : '穹廬'는 천막을 둥글게 쳐 사람이 거처할 수 있게 만든 집으로, 이동이 잦은 북방의 유목 민족들이 생활하는 집이다. 그곳이 청나라이기 때문에 이른 말이다.

윤계장[310]의 시운에 차운하여 서 태장 종급[311] 의 치사를 하례하다

次尹季章韻 賀徐台丈 宗伋 致仕

도성거리 종루엔 밤이 깊고 깊은데	天街鐘漏夜深深
열 길 날리는 먼지가 관복을 때리네	十丈飛塵撲組簪
임금님 앞에서 치사하고 만년의 절조 보존하니	前席引年存晩節
신하들 깜짝 놀라 온화하신 윤음을 우러르는구나	羣臣動色仰溫音
급류에서 능히 기우는 배의 형세를 붙잡았고	急流能挽危舟勢
요로에서 일찍이 마른 나무의 마음[312]을 알았네	要路曾看槁木心
누운 곳 안석은 푸른 산빛과 이웃을 하고	臥處几隣靑嶂色

310 윤계장(尹季章) : 윤봉오(尹鳳五, 1688~1769)로, 본관은 파평(坡平), 자는 계장(季章), 호는 석문(石門), 시호는 숙간(肅簡)이다. 영조가 왕세제(王世弟)였을 때 측근에서 보필하였고, 동지의금부사와 대사헌 등을 역임한 뒤 특진관(特進官)으로 판돈녕부사를 겸하고 기로소(耆老所)에 들어갔다.

311 서 태장 : 서종급(徐宗伋, 1688~1762)으로, 본관은 달성(達城), 자는 여사, 호는 퇴헌(退軒), 시호는 문정(文貞)이다. 1735년에 진주 겸 사은부사(陳奏兼謝恩副使)로 청나라에 다녀왔고, 이후 경기관찰사·한성부 판윤·홍문관 제학·호조 판서·예조 판서·형조 판서·개성 유수·판의금 부사 등을 역임하고, 기로소(耆老所)에 들어갔다.

312 마른……마음 : 《장자》 〈제물론(齊物論)〉에 "형체를 진실로 말라 죽은 나무처럼 할 수 있으며, 마음을 진실로 식은 재처럼 할 수 있겠는가.〔形固可使如槁木, 而心固可使如死灰乎?〕" 한 데서 온 말로, 전하여 마음이 외물(外物)에 의해 전혀 동요되지 않음을 의미한다.

걸어놓은 수레[313]는 푸른 이끼 자국을 띨 터 懸來車帶碧苔陰
신선은 지상에 있는데 어찌 멀리서 구하리오 神仙在地寧求遠
진퇴는 인연 따라 오늘을 기다린 듯하구나 進退隨緣若待今
돌아가려는 뜻은 장막 떠나는 제비를 이미 재촉하고 歸意已催辭幕鷰
성상의 은혜는 새장 나가는 새를 특별히 허락하셨네 聖恩偏許出籠禽
의관[314]으로 세 조정에 충성 다하지 못한지라 衣冠不盡三朝戀
성두[315]가 매일 밤 임하심을 응당 우러르리 星斗應瞻每夜臨
고향에서 금을 뿌리는 것[316]은 외려 세속의 일이요 故里揮金猶是俗
횡문[317]에서 물처럼 사는 것이 가장 존경스러운 일이라 衡門如水最堪欽
꿈 깨어 티끌세상 영고성쇠 끝났으니 夢醒塵界榮枯了

313 걸어놓은 수레 : '懸車'는 수레를 매달아 둔다는 말로, 벼슬에서 물러남을 의미한다. 한(漢)나라 때 설광덕(薛廣德)이 연로하여 벼슬에서 물러날 적에 황제가 그에게 안거(安車)와 사마(駟馬) 등을 하사하였는데, 고향 패군(沛郡)에 이르자 태수(太守)가 군(郡)의 경계 지점에까지 나와서 영접하고 온 고을 사람들이 기뻐하였다. 이에 하사받은 안거를 매달아 놓고 자손에게 전하여 영광으로 여겼다고 한다. 《漢書 卷71 薛廣德傳》

314 의관(衣冠) : 벼슬아치를 비유하는 말이다.

315 성두(星斗) : 북두성으로, 임금을 상징한다.

316 고향에서……뿌리는 것 : 원문의 '揮金'은 벼슬을 그만두고 편안하게 즐기면서 만년(晩年)을 보내는 것을 말한다. 한(漢) 나라의 태부(太傅) 소광(疏廣)이 나이가 많이 들어 은퇴하자, 선제(宣帝)와 황태자가 많은 황금을 선물로 주었는데, 고향에 돌아와서 날마다 주연을 베풀며 이 황금을 소비했던 고사가 있다. 《漢書 疏廣傳》

317 횡문(衡門) : 두 개의 기둥에 한 개의 가로목을 걸어 만든 허술한 문으로 누추한 집의 문을 이른다. 《시경》 〈횡문(衡門)〉에 "횡문의 아래에서 한가롭게 지낼 만하고, 냇물 졸졸 흐르니 굶주림을 잊고 즐길 만하네.〔衡門之下, 可以棲遲. 泌之洋洋, 可以樂飢.〕"라고 하였다. 횡문은 형문으로도 읽는다.

건강한 몸으로 조만간 봉래산[318]을 찾겠지 身健蓬山早晩尋
내 쇠한 몸을 돌아보면 어찌 해를 더 기다릴 수 있으랴 顧我衰骸寧待歲
머뭇거리며 억지로 공을 하례하는 시를 쓰오 遲徊强寫賀公吟

공이 사람들과 함께 풍악산(楓嶽山)을 유람하기로 약속하였기 때문에 시 속에 언급한 것이다.

318 봉래산 : 금강산을 이른다. 이유원(李裕元)의 《가오고략(嘉梧藁略)》 책12 〈금강풍엽기(金剛楓葉記)〉에 "금강산은 봄에는 기달산이라 하고, 여름에는 봉래산이라 하고, 가을에는 풍악산이라 하고, 겨울에는 개골산이라 하는데, 그중에서 풍악산이란 이름이 가장 뛰어나니, 그것은 그 화려함을 취했기 때문이다."라고 하였다.

권 서장관 도이 도[319] 와 작별하며

別權書狀道而 遵

덩굴풀 우거진 금대[320]에 수레를 천천히 멈추고　蔓草金臺駐馬遲
연가[321]소리에 귀 기울이면 아련히 슬픔이 일어나겠지　燕歌側耳莽生悲
모래 바람이 의관을 온통 검게 물들여도　風沙染盡衣冠黑
외려 유민들에게 중국의 예법[322] 추억하게 하리라　猶使遺民憶漢儀

319 권 서장관 도이 : 권도(權導, 1710~?)로, 본관은 안동(安東). 자는 도이(道以)이다. 세자책봉사(世子冊封使) 서장관으로 청나라에 다녀왔고, 대사간・대사헌・한성판윤・경기도 관찰사・공조 판서・예조 판서・우참찬・병조 판서・좌참찬 등을 역임하였다.

320 금대(金臺) : 연경(燕京)에 있다. 전국 시대 연(燕)나라 소왕(昭王)이 누대를 지은 다음 그 위에 천금(千金)을 쌓아 놓고 천하의 어진 선비를 초빙하였다는 곳이다. 《史記 卷34 燕召公世家》

321 연가(燕歌) : 비분강개한 노래를 뜻한다. 연(燕)나라 태자 단(丹)의 부탁을 받고 형가(荊軻)가 진 시황(秦始皇)을 죽이러 떠날 때 그의 절친한 벗 고점리(高漸離)가 축(筑)이란 악기를 두드리며 "바람이 소슬함이여, 역수 물이 차도다. 장사가 한 번 떠남이여, 다시 돌아오지 않는도다.〔風蕭蕭兮易水寒, 壯士一去兮不復還.〕"라고 노래하였다. 《戰國策 燕策3》

322 중국의 예법 : 원문의 '漢儀'는 '한(漢)나라 관리의 위의(威儀)'라는 뜻으로 중국의 예의와 제도를 일컫는다. 왕망(王莽)이 한(漢)나라를 찬탈하여 신(新)나라를 세웠는데, 뒤에 광무제(光武帝) 유수(劉秀)가 군사를 일으켜 한나라의 의식(儀式)을 회복하자 백성들이 감탄하며 "오늘에 한관(漢官)의 위의를 다시 볼 줄 몰랐다."라고 한 데서 나왔다. 《後漢書 光武帝紀》

두 번째 其二

궁려의 살기에 참담히 배회할 제 穹廬殺氣慘徘徊
서쪽 정벌 이기고 돌아온다는 소식 듣겠지 聞道西征奏凱回
괴이하여라 호가소리에 빠른 가락이 많은 것 可怪胡笳多促調
오오하는 소리[323] 유독 달을 향해 재촉하리 嗚嗚偏向月中催

세 번째 其三

하교의 전별 자리[324]엔 눈이 깃발을 때리고 河橋祖帳雪侵旛
학야[325]에서 행장 꾸려 또 계문[326]으로 가겠네 鶴野歸裝又薊門
금화[327]에 따뜻한 자리 없다 이르지 마시게 莫道金華無煖席

323 오오하는 소리 : 시를 읊조리거나 노래하는 소리를 형용한 말이다. 《사기(史記)》 〈이사열전(李斯列傳)〉에 "대저 항아리를 두드리거나 질장구를 치거나 쟁을 타거나 넓적다리를 치면서 오오하고 노래하여 귀를 유쾌하게 하는 것은 참으로 진나라의 음악이다.〔夫擊甕叩缶彈箏搏髀, 而歌呼嗚嗚快耳者, 眞秦之聲也.〕"라고 하였다.

324 하교의……자리 : 하교(河橋)는 황하의 다리인데, 흔히 벗과 이별하는 곳의 대명사로 쓰인다. 한(漢)나라 이릉(李陵)이 흉노(匈奴)의 땅에서 소무(蘇武)와 이별하면서 지은 〈여소무(與蘇武)〉의 "손을 잡고서 하수의 다리에 오르노니, 그대는 저물녘 어디로 가느냐.〔携手上河梁, 遊子暮何之?〕"라고 한 구절에서 유래하였다. '祖帳'은 옛날 먼 길을 떠나는 사람을 보낼 때, 교외의 길가에서 전별(餞別)하기 위해 설치한 장막을 말한다.

325 학야(鶴野) : 요동(遼東)을 가리킨다. 요동 사람 정령위(丁令威)가 선도(仙道)를 배워 터득한 뒤 천년 만에 학으로 변해 고향 땅에 돌아와서 화표주에 앉아 있는데, 사람들이 활로 쏘려 하자 날아갔다는 전설이 있다. 《搜神後記 卷1》

326 계문(薊門) : 연경의 덕승문(德勝門) 바깥 지역으로 사신들이 연경에 들어갈 때 반드시 거쳐야 할 곳이다.

327 금화(金華) : 한(漢)나라 미앙궁(未央宮)의 별칭으로, 여기서는 대궐을 의미한다.

서북쪽 장유도 모두 임금의 은혜이니 壯遊西北摠君恩

도이가 막 북쪽 막부에서 돌아왔기 때문에 그렇게 말한 것이다.

분매를 읊다

詠盆梅

앙상한 늙은 줄기 반이나 이끼가 끼었는데　昂藏老幹半生苔
천천히 몇 송이 꽃을 피우니 참으로 어여쁘구나　最愛遲遲數朶開
풍채가 막 등불 아래서 드러나자　韻格纔從燈底見
청신한 모습[328]이 먼저 달빛 가로 오네　精神先傍月邊來
고인의 사귀는 도리 어찌 담박함을 싫어했으랴[329]　古人交道寧嫌淡
묘처의 천기[330]는 재촉을 받지 않는다네　妙處天機不受催
눈이 병들어 오랫동안 상 위에 《주역》을 팽개쳐 두었으니　病眼久抛床上易
너에게 묻자꾸나 일양이 돌아오는지를[331]　憑渠欲問一陽回

328 청신한 모습 : 원문의 '精神'은 사물의 청신한 모습을 형용하는 말이다. 송나라 범성대(范成大)의 시 〈재제병중매화(再題甁中梅花)〉에 "바람 소매에 스민 향기 담박하지만, 달빛 창에 비낀 그림자 청신하도다.〔風袂挽香雖淡薄, 月窗橫影已精神.〕"라고 하였다.

329 고인의……싫어했으랴 : 《장자》〈산목(山木)〉에 "군자의 사귐은 담담하기가 물과 같고, 소인의 사귐은 달기가 단술과 같다.〔君子之交, 淡若水, 小人之交, 甘若醴.〕"라고 하였고, 《예기》〈표기(表記)〉에는 "군자의 접함은 물과 같고 소인의 접함은 단술과 같으니, 군자는 담담하여 이루고 소인은 달아서 무너진다.〔君子之接, 如水, 小人之接, 如醴, 君子淡以成, 小人甘以壞.〕"라고 하였다.

330 천기(天機) : 만물 속에 내재(內在)한 하늘의 기틀, 즉 자연의 이법(理法)을 뜻한다.

331 주역……돌아오는지를 : 송(宋)의 소옹(邵雍)이 만들어 길흉(吉凶)을 판단하는

두 번째 其二

책상과 바둑판 뿐인 먼지 없는 방에 經床碁局室無塵
매형을 머물러 두어 으뜸 빈객으로 삼았네 留得梅兄作上賓
산속의 빙설 같은 피부 얌전한 여인 같고 山裏氷膚如靜女
성중의 옥 같은 얼굴 바로 고상한 사람이로세 城中玉貌是高人
연기는 진한 향기 머금어 더욱 다채로운 자태를 띠고 煙含馥郁偏多態
눈은 뒤엉킨 나뭇가지를 감싸 또 새로운 모습이라 雪擁槎枒又一新
품평할 제 좋은 시구 적다고 혐의치 마오 題品莫嫌佳句少
맑은 창가에서 그린 모습 바로 전신[332]이러니 晴窗寫影卽傳神

세 번째 其三

삼성이 처마 끝에 비낄 때까지[333] 긴 밤 내리 앉았노라니
參橫簷角坐宵長
매화벽 늙어갈수록 심해짐을 더욱 알겠네 梅癖偏知老更狂

데 이용하였다는 매화역수(梅花易數)를 연상시킨다.

332 전신(傳神) : 화가가 대상물의 정태(情態)를 핍진하게 그려 내서 생동감이 넘치게 하는 것을 말한 것으로, 즉 뛰어난 그림 솜씨를 의미한다. 동진(東晉)의 문인화가였던 고개지(顧愷之)는 특히 인물화에 뛰어났는데, 그는 간혹 사람만 그려 놓고 수년 동안이나 눈동자는 그리지 않기도 했으므로, 어떤 이가 그 까닭을 묻자, 그가 대답하기를, "사지 육체의 잘생기고 못생김은 본디 오묘한 곳과 상관이 없는 것이요, 얼굴을 그려서 정신을 전하는 것은 정히 눈동자 속에 있는 것이다.〔四體姸蚩 本無關於妙處 傳神寫照 正在阿堵中〕"라고 했다 한다.

333 삼성이…때까지 : 깊은 밤을 뜻한다. 소식(蘇軾)의 〈유월이십일야도해(六月二十日夜渡海)〉 시에 "삼성 비끼고 북두성 옮기어 삼경이 되어 갈 제, 궂은비에 종일 불던 바람이 말끔히 그쳤네.〔參橫斗轉欲三更, 苦雨終風也解晴.〕"라는 구절이 있다.

꽃이 막 필 때는 절세의 아름다움 볼 수 있더니 纔到開時堪絶世
지는 꽃에서도 외려 향기를 맡는구나 還從落處尙聞香
선가에선 굶주려도 익힌 음식은 먹지 않고 仙家飢不餐煙火
학골은 파리해도 눈과 서리를 견디는 법 鶴骨癯能耐雪霜
세모의 꽃 앞엔 걸어놓은 의자가 조용하니 歲晏花前懸榻靜
서유와 같은 선비 아니고야 누가 당에 오르랴[334] 士非徐孺孰升堂

네 번째 其四

성긴 가지 곁에서 의관을 정제할 제 疎枝側畔整衣巾
그림자 마주하니 외려 늘어난 백발 부끄러워라 對影還羞白髮新
마음이 기울어지기로는 명하사[335]를 만난 듯하고 傾倒如逢名下士
맑고 고결함은 세간 사람들에게 주기 어렵네 淸高難贈世間人
다 피니 하늘의 묘한 이치 너무 누설하였고 全開太洩先天妙
잠깐 웃으니 일기[336]의 신묘함에 새삼 놀라워라 乍笑偏驚一氣神

334 세모의……오르랴 : 서유(徐孺)는 후한(後漢) 말의 고사(高士)인 서치(徐穉)를 가리킨다. 그의 자가 유자(孺子)이다. 현탑(懸榻)은 어진이나 친한 벗을 깍듯이 대우한다는 뜻이다. 당대의 고사였던 예장 태수(豫章太守) 진번(陳蕃)은 본디 빈객(賓客)을 전혀 접대하지 않았지만 서치가 찾아오면 특별히 한 걸상을 내다가 그를 정중히 접대하고, 그가 떠난 뒤에는 다시 그 걸상을 걸어 두곤 했다는 고사가 있다. 《後漢書 卷53 徐穉列傳》

335 명하사(名下士) : 큰 이름을 누리는 선비라는 뜻이다. 당대(唐代) 한굉(韓翃)이 〈송정원외(送鄭員外)〉에서 "아이도 이름난 선비를 알고, 악공은 책 속의 시 다투어 노래하네.〔孺子亦知名下士, 樂人爭唱卷中詩.〕"라고 하였다.

336 일기(一氣) : 옛 사람들이 천지만물을 구성하는 본원이라고 여긴 혼돈(混沌)의 기(氣)를 말한다.

아름다운 넋 위로하고 싶어도 녹주가 없으니　欲慰芳魂無綠酒
질화로에 차 끓여 표주박잔이나 자주 들 수밖에　土爐茶熟擧瓢頻

다섯 번째 其五

외로운 꽃 환하여 짙은 그늘 쓸어버리니　孤英燗燗掃重陰
누워서 깨닫네 그윽한 향기 이부자리에 스몄음을　臥覺幽香着枕衾
처마의 달이 엿보러 오면 기를 단련하고[337]　簷月窺來方鍊氣
상 위 거문고 비낀 곳에선 흉금을 터놓으려네　床琴橫處欲論襟
서호의 꿈[338] 고요히 휘장 속에서 꾸고　西湖有夢垂帷靜
동곽을 따르는 사람들[339] 깊이 자리를 에워싸리　東郭隨人擁榻深
만면에 따스한 기운 참으로 상서로운 물건이라　滿面陽和眞瑞物
호된 추위엔 응당 맹교의 읊조림[340]을 비웃으리라　窮寒應笑孟郊吟

337 기를 단련하고 : 원문의 '鍊氣'는 도가(道家)에서 장생(長生)을 위하여 토납(吐納)이나 도인(導引) 등의 방법으로 기(氣)를 단련하는 것이다.

338 서호의 꿈 : 서호는 북송(北宋) 시대 처사 임포(林逋)가 은거해 살던 곳이다. 임포는 서호(西湖)의 고산(孤山)에 은거하면서 장가도 들지 않은 채 처자도 없이 매화를 심고 학을 기르며 살아 당시 사람들이 매처학자(梅妻鶴子)라 불렀다. 《宋史 卷457 隱逸列傳 林逋》

339 동곽을……사람들 : 동곽(東郭)은 《사기(史記)》 〈골계열전(滑稽列傳)〉에 등장하는 사람이다. 옷은 낡아서 해지고 신발은 완전하지 못할 정도로 빈곤하여 사람들에게 비웃음을 당하였으나 후에 이천석(二千石) 벼슬에 임명되자 사람들이 다투어 따랐다고 한다. 《사기》에서는 "남루한 옷을 입고 보배를 품은 자"로 평가하였는데 여기서도 매화가 눈 속에 초라한 듯 피어 있어도 사람들의 사랑을 받는다는 의미를 담은 것으로 보인다.

340 맹교의 읊조림 : 맹교는 매화에 대한 시를 많이 지었는데 유독 마음의 괴로움과 연관된 시가 많다. 〈유영가설군……(有永嘉薛君……)〉 시에는 "누가 읊조리는 마음

여섯 번째 其六

둥근 달과 성긴 별 밤기운 맑은데 圓月疎星夜氣澄
고운 비단에 옥패 같은 꽃 단정하고 중후한 모습 드러내네 煙綃玉佩見莊凝
사람은 덕의 향기 맡아 술에 취한 듯하고 人薰馨德如中酒
하늘은 곧은 마음 주어 얼음[341]을 비추게 하는구나 天與貞心欲照氷
따뜻하기는 약화로에 남은 불씨와 꼭 같고 煖逼藥爐餘宿火
맑기는 경전과 짝하는 외로운 등불 같아라 淸歸經卷伴孤燈
근년 들어 화려한 말 다 씻어버리고 年來洗盡鉛華語
부들방석에 오똑하게 앉아서 좌선에 든 스님을 배운다네 兀坐蒲團學定僧

일곱 번째 其七

동정[342]이 오랫동안 푸른 물굽이에 잠겨 있었으니 東亭久鎖碧溪灣

괴로움을 알꼬. 매화만이 바로 친구일 뿐일세.〔誰會吟心苦? 梅花是舊知.〕"라고 하였고, 〈이고매……(移古梅……)〉 시에는 "오고 가는 사람들이야 그 누가 반겨 주랴. 꽃 피고 지는 때 스스로 맘만 괴로울 뿐이네.〔人去人來誰靑眼? 花落花開自苦心.〕"라고 읊기도 하였다. 송 나라의 소식(蘇軾)은 당 나라 사람의 시풍(詩風)을 비평하면서 교한도수(郊寒島瘦)라 하였는데, 즉 맹교의 시는 한산(寒酸)하여 살풍경하고, 가도의 시는 메말라서 힘이 없다는 뜻이다. 《蘇東坡集 卷35 祭柳子玉文》

341 얼음 : 매화의 고결함을 형용할 때 빙혼(氷魂)이라는 표현을 쓴다. 송나라 소식(蘇軾)의 시에 "나부산 아래 매화 마을에는, 옥설이 뼈가 되고 얼음이 넋이 되었네.〔羅浮山下梅花村, 玉雪爲骨冰爲魂.〕"라는 표현이 있다. 《東坡全集 卷22 十一月二十六日松風亭下梅花盛開》

342 동정(東亭) : 오원(吳瑗)의 별업 종암(鐘巖)에 있던 정자이다. 이천보는 이곳에 수시로 가서 쉬기도 하고 황경원, 남유용 등 벗들과 시주회를 갖기도 하였다.

서로 함께 석관[343]에 가 눕지 못한 것 안타까워라　恨不相携臥石關
은퇴하고도 나는 여전히 조적[344] 속에 있는데　身退吾猶朝籍裏
꽃 피어 너는 세상 사람들 사이에 있구나　花開爾且世人間
꽃 소식이 남쪽 땅에서 돌아온 것은 어여쁘거니와　可憐芳信回南陸
이문이 북산에서 온 것 너무도 부끄러워[345]　深愧移文自北山
슬프다 화정의 학[346]만 홀로 남아서　怊悵獨留和靖鶴
눈 속에서 주인이 돌아오길 기다리고 있겠지　雪中應待主翁還

여덟 번째 其八

둥글고 둥근 태극을 가지 끝에 물어보노니[347]　團團太極問枝頭

343 석관(石關) : 오원의 〈경보와 함께 산골로 들어가 의숙을 방문하고 저녁에 풍양 고을에 투숙하면서 전날 지었던 의숙의 시운을 사용하여 함께 짓다〔同敬父入峽訪宜叔夕投豐壤村用前日宜叔韻共賦〕〉에 "홀연 고명한 벗께서 석관에 은거할 때가 기억나노니〔忽憶高朋臥石關〕"라는 구절이 있다. 이천보의 은거지인 가평 근방으로 추정된다.

344 조적(朝籍) : 관원의 명부를 이른다.

345 이문이……부끄러워 : 끝까지 은거하지 못하고 중간에 벼슬길에 나가게 된 것을 말한다. 남제(南齊) 때 주옹(周顒)이 북산(北山)에 은거하다가 뒤에 조정의 부름을 받고 변절하여 해염 현령(海鹽縣令)이 되었는데, 그 후 임기를 마치고 조정으로 돌아가는 길에 다시 그 북산에 들르려고 하자, 이때 북산에 은거하고 있던 공치규(孔稚圭)가 주옹의 변절을 매우 못마땅하게 여긴 나머지, 북산 신령의 이름을 가탁하고 관청의 이문(移文)을 본떠 〈북산이문(北山移文)〉을 지어 다시는 북산에 발을 들여놓지 말라고 하는 뜻을 보였다.

346 화정(和靖)의 학 : 화정은 서호의 고산(孤山)에 은거했던 북송 때의 은사 임포(林逋)의 시호이다. 거처하는 곳에 매화를 많이 심고 학을 길렀고 그가 서호에 배를 띄우고 노닐 때 손님이 찾아오면 집에서 학을 날려 보내 그를 불러왔다고 한다. 《宋史 卷457 隱逸列傳上 林逋》

새벽에 일어나 처마를 도노라면[348] 눈빛이 누대를 비추네 曉起巡簷雪暎樓
비낀 제 모습 드러내려 어지러이 먹물을 적시고 寫照橫斜霑亂墨
진중하게 추위 막던 가벼운 갖옷을 벗네[349] 障寒珍重解輕裘
고요한 가운데도 또 바쁜 일을 만들고 靜中便作忙中事
개화한 곳에서 도리어 낙화의 시름이 생기는구나[350] 開處還生落處愁
미약한 양[351]을 도우려는 한량없는 뜻이요 扶植微陽無限意
늙은이가 꽃을 위해 도모하는 것은 아니라네 老夫非是爲花謀

347 둥글고……물어보노니 : 우주의 이치를 자연의 섭리에서 찾는다는 의미이다. 매화를 보고 만들었다는 소옹의 매화역수(梅花易數)를 연상시킨다.

348 새벽에……도노라면 : 처마 주위로 매화가 핀 것을 찾아다니는 것이다. 두보(杜甫)의 시에 "처마를 따라다니며 매화와 함께 웃고자 하니, 찬 꽃술 성근 가지가 반은 꽃망울 터뜨렸도다.〔巡簷索共梅花笑, 冷蘂疎枝半不禁.〕"라는 구절이 있다. 《杜少陵詩集 卷21 舍弟觀赴藍田取妻子到江陵喜寄》

349 제 모습……벗네 : 매화가 피는 모습을 묘사한 것이다. 원문의 '橫斜'는 비스듬히 비껴있는 매화의 모습을 시적으로 표현한 말이고, 먹물을 적신다는 것은 매화가 검은 껍질에 싸여 멍울멍울 맺혀있는 것을, 가벼운 갖옷을 벗었다는 것은 꽃봉우리를 감싸고 있는 껍질을 벗으며 꽃이 피는 모습을 형상화한 것이다.

350 개화한……생기는구나 : 주자가 지은 매화시 가운데 "꽃이 피면 이미 서글퍼지고, 꽃이 지면 다시 낙화의 시름이 이네.〔花開已淒涼, 花落更愁寂.〕"라는 표현이 있다. 《朱子大全 卷7 元範尊兄示及十梅詩風格清新意寄深遠吟玩累日欲和不能昨夕自白鹿玉澗歸偶得數語》

351 미약한 양 : 순음(純陰)의 달인 10월을 지나 복괘(復卦)에 해당하는 동짓달에 이르러 일양(一陽)이 시생(始生)하는 것을 말한다.

아홉 번째 其九

종이 장막 수시로 말리고 펴지게 놔두고　紙幔隨時任卷舒
다만 예스러운 풍모로 한가한 삶을 짝하네　秖將古貌伴閒居
혼은 박복이 교체할 제[352] 돌아오고　魂歸剝復推行際
몸은 풍상이 매서울 때를 겪는구나　身閱風霜震撼餘
베갯머리에 남은 향기 누워있는 방문으로 통하고　枕畔留香通臥閤
처마 끝에 흐르는 그림자 걸린 수레[353]와 마주하네　簷端流影對懸車
주선하여 점차 맑은 마음의 비결 터득하니　周旋漸得淸心訣
책상머리 십 년 독서보다 낫구나　勝讀床頭十載書

열 번째 其十

화려한 집에서 옥난간에 기대는 것 응당 부끄러워하고　金屋應羞倚玉欄
한 감실에 살면서 몸을 편히 두었네　一龕棲息着身安
호리병 속에 별도로 숨어 사는 신선 있고[354]　壺中別有神仙隱

352 박복(剝復)이……제 : 박(剝)과 복(復)은 괘(卦) 이름이다. 박은 음이 성하여 양이 쇠한 괘이고, 복은 음이 극에 이르러 양이 돌아온 괘로, 쇠란(衰亂)이 극에 이르면 치평(治平)으로 돌아오듯이 성쇠(盛衰)와 소장(消長)이 반복하는 것을 비유하는 말로 쓰이는데 여기서는 음인 겨울과 양인 봄이 교체한다는 의미이다.

353 걸린 수레 : 원문의 '懸車'는 수레를 타고 다닐 필요가 없어서 집안에 걸어 놓는다는 뜻으로, 벼슬을 그만두고 집에서 쉬는 것을 말한다. 한나라 때 설광덕(薛廣德)이 연로하여 벼슬을 내놓고 고향으로 돌아갈 적에 황제가 그에게 안거(安車)를 하사하였는데, 고향으로 돌아와 이를 매달아 두고 자손 후대에 전한 데에서 유래하였다. 《漢書 卷71 薛廣德傳》

354 호리병……있고 : 원문의 '호중(壺中)'은 신선이 사는 별천지를 뜻한다. 후한(後漢)의 술사(術士) 비장방(費長房)이 시장에서 약을 파는 선인(仙人) 호공(壺公)의 총

매합 속에서 도리어 넓은 세계를 알게 되는구나 閤裏還知世界寬
방에 들어오면 아취를 논하기에 참으로 알맞으니 入室政堪論雅趣
문을 닫는 것이 꼭 한기를 피하기 위해서만은 아니라네 閉門非獨避凝寒
쓸쓸한 탑상 밖에 오로지 너만 용납하니 蕭然榻外惟容汝
잠들지 못하는 맑은 밤 촛불 들고 보노라 不寐淸宵秉燭看

열한 번째 其十一

만년에 망형[355]의 교분 맺고 또 망년의 벗[356]이 되어 晩契忘形又忘年
산림에서 서로 보고 있노라니 정녕 어여쁘도다 相看林下正娟娟
지금 비에 오는 객 없는 것[357] 혐의치 않으니 不嫌今雨無來客
전생에 묵은 인연 있었음을 비로소 깨달아서라 始覺前身有宿緣
눈 속 환하게 밝아 그림자 붙이기 어렵고 雪裏虛明難着影
등잔 앞 더없이 맑아 잠들기 어렵네 燈前淸絶未成眠
세한[358]에 적막하여도 마음의 기약 있으니 歲寒寂寞心期在

애를 받아 그의 호리병 속으로 들어갔더니, 그 안에 일월(日月)이 걸려 있고 선경인 별천지(別天地)가 펼쳐져 있었다 한다. 《後漢書 卷72下 費長房列傳》

355 망형(忘形) : 형적(形迹)에 얽매이지 않고 의기(意氣)가 투합(投合)한 절친한 친구 사이를 말한다. 《장자(莊子)》 〈양왕(讓王)〉에 "뜻을 기르는 자는 자신의 형체를 잊고, 형체를 기르는 자는 자신의 이익을 잊고, 도를 이룬 자는 자신의 마음까지도 잊는 법이다.〔養志者忘形, 養形者忘利, 致道者忘心矣.〕"라는 말이 나온다.

356 망년(忘年)의 벗 : 나이를 따지지 않고 오직 학문과 덕으로 사귀는 벗을 말한다.

357 지금……없는 것 : 두보(杜甫)의 〈추술(秋述)〉에 "평소 나를 찾아오던 사람들이, 옛날에는 비가 와도 오더니, 지금은 비가 오면 오지 않는다.〔常時車馬之客, 舊雨來, 今雨不來.〕"라는 구절이 있다.

쇠세에 비로소 알겠구나 너만큼 어진 이 없음을　　衰世方知莫汝賢

358 세한(歲寒) : 공자가 "날씨가 추워진 뒤에야 소나무와 잣나무가 늦게 시듦을 안다.〔歲寒然後, 知松柏之後彫也.〕"라고 하였다.《論語 子罕》 곤궁한 처지나 난세(亂世)에도 지조를 잃지 않는 군자(君子)의 자태를 비유하는 말이다.

밤에 앉아 매화를 마주하고 이어 짓다
夜坐對梅續題

주렴 장막 속 향로에선 가늘게 연기가 일고	簾幕薰爐細作霞
눈보라가 처마 스치는 소리 누워서 듣네	臥聞風雪拂簷斜
세상에 빈한한 선비 얼마나 되는가	世間寒士知多少
다만 책상 위 한 뿌리 꽃에 의지할 뿐일세	只庇床頭一本花

또 짓다
又賦

은은한 향기 철석 심장[359] 뚫고 나오니	暗香能透鐵心腸
온갖 보배가 장엄하게 침상에서 빛나네	百寶莊嚴耀臥床
해가 중천에 뜰 때까지[360] 나와 함께 잠을 자고	日到三竿同我睡
시 한 축 연달아 지어 바쁜 사람들 비웃는구나	詩聯一軸笑人忙
성긴 꽃에서 친밀하게 머금은 정 가장 잘 알겠고	花疎最覺含情密
짧은 가지에서 길게 거꾸러진 그림자 유독 보겠네	枝短偏看倒影長
궁벽진 고을은 원래 도리가 피어있는 집[361]이 아니니	深巷元非桃李宅
거문고 책과 짝하는 것이 마치 산방 같다네	琴書伴爾似山房

359 철석 심장 : 당나라 현종(玄宗) 때의 명상(名相)으로 광평군공(廣平郡公)에 봉해진 송경(宋璟)은 꿋꿋하여 대절(大節)이 있고 강직하여 아부하지 않은 것으로 한 시대에 이름나 철석심장(鐵石心腸)을 가지고 있다고 칭해졌는데, 일찍이 매화를 읊은 〈매화부(梅花賦)〉를 지어 자신의 뜻을 나타냈다. 뒤에 시인 피일휴(皮日休)가 〈도화부서(桃花賦序)〉에서 이 작품을 들어 말하기를, "내가 일찍이 재상 송 광평의 바르고 강직한 자질을 사모해왔으니, 그의 철석같은 심장으로는 아마도 유순하고 애교 넘치는 말을 토해낼 줄 모르리라고 여겼었는데, 그의 글을 보다가 매화부가 있어 보니, 말이 통창하고도 풍부하고 화려하여 남조의 서유체를 꼭 닮아서, 그 사람됨과는 아주 달라보였다."고 하였다. 여기서는 매화의 견강하고 깨끗한 자태를 의미한다.

360 해가……때까지 : 원문의 '三竿'은 바지랑대 세 개의 높이로, 해가 높이 떴음을 형용한 것이다.

361 도리(桃李)가……집 : 도리는 수많은 현사(賢士)들을 화려한 복사꽃, 오얏꽃에 비유한 말이다. 당(唐)나라 때 적인걸(狄仁傑)이 일찍이 수십 인의 인재를 천거하여 모두 명신이 되었으므로 혹자가 적인걸에게 말하기를, "천하의 도리가 공의 문에 다 있도다.〔天下桃李悉在公門矣.〕"라고 했던 데서 온 말이다. 《資治通鑑 卷207 則天順聖皇后下》

사촌형의 매화 시에 차운하다

次從氏梅韻

외로운 등불만 처량하게 가는 겨울을 위로하는데	孤燈怊悵撫殘冬
약봉지에 서책[362] 끼고 성곽 동쪽에 누웠네	藥裹書籤臥郭東
일신의 계책 근심도 있으나 즐거움도 있고	身計有憂還有樂
시 짓는 마음 옅지도 않고 짙지도 않구나	詩情非淡且非濃
세상 살며 영화가 치욕되는 것 이미 알았고	已知涉世榮爲辱
꽃 보며 색이 곧 공[363]임을 새삼 깨닫네	更悟看花色卽空
눈 속에 편여[364] 타고 같은 마을로 다가오니	雪裏篠輿同巷近
각건 기우뚱 쓴 야윈 두 사람이로세	角巾欹側兩癯容

362 서책 : 원문의 '書籤'은 상아(象牙)로 만든 책 찌를 말한다. 한유(韓愈)의 〈송제갈각왕수주독서(送諸葛覺往隨州讀書)〉 시에 "업후의 집에는 서책이 하 많아서, 서가에 삼만 두루마리가 꽂혀 있고, 하나하나 상아 찌를 달아 놓았는데, 손도 안 댄 것처럼 깨끗하다네.〔鄴侯家多書, 架揷三萬軸. 一一懸牙籤, 新若手未觸.〕"라고 하였다. 《韓昌黎集 卷7》

363 색이 곧 공 : 색즉시공(色卽是空), 즉 불교에서 색(色)은 곧 형체가 있는 만물을 총칭하는데, 이 형체 있는 만물 또한 인연(因緣)을 따라 생긴 것이요 본래 실유(實有)가 아니기 때문에 공(空)이라는 의미이다. 《반야심경(般若心經)》에 "색은 공과 다르지 않고 공은 색과 다르지 않으니, 색이 곧 공이요 공이 곧 색이다.〔色不異空, 空不異色, 色卽是空, 空卽是色.〕"라고 하였다.

364 편여(篠輿) : 널빤지로 바닥을 만들고 사방을 대나무로 둘러쳐 만든 가마로, 일명 죽여(竹輿)라 한다.

밤에 베갯머리에서 매화를 읊다

夜枕賦梅

눈과 다투던 성긴 꽃송이 새 색깔 입혀지니[365] 雪鬪疎英着色新
새벽 한기 응당 묵은 이끼 몸에 스몄겠지 曉寒應徹老苔身
원안이 누워 있던 곳[366] 범상한 세계 아니니 袁安臥處非凡界
성궐엔 도리어 먼지 한 점 없었으리 城闕還無一點塵

두 번째 其二

매화 저편 종소리 울리는 거리엔 온 집들[367] 어두운데 花外街鐘萬井昏
홀로 남은 맑은 달만 외로운 뿌리를 비추네 獨留晴月照孤根

365 눈과……입혀지니 : 송나라의 양시(楊時)가 저궁(渚宮)에서 매화를 보면서 호안국(胡安國)에게 지어 보낸 시에 "성긴 꽃송이로 가벼이 눈과 다투지 말고, 맑고 고움을 밝은 달빛 속에 고이 간직하라.〔莫把疎英輕鬪雪 好藏淸艶月明中.〕"라는 구절이 있다. 처신을 경계하는 내용인데, 여기서는 한 겨울 눈 속에서 꽃이 활짝 핀 것을 묘사한 것이다.《龜山集 권42 渚宮觀梅寄康侯》

366 원안이……곳 : 후한(後漢) 때의 명상(名相) 원안(袁安)이 벼슬하기 전에 낙양(洛陽)에 살았는데, 어느 겨울에 폭설이 한 길이나 내리자 다른 집들은 눈을 치우고 먹을 것을 구하러 다닐 때, 그는 "모두 굶주리고 있는 때에 남에게 먹을 것을 구하는 것은 온당치 못하다." 하며 눈을 치우지 않고 굶주린 채 누워 있었다고 한하는 고사가 있다.《後漢書 卷45 袁安列傳》곤궁한 처지에 절조를 굳게 지킴을 말한다.

367 온 집들 : 만정(萬井)은 고대에 사방 1리(里)의 땅을 1정(井)이라 했던 데서 유래한 것으로, 천가만호(千家萬戶)의 번화한 저자를 뜻한다

다만 빈방에 흰 빛이 생기도록 할 뿐이니[368] 只教虛室能生白
주문[369]과 내 문을 비교해보지 말기를 莫把朱門視我門

368 빈 방에……뿐이니 : 《장자》 〈인간세(人間世)〉에 "빈방 안에는 흰빛이 생기고 거기에는 좋은 징조가 깃든다.〔虛室生白, 吉祥止止.〕"라고 하였다. 마음이 청허(淸虛)하여 욕심이 없으면 도심(道心)이 절로 생겨남을 의미하는데 여기서도 달빛이 들어 매화를 비추는 것을 청정한 마음에 비유한 것이다.

369 주문(朱門) : 현관(顯官)・귀인(貴人)의 집이라는 뜻이다. 예전에는 고귀한 사람의 집 문에 으레 붉은 칠을 하였기 때문에 이렇게 부른다.

사촌 형 집에서 학 한 쌍을 기르기로 장난삼아 읊어 화답을 구하다
從氏宅養雙鶴 戲吟求和

형의 집에 학 있고 아우 집에는 매화 있으니	兄家有鶴弟家梅
지척에 좋은 매개 되어줄 인연 없지만[370]	咫尺無緣作好媒
대면하는 것이 먼저 뜻을 아는 것만 못한 것	對面不如先會意
달빛 속에서 학 울음 몇 마디 들려오겠지	月中淸唳數聲來

370 형의……없지만 : 송(宋) 나라 은사(隱士) 임포(林逋)는 서호(西湖)의 고산(孤山)에 은거하면서 20년 동안 성시(城市)에 발을 들여놓지 않았다. 장가들지 않아 처자(妻子)가 없었고, 거처하는 곳에 매화를 많이 심고 학을 길러 처자를 대신하였으므로 '매처학자(梅妻鶴子)'로 불리었는데, 그가 서호에 배를 띄우고 노닐 때 손님이 찾아오면 집에서 학을 날려 보내 그를 불러왔다고 한다. 《宋史 卷457 隱逸列傳上 林逋》《宋詩鈔 卷13 林逋和靖詩鈔序》학과 매화가 따로 있으니 좋은 매개가 없다고 표현한 듯하다.

매화 아래서 사촌형의 시운에 차운하다

梅下次從氏韻

시가 꽃의 재촉을 입어 잘 지어지지 못하니	詩被花催未解紛
곧장 촛불 밝혀 창가의 석양을 이어야겠네	直須張燭繼窗曛
일찍이 신선 따라 영약을 훔쳤는데[371]	早從仙侶偸靈藥
애써 산골 아낙 본받아 수수한 치마 입는구나	强學山妻着淡裙
곧은 풍도는 주렴 너머 눈을 시샘하지 않고	貞度隔簾非妬雪
날랜 몸은 피리 소리 듣고 구름을 타려 하네[372]	輕軀聞笛欲乘雲
은근히 객도 머물게 하고 달도 머물게 하니	慇懃留客兼留月
맑은 그림자 무리 지어 한밤중에 이른다네	淸影成團到夜分

371 신선……훔쳤는데 : 매화를 항아에 비유한 것이다. 상고 시대 유궁후(有窮后) 예(羿)가 선녀인 서왕모(西王母)에게서 불사약을 얻어 놓았는데, 그 아내인 항아가 이를 훔쳐 먹고 신선이 되어 달 속으로 도망쳐 들어가 과부로 외롭게 산다는 전설이 있다. 이규보의 〈매화〉에 "옥 같은 꽃송이 향기롭고 깨끗함은 약 훔쳐먹던 항아의 전신인 듯하네.〔玉肌尙有淸香在, 竊藥姮娥月裏身.〕 라는 구절이 있다. 《淮南子 覽冥訓》《東國李相國集 제1권》

372 날랜……타려 하네 : 《장자》 〈소요유(逍遙遊)〉에 "묘고야산에 신인이 사는데, 살결은 빙설 같고 얌전한 자태는 처녀 같으며, 오곡은 먹지 않고 바람과 이슬을 마시며, 구름을 타고 나는 용을 몰아서 사해의 밖에서 노닌다.〔藐姑射之山有神人焉, 肌膚若冰雪, 淖約若處子, 不食五穀, 吸風飮露, 乘雲氣, 御飛龍, 而遊乎四海之外.〕"고 하였다. 여기서는 매화를 비유한 것이다.

매화 월과를 짓다가 지루해진 것을 새삼 느끼고 장난삼아 짓다
梅課殊覺支離戲吟

꽃 사이에서 일어나 춤추는 흰옷 입은 신선[373]이	花間起舞縞衣仙
꿈속에서 눈 내리는 서호의 배에 떨어졌네[374]	夢落西湖雪裏船
매화를 물리치고 학을 풀어 놓아서	何似却梅兼放鶴
온갖 인연 모두 녹여진 속에 참선을 배우는 것만 하겠는가[375]	萬緣融盡學參禪

373 흰 옷……신선 : 매화를 묘사한 것이다. 소식의 시 〈11월 26일 송풍정 아래에 매화가 활짝 피다〔十一月二十六日松風亭下梅花盛開〕〉에서 매화를 묘사하여 "해남의 신선 구름이 아리땁게 섬돌에 서리더니, 달빛 아래 흰옷 여인이 문을 두드리는구나.〔海南仙雲嬌墮砌, 月下縞衣來叩門.〕"라고 하였다. 《古今事文類聚 後集 卷28》

374 서호의……떨어졌네 : 북송(北宋)의 은자 임포의 고사를 연상하게 하는 구절이다. 156쪽 주338 참조.

375 매화를……하겠는가 : 동진(東晉) 때의 고승 지둔(支遁)의 고사를 연상하게 한다. 지둔에게 학을 선물한 자가 있었는데 지둔이 학에게 말하기를 '너는 하늘 높이 솟구쳐 날아가야 하는데, 어떻게 사람들의 귀와 눈을 위한 노리개가 될 수 있겠느냐.〔爾沖天之物, 寧爲耳目之翫乎?〕'라 하고는 마침내 날려 보냈다. 구속을 받지 않고 자유롭게 살아가는 삶을 비유한다. 《高僧傳 梁高僧傳 卷4》

새벽 베갯머리에서

曉枕

도성거리에 종소리 들리니 달은 성 속에 숨고	九陌鐘聲月隱城
겹이불에서 문득 새벽 한기 이는 것을 느끼네	重衾斗覺曉寒生
몸은 연연해하며 물러나는 옛 달력과 같고	身同舊曆依依退
마음은 고요히 피어나는 새 매화와 같구나	心似新梅寂寂明
우주의 남아들 모두 한바탕 꿈이고	宇宙男兒皆短夢
풍파 속 세상길엔 온전한 명성 드무네	風波世路少完名
시에서들 부질없이 미양[376]의 소식을 말하지만	詩篇謾道微陽信
오래된 벼루 입김 불어 녹여도 글씨가 써지지 않네	古硯呵氷寫不成

376 미양(微陽) : 아주 미약한 양이라는 의미로 순음(純陰)의 달인 10월을 지나 복괘(復卦)에 해당하는 동짓달에 이르러 일양(一陽)이 처음으로 생겨나는 것을 말한다.

눈 속에서

雪中

불로장생[377] 숙원했건만 귀밑털 죄다 빠지고	金丹宿計鬢全疎
눈 덮인 장안에서 누추한 집에 누워 있네	雪壓長安臥弊廬
꿈속에서 매화와 잠드는 것 너무도 좋고	魂夢偏憐梅伴枕
공명 때문에 학이 수레 탄 것[378] 몹시 후회스럽구나	功名端悔鶴乘車
지금도 성시에 출중한 선비 없고	秖今城市無奇士
예부터 산림에 진기한 책 있으니	終古山林有異書
밤이면 등잔불 앞에서 바둑을 구경하고	夜向燈前觀博戲
이번 판 누가 이기고 졌는지를 묻노라	輸贏一局問何如

377 불로장생 : 원문의 '金丹'은 방사(方士)들이 금석(金石)을 정련하여 만든 단약(丹藥)으로, 이것을 복용하면 불로장생할 수 있다고 한다.

378 학이……것 : 분수에 걸맞지 않은 높은 벼슬을 차지하며 총애를 받는 신하, 또는 관직의 남발을 비유하는 말이다. 춘추 시대 위(衛)나라 의공(懿公)이 학을 좋아해 학 중에는 대부의 수레에 탄 것도 있었는데, 전쟁이 나자 무기를 받아 쥔 백성들은 "학에게 싸우게 하라. 학이 대부의 작위를 차지하고 있는데 우리가 어찌 싸울 수가 있겠는가.〔使鶴. 實有祿位, 余焉能戰?〕"라고 한 고사가 있다. 《春秋左氏傳 閔公2年》

매화가 다 떨어졌기에 또 짓다

梅花盡落又賦

매화는 지고 시 짓기도 귀찮아 궤안에 기대 졸고 있자니 梅殘詩倦據梧眠

해 떠오르는 맑은 창가에 향 연기 구불구불 피어오르네[379] 朝旭晴窗裊篆煙

모든 향기 허공 속에서 사라짐 진작에 깨달았는데 已覺諸香空裏歇

일천 게송 침묵 속에서 전해짐을 누가 알리오 誰知千偈默中傳

얼음병 씻은 곳 참세계로 돌아가고[380] 氷壺濯處歸眞界

쇠 벼루 갈고 나니 악연도 다하였네[381] 鐵硯磨來了惡緣

혹여 내 마음에 외물의 얽매임 없게 된다면 倘使吾心無物累

영대[382]에 외로운 둥근 달 머물러 비추리 靈臺留照月孤圓

379 향……피어오르네 : '裊篆' · '裏篆'은 향 연기가 마치 전서(篆書)처럼 구불구불 서리며 피어오르는 모양을 비유하는 말이다.

380 얼음병……돌아가고 : 빙호(氷壺)는 얼음으로 된 호리병이라는 뜻으로, 일반적으로 사람의 인품과 덕성이 청백하고 개결한 것을 비유하는 데 많이 쓰인다. 또 매화의 고결함을 형용한 말로 빙혼(氷魂)이 있다. 송나라 소식(蘇軾)의 시에 "나부산 아래 매화 마을에는, 옥설이 뼈가 되고 얼음이 넋이 되었네.〔羅浮山下梅花村, 玉雪爲骨氷爲魂.〕"라고 하였다.《東坡全集 卷22 十一月二十六日松風亭下梅花盛開》여기서도 고결한 격조를 지닌 매화를 얼음병으로, 매화가 진 것을 참세계로 돌아간 것으로 표현한 것으로 보인다.

381 쇠벼루……다하였네 : 매화에 관해 시를 쓰고 마음의 평정을 얻었다는 뜻인 듯하다.

382 영대(靈臺) : '신령스러운 대'란 뜻으로 마음을 가리킨다. 주희(朱熹)의 〈경재잠(敬齋箴)〉끝부분에 "아, 소자들이여, 항상 염두에 두고서 공경하는 자세를 지닐지어다! 이에 묵경에게 경계하는 글을 쓰게 하면서, 감히 영대에 고하는 바이다.〔於乎小子, 念哉敬哉! 墨卿司戒, 敢告靈臺.〕"라는 말이 나온다.

임지로 돌아가는 송 독우 필직[383]에게 주다

贈宋督郵必直還任

날아갈 듯한 곁말이 높은 수레 호위하니	飛驂擁高盖
그대에겐 또한 공명이겠지	在汝亦功名
잠깐 매화 앞에서 얼굴 보이고	草草梅前面
느릿느릿 눈 속으로 떠나가네	遲遲雪裏程
몸에 지닌 것은 오직 근졸함 하나 뿐	持身惟一拙
그대 선조는 곧 쌍청당[384]이셨지	有祖卽雙淸
어버이 연로하시어 돌아가 농사지을 마음 급하니	親老歸耕急
벼슬 욕심 적음을 잘 알겠도다	深知少宦情

383 송 독우 (宋督郵) : 송필직(宋必直)이 영조 때 장수 찰방(長水察訪)으로 있었기 때문에 독우라 한 것이다. 송필직은 서빙고 별제(西氷庫別提) 등을 지냈다.

384 쌍청당(雙淸堂) : 송유(宋愉, 1388~1446)로, 본관은 은진(恩津), 호는 쌍청당(雙淸堂)이다. 12세에 부사정(副司正)이 되었고, 13세에 신덕왕후(神德王后) 강씨(康氏)가 붕어(崩御) 한 뒤 위패가 태조묘(太祖廟)에 부(附)해지지 않자 이를 한탄하는 글을 지어 올린 뒤 관직을 버리고 고향 회덕으로 돌아와 학문에 정진하였다.

매화 아래서 또 절구 두 수를 써서 주다

梅下又書贈二絶

그대가 오고 꽃이 막 피었는데	君來花始開
그대가 가니 꽃이 지려 하네	君去花欲落
처량한 등불 하나가	怊悵一孤燈
꽃을 보내고 이어서 객을 보내는구나	送花仍送客

두 번째 其二

매화는 종이창 밑으로 지고	梅落紙窗下
어젯밤 내린 눈이 집을 덮었네	前宵雪壓家
서로 만나자마자 금세 이별을 하니	相逢旋告別
그대는 바로 한 화분의 꽃이구려	君是一盆花

춘첩
春帖

창가의 해 길어지고 병든 몸 편안해지는데 窗日稍長病體舒
봄바람이 먼저 산인[385]의 집에 이르네 春風先到散人廬
동쪽 성곽 남쪽 두렁 죄다 꽃구경 길이니 東城南陌看花路
아이 부축 받을 필요 없네 편히 나귀 타고 가리니 不要童扶穩跨驢

385 산인(散人) : 벼슬을 버리고 자연을 즐기며 한가로이 지내는 사람을 가리킨다.

설날 시험 삼아 써보다

新元試筆

봄은 춘첩자[386] 따라 발 친 창에 오르고	春隨帖子上簾櫳
버들 빛은 먼저 어원[387] 동쪽에서 펴지네	柳色先舒御苑東
상서로운 기운 몰려와 쌍궐에 모이고	佳氣擁來雙闕合
온화한 바람 나뉘어져 온 집들과 함께하는구나	和風分與萬家同
성긴 새벽별 속 칼과 패옥 차고[388] 조회하러 가는 신료들이요	疎星劒佩趨朝客
잔설 쌓인 집 뜰엔 병으로 사직한 늙은이라	殘雪門庭謝病翁
늘그막에 그저 화조의 일에만 관심이 있으니	老境只關花鳥事
교화[389]의 남은 힘은 제공들의 덕을 입으리	陶甄餘力荷諸公

386 춘첩자(春帖子) : 입춘일(立春日)에 대궐 안에 있는 전각(殿閣)의 기둥에 써 붙이는 주련(柱聯)인데, 제술관(製述官)에게 명하여 하례(賀禮)하는 시를 지어 올리게 하고 꽃무늬가 들어 있는 종이에 써서 붙였다.

387 어원(御苑) : 창덕궁(昌德宮)의 요금문(耀金門) 밖에 있었고, 상림원(上林苑)·서원(西苑)이라고도 하였다

388 칼과 패옥 차고 : 원문의 '劒佩'는 고관들의 허리에 찬 검과 드리운 패옥으로 조복을 갖추어 입은 모습을 표현한 것이다. 당(唐)나라 백거이(白居易)의 〈야숙강포문원팔개관인기차십(野宿江浦聞元八改官因寄此什)〉에 "검패를 차고 새벽에 쌍봉 대궐에 달려가고 안개 낀 물가에서 밤에 한 어선에 묵노라.〔劍珮曉趨雙鳳闕, 烟波夜宿一漁船.〕"라고 하였다.

389 교화 : 원문의 '陶甄'은 도공(陶工)이 녹로(轆轤)를 돌려 각종 질그릇을 만들어 내는 것으로 흔히 조화 혹은 자연을 말하는데, 여기서는 성군(聖君)이 선정(善政)을

두 번째 其二

억지로 백발 빗고 의건을 정돈하고　强梳白髮戒衣巾
파리한 몸이 그래도 첫봄을 맞네　癯骨猶迎第一春
벽엔 걸린 영부는 마치 도관 같은데　壁揭靈符如道觀
문으로 드나드는 손님 절반은 의원이구나　門通賓刺半醫人
눈 녹은 초목엔 싹 트는 것 이르고　雪消草木勾萌早
햇빛 비치는 누대엔 기색이 싱그럽네　日耀樓臺氣色新
생각해 보면 지난 겨울 유난히 적막하였지　回憶前冬偏寂寞
찬 매화 작은 탑상만 이 몸 곁에 있었다오　寒梅小榻獨隨身

세 번째 其三

설날 겨우 지나 다시 빗장을 다시 거니　元朝纔過更關扉
고목 있는 한가한 집엔 오는 객 드무네　古木庭閒客到稀
눈 녹은 사단[390]엔 흙소[391]가 젖고　雪盡社壇土牛濕
바람 고요한 산곽엔 종이연[392]이 나는구나　風恬山郭紙鳶飛
병중이나 명절 맞아 애오라지 약은 정지해 보지만　病因佳節聊停藥
늙어 남은 추위 겁나 옷은 갈아입지 못하겠네　老怕餘寒未換衣
상상해 보면 동정[393]엔 물색이 새로울테지　側想東亭新物色

펼쳐 천하를 잘 다스리는 것을 비유하는 말로 사용되었다.

390 사단(社壇) : 토지의 신을 제사하는 단(壇)으로 오색(五色)의 흙을 덮어서 제단을 꾸민다.

391 흙소 : 《예기(禮記)》 〈월령(月令)〉에 12월에 "토우를 만들어 한기를 몰아낸다.〔出土牛, 以送寒氣.〕"라고 하였다.

392 종이연 : 정월달에 아이들이 종이로 만든 연을 띄워 올리기 때문에 이른 말이다.

시내엔 봄물 불어 낚시터 잠겼겠네	一溪春水上漁磯

네 번째 其四

온 마을에 안개 걷히니 맑은 경치 선명하고	萬井煙開霽景鮮
아침 되자 숲속 새들 사람의 잠을 깨우네	朝來幽鳥喚人眠
시장 서점에서는 새로 꽃 심는 비결을 사고	市書新買栽花訣
창에 붙일 그림은 꼭 학 탄 신선을 찾는구나[394]	窗畵偏求跨鶴仙
황하가 한번 맑아지면[395] 성세를 바랄 수 있고	河報一淸希聖世
눈이 세 번 내리면 풍년을 축원할 수 있네[396]	雪留三白祝豐年
대궐[397]에서 춘첩 바치던 일 도리어 꿈 같은데	金門獻帖還如夢
그래도 외로운 충정 있어 북궐에 걸렸네	猶有孤誠北闕懸

393 동정(東亭) : 오원(吳瑗)의 별장에 있었던 정자 이름으로, 서울 종암(鐘巖)에 있었다. 이곳에서 남유용, 이천보, 황경원 등을 비롯한 여러 문사가 모여 자주 시주회(詩酒會)를 가졌다.

394 창에……찾는구나 : 학 탄 신선은 선인들이 대개 학을 타고 노닌다는 전설에서 유래된 것이고 학 탄 신선 그림을 창에 붙이는 것은 학과 신선의 이미지가 결합되어 장수를 기원하는 의미가 있는 듯하다.

395 황하가……맑아지면 : 황하가 깨끗해진다는 말은 성군(聖君)이 태어나서 천하가 태평함을 말한다. 삼국 시대 위(魏)나라 이강(李康)의 〈운명론(運命論)〉에 "황하가 맑아지면 성인이 출현한다.〔夫黃河淸而聖人生.〕"라고 하였다. 《文選 卷53》

396 눈이……있네 : 동지 이후 세 번째 술일(戌日)에 지내는 제사를 납제(臘祭)라 하는데, '三白'은 납제 이전에 눈이 세 차례 내리는 것을 말한다. 납제를 지내기 전까지 세 차례 눈이 내리면 풍년이 든다고 하여 이를 흔히 납전삼백(臘前三白)이라고 하였다. 《農政全書 권11 占候》

397 대궐 : 원문의 '金馬'는 한(漢)나라 궁문의 이름으로 학사(學士)들이 조명(詔命)을 기다리던 곳이다. 보통 대궐이나 조정을 가리킨다.

정월대보름날 밤에 '교' 자를 얻다
上元夜得橋字

달빛 아래 거니는 것은 아이들에게 맡기고	步月任兒輩
썰렁한 집에 적막하게 누웠네	寒齋臥寂寥
맑은 구름에는 티끌 하나 없고	晴雲無一滓
밝은 달은 오늘 밤이 최고로구나	素魄最今宵
저잣거리 달빛은 물처럼 흐르고	市陌光如水
노니는 사람 그림자 다리 위에 있네	遊人影在橋
풍년 들 조짐이 있음을 알겠노니	年豐知有象
성명한 조정에 깊은 하례 드리네	深賀聖明朝

밤이 깊은 후 골목으로 산책 나가다
夜深後 步出門巷

둥근 달 서성이는 정월 대보름 되니	圓月徘徊作上元
억지로 지팡이 짚고 문을 한 번 여네	强扶藜杖一開門
도성 거리 종루에는 사람들 이어지고	九街鐘漏連人袂
온 집들 누대에는 지번이 하늘거리는구나	萬井樓臺裊紙幡
잔설은 답교[398]하는 길에서 막 녹고	殘雪初融踏橋路
탁주는 아직도 옷 저당 잡힌 마을[399]을 기억하네	濁醪猶記典衣村
근래엔 두 다리 쇠하여 힘이 없는데	年來兩脚衰無力
그래도 동심이 늘그막까지 있구나	只有童心到老存

398 답교 : 정월 대보름 밤이 되면 서울의 사대부와 서민들이 모두 몰려 나와 종각(鍾閣)의 종소리를 들은 후, 청계천에 놓인 여러 다리로 가서 다리밟기를 한다. 속설에 대보름밤에 다리〔橋〕를 밟으면 일 년 내내 다리병〔脚疾〕이 나지 않는다고 한다. 다리밟기는 주로 대·소광통교 및 수표교에서 가장 성했다. 《東國歲時記 上元》

399 탁주는……마을 : 두보(杜甫)의 〈곡강(曲江)〉 시에 "퇴청해서는 날마다 봄옷을 전당잡히고, 강 머리에서 실컷 취해 돌아오네.〔朝回日日典春衣, 每日江頭盡醉歸.〕"라는 용례가 있다. 옷을 저당잡히면서까지 술을 마시며 풍류에 젖었던 때를 회상하는 것으로 보인다.

제군 및 아이들과 동정[400]을 나가 함께 짓다

與諸君及兒輩 出東亭共賦

밤새 들밭에 내린 비 보리 심기를 재촉하는데　宿雨郊田種麥催
사립문은 시내를 사이에 두고 반쯤 열려 있네　柴扉一半隔溪開
하늘이 강호로 들어와 드넓게 펼쳐진 것을 이미 보았거니
　已看天入江湖濶
봄이 장구를 따라 오는 것 다시금 깨닫겠구나　更覺春隨杖屨來
한낮 마을엔 닭울음 소리 한가한 곳에서 길게 울리고
　村午雞聲閒處永
따뜻한 산엔 꽃 소식 적막한 가운데 돌아오네　山暄花意寂中回
유람할 그윽한 기약 또 청명절에 있으니　幽期且在清明節
방초가 사람 맞아 석대에 오르겠네　芳草迎人上石臺

두 번째 其二

아침 되어 산 기운 막 개니　朝來山氣報初晴
야복 펄럭이며 가볍게 성곽을 나서네　野服翩然出郭輕
내려앉는 해오라기는 필시 새 폭포 떨어지는 것을 엿보고
　鷺下政窺新瀑滴
돌아오는 제비는 응당 작은 정자 지어졌길 기대하겠지
　鷰歸應待小亭成

400 동정(東亭) : 157쪽 주342 참조.

한가로이 괴석 옮겨 삼경[401]을 잇고	閒移怪石連三徑
늙으막에 배 한 척에 여생을 맡기리니	老向孤舟寄一生
대삿갓 쓰고 다릿가 길에서 서로 만나면	篛笠相迎橋畔路
동쪽 이웃 낚시 친구 무척 다정하겠네	東隣釣伴最多情

401 삼경(三徑) : 세 오솔길이란 뜻으로, 본디 한(漢)나라 때 은사(隱士) 장후(蔣詡)가 자기 집 대나무 밑에 세 오솔길을 내고 친구인 구중(求仲), 양중(羊仲) 두 사람하고만 서로 종유했던 데서, 전하여 은자의 처소를 가리킨다. 도잠(陶潛)의 〈귀거래사(歸去來辭)〉에 "세 오솔길은 묵었으나, 소나무와 국화는 아직 남아 있도다.〔三徑就荒, 松菊猶存.〕"는 구절이 있다.

우연히 짓다

偶賦

풍악 소리 바람 따라 북쪽 이웃에서 들려오니	歌管隨風咽北隣
성 가득 좋은 계절을 즐기는 행락객이로세	滿城行樂趁佳辰
주문[402]엔 말들이 다투어 우는 버드나무가 있고	朱門有柳爭嘶馬
도성거리엔 사람을 취하지 않게 하는 꽃이 없구나	紫陌無花不醉人
긴긴 날[403]은 마치 태곳적으로 돌아간 것 같은데	遲日政如回太古
아지랑이가 어찌 남은 봄을 매어두랴	遊絲那得繫餘春
한가로이 지내며 번화한 꿈[404] 벌써 끊었으니	閒居已斷繁華夢
나무 걸상에 쓸쓸히 앉아 선정에 든 몸이라오[405]	床榻蕭然入定身

402 주문(朱門) : 붉은 칠을 한 문으로, 지위(地位)가 높은 벼슬아치의 집을 비유한다.

403 긴긴 날 : 원문의 '遲日'은 봄날을 뜻한다. 《시경》 〈칠월(七月)〉의 "봄날이 더디고 더디다.〔春日遲遲〕"라는 말에서 나온 것이다.

404 번화한 꿈 : 풍류를 즐기고 화려하게 지내던 과거 시절을 떠올리며 감회에 젖을 때 흔히 쓰인다. 당나라 최도(崔塗)의 시 〈감화(感花)〉에 "춘풍에 한바탕 저물녘 비가 내리니, 이는 또한 번화한 꿈에서 깨는 때라오.〔東風一陣黃昏雨, 又是繁華夢覺時.〕"라는 구절이 있다. 《全唐詩 卷679》

405 선정에……몸이라오 : 원문의 '入定'은 선정(禪定)에 드는 것, 곧 마음을 한 경계에 정하고 고요히 생각하는 것을 말한다.

영춘 사군 이대방 협[406] 을 전송하다

送永春使君李大防 浹

관소는 물가에 임해 고깃배와 같고 官齋臨水似漁船
작은 마을[407] 아득히 사군[408]의 풍광과 이어져 있겠지 十室遙連四郡煙
그대 가면 비로소 한가로운 세계를 알리라 君去始知閒世界
큰 고을에서 문서 더미에서 살았던 20여 년만에 雄州簿牒廿餘年

두 번째 其二

태수가 기심을 잊고[409] 고을 누각에 누우니 太守忘機臥郡樓
골짝에 있는 고라니 사슴이 사람에게 다가와 놀겠지[410] 洞中麋鹿近人遊

406 이대방 : 이협(李浹). 자세한 생애는 미상이다. 영조 36년 영춘 현감(永春縣監)을 역임한 바 있다.

407 작은 마을 : 원문의 '十室'은 집이 열 채 가량 있는 작은 동네를 말한다. 《논어》 〈공야장(公冶長)〉에 "열 가구쯤이 사는 작은 마을에도 나처럼 충신한 사람은 반드시 있겠지만, 나처럼 배우기를 좋아하는 사람은 아마 없을 것이다.〔十室之邑, 必有忠信如丘者焉, 不如丘之好學也.〕"라는 공자의 말이 나온다.

408 사군(四郡) : 호서 지방에서 산수의 풍광이 아름다운 4곳으로, 단양(丹陽)・청풍(淸風)・제천(堤川)・영춘(永春)을 가리킨다.

409 기심을 잊고 : '機心'은 무언가를 교묘하게 꾀하는 마음이다. 《장자》 〈천지(天地)〉에 "기계를 가진 사람은 반드시 교묘한 일을 하게 되고, 교묘한 일을 하는 사람은 반드시 교묘한 마음을 지니게 된다.〔有機械者必有機事, 有機事者必有機心.〕"라고 한 데서 온 말이다.

410 고라니……놀겠지 : 소식(蘇軾)의 〈전적벽부(前赤壁賦)〉에 "강가에서 고기 잡고 나무하며 물고기 새우와 짝하고 고라니 사슴과 벗한다.〔漁樵於江渚之上, 侶魚鰕而

물성과 민성이 같음을 그제야 알 터이니[411] 方知物性同民性

온순히 모이게 하려면 모쪼록 이 이치를 강구하시기를 馴集須將是理求

友麋鹿.]"라는 내용이 있다. 자연 속에서 한적하게 사는 삶을 말한 것이다.

411 물성과……터이니 : 이천보를 비롯한 주변 인물들이 인물성동이론(人物性同異論), 이른바 호락논쟁(湖洛論爭)에서 인성과 물성이 같다고 하는 낙론(洛論)을 견지했음을 보여준다.

납일[412]에 부질없이 읊다

臘日漫吟

남은 섣달 추위 등등하고 눈이 누대를 감싸니	殘臘騰騰雪擁樓
창문에 날 저물자 일어나 갖옷을 걸치네	窗櫳日晏起披裘
육십 년 세월 온통 꿈만 같고	年光六十渾如夢
삼천세계[413] 반은 근심이라	世界三千半是愁
이웃의 학은 담장을 지나다 약 달이는 것 엿보고	隣鶴過墻窺煮藥
합문의 매화는 탑상과 나란히 놓여 머리 빗는 것을 비추네	閤梅聯榻照梳頭
한가한 가운데 우연히 《향산집》을 얻었으니	閒中偶得香山集
읽으며 애오라지 잠 쫓는 방책으로나 삼아야겠네[414]	遮眼聊爲却睡謀

412 납일(臘日) : 동지(冬至) 뒤에 오는 셋째 술일(戌日)인데, 이날 선조와 온갖 신에게 제사, 곧 납향(臘享)을 지낸다. 조선 시대에는 동지 뒤 셋째 미일(未日)을 납일로 하였다.

413 삼천세계 : 불가의 말로 삼천대천세계(三千大千世界)라고 한다. 수미산(須彌山)을 중심으로 칠산팔해(七山八海)가 에워싸고 다시 철위산(鐵圍山)이 둘러친 세계를 소세계(小世界)라고 하고, 이것이 천 개 모인 것이 소천세계(小千世界)요, 소천세계가 천 개 모인 것이 중천세계(中千世界)요, 중천세계가 천 개 모인 것이 대천세계(大千世界)인데, 이것을 총칭하여 삼천대천세계라고 한다. 《大智度論 卷7》

414 향산집(香山集)을…삼아야겠네 : 향산집은 백거이의 《백향산집》을 말한다. 소식(蘇軾)은 〈제유자옥문(祭柳子玉文)〉에서 "맹교의 시는 쓸쓸하고 가도의 시는 메마르며, 원진화(元稹和)의 시는 가볍고 백거이(白居易)의 시는 속되다.〔郊寒島瘦, 元輕白俗.〕"라는 말을 했는데, 우리나라 문인들 또한 백거이의 시에 큰 가치를 두지 않는

경향이 있었다. '遮眼'은 남의 눈가림용으로 책을 보는 시늉을 하는 것을 가리킨다. 당나라 선승(禪僧) 약산 유엄(藥山惟儼)이 불경을 보고 있을 적에, 어떤 승려가 묻기를 "화상께선 남에겐 불경을 보지 못하게 하시면서 혼자서는 왜 불경을 보십니까?" 하자, "나는 그저 남의 눈을 가리려고 할 따름이다.〔我只圖遮眼〕"라고 대답한 고사가 있다. 《景德傳燈錄 卷14》

진암집

제4권

소차 疏箚

홍문관 정자를 사임한 상소[1]

辭弘文正字疏

삼가 아뢰옵니다. 지난날의 비정상적인 조치에 하늘이 성상(聖上)의 충심(衷心)을 계발하여 삼백 년 종묘사직이 거의 위태로웠다가 다시 안정되었으니,[2] 온 나라의 백성들이 어찌 춤을 추며 기뻐하지 않았겠으며 신이 외람되이 이반(邇班)의 직책에 있으니[3] 기쁘고 경사스러움이 마땅히 어떠하였겠습니까.

1 홍문관……상소 : 이천보(李天輔)는 1740년(영조16) 5월 17일에 도당록(都堂錄)에 선발되어 홍문관 정자(正字)로 임명되었다. 이 상소는 이때 올린 사직소이다.

2 지난날의……안정되었으니 : 경종 연간에 일어난 임인옥사가 소론 측의 무고(誣告)로 발생한 것이라고 판정한 경신처분이 단행된 것을 가리킨다. 1722년(경종3년)에 소론의 영수 김일경(金一鏡) 등이 목호룡(睦虎龍)을 시켜 노론이 삼수역(三守逆)을 계획하여 경종을 시해하거나 폐위시키려 하였다고 고변하였다. 이때 조사 과정에서 당시의 왕세제, 즉 후일의 영조 역시 시해 과정에 관련되었다는 이야기가 거론되었다. 이에 이미 유배를 떠난 노론사대신을 비롯한 60여 명이 처형되고 그 외의 인사 170여 명이 유배를 가거나 문초를 받았으니, 이것이 임인옥사이다. 영조는 즉위 직후인 1725년(영조1)에 을사환국을 단행하여 임인옥사를 무고라 판정하고, 소론을 축출한 후 노론을 불러들였다. 그러나 노론의 보복 정치로 정국이 혼란스러워지자 1727년에 정미환국을 단행하여 다시 소론을 불러들이고, 이 중 온건한 세력을 중심으로 탕평파를 구축하였다. 그리고 이를 계기로 1729년에 기유처분을 내려 노론사대신 가운데 이건명(李健命)과 조태채(趙泰采)를 신원하였으며, 1740년 경신년에 임인옥사가 소론의 무고로 인한 무옥(誣獄)이라고 최종적으로 판정한 경신처분을 단행하였다.

3 이반(邇班)의 직책에 있으니 : '이반'은 '임금 가까이에 있는 반열'이라는 뜻으로, 시종신이나 내시 등 임금의 가장 가까운 곳에 위치하는 신하를 가리킨다. 당시 이천보가 임금을 가까이에서 모시는 시종신이었기 때문에 이렇게 말한 것이다.

생각건대 신이 본디 용렬한 자질로 외람되이 영달의 길에 끼었는데 내면을 돌아보면 항상 부끄럽고 두려운 마음 간절하였습니다. 뜻밖에도 이번에 갑자기 옥서(玉署 홍문관)에 새로 임명되니 신은 놀랍고 두려워 어떻게 하여야 할지 알지 못하겠나이다.

대저 군덕(君德 임금의 덕)의 성취는 경연관에게 책임이 있습니다.[4] 참으로 식견이 족히 임금의 뜻을 계발할 만하고 학문이 족히 경서(經書)의 뜻을 발휘할 만한 자가 아니라면 그 직분을 다할 수가 없으니, 위에서는 급하게 제수할 수 없고 아래에서는 구차하게 맡을 수 없음이 분명합니다. 하물며 신에게 주어진 직책은 곧 더욱 극선(極選 엄선(嚴選)하는 자리)에 관계된 지라 이 직책을 맡았던 선배들이 모두 당대에 명망이 빼어난 이들이었는데, 대저 인재가 시대와 더불어 함께 쇠퇴한 이후로부터 조정에서는 차라리 그 자리를 비워둘지언정 가벼이 사람을 제수하지 않아 수십 년 사이에 혹 그 인원을 한 번 갖추었으니 어렵고 신중하기가 이와 같음이 있었습니다.

신은 어려서 공부할 시기를 놓치고 고인(古人)이 이른바 경술(經術)의 학문에는 더욱 마음을 쓴 바가 없어 사서오경(四書五經) 같은 것은 일찍이 책 한 권을 숙독한 적이 없습니다. 늘그막에 한 번 급제한 것[5]은

4 대저……있습니다 : 중국 북송(北宋)의 철학자 정이(程頤, 1033~1107)가 철종(哲宗)에게 올린 차자(箚子)에서 나온 말로, “천하의 중임은 오직 재상과 경연관뿐입니다. 천하의 치란은 재상에게 달렸고, 군덕의 성취는 경연관에게 책임이 있습니다.〔天下重任, 惟宰相與經筵. 天下治亂繫宰相, 君德成就責經筵.〕”라고 하였다. 《續資治通鑑長編 卷79》

5 늘그막에……것 : 이천보(李天輔)는 42세이던 1739년(영조15)에 알성시(謁聖試)에서 을과(乙科)로 급제하였다.

다만 봉록(俸祿)을 위해 출사하려던 것이고 성품 또한 오활하여 비록 미관말직(微官末職)이라 할지라도 오히려 감당할 수 없을까 두렵습니다. 대체 어떤 점을 신에게서 취하시었기에 등용하여 이러한 직임을 주시는지 알지 못하겠습니다.

생각건대 조종(祖宗)이 성대하던 시절에는 경연(經筵)의 신하가 문(文)과 질(質)을 겸비한 것이 볼만하여서 이와 같은 관직에 이르러서도 대대로 인재가 부족하지 않았으니 지금까지도 전송(傳誦)하며 치세(治世)의 아름다운 일로 여기고 있습니다. 그러므로 유사(有司)가 지금은 예전만 못함을 부끄러워하여 이에 신을 데려다 억지로 자리를 채워 전하의 조정을 치장하고자 하면서 식견 있는 이들이 옆에서 몰래 웃는 것을 알지 못합니다.

아! 지금의 세도(世道)를 돌아보면 부화(浮華)한 풍조가 승하고 실사(實事)가 없어 국가가 점점 쇠미해지는데, 점점 쇠미해지는 것이 참으로 이에서 말미암은 것입니다. 전하께서는 오직 실심(實心)으로 실정(實政)을 행하셔야 마땅할 것이니 하나의 영(令)을 내고 하나의 일을 행함에 가는 곳마다 그 실사를 구하지 않음이 없으면 거의 조금이라도 그 폐단을 구제할 수 있을 것인데, 대저 실정(實政)의 대체(大體)는 용인(用人)만한 것이 없습니다. 신은 보잘것없는 신진(新進)으로, 어찌 감히 저 때문에 우러러 우리 전하의 용인의 실정(實政)에 누를 끼칠 수 있겠습니까.

신이 관적에 이름이 오른 지 겨우 1년 만에 기주(記注)로 입시(入侍)하여 전하를 가까이서 한 번 뵈었습니다. 신의 허술한 실상은 비록 하늘의 해와 같은 전하의 밝으심이라 할지라도 반드시 굽어 비추지 못하실 것입니다. 만약 신이 영화를 탐하고 의리를 두려워하여 마지못해 명을 받든다면 한 번 어전에 올라 책을 끼고 앉아 구절이나 읽고 조용히 있다가 물러나는 데 불과할 따름일 것입니다. 신은 졸렬한 모습을 드러내는 것을 본디 스스로 조심하지 않아 관직(官職)을 욕되게 하고 당세의 수치가 될 것이니, 작은 일이 아닙니다. 비록 뻔뻔하게 관직에 나가고자 하더라도 형세가 그럴 수가 없습니다. 이에 나라가 안정되어 백관이 기뻐하며 경하하는 때를 당하여 신은 대궐에서 멀리 떨어져 신하들의 뒤를 따라 전하의 만세를 송축하는 반열에 참여할 수 없으니, 미천한 신하의 분의(分義 분수에 맞는 의리)는 이에 이르러 다하였습니다.

전하의 소패(召牌)[6]가 내려옴에 삼가 궐 밖에 나아가 소장(疏章)을 올리고 바로 돌아왔으니, 삼가 성명(聖明)께서는 속히 신의 관직을 체차하시고 이어서 신이 예를 소홀히 한 죄를 다스리시어 관가의 규율을 엄중히 하고 관료들을 경계하신다면 천만다행이겠습니다. 신은 지극히 두렵고 황공하며 간절히 비는 마음 금할 길이 없사옵니다.

6 소패(召牌) : 조선 시대에 임금이 관리를 불러들일 때 사용하던 패, 혹은 그 패를 보내어 신하를 부르던 일을 말한다.

임금의 구언(求言)에 응하여 올린 상소[7]

應旨疏

삼가 아뢰옵니다. 요사이 상천(上天)의 경계가 재차 삼차 이르자 전하께서 척연(惕然)히 두려워하시며 친히 애통(哀痛)의 교지[8]를 내리심에 정성스럽고 간곡하게 자신을 책망하며 도움을 구하셨사옵니다.[9]

7 임금의……상소 : 1740년(영조16) 10월 6일에 올린 상소로, '응지소(應旨疏)'란 나라에 어려운 일이 있을 때 임금이 신하나 사림(士林)에게 널리 직언(直言)을 구하면, 그 명을 받은 자가 자신의 의견을 진달하는 소를 말한다.

8 애통(哀痛)의 교지 : 임금이 국난(國難)이나 변고를 당하였을 때 그것이 자신의 잘못 때문이라며 뉘우쳐 사과하고 백성들을 위로하는 교지(教旨)를 가리킨다.

9 요사이……구하셨사옵니다 : 《영조실록》의 기사에 의하면, 1740년(영조16년) 8월 22일에 천둥과 번개가 치고 우박이 내렸다. 이에 당시 검토관이었던 이천보(李天輔)가 9월 9일에, "지난달 천둥이 치는 변고가 순음(純陰)의 달에 있었던 것은 아니지만, 곧 천둥이 폐장(閉藏)되는 계절인 것입니다. 그런데도 상하가 재앙을 숨기고서 윤음(綸音)이나 장주(章奏) 가운데 재앙을 없앨 방책에 대해서 한 마디도 언급한 것이 없었으니, 신은 중외(中外)에서 혹 전하가 수성(修省)하는 방도에 소홀한 것으로 여길까 두렵습니다."라고 아뢰자 영조가 "마땅히 스스로 힘쓰도록 하겠다."라고 하였다. 그런데 다음날인 10일에 다시 천둥이 치자 11일에 승정원과 옥당에서 진계(陳戒)를 하고 대신은 사면(辭免)을 청하니, 영조가 그러라고 하였다. 21일에 영조가 시사(試射)를 거행하러 춘당대에 나갔는데 과녁을 쏘라고 명하자 갑자기 천둥이 치고 우박이 내렸으니, 22일에 좌의정 김재로(金在魯)와 우의정 송인명(宋寅明) 등이 이를 진계하였다. 25일에 천둥과 번개가 치고 지진(地震)까지 일어나자 수찬 홍상한(洪象漢)과 시독관 이종적(李宗迪)이 수성(修省)에 힘쓰고 신하들에게 널리 구언(求言)할 것을 청하였다. 26일에 이종적이 다시 "피전(避殿)하고 감선(減膳)하고 자신을 책망하고 구언하는 것이 비록 겉치레에 가까운 것 같지만 또한 그만둘 수 없는 것입니다."라고 진계하자,

무릇 신하된 자들이 칭송하고 감축(感祝)하지 않음이 없으면서 말하기를,

"우리 왕께서 하늘을 공경하시는 정성이 이와 같고 자신을 반성하시는 덕이 이와 같은데 신하가 만약 성상(聖上)의 뜻을 능히 백성들에게 천양하지 못한다면 죄를 짓는 것이다."

하였습니다. 그러나 신이 며칠을 귀 기울여 들었으나 아직 단 한 사람도 한 마디 말씀을 올리고 한 가지 계책을 세워 전하의 휴명(休命)[10]에 답하였다는 말을 듣지 못하였으니, 언로(言路)가 막힌 지 오래되었습니다. 전하의 한 마디 말씀이 아직 조정의 안팎을 고무시키지 못하여 이와 같이 조용한 것입니까.

국가의 우환은 언로가 막힌 것보다 큰 것이 없습니다. 대저 옛날의 어진 왕들은 천하의 지려(知慮)를 모으고 천하의 논설(論說)을 다 받아들여 너그럽게 포용하여 널리 듣고 풍속을 장려하여 기운을 진작시켜서, 믿는 마음으로 논하여 의심이 없게 하고 입에서 나오는 대로 말하여 거리낌이 없게 한 연후에 천하의 이목(耳目)으로 자신의 총명(聰明)을 삼아서 치도(治道)에 거의 가까울 수 있었습니다.

전하께서 보시기에 지금의 언로가 열려있다고 생각하십니까, 열려있지 않다고 생각하십니까. 전후로 진언(進言)하는 신하들이 전하의 마음에 하나라도 마뜩치 않은 것이 있으면 꾸짖으시고, 꾸짖는 것으로 부족하면 유배를 보내시고, 유배를 보내는 것으로 부족하면 심지어 국청(鞫廳)을 설치하여 심문하기까지 하십니다. 엄한 명령으로 억압

드디어 27일에 수랏상의 반찬 가짓수를 줄이고 구언한다는 전지(傳旨)를 내렸다.

10 휴명(休命) : 아름다운 명(命)이란 뜻으로, 임금의 명을 미화하여 표현한 것이다.

한 바가 천하 사람들의 입에 재갈을 물리니 삼사(三司)의 언론을 담당하는 자리를 위험한 자리로 보아 그 직책에 한 번 제수되면 오직 교묘하게 피하는 것으로 일을 삼습니다.

삼사의 합계(合啓)[11]는 사태가 지극히 중한 것이니 만약 공의(公議)라면 연계(連啓 논계(論啓)를 계속함)하는 것이 옳을 것이요, 만약 공의가 아니라면 정계(停啓 논계를 중지함)하는 것이 옳을 것입니다. 이제 이에 연계하지도 않고 정계하지도 않고, 사헌부가 나아가면 사간원이 물러나고 사간원이 나아가면 사헌부가 물러납니다. 마지못해 관직에 나아간 자는 삼사가 일제히 나아가는 것을 두려워하여 혹은 편지를 보내어 출사(出仕)를 저지하고 혹은 출직(出直)하여 충원되는 것을 피하며 베껴서 전계(傳啓)하는 것은 이미 오래된 고지(故紙)에 불과하니, 이는 참으로 신하들의 죄이나 전하께서 그렇게 인도하신 것입니다. 이러한 까닭에 앞서 애통(哀痛)의 교지가 내려와도 한 명도 이에 응하는 자가 없었던 것입니다.

전하께서는 이에 두려운 마음으로 깨달으시어, 속히 성지(聖旨)를 내려 근년 이래 말로 죄를 지은 신하 대부분을 은혜로이 사면하여 성상의 뜻을 환히 드러내 보이심으로써 기왕에 막혔던 언로를 여십시오. 그러면 사방에서 충언(忠言)이 줄지어 나아올 것이고 전하께서는 좌우에서 취하여 쓰실 것이니, 어찌 재앙을 막을 대책이 없다고 근심하시겠습니까.

아! 천하의 일에는 본(本)도 있고 말(末)도 있는데, 임금이 정치를

11 삼사의 합계(合啓) : 삼사(三司), 곧 사헌부・사간원・홍문관이 합의하여 임금에게 계사(啓辭)를 올리는 것을 말한다.

내는 근본은 곧 전하의 은미한 일심(一心)[12]입니다. 그 심(心)의 체(體)는 본디 공변되고 본디 평정(平正)하니 공변되기 때문에 곱고 추함이 각기 그 모습을 드러내고 평정하기 때문에 가볍고 무거움이 각기 그 분수를 얻는데, 한 번이라도 외물에 얽매이게 되면 만화(萬化 만물의 변화)를 주재하고 만사(萬事)에 대응할 수가 없습니다.

우리 전하의 어짊과 효성스러움은 하늘이 내셨고 슬기와 지혜는 천고에 으뜸이라 개연(慨然)히 성왕(聖王)의 지치(至治 지극히 잘 다스려진 정치)에 뜻이 있으십니다. 그러나 총명이 지나치시어 뭇 신하들의 정위(情僞 진실과 거짓)를 다 살피시되 대체(大體)를 소홀히 하시고, 정사를 돌보는 데 지나치시어 온갖 제도의 절목(節目)을 총괄하시되 대강(大綱)을 빠뜨리십니다. 일을 함에 앞뒤가 꽉 막혀 구습을 그대로 따르는 점이 있고, 아랫사람을 대함에 겉치레에 빠져서 간격을 생기게 하십니다. 잘못을 뉘우치고 고치는 데에 힘쓰시나 극치(克治)[13]의 공부가 부족하고, 몸가짐을 닦고 언행을 삼가는 것에 익숙하나 지양(持養)[14]의 실상이 없으십니다. 좋아하고 미워하는 마음이 혹 하늘의 법칙을 따르지 않고, 편안히 여기거나 배척하는 생각이 혹 실리(實理)를 따르지

12 은미한 일심(一心) : 의리(義理)에 입각한 도심(道心)을 가리킨다. 《서경(書經)》 〈대우모(大禹謨)〉에 "인심은 위태롭고 도심은 은미하니 오직 정밀하게 살피고 한결같이 지켜나가야 진실로 중도(中道)를 잡을 수 있다.〔人心惟危, 道心惟微, 惟精惟一, 允執厥中.〕"라고 한 데서 나온 말이다.

13 극치(克治) : '극기치심(克己治心)'의 준말로, 사욕(私慾)을 이기고 마음을 다스리는 것을 말한다.

14 지양(持養) : '지심양성(持心養性)'의 준말로, 마음을 보존하여 성(性)을 기른다는 말이다.

않습니다. 간언(諫言)을 듣고 사안을 처리하며 정사(政事)를 내고 정책을 마련함에 거리낌이 없거나 투명하지 못하시고, 대부분 일시적으로 미봉한 것이 많으십니다. 이는 모두 전하의 근본적인 마음에 왕왕 사사로운 뜻이 있어 그 사이에 끼어든 데서 말미암은 것인데, 이른바 사사로운 뜻이란 것은 성색(聲色 가무(歌舞)와 여색)이나 화리(貨利 재화와 이익)와 같은 외물의 욕구가 아닙니다.

무릇 공사(公私)의 구분은 지극히 정밀하고 지극히 미세하여, 식견이 밝지 않고 강구함이 깊지 않아 혹 나의 마음에 한쪽으로 얽매인 바가 있으면 곧 사(私)로 공(公)을 삼지 않을 자가 드뭅니다. 전하께서 붕당(朋黨)의 화(禍)를 침통히 여기시어 반드시 제거하고자 하시는 것은 곧 삼대(三代) 성왕(聖王)[15]의 마음입니다. 만약 이러한 마음을 확충하여 간다면 곧 요(堯)·순(舜)[16]도 될 수 있을 것이니, 한(漢)나라나 당(唐)나라의 평범한 군주는 참으로 말할 것도 없을 것입니다. 그러나 전하께서 붕당을 미워하는 마음이 너무 지나치셔서 대개 그 일념이 한쪽으로 얽매였기 때문에 일을 논하는 신하들에 대해서는 과격하다 의심하고 사람을 논하는 신하들에 대해서는 모함한다 의심하시어, 말마다 의심하고 일마다 의심하시어 꽉 막힌 생각과 근거 없는 추측이 사람을 대할 때 장애가 되어 성상의 마음으로 하여금 확연대공(廓然大公 크게 공정하여 넓게 트인 모습)하고 담연무루(澹然無累 티끌 한

15 삼대(三代) 성왕(聖王) : 하(夏)나라의 우왕(禹王)·상(商)나라의 탕왕(湯王)·주(周)나라의 문왕(文王)과 무왕(武王)을 가리킨다. 모두 태평성대를 이끈 성군(聖君)으로, 유가(儒家)에서 성인(聖人)으로 받들어지는 인물들이다.

16 요(堯)·순(舜) : 고대 중국의 전설상의 성제(聖帝)로, 태평성대를 이룬 제왕의 모범으로 받들어지고 있다.

점 없이 담박한 모습)할 수 없으시게 합니다. 전하께서 신하들에게 사사로움이 있다고 의심하시어 먼저 사사로운 뜻을 베풀어놓고 대하시니, 이는 자신을 바로잡고서 다른 사람을 바로잡는 방법이 아닙니다.

아! 붕당의 폐단이야 말해 무엇하겠습니까. 붕당이 제거되지 않으면 나라가 반드시 망할 것입니다. 신이 비록 지극히 어리석으나 어찌 전하의 고심(苦心)을 알지 못하겠습니까. 대저 자기와 뜻이 다른 자는 공격하고 자기를 따르는 자는 나아가게 하며, 혹 작은 허물인데 그 죄를 꾸며내기도 하고 혹 소소한 일인데 그 일을 붙들고 늘어지기도 하며, 서로 모함하여 권세와 이익을 다투고 과격하게 굴어 사이가 벌어지게 하며, 귀를 가리고 눈을 속이며 공(公)을 저버리고 사(私)를 행하는 자를 전하께서는 마땅히 다스려 타이르시고 위엄으로 금(禁)하셔서 과거의 잘못을 통렬히 고치도록 하셔야 할 것입니다.

그런데 대시비(大是非)를 다투는 것[17] 같은 것은 곧 전부 당론(黨論)이라 하여 의심할 수 없는 것이 있으니, 붕당은 사사로운 것이고 시비는 공변된 것입니다. 전하께서 사사로움을 금하고 싶다 하여 병이(秉彝)의 천성[18]까지 함께 없애시면 되겠습니까. 이로 말미암아 뭇 신하들이 혐의(嫌疑)를 피하고 행동에 구애를 받아 한껏 위축되어서 오직 임금의 뜻에 거슬릴까 두려워합니다. 경연(經筵) 석상에서 대화를 나누면서도 임금과 신하의 정의(情意)가 하늘과 연못의 사이처럼 멀리

17 대시비(大是非)를 다투는 것 : 임인옥사가 무옥(誣獄)인가 아닌가를 다투는 것을 말한다.

18 병이(秉彝)의 천성 : 사람이 하늘에서 가지고 태어난 떳떳한 본성으로, 《시경(詩經)》 〈증민(蒸民)〉의 "사람이 떳떳한 본성을 가진지라 이 아름다운 덕을 좋아하도다.〔民之秉彝, 好是懿德.〕"라고 한 데서 나온 말이다.

떨어져 있으니, 어찌 눈썹을 펴고 기염을 토하며 치란(治亂)을 논하고 득실(得失)을 저울질할 수 있겠습니까. 심지어는 혹 가식적인 모습으로 주상의 뜻을 받들어 말로써 환심을 사고 미봉(彌縫)하는 것으로 죄를 면하기도 합니다. 질박하고 정직한 풍도가 날로 더욱 쇠하고 아첨하는 습속이 날로 더욱 성하니, 온 세상이 어지럽고 혼탁하여 사대부의 기개와 절의가 다 무너져 남은 것이 없습니다.

신은 삼가 생각건대, 붕당을 제거하는 것과 기개와 절의를 숭상하는 것은 모두 왕정(王政)이 마땅히 우선해야 하는 바로 하나라도 폐기하여서는 안 됩니다. 붕당은 나라의 고질(痼疾)이며 기개와 절의는 나라의 원기(元氣)이니, 원기가 충실하면 비록 고질이 있다 하더라도 나라가 갑자기 망하지는 않습니다. 신은 지금의 붕당이 미처 제거되기 전에 기개와 절의가 먼저 없어져 국가를 유지할 수 없게 될까 두렵습니다.

대저 붕당을 제거하는 데에는 도(道)가 있으니, 지금의 신하들은 모두 당론(黨論) 가운데에 있는 사람들입니다. 유소년 시절부터 이목(耳目)에 물든 것이 당론이 아님이 없으니 그와 더불어 함께 성장하였습니다. 그러한즉 전하께서 비록 금하고자 하시나 아침에 영(令)을 내려 저녁에 고칠 수 있는 것이 아니니, 성인(聖人)이 이른바 "한 세대가 지난 이후에야 세상이 어질어질 것"[19]이라고 한 것과 같은 것입니다. 전하께서 만약 나 자신에게 있는 권도(權度)[20]를 먼저 바로잡아 사물을

19 한 세대가……것 : 《논어(論語)》〈자로(子路)〉에서 나온 말로, 공자(孔子)가 "왕도정치를 실현하는 왕이 있다 하더라도 반드시 한 세대가 지난 이후에야 세상이 어질어질 것이다."라고 하였다.

20 권도(權度) : '저울과 자'라는 뜻으로, 사물이 의거하여야 할 법도와 표준을 의미한다.

각각 그 사물에 맡겨두실 수 있다면,[21] 만사(萬事)에 응함에 오직 마땅함을 따라 내가 사물을 북돋거나 억누름이 없을 것이며 남의 말을 들음에 오직 순리를 따라 내가 그 말을 순종하거나 어김이 없을 것입니다. 만약 그것이 옳으면 옳다 하고 만약 그것이 그르면 그르다 하여, 당론과 관련된 말이라도 그 말이 옳으면 옳다고 하는 것이 해가 되지 않고 당론과 관련된 일이 아니어도 그 일이 그르면 그르다고 하는 것이 해가 되지 않을 것입니다.

대명(大明 크게 밝음)이 비추고 지공(至公 지극히 공정함)이 임하여 사물이 형체를 숨길 수 없는데다 한결같은 성실함으로 유지하고 오래도록 지키신다면, 수십 년이 채 안 되어 황극(皇極)으로 회귀(會歸)하여[22] 전하께서 구하시는 바 정치의 효과를 앉아서 이루실 수 있을 것입니다. 지금 만약 그렇게 하지 않고 벼슬과 녹봉으로 유인하고 위엄과 명령으로 위협하여 그것으로 치세(治世)의 모습을 꾸미신다면 이는

21 사물을……있다면 : 자기의 주관을 개입시키지 않고, 어떤 일을 대하든 간에 객관적으로 살펴서 그 일의 성격에 맞게 처리하는 것을 말한다. 《근사록(近思錄)》 권4 〈존양류(存養類)〉에 "사람이 어떤 일을 합당하게 처리하지 못하는 이유는 단지 다른 일에 구애된 나머지 사물을 각자 그 사물에 맡겨 두지 못하기 때문이다. 사물을 각자 그 사물에 맡겨 두면 이는 내가 그 사물을 부리는 것이 되지만, 만약 다른 일에 구애되어 끌려가면 이는 그 사물에 내가 부림을 받는 것이 된다."라고 하였다.

22 황극(皇極)으로 회귀(會歸)하여 : 원문의 '會極歸極'은 《서경(書經)》 〈홍범(洪範)〉에 "그 극으로 모여들고 그 극으로 돌아온다.〔會其有極, 歸其有極.〕"라고 한 데서 나온 말이다. '그 극〔其有極〕'은 또 "임금이 극을 세운다.〔皇建其有極.〕"라고 한 데서 나온 말로, '극(極)'은 곧 '지극한 표준'이라는 의미이다. 여기서 '황극(皇極)'이라는 말이 나왔으니, 황극은 임금이 나라를 다스리기 위하여 세운 천하의 지극한 표준을 가리킨다.

전하께서 애오라지 황극의 이름을 빌려 다만 일시적인 미봉책을 쓰시는 것일 따름입니다. 신은 삼가 애석하게 생각합니다.

오늘날 신하들이 다투는 바 임인옥(壬寅獄)[23]을 가지고 시험 삼아 말씀드리자면, 전하께서 이미 대신들에게 의논하여 정하라고 명하셨고 대신이 또 이것으로 여러 차례 그 의견을 진달하였으므로 신이 시끄럽게 떠들 필요가 없습니다. 그러나 그 대체(大體)에 나아가 논하면 선대 조정에 거역하는 것은 곧 전하에게 거역하는 것이요, 전하에게 거역하는 것은 곧 선대 조정에 거역하는 것이니 천하의 악(惡)임은 한가지입니다. 어찌 둘로 나눌 수가 있겠습니까.

또 당시에 고변(告變)한 자가 역적 호룡(虎龍)[24]인데 역적 호룡은

23 임인옥(壬寅獄) : 1722년(경종3년) 임인년에 일어난 옥사를 가리킨다. 소론의 영수 김일경(金一鏡)의 사주를 받은 목호룡(睦虎龍)이 역모를 고변하면서, 숙종 말부터 노론이 경종을 제거하려고 하였는데 자신도 그 음모에 가담하였다며 이른바 삼급수설(三急手說)을 들었다. 삼급수설이란 경종을 시해하기 위한 세 가지 방법으로, 자객을 들여보내 왕을 시해하는 방법·음식에 독약을 타서 왕을 시해하는 방법·숙종의 전교를 받아 경종을 폐출시키는 방법을 가리킨다. 이 고변으로 국청(鞫廳)이 설치되고 장장 8개월에 걸쳐 국문이 진행되면서 역모에 관련된 자들이 처단되는 대옥사가 일어났다. 이 옥사로 노론사대신(老論四大臣)이 사사된 것을 비롯하여 정법(正法)으로 처리된 자가 20여 명, 장형(杖形)으로 죽은 자가 30여 명이었으며, 그 밖에 그들의 가족으로 체포되어 교살된 자가 13명, 유배된 자가 114명, 스스로 목숨을 끊은 부녀자가 9명, 연좌된 자가 연인원 173명에 달하였다.

24 역적 호룡(虎龍) : 목호룡(睦虎龍, 1684~1724)을 가리킨다. 조선 후기의 지관(地官)으로, 본관은 사천(泗川)이다. 참판 목진공(睦進恭)의 후손으로, 남인계 서얼이다. 처음에는 노론인 김용택(金龍澤)·이천기(李天紀) 등과 함께 왕세제인 연잉군(延礽君)을 옹호하는 입장이었으나 경종 즉위 후 김일경(金一鏡)의 상소로 노론사대신이 실각하고 소론정권이 들어서자 노론이 경종을 시해하려 하였다는 이른바 삼급수설(三急手說)을 고변(告變)하였다. 이 고변으로 신임사화(辛壬士禍)가 일어났고, 그 공으로

이미 무고(誣告)하였다 하여 죽임을 당하였으니, 그 옥사(獄事)는 무옥(誣獄)일 따름이옵니다. 지난번에 하늘이 성충(聖衷)을 깨우치시어 특별히 양 대신의 관작(官爵)을 회복시키셨으니 처분(處分)이 크게 정하여져 임금의 기강을 높이고 세도(世道)를 밝힐 수 있었습니다.[25] 그러나 그 중 한두 명이 여전히 역안(逆案)[26]에 들어있다면 이는 역적 호룡의 고변에 오히려 무고가 아님이 있다는 것입니다. 신하들이 혹 평소의 몸가짐을 논하기도 하는데 이는 그렇지 않으니, 오늘날 다투는 바는 그 옥사가 무옥인가 무옥이 아닌가입니다. 어찌 그 사람의 현우(賢愚)와 장단(長短)에 따라서 죄를 가감(加減)할 수 있겠습니까.[27]

부사 공신(扶社功臣) 3등으로 동성군(東城君)에 봉해지고 동지중추부사에 올랐다. 그러나 1724년 영조 즉위 후 노론의 상소로 신임사화는 무고로 일어난 것임이 밝혀지자 김일경과 함께 잡혀 옥중에서 급사하였으며 당고개(唐古介)에서 효수되었다.

25 지난번에……있었습니다 : 경신처분(庚申處分)을 단행하여 김창집(金昌集)과 이이명(李頤命)을 복관(復官)시킨 사실을 가리킨다. 영조는 1729년(영조5)에 기유처분(己酉處分)을 내려, 경종 연간에 왕세제의 책봉 및 대리청정을 추진한 것은 노론의 의리가 옳고 목호룡(睦虎龍)의 고변으로 발생한 임인옥사는 소론의 의리가 옳다고 판정하였다. 이는 양시론(兩是論)을 견지함으로써 탕평책을 추진하기 위한 것이었으므로, 이를 계기로 임인옥사 때 화를 당한 노론사대신 가운데 이건명(李健命)과 조태채(趙泰采)를 신원(伸寃)하였다. 그러나 김창집과 이이명은 노론의 의리에 충실하다 하여 그대로 두었었는데, 1740년(영조16)에 경신처분이 내려지면서 1월에 이들의 관작(官爵)을 복구시키고 9월에는 시호도 회복시켰다.

26 역안(逆案) : 반역의 옥사(獄事)를 기록한 문서로, 여기서는 임인옥사의 역안을 가리킨다.

27 그러나……있겠습니까 : 경신처분 후에도 김용택과 이천기의 이름이 여전히 역안(逆案)에 올라있었던 사실을 가리킨다. 김용택(金龍澤, ?～1722)의 본관은 광산이며, 김만중(金萬重)의 손자이자 김춘택(金春澤)의 종제요, 이이명(李頤命)의 사위이다. 이천기(李天紀, ?～1722)의 본관은 전주이며 김춘택(金春澤)의 사위로, 모두 노론명

이른바 일이 선대 조정에 관련되어 있다는 것에 대해서는 신은 역적 호룡이 고변한 것 외에 따로 근거할 만한 문서나 주장할 만한 일이 있는지 알지 못하겠습니다. 선대 조정에 관련이 있다면 곧 오늘날 전하의 신하들이 모두 선대 조정의 신하들입니다. 마땅히 토죄(討罪)하기에 겨를이 없어야 할 것이나, 과연 역적 호룡의 고변에서 나왔으니 곧 한 마디로 단언하여 무옥일 따름입니다. 여러 신하들이 서로 뒤를 이어 진청(陳請)하는 것이 어찌 한두 사람의 입장을 위한 것이겠습니까.

대개 관련된 바가 중한데도 대신이 이미 성명(成命 이미 내려진 명령)을 받들고도 아직 받들어 행하지 않고 있으니, 신은 삼가 대신을 위하여 개탄합니다.[28] 전(傳)에 이르기를, "곧은 자를 기용하고 굽은 자를

문가의 자제이다. 숙종이 말년에 노론의 거두인 좌의정 이이명을 독대(獨對)하고 세자에게 왕위를 맡길 수 없다는 취지의 말을 하였다고 한다. 목호룡(睦虎龍)의 고변에 따르면, 이에 이이명이 김용택과 이천기 두 사람을 추천하여 숙종의 뜻을 전하였고, 이천기 등은 그의 자질(子姪)인 이희지(李喜之)·이기지(李器之) 및 김창집(金昌集)의 손자 김성행(金省行) 등과 모의하여 무사와 술객을 길러 비상사태에 대비하였다고 한다. 경종이 왕위에 오르자 환관·궁녀들과 결탁하여 삼급수(三急手)를 써서 왕을 시해하려고 하였는데 사전에 발각되어 노론사대신 등과 함께 처형되었으니, 이것이 임인옥사이다. 기유처분과 경신처분을 거치며 임인옥사가 무옥(誣獄)으로 판명 나고 사대신을 비롯하여 대부분의 인사들이 사면되었으나, 김용택과 이천기만은 평소의 성품과 행실을 문제 삼아 사면에 반대하는 사람이 많았으므로 가장 늦게까지 역안에 남아 있었다.

28 대개……개탄합니다 : 《영조실록》 16년(1740) 6월 13일의 기사에 따르면, 이날 영조가 '삼수 역안(三手逆案)'이라는 이름을 '임인 국안(壬寅鞫案)'이라 고치고, 김용택(金龍澤)·이천기(李天紀) 등 억울하게 고문을 당하여 이름이 죄안(罪案)에 있는 자를 모두 소석(疏釋)하게 하였다. 그러나 좌의정 조현명(趙顯命)이 "을사년에 수사(修史)하려고 목호룡의 문안을 가져다 보았더니 이천기·김용택 등이 무뢰한 자들과 체결하고 교통하며 음흉한 짓을 한 정상이 낭자하게 다 드러났는데 이미 신축년·임인년의

버려두면 백성들이 복종하며, 굽은 자를 기용하고 곧은 자를 버려두면 백성들이 복종하지 않는다."[29]라고 하였습니다. 삼가 바라옵건대, 전하께서는 옳고 그름의 극치까지 깊이 살피시어 기용하거나 버리시기 바랍니다.

아! 정치를 내는 근본은 전하의 마음에 있으며, 마음을 다스리는 요체는 또한 성학(聖學)에 힘쓰는 데서 벗어나지 않습니다. 전하께서는 부지런히 학문에 종사하시어 날마다 경연에 나아가 뭇 성현의 글과 역대의 사서(史書)를 관통하지 않음이 없으십니다. 무릇 그 치란(治亂)의 기틀과 의리의 근원을 마음으로 이해하여 그 의미를 곱씹고 몸에 증험하여 그 일을 체득하여서 만사의 근본에 수응(酬應)하는 것은 신이 감히 우러러 헤아릴 수 있는 바가 아닙니다. 그런데 정자(程子)는 "군덕(君德)의 성취는 책임이 경연관에게 있다."[30]라고 말하였습니다. 신과 같이 엉성한 말학(末學)이 외람되이 고귀한 직함을 훔치는 것은 다만 신의 죄를 더하는 것이니, 전하께서 만약 지성(至誠)으로 도를 구하는 마음이 있으시다면 세상에 어찌 배운 바를 펼쳐 계옥(啓沃)[31]의

이후의 일이 아니라 기해년·경자년의 일이기에 그것이 모역(謀逆)의 정절(情節)임을 알 수 있었습니다."라 하고, 우의정 송인명(宋寅明) 역시 "김용택 등 이미 승복한 자는 근거 없는 말을 하여 임금을 범한 역적으로 따로 역안에 두어서 대방(大防)을 보존하는 것이 옳다고 생각합니다."라고 말하며 극력 반대하였다.

29 곧은……않는다 : 《논어(論語)》 〈위정(爲政)〉에 나오는 말이다.

30 군덕(君德)의……있다 : 중국 북송(北宋)의 철학자 정이(程頤, 1033~1107)가 철종(哲宗)에게 올린 차자(箚子)에서 나온 말로, 자세한 내용은 194쪽 주4 참조.

31 계옥(啓沃) : 신하가 임금의 마음을 바르게 인도하여 보좌하는 것을 말한다. 중국 상(商)나라의 고종(高宗)이 재상 부열(傅說)에게 "그대 마음의 물줄기를 터서 나의 마음을 비옥하게 하라.〔啓乃心, 沃朕心.〕"라고 한 데서 나온 말이다. 《書經 說命上》

책무를 다할 수 있는 석사(碩士)·명유(名儒)가 없겠습니까.

판서 신(臣) 이재(李縡)[32]나 찬선(贊善) 신 박필주(朴弼周)[33] 같은 이가 글을 읽고 덕을 길러 의(義)를 행함이 독실하고 학문이 고명하여 사림(士林)의 표준이 됩니다. 두 신하가 초년에 출처(出處)에 있어 비록 길을 달리하였으나 모두 자기 몸 깨끗이 하자고 세상을 잊은 자들이 아니니, 전하께서 초치(招致)하거나 초치하지 못하시는 것은 오직 정성과 예법이 어떠한가에 달려있습니다. 또 선대 조정에서부터 양성하고 예우하여 우리 전하에게 남겨주신 초야의 유현(儒賢) 가운데 역시 그러한 사람들이 많으니, 전하께서 나란히 정초(旌招)[34]하여 경연에

32 이재(李縡) : 1680~1746. 조선 후기의 문신으로, 본관은 우봉이며 자는 희경(熙卿), 호는 도암(陶庵) 또는 한천(寒泉)이다. 김창협(金昌協)의 문인으로, 대사성·대사헌·도승지 등을 역임하다 1721년(경종1) 소론이 집권하면서 삭직되었다. 1722년 임인옥사 때 은퇴하고 성리학 연구에 전념하다 1725년 영조 즉위 후 복직하여 대제학·이조 참판 등에 올랐다. 1727년(영조3) 정미환국으로 다시 소론에 의해 문외출송되었으며, 이후 용인 한천(寒泉)에 거주하면서 많은 학자를 길러냈다. 노론 가운데 준론(峻論)의 대표적 인물로 정계와 학계를 배후에서 움직였으며 영조의 탕평 정치에 강력히 반대하였다. 낙론(洛論) 계열의 대표적 인물이며, 예학(禮學)에도 밝았다. 《도암집》 외 많은 저술이 남아있으며, 시호는 문정(文正)이다.

33 박필주(朴弼周) : 1665~1748. 조선 후기의 문신·학자로, 본관은 반남이며 자는 상보(尙甫), 호는 여호(黎湖)·요계(蓼溪) 등이다. 독학으로 학문을 닦아 학명(學名)을 떨쳤다. 1717년(숙종43) 영의정 송상기(宋相琦)의 천거로 시강원 자의(諮議)가 된 후 지평·장령·찬선·이조 판서·우찬성 등을 역임하였다. 영조 때 서원을 철폐한다는 사실이 알려지자 상소를 올려 기자(箕子)·공자(孔子)·주자(朱子) 등 삼성인(三聖人)의 서원은 철폐하지 말 것을 청하였다. 《여호집》 등의 저술이 남아있으며, 시호는 문경(文敬)이다.

34 정초(旌招) : 과거를 거치지 않고 유림(儒林)의 천거로 학덕이 높은 선비를 불러 벼슬을 제수하는 것을 이른다. '정(旌)'은 꿩의 깃털을 단 기(旗)를 말하는데, 고대에

출입케 하시면 성학(聖學)에 도움이 됨이 어찌 얕겠습니까.

우리 역대 성조(聖朝)에서는 도를 중히 여기고 선비를 숭상하여 당대의 유현(儒賢)은 물론이요, 나라가 승평(昇平)할 때 정사를 돕고 위난(危難)에 빠졌을 때 힘을 바친 모든 명경(名卿 명망 높은 관리)·석보(碩輔 훌륭한 재상)와 충신(忠臣)·열사(烈士) 들이 그 연원을 살펴보면 모두 사문(斯文 유가(儒家))의 문하에서 나왔으니 유도(儒道)가 국가에 도움이 됨이 이와 같음이 있사옵니다. 신이 듣자옵건대 전하께서 일찍이 경연 중에 당론(黨論)의 폐단이 사문에서 나왔다고 말씀하셨다는데, 신은 전하께서 격분하여 이러한 말씀을 하신 것을 알겠사오나 사문의 화(禍)에 대해 참으로 그 근본을 구한다면 그것을 사문에 돌리겠습니까, 사문을 공격하는 쪽에 돌리겠습니까. 이것을 사문에 돌린다면 송대(宋代)의 간당(奸黨)의 적(籍)[35]과 위학(僞學)의 금(禁)[36]은 장

대부(大夫)를 부를 때 정을 사용한 데서 유래하였다. 《맹자(孟子)》〈만장 하(萬章下)〉에 "서인은 전(旃)으로 부르고, 사는 기(旂)로 부르고, 대부는 정(旌)으로 부른다.〔庶人以旃, 士以旂, 大夫以旌.〕"라고 한 말이 보인다.

35 간당(奸黨)의 적(籍) : '원우당적비(元祐黨籍碑)'를 이르는 말이다. '원우'는 북송(北宋) 철종(哲宗)의 첫 번째 연호로, 당시 정권을 잡았던 구법당(舊法黨) 및 그 구성원을 지칭하는 의미로 쓰이기도 한다. 북송 때 사마광(司馬光)의 구당파(舊黨派)와 왕안석(王安石)의 신당파(新黨派) 사이에 당쟁이 치열하였는데, 철종 원우·원부(元符) 연간에 극에 달하였다. 결국 1102년(숭녕1)에 신당파인 증포(曾布)·채경(蔡京) 등이 휘종에게 권하여 원우 연간의 구법당에 속하는 사마광·여문저(呂文著)·문언박(文彦博) 등 120명의 이름을 돌에 새겨 궁성 옆에 세워두었고, 2년 후인 1104년에 다시 309명으로 늘려서 이들을 간당(奸黨)으로 지목하는 당비(黨碑)를 단례문(端禮門)에 세우고 그 자손들을 외방으로 내쫓은 사실을 가리킨다.

36 위학(僞學)의 금(禁) : '경원(慶元)의 당금(黨禁)'이라고도 한다. 중국 남송(南宋)의 제3대 황제인 광종(光宗)이 우둔한데다 정신병을 앓아 황후 이씨(李氏) 외 다른

사람의 말은 듣지 않자 이에 불만을 품은 재상 조여우(趙汝愚)와 한탁주(韓侂冑) 등이 광종을 퇴위시키고 광종의 둘째 아들 조확(趙擴)을 영종(寧宗)으로 옹립하였다. 한탁주는 이 공으로 권력에 가까이 다가가게 될 것이라고 생각하였으나 한탁주의 성품을 좋아하지 않은 조여우는 한탁주를 멀리하였다. 이에 원한을 품은 한탁주는 1195년(경원(慶元) 원년)에 참언으로 조여우를 몰아내고, 1197년에는 조여우의 편에 섰던 주필대(周必大) · 유정(留正) · 왕난(王藺) · 주희(朱熹) · 팽귀년(彭龜年) 등 59명을 금고(禁錮)에 처하였다. 또 다음 해에는 "탐하고 방자한 것이 바로 사람의 참된 정(情)이요, 청렴결백하고 수행하기를 좋아하는 자는 곧 거짓된 사람"이라 하여 주희의 도학(道學)을 '위학(僞學)'이라 일컫고, 도학에 찬동하는 선비들을 일절 등용하지 말도록 금하였던 사건을 말한다.

37 장돈(章惇) : 1035~1106. 중국 북송(北宋)의 문신으로, 자는 자후(子厚)이다. 1059년 진사에 합격하였다. 신종(神宗) 초에 왕안석(王安石)이 정권을 잡자 편수삼사조례관(編修三司條例官)에 발탁되고 참지정사에 올랐다가 어떤 일에 연좌되어 지방 지주(知州)로 좌천되었다. 철종(哲宗) 즉위 후 고태후(高太后)가 섭정할 때 다시 지추밀원사에 임명되었으나 사마광(司馬光)과 함께 면역법(免役法)을 폐지할 수 없음을 강력하게 변론하다가 소식(蘇軾) 등의 탄핵을 받아 여주 지주(汝州知州)로 축출되었다. 철종이 친정(親政)하자 상서좌복야 겸 문하시랑으로 재기하여 청묘(靑苗)와 면역 등 신법을 회복시켰고, 이때 반대파인 원우당인(元祐黨人)들을 배제하고 원구(怨仇)에게 보복을 하는 등 많은 사람을 연좌시켰다. 서하(西夏)의 옛 땅을 반환하는 일에 반대하며 세사(歲賜)를 끊어버리자 전쟁이 다시 일어났다. 휘종(徽宗)의 즉위를 극력 저지하다가 휘종 즉위 후 폄출 당하였다.

38 채경(蔡京) : 1047~1126. 중국 북송(北宋) 말기의 재상으로, 자는 원장(元長)이다. 1070년 진사에 합격한 후 기거랑 · 중서사인 등을 지내고, 철종(哲宗) 연간에 사마광(司馬光)을 따라 신법(新法)을 시행하면서 유지(劉摯)와 범조우(范祖禹) 등을 유배 보냈다. 휘종(徽宗)이 즉위하자 파직되었다가 환관 동관(童貫)의 도움으로 52세에 돌아와 재상이 된 후 4차례에 걸쳐 16년 동안 국정을 장악하였다. 신법을 회복한다는 명분으로 원우(元祐)의 신하들을 폄적하고, 신정(新政)에 관여한 사람의 명단 309명을 작성하여 자손들까지 모두 금고(禁錮)에 처하였다. 금나라와 동맹하여 숙적 요(遼)를

않고 도리어 정자(程子)와 주자(朱子)가 격동시켜 이루었다고 돌리시렵니까. 이는 다만 전하께서 말씀 한 마디 실언하신 것이 아니라 그릇된 생각이 마음에서 일어나 일에 해를 끼치고 일에서 일어나 정사에 해를 끼치는 것이니,[40] 과연 어떠하겠습니까. 삼가 바라옵건대, 전하께서는 한 줄기 사문(斯文)의 맥을 존숭하시어 세교(世教)를 부지(扶持)하시기 바랍니다.

또 삼가 법연(法筵)[41]에서 《심경(心經)》[42]을 진강(進講)하라고 명하

멸망시키기도 하였으나, 휘종에게 아첨하여 사치를 권하고 국고를 낭비하여 민심의 이반을 초래하였다. 금군(金軍)이 침입하고 흠종(欽宗)이 즉위하자 국난을 초래한 육적(六賊)의 우두머리로 몰려 실각되었고, 배소(配所)인 담주(儋州)로 가다가 병사하였다.

39 한탁주(韓侂冑) : 1152~1207. 중국 남송(南宋)의 정치가로, 자는 절부(節夫)이다. 한기(韓琦)의 증손으로, 영종(寧宗) 옹립에 공을 세우고 외척으로 정계에 등장하였다. 그러나 우승상 조여우(趙汝愚)와 대립하여 조여우를 지방으로 유배 보내고, 그가 추천한 주희(朱熹)와 그 학파를 위학(僞學)으로 몰아 추방함으로써 '경원(慶元)의 당금(黨禁)'을 일으켰다. 이후 태사(太師)와 평장군국사(平章軍國事) 등을 역임하며 14년간 정권을 천단하였다. 1206년 개인적인 권세 확장을 위하여 금(金)나라 토벌군을 일으켰다가 실패하자 문책을 받고 사미원(史彌遠)에게 살해당하였으며, 그 수급(首級)은 금나라로 보내졌다.

40 그릇된……것이니 : 《맹자(孟子)》 〈등문공 하(滕文公下)〉에서 나온 말로, "(그릇된 학설은) 마음에서 일어나 일에 해를 끼치고, 일에서 일어나 정사에 해를 끼치니 성인이 다시 나오셔도 나의 말을 바꾸지 않을 것이다."라고 하였다.

41 법연(法筵) : 임금이 덕망과 학식이 있는 신하를 불러서 도(道)를 강설하게 하는 자리이다.

42 《심경(心經)》 : 중국 남송(南宋)의 학자 진덕수(眞德秀, 1178~1235)가 편찬한 책으로, 유교의 경전과 송나라 도학자들의 저술에서 심성 수양에 관한 격언을 모아 편집하였다. 우리나라에는 중종 말・명종 초인 16세기 중엽에 전래되었는데, 이황(李

셨다는 말을 들었습니다. 이 책은 곧 성현(聖賢)의 심법(心法)으로 천인성명(天人性命)의 근원이 갖추어 실려 있지 않음이 없어 나이가 많고 학식이 높은 선비가 아니면 심오한 뜻을 밝게 논하여 성학(聖學)을 개발하지 못할까 두려우니, 유현(儒賢)을 초청하여 자문을 돕게 하는 것이 어찌 오늘날의 급선무가 아니겠습니까.

신이 이반(邇班)[43]에 있으면서 천재지변이 거듭해서 이르는 것을 목도하고 전하께서 홀로 위에서 근심하심에 감히 어리석은 충정(衷情)을 다 바쳐 우러러 징성(澄省 밝게 살핌)에 대비하였사오니, 바라건대 명철하신 성상께서는 유의하소서.

신은 묵은 병이 감기가 드는 바람에 다시 발병하여 병석에 누워 지내고 있는데, 전하의 소패(召牌)가 내려옴에 궐 밖으로 따라 나아가 소장(疏章)을 올리고 바로 돌아왔습니다. 삼가 바라옵건대, 신이 오만하게 왕명을 어긴 죄를 속히 다스리시어 미천한 분수를 편안케 해주신다면 그보다 다행이 없겠습니다. 신은 지극히 황공하고 간절한 마음 금할 길이 없사옵니다.

滉)은 초학자가 처음 공부할 때 《심경》보다 더 절실한 것은 없다고 하여 그 중요성을 강조하였다.

43 이반(邇班) : 임금 가까이에 있는 반열이라는 뜻으로, 당시 이천보(李天輔)가 임금을 가까이에서 모시는 시종신(侍從臣)이었기 때문에 이렇게 말한 것이다.

관직을 사임하면서 소회를 진달한 상소[44]

辭館職 陳所懷疏

삼가 아뢰옵니다. 신이 병을 앓은 지 오래되어 직무를 유기한 죄가 쌓였으니 간곡한 심정을 다 드러내어 삼가 주벌(誅罰)이 내려오기만 기다리고 있었습니다. 그런데 성상(聖上)의 도량으로 너그러이 용납하시어 벌을 가하지 않으실 뿐 아니라 도리어 특별 휴가를 내리시어 신이 조리를 한 후 직무를 살피도록 허락하셨습니다. 신이 병석에서 대궐을 향하여 두 손 모아 절을 하니 감격스럽고 황공할 따름이옵니다.

신이 경악(經幄 경연(經筵))에 있은 지 이제 장차 1년이 넘으려고 합니다. 신이 지극히 용렬하고 비루하여 스스로 이 직책에 걸맞지 않음을 알았으나 은혜를 머금고 의리를 두려워하여 덮어놓고 명령을 받들었는데 한 가지 일, 한 마디 말도 성덕(聖德)을 보필한 것이 없습니다. 또 몸에 고질병이 있기 때문에 다만 질통(疾痛)의 호소로 누차 전하의 귀를 어지럽게 하였으니, 신은 마치 깊은 연못이나 골짜기에 떨어진 듯 항상 부끄럽고 두렵습니다. 그러나 옥체(玉體)와 관련된 일에 이르

44 관직을……상소 : 관직(館職)은 홍문관 부제학 이하·성균관 대사성 이하의 관원을 통틀어 일컫는 말이다. 이천보(李天輔)는 1740년(영조16) 8월 홍문관 부수찬에 임명되어 관직을 수행하였으며, 1741년 2월 사간원 정언(正言)에 제수되었다. 바로 앞에 실린 〈임금의 구언(求言)에 응하여 올린 상소〔應旨疏〕〉는 1740년 10월에, 바로 뒤에 실린 〈교리를 사임하면서 소회를 진달한 상소〔辭校理陳所懷疏〕〉는 1741년 5월에 작성된 것으로 보아, 이 상소는 1740년 10월에서 정언에 제수되기 전인 1741년 2월 사이에 부수찬을 사임하면서 작성된 것으로 보인다.

러서는 신하와 백성이 함께 근심하는 바인즉 오히려 마음에 맺히는 것이 있어 이에 감히 우러러 진달하오니, 바라건대 명철하신 성상(聖上)께서는 유의하시옵소서.

전하께서는 근년 이래로 체후의 편찮으심이 혹 더하기도 하고 혹 덜하기도 하셨습니다. 신이 지난번 경연(經筵)에 올랐을 때 전하께서 질병 때문에 자주 경연에 납시는데 지장이 있다고 하교하셨으니, 걱정스럽고 당황스러운 신하의 마음이 응당 어떠하였겠습니까. 이제 이에 삼양(三陽)이 다시 시작되어[45] 만물이 싹을 틔우니 신이 머리를 조아려 기원하며 말하기를,

"전하의 하늘을 대(對)하는 덕이 화창한 바람이 불고 단비가 만물을 적시는 것처럼 계절과 더불어 함께 새로워지게 하여주십시오."

하고 또 머리를 조아려 기원하며 말하기를,

"전하께서 조섭(調攝)하시는 체후가 천지가 활짝 펴는 기미와 더불어 아래위로 함께 부합한다면 온 나라가 기뻐하고 즐거워함이 어찌 다함이 있겠습니까."

하였습니다.

다만 신이 삼가 일전에 의관(醫官)을 추고(推考 추문(推問)하여 고찰함)한 비망기(備忘記)[46]를 본즉 성상의 병마가 누적된 것이 시국(時局)에서 말미암았다고 말씀하셨으니, 신하된 자가 차마 들을 수 있는 바가

45 삼양(三陽)이 다시 시작되어 : 봄 또는 정월(正月)을 뜻한다. 음력 11월에 하나의 양효(陽爻)가 처음으로 생겨났다가 1월이 되면 세 개의 양효가 하괘(下卦)에 자리하고 세 개의 음효가 상괘에 자리하는 태괘(泰卦)를 이루기 때문에 삼양이라고 말한 것이다.

46 비망기(備忘記) : 임금이 명령이나 의견을 적어서 승지(承旨)에게 전하던 문서를 말한다.

아닙니다. 연신(筵臣)[47]의 진달로 곧바로 환수하셨으나 신은 삼가 전하의 마음이 환수한 것은 다만 사륜(絲綸 임금의 말)에 드러난 발언일 뿐이라고 생각합니다. 옥체가 손상을 입은 근원이 과연 혹시라도 이에 가까운 것이 있다면 사령(辭令)을 환수하고 환수하지 않는 것은 다만 외면적인 일일 따름입니다.

아! 전하의 일신(一身)은 종사(宗社 종묘사직(宗廟社稷))와 신인(神人 귀신과 인간)의 주인이십니다. 지금의 만사는 옥체를 보호하는 것보다 급선무가 없는데, 불행히도 지극히 어려운 때를 만나고 극도로 쇠퇴한 운을 당하시어 겪으신 바의 일이 옥체로 하여금 피로가 쌓여 병을 초래하게 하는 데 이르렀으니 이는 모두 뭇 신하들의 죄입니다. 그러나 전하께서 이에 대처하시는 방법이 혹시나 옳은 방도를 얻지 못하여 극치(克治)[48]의 공부는 아직 깊지 않고 촉발된 심기(心機)는 그에 편승하기 쉬워 그러하신 것은 아닌지요.

대저 사람의 마음이 너무 수고로우면 지치고 정신이 너무 수고로우면 넋이 나가니, 심신이 미치지 못하면 곧 질병이 또 따라서 생겨납니다. 그러나 옛날의 성왕(聖王) 가운데 온갖 정사를 근심하고 부지런히 돌본 왕으로 반드시 은(殷)나라의 중종(中宗)[49]이나 주(周)나라의 문

47 연신(筵臣) : 경연(經筵)에서 경전(經典) 등을 강론하는 신하, 혹은 경연에 참석한 신하를 가리킨다.

48 극치(克治) : '극기치심(克己治心)'의 준말로, 사욕(私慾)을 이기고 마음을 다스리는 것을 말한다.

49 은(殷)나라의 중종(中宗) : ?~? 중국 은나라의 제9대 왕으로, 성은 자(子)이며 이름은 태무(太戊)이다. 처음 왕위에 올랐을 때 일부 제후들이 조회를 하러 오지도 않을 정도로 나라가 쇠퇴하였으나 이윤(伊尹)의 아들 이척(伊陟)을 재상으로 삼아 국

왕(文王)[50]을 일컫는데, 모두 기로(耆老)[51]의 나이를 누리고 성대한 복을 받았으며 정사를 근심하고 부지런히 돌보느라 질병에 걸렸다는 말은 듣지 못하였으니 어째서입니까.

하(夏)나라 우(禹) 임금의 8년에 걸친 치수(治水) 사업은 천하에 지극히 수고로운 일이었는데[52] 맹자(孟子)가 그를 일컬어 "무사(無事)한 바를 행하셨다."[53]라고 말하였습니다. 홍수가 하늘까지 넘실댔으나

정을 바로잡고 나라를 부흥시켰다. 이후 제후들이 다시 복속해왔으며, 그를 중종(中宗)으로 불렀다고 한다. 《태평어람(太平御覽)》 등의 기록에 따르면 무려 75년이나 왕위에 있었다고 한다.

50 주(周)나라의 문왕(文王) : ?~? 중국 주(周)나라의 기초를 닦은 임금으로, 성(姓)은 희(姬)이고 이름은 창(昌)이다. 고공단보(古公亶父)의 손자이자 계력(季歷)의 아들이다. 계력의 업을 계승하여 주변의 여러 부족을 멸하고 호경(鎬京)에 도읍을 정하여 그의 아들 무왕(武王)이 은(殷)나라를 멸망시키고 주나라를 창건하는 데 기초를 닦았다. 어진 재상 여상(呂尙)의 도움으로 덕치(德治)에 힘쓰고 우(虞)나라와 예(芮)나라의 분쟁을 중재함으로써 제후들의 신뢰를 얻어, 천하의 제후와 백성들이 모두 그를 따랐다고 한다. 후에 유가(儒家)로부터 이상적인 군주로 추앙을 받았으며, 그의 덕을 기리는 다수의 시가 《시경(詩經)》에 수록되어 있다.

51 기로(耆老) : 60세를 '기(耆)', 70세를 '노(老)'라고 하여, 보통 60세 이상의 나이를 가리킨다.

52 하(夏)나라……일이었는데 : 《맹자(孟子)》 〈등문공 상(滕文公上)〉에 의하면, "우 임금이 홍수를 다스리는 8년 동안 밖에 있으면서 세 번이나 자기 집 문 앞을 지나면서도 들어가지 못하셨다."라고 하였으며, 《서경(書經)》 〈익직(益稷)〉에서 우 임금이 말하기를 "제가 도산씨(塗山氏)에게 장가들고 겨우 신·임·계·갑 4일을 지냈으며, 아들 계(啓)가 출생하여 고고히 우는데도 저는 그를 자식으로 여겨 사랑해주지 못하고 오직 물과 흙을 다스리는 일만을 크게 헤아렸습니다."라고 하였다.

53 무사(無事)한 바를 행하셨다 : 《맹자》 〈이루 하(離婁下)〉에 나오는 말로, "우 임금이 물을 흘러가게 하신 것은 그 무사한 바를 행하신 것이니, 만약 지혜로운 자가 또한 무사한 바를 행한다면 지혜가 또한 클 것이다."라고 하였다. 주자(朱子)는 이에 주를

물을 다스림에 그 이치를 터득하였으니, 어찌 이것이 하우(夏禹)를 병들게 하였겠습니까. 이 때문에 예로부터 제왕(帝王)의 다스림은 오직 그 이치를 터득하지 못할까 근심하였으니, 만약 그 이치를 터득하여 임하면 정사를 근심하고 부지런히 돌보는 것이 실상에 있어서는 마치 하는 일이 없는 것처럼 거침없이 시원할 따름이었습니다.

아! 지금의 시국에 대하여 아무리 잘못된 점을 극언한다 하더라도 또한 어찌 홍수보다 지나치겠습니까. 전하께서 대처하시는 도가 그 이치를 잃지 않을 수 있다면 곧 대궐에 앉아 팔짱을 높이 끼고[54] 호령하고 지휘함에 백관(百官)들이 자신의 직책을 수행하여 여러 공적이 다 넓혀져서[55] 태평의 치세(治世)가 전하의 앞에 이르게 될 것입니다. 어찌 구태여 정신과 기력을 소비하고 목소리나 안색을 동요하여 절절하게 자신을 수고롭게 할 필요가 있겠습니까.

전하의 총명과 예지(叡智)가 백왕(百王) 가운데 뛰어나시니 뭇 신하들이 어찌 공경하고 감탄하지 않겠습니까마는 오직 시국을 깊이 미워하는 것에 성상의 염려를 과용하고 계십니다. 신하들 피차간의 색목(色

달아 "우 임금이 물을 흘러가게 하신 것은 자연의 형세를 따라 인도한 것이다."라고 하였다 즉 아래로 흐르는 물의 성질을 따라 치수(治水)하였지 물의 흐름을 억지로 조작하여 치수한 것이 아니기 때문에 수고롭지 않을 수 있었다는 말이다.

54 팔짱을 높이 끼고 : 원문의 '高拱'은 팔짱을 높이 낀다는 뜻으로, 아무 일도 하지 않고 가만히 있는 것을 이른다.

55 여러……넓혀져서 : 《서경(書經)》 〈순전(舜典)〉에서 나온 말로, "3년에 한 번씩 공적을 상고하고 세 번 상고한 다음 어리석은 자를 내치고 현명한 자를 승진시키니 여러 공적이 다 넓혀졌는데, 삼묘를 나누어 등져 가게 하셨다.〔三載考績, 三考, 黜陟幽明, 庶績咸熙, 分北三苗.〕"라고 하였다. 이는 백관(百官)들의 일이 모두 잘 된다는 뜻이다.

目 당색(黨色))이 전하의 마음속 깊은 곳에 매여 있어 서로 다투고 싸움에 애써 진정(鎭靖)시키고자 하시는데 그 효과가 드러나지 않아 성심(聖心)이 먼저 진정되지 않고, 애써 화합시키고자 하시는데 그 공(功)이 이르지 않아 성심이 먼저 화합되지 않습니다. 어지러이 갈피를 못 잡아 미처 시국을 조절하지 못하고 도리어 시국에 곤욕을 당하여 옥체가 손상을 입으심이 이와 같은 데 이르렀으니, 이것이 어찌 마음을 비우고 사물을 다스리는 대성인(大聖人)의 도이겠습니까.

삼가 바라옵건대, 전하께서는 확연대공(廓然大公 크게 공정하여 넓게 트인 모습)하고 담연지허(澹然至虛 지극히 텅 비어 담박한 모습)하시어 외물(外物)에 동요하지 마실 것이니 동요하면 의심이 생기고 일〔事〕 때문에 격동하지 마실 것이니 격동하면 노여움이 생기는데, 노여움과 의심은 모두 병이 그로 말미암아 일어나는 것입니다.

전하께서는 오직 내 마음의 천리(天理)로 법칙을 삼아 뭇 신하들에 임하시어 옳은 것은 옳다 하시고 그른 것은 그르다 하시어 터럭만큼의 사사로운 뜻도 그 사이에 섞지 않으시면 잡은 바는 간략하되 번잡한 일을 제어할 수 있으며 대처하는 바는 고요하되 움직이는 것을 제어할 수 있으니, 어찌 다만 일시적으로 병을 다스릴 따름이겠습니까. 병을 다스리는 것과 나라를 다스리는 것은 원래 두 가지 이치가 아니니, 전하께서는 어찌 스스로 반성할 것을 생각하지 않으십니까.

전하께서 이에서 벗어나지 않고 다만 비망기를 환수하는 것으로 고식적으로 신하들의 마음을 위로하신다면 이는 말단의 일이 아니겠습니까. 조종(朝宗)이 전하에게 물려주신 것과 신하와 백성이 전하에게 바라는 것, 전하께서 스스로 기약하시는 바가 과연 어떠한 것인데 전하께서 초조하게 홀로 위에서 애쓰시며 치도(治道)를 구함이 간절할수록 효과를 봄은 더욱 멀어지고 다만 성체(聖體)를 손상시켜 질병을 조심하라는 옛 성현의 가르침[56]을 범하게 되셨으니, 이것이 어찌 전하께서 치도를 구하기를 근본으로써 하지 않으신 것이 아니겠습니까. 아! 안으로는 질병을 다스리고 밖으로는 나라를 다스려 하늘을 대하여 정사에 힘씀의 지극한 지경에 이르는 것을 전하의 일심(一心)에서 구하시면 넉넉할 것입니다. 오직 전하께서는 힘쓰시기 바랍니다.

홍문관의 당직(當直)이 미비하여 전하의 소패(召牌)가 엄연히 내려왔으나 신의 병세가 참으로 관복을 갖추고 직책을 수행할 수 있는 가망이 없어 병든 몸을 이끌고 궐 밖으로 따라 나아가 상소를 올리고 곧장 돌아왔습니다. 엎드려 바라옵건대, 명철하신 성상께서는 속히 신의 직책을 체차(遞差)하시고 이어서 왕명을 어긴 신의 오만한 죄를 다스리시어 조정의 기강을 엄숙하게 하신다면 천만다행이겠습니다. 신은 지극히 황공하고 간절한 마음 금할 길이 없사옵니다.

56 질병을……가르침 : 《논어(論語)》 〈술이(述而)〉에서 나온 말로, "공자께서 조심하신 것은 재계와 전쟁과 질병이었다."라고 하였다. 주자(朱子)는 이에 주를 달아, 제사 지내기 전에 사려(思慮)를 가지런히 하여야 귀신이 흠향할 것이요, 전쟁은 여러 사람의 사생(死生)과 국가의 존망(存亡)이 달려있는 것이요, 질병은 내 몸의 사생과 존망이 달려있는 것이기 때문에 조심하지 않을 수 없는 것이라고 설명하였다.

교리를 사임하면서 소회를 진달한 상소[57]

辭校理 陳所懷疏

삼가 아뢰옵니다. 신이 외람되이 경연(經筵)에 입시(入侍)한 지 이미 1년이 넘었습니다. 신의 엉성한 본말은 하늘의 해처럼 위에 계시어 반드시 남김없이 통촉하시겠거니와 또한 신의 말이 광망(狂妄)하여 누차 전하의 위엄을 범하였으나 다행히 너그러우신 성상의 도량에 힘입어 중죄(重罪 죽을 죄)에 처해지지 않았사옵니다. 그러나 신은 본래 성격이 모나고 고집이 세서 세상 사람들과 더불어 일을 주선하여 청명(淸明)한 조정의 통치에 도움 되는 바가 있을 수 없다는 점은 신이 본디 스스로 잘 알고 있사옵니다.

그런데 지금 뜻밖에 또 본직(本職)에 제수하시는 명을 받들게 되니 신이 황공하고 감격스러워 몸 둘 바를 모르겠나이다. 신의 자취가 조정에서 멀어진 지 이제 거의 반년이 되었으니 신이 비록 변변치 못하나 어찌 한 번 어전(御前)에 나아가 성상을 우러러 뵙고 싶지 않겠사옵니까. 다만 신은 고인이 임금을 섬긴 의리를 대강은 들었으니, 능력을 펼쳐 반열에 나아갔다가 능히 할 수 없을 경우에는 그만두고 떠나야 한다는 것입니다.

생각건대 신은 일찍이 이 직분에 한 마디 말, 한 가지 일도 은혜에 보답할 수 있는 방도로 삼은 것이 없는데다가 또 죄가 쌓이고 병이

57 교리를……상소 : 이천보(李天輔)는 1741년(영조17) 5월 14일에 교리에 임명되었으며, 나흘 후인 5월 18일에 이 상소를 올렸다.

깊어 쓸데없이 승강이만 일삼다가 위로는 국가의 체모를 손상시키고 아래로는 신하의 본분을 이지러뜨렸습니다. 그러한즉 국법으로 헤아리면 다만 그 직분에 무능한 자일 뿐이 아니니 의당 물러나 하찮은 소신을 지키며 영영 벼슬길을 사양하여 그 허물을 속죄하여야 할 것입니다. 그런데 신이 만약 전하의 은혜를 탐하고 총애를 그리워하여 염치를 무릅쓰고 다시 나아간다면 신의 죄가 더욱 클 것입니다.

또 신이 말에서 떨어지면서 왼쪽 다리의 뼈마디에 손상을 입어 조금만 굽혔다 폈다 해도 땅기고 오그라들며 쑤시고 아파 한 걸음도 일어나 움직일 수가 없습니다. 침과 뜸을 섞어서 써봤으나 더해만 가고 차도가 없으니, 만약 제 때 치료하지 않으면 장차 장애를 가지게 될까 걱정이 됩니다. 이제 삼가 성상의 체후가 편찮으시어 문후(問候)하는 반열을 두기에 이르렀다는 말을 듣고서도 참으로 제 힘으로 달려가 참석할 도리가 없으니, 인정과 예의가 모두 모자라 그 죄 만 번 죽어도 마땅합니다. 삼가 바라옵건대, 명철하신 성상(聖上)께서는 신의 정상(情狀)과 병세를 살피시어 속히 신의 본직(本職)과 겸직(兼職)을 체차하시어 미천한 신의 분수를 편안케 하시고 치료에 전념하게 하여주신다면 천만다행이겠습니다.

이어서 삼가 생각건대, 신이 질병으로 기력이 쇠하여 다시 다른 일을 언급할 겨를이 없으나 구구(區區)하게 총명하신 성상께 들려드리고 싶은 것이 하나 있기에 자청하여 말씀드리겠나이다.

신은 삼가 듣건대, 일전에 전하께서 서원(書院)의 고질적 폐단을 통렬히 개혁하여 갑오년(1714)[58] 이후에 설립하거나 배향한 것은 모두

58 갑오년(1714) : 숙종 40년을 가리킨다. 1644년(인조22) 영남 감사 임담(林墰)의

철거하게 하셨다고 들었습니다. 아! 서원이라는 것은 그것을 설립하는 법의 뜻이 대개 사문(斯文)을 흥기하고 인재를 양성하려는 데서 나왔으니, 그 귀추를 요약하면 곧 국가 교화의 근원입니다.

천하의 모든 일이 오래되면 폐단이 없는 것이 없으니, 서원의 폐단을 이루 다 말할 수가 있겠습니까. 선비들의 추향(趨向)의 어지럽고 잡스러운 것과 군정(軍丁)들이 도망하여 숨는 것[59] 모두 그 폐단이 아님이 없는데다가, 제향(祭享)하는 바 또한 반드시 모두 공의(公議)에 부합하지는 않아 제향하지 않아야 하는데 마구 끼어있는 자가 그 사이에 많이 있습니다.

폐단을 구제하는 방법은 오직 우리 전하께 달려있으니, 선비의 풍습을 바로잡아서 교화를 일으키고 나라의 기강을 진작시켜서 허위를 제

상소에서 서원의 폐단에 대한 논의가 처음 제기된 후, 효종·현종 연간을 거치면서 간헐적으로 상소가 올라와 논의가 이어졌다. 그러나 아직까지는 서원옹호론이 상대적으로 우세하였는데, 당쟁이 극심했던 숙종 대에 서원이 급격하게 증설되기 시작하였다. 서원의 연평균 건립수가 발전기의 두 배를 넘어섰으며, 사액(賜額)도 2.5배가 증가되는 등 남설의 양상을 보였다. 그러한 과정에서 서원 건립이 허가제로 바뀌고 첩설(疊設) 금령이 발포되었으나 복잡한 이해관계가 얽혀서 제대로 실시되지 못하고 있었다. 1703년(숙종29)에 이르러 서원에 대한 통제가 적극성을 띠기 시작하였는데, 전라 감사 민진원(閔鎭遠)이 조정에 알리지 않고 사사로이 서원을 세우는 경우 지방관을 논죄하고 수창유생(首倡儒生)을 정거(停擧)시킬 것을 상소하였다. 이에 숙종이 찬동함으로써 서원 금령이 강제성을 띠게 되었으며, 1713년 말에는 예조 판서 민진후(閔鎭厚)의 요청으로 1714년 이후부터 서원의 첩설을 엄금하고 사액을 내리지 않을 것을 결정하였다.

59 군정(軍丁)들이……것 : 당시 사액서원(賜額書院))에 속한 노비에게는 군역(軍役)을 면제해주는 혜택이 있었다. 이 때문에 양민(良民)들이 서원의 노비가 되어서 군역(軍役)을 기피하였는데, 이는 서원의 배만 불리고 정작 국가에서 필요로 하는 군정은 부족해지는 결과를 초래하였다.

거하되 숭보(崇報 덕을 추숭하고 공에 보답함)의 은전(恩典)을 신중히 하여 공의에 부합하지 않는 자는 그 사이에 뒤섞일 수 없게 하는 것일 따름입니다. 이제 그 근본은 구하지 않고 폐단만 바로잡으려 하시니, 비록 나라 안의 서원을 다 철거한다 하더라도 신은 이익이 되는 바가 손해되는 바를 메우지 못할까 두렵습니다.

전하의 학문의 고명함은 역대 어느 임금보다 출중하시니, 유현(儒賢)을 존대하고 절의(節義)를 표장(表章 드러내어 밝힘)하시는 것이 찬란하여 전술(傳述)할 만합니다. 무릇 신하들 가운데 어느 누가 공경하고 우러르지 않겠습니까. 다만 이 일은 선대 조정에 이미 금령(禁令)이 있어서 금령을 무릅쓰고 서원을 설립하고 제향한 향리의 선비들이 모두 유죄를 면치 못하였으니, 그러므로 일체(一切)의 법[60]을 적용한 것입니다.[61]

그러나 도덕은 후학의 사표(師表)가 되고 절의는 일국(一國)의 존경

60 일체(一切)의 법 : 칼로 물건을 자르듯이 형편이나 상황을 생각하지 않고 가지런하게 정리하는 것만을 위주로 하는, 융통성이 없는 법을 지칭한다.

61 다만……것입니다 : 숙종 대에 내려진 서원 금령(書院禁令)을 그대로 적용하였다는 말이다. 1703년(숙종29)에 전라 감사 민진원(閔鎭遠)이 조정에 알리지 않고 사사로이 서원을 세우는 경우 지방관을 논죄하고 수창유생(首倡儒生)을 정거(停擧)시킬 것을 상소하였고, 이에 숙종이 찬성하여 서원 금령이 강제성을 띠게 되었다. 또 1713년 말 예조 판서 민진후(閔鎭厚)의 요청으로 1714년 이후부터 서원의 첩설을 엄금하고 사액을 내리지 않을 것을 결정하였다. 영조는 왕위에 오른 후 서원이 노론·소론·남인 사이의 분쟁을 유발하고 정국을 혼란시키는 요인이 된다고 판단하였다. 따라서 건립에 따른 시비를 근원적으로 봉쇄할 목적으로 탕평파의 협조를 얻어 1714년 갑오년 이후 건립된 서원은 물론 사우(祠宇)·영당(靈堂) 등의 모든 제향(祭享) 기구를 일체 훼철하게 하고 이를 어긴 자들을 처벌하였다. 이 조치는 지방관의 책임 하에 철저하게 진행되었고, 이때 19개의 서원을 포함하여 모두 173개의 제향 기구가 훼철되었다.

과 흠모를 받아 조종조(祖宗朝)에서부터 예우하고 존경한 이들에 대하여 서원을 설립하고 제향한 일이 혹 갑오년(1714) 이후에도 있었는데, 이제 향리의 선비들이 한때 금령을 무릅쓴 죄가 있다하여 별도로 차원(差員)을 정하여[62] 사우(祠宇)를 헐고 사판(祠板)[63]을 묻게 하셨습니다. 지난날 제수를 차려 제향을 올리던 곳이 묵어서 무성한 풀밭이 되고 허물어져 황량한 폐허가 되었으니, 길 가는 사람들이 손가락으로 가리키며 탄식하고 슬퍼하지 않음이 없습니다. 이것이 어찌 전하께서 평소에 도를 보위(保衛)하고 현자를 존숭하시던 본뜻이란 말입니까. 신이 삼가 듣건대, 그날 경연 중에 전하께서 결정을 유보하실 뜻이 없지 않았는데 연신(筵臣)이 성상의 뜻을 제대로 인도하지 못하여 이러한 일이 있게 되었다고 하니, 신은 남몰래 안타깝게 여깁니다.

아! 불우(佛宇 절)와 범궁(梵宮 절)이 천하에 두루 퍼져있어 생업에 게으른 백성들이 양역(良役)을 피하려는 생각으로 머리를 깎고 투신하여 사특한 논설을 퍼뜨려서 어리석은 백성을 현혹시켜 오도(吾道 유교(儒敎))에 해를 끼치는 것이 무궁한데, 예로부터 명철한 군왕들도 오히려 다 철거하지 못하였으니 어찌 한탄스럽지 않겠습니까.

연전(年前)에 동교(東郊)에 있는 이사(尼舍 비구니의 집)를 철거하라는 계청(啓請)을 전하께서 해를 넘기도록 윤허하지 않으셨는데,[64] 전하

62 별도로 차원(差員)을 정하여 : '별정차원(別定差員)'을 가리키는 것으로, 차원은 중요한 임무를 맡겨 임시로 파견하는 관원이다.

63 사판(祠板) : 죽은 사람의 넋이 담긴 위패(位牌)를 말한다.

64 연전(年前)에……않으셨는데 : 《영조실록》 16년(1740) 2월 8일의 기사에 지평(持平) 이하술(李河述)의 상소 일부가 실려 있다. 상소 가운데 "전계(前啓) 가운데에서 동래부(東萊府)의 여인에 관한 일과 동교(東郊)의 이사(尼舍)에 관한 일은 당초에 논

의 성학(聖學)으로 어찌 일개 이사를 아까워하셨겠습니까. 다만 불상(佛像)을 덮어 가리고 있는 백 년 된 동우(棟宇)를 하루아침에 허물어 버린다는 것이 그 일이 너무 심하기 때문일 것입니다. 다만 서원에 있어서는 이렇게 엄격한 법을 적용하시니 신은 그것이 옳은 일인지 알지 못하겠습니다.

삼가 바라옵건대 전하께서는 묘당(廟堂)으로 하여금 회의를 하여 그 안에서 구별하여 남겨둘 만한 것은 남겨두고 철거할 만한 것은 철거하게 하시기 바랍니다. 향현사(鄕賢祠)[65] 같은 것에 이르면, 옛날에 이른바 "향선생(鄕先生)이 죽으면 사(社)에서 제사를 지낸다."[66]라는 것입니다. 그 사람이 살아서는 가르침을 자제(子弟)들에게 행하고 덕으로 향리를 훈도(薰陶)하여 온 고을이 그에게 감복하였으니, 죽은 후에 제향하는 것이 국가에 무슨 지장이 있겠습니까. 하물며 선대 조정의 금령은 서원에 있고 향사(鄕祠)에는 미치지 않았는데, 이제 서원과

계(論啓)한 것이 대간(臺諫)의 체례(體例)에 맞는데 법을 지키는 처지에서 쉽사리 정계(停啓)하였으니, 경책(警責)이 없어서는 아니 되겠습니다."라는 말이 있는데, 영조가 비답(批答)하여 윤허하지 않았다고 한다. 이 일과 관련된 것으로 보이나, 자세한 상황은 알 수 없다.

65 향현사(鄕賢祠) : 조선 시대에 향리에서 어질다고 이름난 사람의 위패를 모시고 제사지내는 사당(祠堂)을 말한다.

66 향선생(鄕先生)이……지낸다 : 중국 당(唐)나라의 사상가 한유(韓愈)는 〈양거원 소윤을 보내는 서〔送楊巨源少尹序〕〉에서 "옛날에 이른바 향선생이 죽으면 사(社)에서 제사 지낼 수 있었다."라고 하였다. 향선생이란 "향리의 노인 가운데 경대부를 지내다가 벼슬을 그만두고 내려온 사람"으로, 이들이 보통 향학(鄕學)에서 학생들을 가르쳤다. 《儀禮 士冠禮》 이는 유현석덕(儒賢碩德)이 아니더라도 그 지방 출신의 학자나 절의가 높은 사람이면 사당을 짓고 제사하는 관례가 있었다는 말이다.

더불어 한꺼번에 훼철하시니 더욱 유도(儒道)를 진작하고 흥기하는 도리가 아닙니다. 혹시라도 향사가 서원으로 전환되어 함께 금하지 않을 수 없다면 이제부터 다시 금령을 베풀어 훗날의 폐단을 막는 것이 참으로 편의(便宜 때에 맞춰 취해야하는 조치)에 합당할 것입니다. 삼가 바라옵건대 전하께서는 유념하여 살펴주시기 바랍니다.

전하께서 조용히 조섭하시는 중이라 신이 감히 번거롭게 해드릴 수 없음을 알지 못하는 것이 아니나 일이 목전에 있어 만약 지금 변통(變通)하지 않으면 때를 놓칠까 두렵습니다. 이에 덧붙여 아뢰지 않을 수 없으니, 신이 더욱 죽을죄를 지었습니다. 전하의 소패(召牌)가 내려옴에 삼가 궐 밖으로 달려가서 상소를 올리고 곧장 돌아왔습니다. 다시 한 번 청하옵건대, 왕명을 어긴 신의 오만한 죄를 다스리시어 관료들을 경계하시기 바라나이다.

헌납을 사임하면서 소회를 진달한 상소[67]

辭獻納 陳所懷疏

체직(褫職)이 되어 결국 올리지 않았다.

삼가 아뢰옵니다. 신이 지극히 용렬하고 비루하나 전후로 외람되이 차지했던 자리가 세상에서 극선(極選 엄선(嚴選))이라고 일컫는 금근(禁近)의 청화직(淸華職)[68] 아님이 없었는데, 은혜를 탐하고 의리를 두려워하여 관직에 제수되면 문득 받아들였습니다. 다만 대직(臺職)[69]에 있어서는 그 사이에 한 번 외람되이 낀 적이 있었는데, 머뭇거리며 물러나 피하여 감히 나아가지 않았습니다.

대개 대직이라는 것은 하루 동안 자리에 있으면 하루의 책임이 있는 자리라 억지로 인원수나 채워 요행히 큰 허물을 면하는 다른 관직과는 같지 않습니다. 그러나 신하의 분수에 비춰보면 마치 그 사이에서 취사선택을 하는 듯한 인상이 있었으니, 돌이켜 생각하면 저도 모

67 헌납을……상소 : 이천보(李天輔)는 1741년(영조17) 7월 25일 헌납에 제수되었는데, 이 상소는 이때 작성된 것이다. 곧바로 체직이 되어 상소를 올리지는 않았다.

68 금근(禁近)의 청화직(淸華職) : '금근'은 '금중(禁中)의 측근(側近)'이라는 뜻으로, 임금을 가까이서 모신다는 뜻이다. 청화직은 청환(淸宦)과 화직(華職)으로, 주로 학식과 문벌이 높은 사람이 맡던 홍문관·예문관·춘추관·사간원·사헌부 등의 벼슬이다. 지위와 봉록은 높지 않으나 훗날 높이 될 자리였다. 이천보는 이전까지 시강원 겸설서·사서, 홍문관 정자·부수찬·교리, 사간원 정언 등을 지냈다.

69 대직(臺職) : 대간(臺諫)인 사헌부와 사간원의 관직을 가리킨다. '대간'은 관료를 감찰하고 탄핵하는 임무를 가진 '대관(臺官)'과, 국왕에게 간쟁(諫諍)하고 봉박(封駁)하는 임무를 가진 '간관(諫官)'을 합쳐서 부르는 말이다.

르게 식은땀이 옷을 적십니다. 그런데 지난번에 미원(薇垣 사간원(司諫院))의 신명(新命 새로 관직에 임명함)이 또 선산(先山)에 귀성하러 갔을 때에 내려왔으니 신이 놀라고 감격하여 몸 둘 바를 몰랐는데, 뒤이어 주상께서 친림(親臨)하여 죄수를 국문하신 일[70]이 있었다는 말을 삼가 들었습니다. 신하의 의리상 바깥에서 편히 누워 쉴 수 없었으나 앓고 있는 흉통(胸痛)이 감기를 끼고 다시 발작하여 병석에 누워 있느라 나아갈 길이 없었다가 어제서야 비로소 사차(私次)[71]에 도착하였으니, 신의 죄 이에 이르러 더욱 만 번 죽어 마땅하옵니다. 엎드려 바라옵건대, 명철하신 성상(聖上)께서는 속히 신의 관직을 삭탈하시고 이어서

70 주상께서……일 : 1741년(영조17)에 당시 지평이었던 이광의(李匡誼)가 김복택(金福澤)을 논죄하면서 임금을 범하는 말을 하여 친국(親鞫)을 받았던 사건을 가리킨다. 1721년(경종1)에 노론사대신이 세제(世弟)를 책봉할 것을 논의하자, 김복택이 당시 잠저(潛邸)에 있던 연잉군(延礽君), 즉 영조에게 이 말을 전하였다. 세제 책봉을 반대하던 소론 세력은 신임사화를 일으켰고, 이에 노론사대신은 죽임을 당하고 김복택도 거제도에 유배되었다. 그러나 신임사화 때 대다수 노론 인사가 죽었는데도 유배만 당하였던 사실과 신임사화를 비난한 것이 영조의 비위에 거슬려 1740년 투옥되어 곤장을 맞다가 죽었다. 1741년 이른바 위시사건(僞詩事件)이 일어나자 지평 이광의가 김복택을 논죄하면서 그가 받은 벌이 너무 가볍다며 수노적산(收孥籍産)하여 왕법(王法)을 바로잡을 것을 청하였는데, 이때 임금을 범하는 말을 하였다.(《영조실록》 17년 5월 20일) 다음날 이광의가 다시 아뢰자 영조가 그를 국청(鞫廳)에 내리라고 명하고(22일), 금상문(金商門)에 나아가 친히 국문하였다.(23일) 또한 이 일과 관련하여 이름이 거론된 송익휘(宋翼輝)·이민효(李閔孝)·이광문(李匡文) 역시 친히 국문하였다.(6월 16일) 이전에 이광의의 형 이광덕(李匡德)이 아우를 변명하는 상소를 올렸는데(5월 23일), 이광덕의 상소를 직접 본 영조가 이광덕 역시 국청에 내릴 것을 명하고(7월23일) 금상문에 나아가 친국한 뒤 해남(海南)으로 귀양 보낼 것을 명하였다.(8월 2일) 이 일로 이광의 역시 섬으로 유배를 가게 되었다.

71 사차(私次) : 공석(公席)과 상대되는 말로, 개인의 거처를 가리킨다.

신의 죄를 다스려 조정의 기강을 엄숙하게 하신다면 참으로 지극한 다행이겠습니다.

신이 감히 대직(臺職)으로 자처할 수 없으나, 어제 태학(太學 성균관(成均館))에서 다른 유생(儒生)들을 식당(食堂)에 들도록 권유하신 명(命)[72]에 우려와 개탄을 이길 수 없는 바 있어 감히 이에 덧붙여 진달합니다.[73] 명철하신 성상께서는 헤아려 살펴주시기 바라옵니다.

72 다른……명(命) : 성균관 유생들이 행하던 일종의 동맹휴학인 권당(捲堂)의 절차 가운데 하나이다. 윤기(尹愭)의 《무명자집(無名子集)》〈반중잡영(泮中雜詠)〉 220수 가운데 제157수~제163수인 〈영권당(咏捲堂)〉에 그 절차가 자세하게 설명되어 있는데, 이를 요약하면 다음과 같다. 1. 유생들이 공론을 관철하거나 절조를 지키기 위하여 식사 거부〔捲堂〕를 할 때에는 식사 종이 울려도 식당에 들어가지 않는다. 2. 유생들이 식사 거부를 하면 수복(守僕)이 대사성 또는 동지성균관사에게 달려가 고한다. 대사성이나 동지성균관사는 즉시 성균관으로 들어와 유생들에게 까닭을 묻고 생각하는 바를 글로 써 올리게 한다. 3. 유생들이 글을 올리면 장관이 이에 의거하여 초기(草記)를 작성해 임금에게 올린다. 임금의 비답이 내려오면 장관은 유생들에게 식당에 들어가기를 권하는데, 유생들은 이를 따르기도 하고 온당치 않은 점이 있으면 따르지 않기도 한다. 4. 간혹 임금이 상소에 참여하지 않은 다른 유생들에게 식당에 들도록 명하면〔勸入〕 장관이 성균관 밖에 있는 유생들을 들어오게 한다. 5. 성균관 밖의 다른 유생들도 끝내 식당에 들지 않으면 재사 비우기〔空齋〕에 이르게 된다. 6. 하루 이상 재사를 비우게 되면 유생들은 대성전의 신문(神門)에 가서 하직 인사를 올리고 성균관을 떠난다.〔空館〕 7. 승지가 와서 임금의 윤음을 전달해도 유생들이 식당에 들지 않으면 예조판서가 와서 권한다. 그래도 들어가지 않으면 정승이 와서 들어가게 만든 다음 초기를 작성해 가지고 나간다. 본문의 '다른 유생들을 식당에 들도록 권유하신 명〔他儒生勸入之命〕'은 이 중 4번의 절차를 가리키는 것이다.

73 어제……진달합니다 : 《영조실록》의 기사를 중심으로 사건의 전말을 요약하면 다음과 같다. 1741년(영조17) 4월 8일, 영조는 1714년(숙종40) 갑오년의 금령(禁令)이 내린 후에 사사로이 건립한 사원(祠院) 및 제향(祭享)은 모두 훼철하고 이를 용인했던 수령 및 유생은 처벌할 것을 명하였다. 이때 전국의 사원 170여 곳이 훼철되었으며,

대저 선비의 기개(氣槪)는 국가의 원기(元氣)입니다. 옛날의 성왕(聖王)이 선비의 기개를 권면하여 진작시키고 고무하여 양성하시어 혹시라도 손상시킬까 두려워하셨던 것은 대개 스스로 그 원기를 보호하기 위함이었는데, 이러한 기개가 없으면 나라가 반드시 망하게 됩니다.

가령 서원(書院)을 훼철하는 일이 치도(治道)에 도움이 있고 유학(儒學)의 교화에 해가 없는데도 유생들이 시끄럽게 떠들어 마지않는다면, 전하께서는 참으로 너그러이 포용하고 알아듣도록 타이르시어 그 기개를 손상시키지 않으셔야 할 것입니다. 만약에 그렇지 않다면 유생들의 청을 억지로 따랐다가 비록 아침에 명(命)을 내리고 저녁에 바꾼다 하더라도 안 될 것이 없을 것인데, 이제 내쫓아버려 사방의 선비들로 하여금 의기(意氣)를 저상(沮喪)케 하시니 전하께서는 어찌면 그렇게도 너그럽지 못함을 스스로 내보이시는지요.

영조는 이후에 사원을 건립하거나 추가로 제향하는 경우 도신과 수령은 모두 고신(告身)을 빼앗고 유생은 멀리 귀양 보내라고 하였다. 서원을 훼철하라는 명이 내려왔음에도 성균관 유생들이 가만히 있자 비난 여론이 일었으며, 이에 6월 19일에 성균관 유생 김이복(金履福) 등이 상소하여 명을 거둘 것을 청하였다. 그러나 그 내용이 격렬하고 절실하지 않아 비웃음을 사는 데 그쳤다. 7월 2일에 성균관 유생들이 드디어 권당(捲堂), 즉 동맹휴학을 하며 반발하자 영조가 대사성에게 명하여 들어가도록 권고하라고 하였으나 들어가지 않았다. 15일·19일·28일에 성균관 유생들이 세 번을 연달아 상소하여 사원을 헐지 말 것을 청하였다. 29일에 영조가 유생들을 광달문(廣達門) 밖으로 부른 뒤 도승지를 시켜 '쓸데없는 상소를 중지하고 공경히 성묘(聖廟)를 지키라.'고 선유하였다. 8월 5일에 성균관 유생 임연(任筵) 등이 다시 상소하자 영조가 비답을 내려 책망하였으며, 유생들이 또 권당을 하자 대사성 윤급(尹汲)을 체직시키고 이어서 다른 유생들을 권유하여 들어가게 할 것을 명하였다. 7일에는 승정원에서 "대사성을 개차(改差)하고 다른 유생들을 권유하여 들여보내라는 명령을 중지하소서."라고 하였으나 결국 허락하지 않았다.

서원을 훼철하라는 명이 있었을 때부터 무릇 조정에 있는 신하 가운데 그것을 건의한 한두 명[74]을 제외하고는 깊이 근심하고 길게 탄식하며 우리 성상(聖上)의 본뜻이 선현(先賢)을 모욕하려는 데서 나온 것은 아니라고 여기지 않음이 없었으나, 겉으로 보이는 모습만 가지고 논한다면 선현을 모욕한 것으로 귀결될까 두렵습니다. 우리 성상의 지나친 거조(擧措)를 누가 구원할 수 있겠습니까마는 끝내 한 사람도 전하를 위하여 통렬히 아뢰는 이가 없는데 다만 수백의 유생들만이 목소리를 이어 일제히 호소하며 한 달이 지나도록 그칠 줄을 모릅니다. 그러한즉 전하의 신하된 자 가운데 오직 유생만이 전하를 저버리지 않고 있습니다. 신은 삼가 역대 성조(聖朝)에서 붙들어 세운 선비의

74 그것을……명 : 당시의 영의정 김재로(金在魯), 좌의정 송인명(宋寅明), 우의정 조현명(趙顯命) 등을 가리킨다. 《영조실록》 17년(1741) 4월 8일의 기사에 의하면, "좌의정 송인명이 지방 고을의 사자(士子)들이 대신을 마음대로 제향하는 것은 아첨하는 기풍을 열게 되어 뒷날의 폐단에 관계된다는 것으로 서원 건립에 대한 금령을 거듭 밝힐 것을 청하였다."라고 하였으며, 영의정 김재로가 "선조(先朝) 갑오년의 수교(受敎)에 무릇 서원 가운데 조정에 아뢰지 않고 설립하였거나 마음대로 추향(追享)하는 것은 모두 허물어 버리도록 하였으니, 마땅히 일체의 법을 적용해야 할 것입니다."라고 하자 영조가 허락하였다. 4월 20일에는 우의정 조현명이 "사륜(絲綸)은 한번 내려지면 반드시 시행되어야 하는 것이니, 그런 후에야 법이 백성들에게 신임 받을 수 있습니다. 그런데 도신과 수령들이 용납하고 보호하고 숨기고 방치하는 폐단이 없지 않으니, 청컨대 여러 도로 하여금 별도로 차사원(差使員)을 정하여 직접 가서 훼철하게 해서 기필코 실질적인 성과가 있도록 하소서."라고 하자 영조가 이를 옳게 여기고, "만일 숨기거나 방치하는 자가 있으면 본율(本律)에 의거하여 감단(勘斷)하겠다."라고 하교하였다. 또한 5월 10일에 영의정 김재로가 다시 "갑오년 이후에 건립한 서원은 이미 모두 훼철하도록 명하시고, 또 영당(影堂)과 생사당(生祠堂) 및 향현사(鄕賢祠)를 구별하는 것은 적당하지 않다는 하교가 있었는데, 이것도 마땅히 갑오년으로 한계를 정해야 합니다."라고 하니 영조가 이를 옳게 여겼다는 기록이 보인다.

기개가 아직도 다 없어지지 않은 것을 하례 드리옵니다. 그런데 전하께서는 그 기개를 꺾어 한결같이 이러한 지경에 이르게 하시니, 신은 삼가 애석합니다.

서원의 폐단은 선대 조정에서부터 이미 영(令)을 세워 금하였으나 일찍이 일체(一切)의 법[75]을 적용하지는 않았습니다. 지금의 신하들이 어찌 그 가운데 구별할 만한 것이 있음을 알지 못하겠습니까마는 혹은 그 기세를 피하고 혹은 형적에 구애를 받아 그 사이에 난처한 바가 있어서 마침내 모두 아울러 훼철하기를 청하여 선사유현(先師儒賢)들로 하여금 더불어 해(害)를 입게 하기에 이르렀습니다. 전하의 성학(聖學)이 고명(高明)하시어 유학(儒學)을 존숭하고 인재를 양성함에 있어서 지극하지 않음이 없으시니 전하의 이러한 거조가 오로지 신하들의 죄에서 나왔음을 어찌 알지 못하겠습니까마는 역사책에 기록되어 백대(百代)에 전하게 되면 전하께서 과연 신하들과 그 비방을 나누어 지실 수가 있겠습니까.

황명(皇明) 천계(天啓)[76] 연간에 어사(御史) 장눌(張訥)이 의견을 올려 천하의 서원을 훼철하라는 조서(詔書)를 내렸는데, 눌(訥)의 의견 또한 반드시 당시의 폐단을 구제하려는 정책이었다고 말하지만 다만 그 폐단을 구제하지 못하였을 뿐만 아니라 도리어 위망(危亡)을 재촉하였으니 눌의 죄를 이루 다 말할 수 있겠습니까. 그러나 당시의 유생들은 오늘날 우리 유생들이 그러한 것처럼 분분(紛紛)히 일어나

75 일체(一切)의 법 : 칼로 물건을 자르듯이 형편이나 상황을 생각하지 않고 가지런하게 정리하는 것만을 위주로 하는, 융통성이 없는 법을 지칭한다.

76 천계(天啓) : 중국 명(明)나라 희종(熹宗)의 연호로, 1621~1627년에 해당한다.

극력 투쟁하였다는 말을 듣지 못하였으니, 신은 이에 황조(皇朝 명(明)나라)가 몰락할 적에 선비의 기개가 먼저 망하였음을 더욱 통탄합니다. 그런데 우리 성상께서는 선비의 기개를 배양하신 공(功)이 전대(前代)보다 훨씬 뛰어나 국가의 원기(元氣)가 아직도 남아있습니다. 전하께서는 어찌 차마 갑자기 목소리를 높이고 낯빛을 바꾸며 조금도 돌아보지 않으시어 선비들로 하여금 의기가 꺾이고 위축되어 삭막하게 다시는 떨치지 못하게끔 하십니까.

이어서 삼가 생각건대, 신이 일찍이 서원을 훼철하는 일로 상소를 진달한 바 있는데 유생들이 이미 이 일로 죄를 얻었으니 곧 신이 망령되이 말한 죄가 지금에 이르러 더욱 밝게 드러났습니다. 어찌 홀로 벼슬자리에 편안하겠습니까. 삼가 청하옵건대, 속히 견책과 형벌을 내리시어 천한 분수를 편안케 하여 주시옵소서.

호서 지역의 안핵사로 복명한 후[77] 수찬을 사임하면서 겸하여 소회를 덧붙인 상소[78]

湖西按覈使復命後 辭修撰 兼附所懷疏

삼가 아뢰옵니다. 하늘이 국운(國運)의 창성을 열어 왕세자의 치주(齒胄)의 예(禮)[79]가 순조로이 이루어지니[80] 삼전(三殿)[81]께서 기뻐하시

77 호서(湖西)……후 : 《영조실록》 18년(1742) 1월 6일의 기사에 "이천보를 옥천(沃川)의 안핵어사(按覈御史)로 삼았는데, 옥천에 살인 사건이 일어났기 때문이었다."라고 하였다. 옥천 사건에 대한 자세한 내용은 미상이다.

78 호서(湖西)……상소 : 이천보(李天輔)는 1742년(영조18) 1월에 옥천에 안핵어사로 다녀온 후 2월에 홍문관 수찬으로 임명되었다. 이 상소는 수찬에 임명된 지 2달 후인 4월 4일에 올린 사직소이다.

79 치주(齒胄)의 예(禮) : '주(胄)'는 '맏아들'이며 '치(齒)'는 '나이' 혹은 '참여한다.'는 뜻으로, 세자가 학교에 들어갈 때 신분이 아닌 나이에 따라서 학생들 사이에 자리를 정하는 예식이다. 예전에 태학(太學)에서는 맏아들만 가르쳤는데 세자가 태학에 입학하여 맏아들들 틈에 참여하게 되었다는 의미에서 이와 같은 의식을 거행하였으며, 이는 세자로 하여금 군신(君臣)·부자(父子)·존비(尊卑)·장유(長幼)의 도(道)를 알게 하기 위함이었다.

80 왕세자의……이루어지니 : 1742년(영조18) 3월 26일에 영조의 아들인 사도세자(思悼世子)가 태학에 입학한 사실을 가리킨다. 《영조실록》의 기록에 의하면, "왕세자가 입학하였다. 대제학 이병상(李秉常)이 박사(博士)로 진참(進參)하였는데, 장명(將命)은 윤득민(尹得敏)이었다. 이날 왕세자는 쌍동계(雙童髻)·공정책(空頂幘)·곤룡포(袞龍袍)를 갖추고 태학에 나아가 이어 학생의 옷으로 바꿔 입었는데, 청금(靑衿)과 연두건(軟頭巾)·세조대(細條帶)를 갖추고 작헌례(酌獻禮)를 행하였으며, 이어 서치(序齒)를 행하였다."라고 하였다.

81 삼전(三殿) : 여기서는 왕대비전(王大妃殿)·대전(大殿)·중궁전(中宮殿)을 이른다. 당시 왕대비였던 숙종의 계비 인원왕후(仁元王后) 김씨(金氏)와 영조, 영조의

고 팔도(八道)가 즐거워하는데, 신(臣)은 명(命)을 받들고 밖에 있어서 이미 궁료(宮僚)의 뒤를 따라 성대한 예식을 직접 보지 못하고 또 미처 대궐의 뜰에서 만세를 부르는 대열에 달려가 참여하지 못하여 북쪽으로 대궐을 바라보며 잊지 못해 그리워하는 마음을 이기지 못하였습니다.

그런데 신이 일을 마치고 돌아오는 길에 평소 앓고 있던 허리와 옆구리 사이의 담(痰) 덩어리가 갑자기 종기가 되어서 그 부분이 매우 무거워 겨우겨우 움직였으므로 좌우에서 부축하여 아픈 몸을 이끌고 앞으로 나아가 어제서야 비로소 성 밖에 도착하여 엎드렸습니다. 그런데 가마에 흔들린 나머지 종기의 독이 더욱 퍼져서 그 형세가 장차 곪아 터진 후에야 그칠 모양이니, 밤낮으로 욱신거리고 아파 삼가 숙배(肅拜 절하고 벼슬을 받아들임)할 길이 없습니다. 병중에 황공하고 두려워 몸 둘 바를 모르겠사옵니다.

이어서 삼가 생각하건대, 신이 조정 밖에 있을 때 저보(邸報)[82]를 잇달아 접하였는데 전하께서 신하를 인견(引見)하는 것이 조용히 조섭(調攝)하는 데 방해가 된다고 하시어 신료들이 입시(入侍)하는 것을 허락하지 않으신 지가 거의 수십 일에 이르렀으며, 아울러 약원(藥院 내의원(內醫院)의 별칭)에서 진찰을 청하였으나 유음(兪音 윤허한다는 대답)을 내리지 않으시어 대신(大臣 의정(議政))들이 대명(待命)[83]을 하기에

정비(正妃)이자 사도세자의 양모(養母)인 정성왕후(貞聖王后) 서씨(徐氏)를 가리킨다.

82 저보(邸報) : 조정의 관보(官報)를 말한다. 옛날 중국에서 각 지방의 장관(長官)들이 경사(京師)에 저(邸)를 두고 조정의 조령(詔令)이나 주장(奏章) 등을 베껴 자신들에게 알리게 한 데서 나온 말이다.

이르게 되어 온 조정이 근심하고 허둥댄다고 들었사옵니다.[84]

신은 성심(聖心)에 어떤 격심한 고뇌가 있어서 이러한 거조(擧措)를 하시는 것인지 감히 알지 못하겠사옵니다. 대저 인주(人主 임금)의 마음은 중천(中天)에 뜬 해와 달과 같아 사람들이 모두 우러릅니다. 그러

83 대명(待命) : 벼슬아치가 잘못을 저지르거나 상소를 올린 후 임금의 처분이나 명령을 기다리는 것이다.

84 전하께서……들었사옵니다 : 《영조실록》을 중심으로 사건의 전말을 요약하면 다음과 같다. 1740년(영조16) 10월 25일에 우의정 조현명(趙顯命)이 민형수(閔亨洙)를 데리고 입시하여, 신임사화로 죽은 김용택(金龍澤)의 집에 숙종이 내린 어제시(御製詩)가 있다는 말을 하게 하였다. 이 시는 백망(白望)이 김용택에게 전한 것을 김용택의 아들 김원재(金遠材)가 보관하고 있다가 민익수(閔翼洙)에게 보여주었고, 민익수가 다시 민형수에게 보여주어 드러나게 된 것이다. 하지만 이 시는 위시(僞詩)로 판명이 났으며, 이 일로 민형수는 국문을 받고 위시를 믿고 발설한 것을 죽을 때까지 후회하였다. 1741년 12월에 민형수가 죽자, 다음해인 1742년 1월 27일에 민형수의 형 민창수(閔昌洙)가 생전에 민형수가 썼다가 올리지 못한 상소를 등사(謄寫)하여 올리면서 조현명이 민형수를 꾀어서 발설하게 하였다고 고하였다. 이에 29일에 조현명이 주먹으로 땅을 두드리며 결백을 주장하면서, "신은 이 일에 기어코 목숨을 내놓고 배척하겠습니다. 신은 여러 자식이 있으니, 비록 함께 죽임을 당해도 한하지 않겠습니다."라고 하였다. 그러자 영조가 민창수를 국문한 일과 함께 조현명이 주먹으로 땅을 두드리며 기승을 부린 것에 노하여 오랫동안 정사를 살피지 않고 또 약원의 입진도 윤허하지 않았다. 2월 24일의 기사에 의하면, "임금이 약원(藥院)에 명하여 문후(問候)나 입진(入診)을 말라고 하였다. 약원의 제조들이 입진을 윤허하기를 연속 청하였고, 우의정 조현명과 영의정 김재로·좌의정 송인명도 연차(聯箚)하여 청했으나 임금이 끝내 윤허하지 않았다."라고 하였으며, 27일에는 교리 윤득경(尹得敬), 수찬 정이검(鄭履儉)·정휘량(鄭翬良), 사간 이정욱(李挺郁) 등이 상소하여 입진을 윤허할 것을 청하자 "이미 상신에게 하유하였다."라고 비답하고 말았다. 3월 18일에 대신(大臣)이 빈청에 나아가 청대하며 두 번을 아뢰었으나 역시 윤허하지 않았고, 이에 서로 잇달아 대명(待命)하기에 이르렀다. 29일이 되어서야 대신과 경재(卿宰)를 불러 당습을 고치고 화합하여 다 같이 충정을 바치라는 뜻으로 유지를 내려 모든 신하에게 보이게 한 뒤에야 비로소 입시를 명하였다.

므로 인주에게 혹시라도 지나친 거조가 있으면 그 지나침에 필시 까닭이 있을 것이니, 신하들 또한 그 까닭을 가지고 지나침을 바로잡고 구제할 방도를 둡니다. 전하의 이번 거조는 애초에 어떤 일에서 촉발되었는지 알 수가 없어 신하와 백성이 우러러 헤아릴 수가 없습니다. 만약 신하들에게 죄가 있다고 한다면 알아듣도록 타일러 그 마음을 고치게 하고 꾸짖고 책망하여 그 죄를 징계하는 것이 무엇이 불가하겠사옵니까. 그런데 근래에 전하께서는 혹시라도 성의(聖意 임금의 뜻)에 부합하지 않는 사람이나 일이 하나라도 있으면 문득 지난 역사(歷史)에도 없었던 바의 거조를 하신 것이 앞뒤로 모두 몇 번이었는지요.

옛날의 성왕(聖王)께서는 황극(皇極)[85]을 세우고 정치를 내어 신하들로 하여금 한마음으로 공경하고 화합하여 공업(功業)과 교화(敎化)를 돕게 한 것이 스스로 요긴한 방도가 있었는데, 전하의 정치는 이에서 나오지 않고 지나치게 성려(聖慮 임금의 염려)를 소비하십니다. 한 번의 지나친 거조에 세도(世道)가 한 단계 내려가고 두 번의 지나친 거조에 세도가 두 단계 내려가며 세 번, 네 번에 이르면 세도가 몇 단계 내려갔는지 더욱 알 수가 없게 됩니다.

바야흐로 전하께서 지나친 거조를 하시면 신료들이 놀라고 두려워하여 조정은 마치 단합이 되는 것 같고 인심(人心)은 마치 징계가 되는 것 같을 것입니다. 그러나 결국 얻는 바를 돌아보면 신하들이 일초(一初)[86]의 정사(政事)라 하여 전하의 앞에서 분분(紛紛)하게 칭송을 올리

85 황극(皇極) : '황(皇)'은 군주를, '극(極)'은 '지극하다'는 뜻으로 표준을 지칭한다. 즉 임금이 나라를 다스리기 위하여 세운 천하의 지극한 표준을 가리킨다.

86 일초(一初) : 한 번 개혁하여 처음 시작한다는 뜻이다.

며 문구(文具)[87]를 빌려 치세(治世)의 모습을 거짓으로 꾸며대는 것에 불과하며, 혹은 기회를 타서 임금의 총애와 지위를 굳건히 하거나 벼슬에 나아갈 것을 꾀하는 자가 없지 않을 것입니다. 그런데 전하께서는 또한 일초의 정사라는 것으로 애오라지 신하들에게 기대하는 바가 있으시니, 신은 참으로 민망하게 여기는 바이옵니다.

전하께서 인자하고 화락(和樂)하게 신하들을 대하기를 한 집안의 부자(父子)와 같이 하시니, 오늘날의 신하들이 몸소 명철하신 성상(聖上)을 만나 어느 누가 알면 말하지 않음이 없고 말함에 다하지 않음이 없어서 청명(淸明)한 정치를 보필하고자 하지 않겠습니까마는 전하께서는 한 번 감정이 격해지시면 반드시 정상적이지 않은 거조를 행하십니다. 그러므로 사람들이 모두 벌벌 떨며 입을 다물고 혀를 감추어 감히 한 마디 말도 하지 않고 한 가지 일도 논하지 않으면서 미봉(彌縫)하는 것을 훌륭한 계책으로 삼고 아첨하는 것을 충성을 다하는 것이라 여깁니다. 전하께서는 다만 신하들이 관(冠)을 맞대고 홀(笏)을 나란히 한 채 한 청당(廳堂)[88] 안에서 주선하는 모습이 지난날 창을 들고 싸울 때와 같지 않은 것만 보시고 황극(皇極)의 치효(治效 다스림의 효과)가 이미 크게 이루어졌다고 여기십니다. 그러나 사실은 붕당(朋黨)이 더욱 성하고 사사로운 뜻이 더욱 자행되는데, 감히 전하를 위하여 말씀드리는 자가 없으니 어찌 두렵지 않겠사옵니까.

삼가 듣건대 근자에 전하께서 간간이 신료들을 접견하며 빈연(賓

87 문구(文具) : '예문(禮文)을 갖춘다.'는 뜻으로, 겉치레로 형식만 갖추는 것을 의미한다.

88 청당(廳堂) : 관리가 공무를 보는 곳을 가리킨다.

筵)[89]과 경석(經席 경연(經筵))을 차례대로 거행하도록 명하셨다고 하니, 신하들이 모두 전환(轉圜)의 덕[90]을 우러르고 있습니다. 다만 생각건대 군자가 잘못을 고치는 것을 귀하게 여기는 까닭은 고치는 것이 어려워서가 아니요, 한 번 고친 후에 다시는 하지 않기 때문입니다. 전하의 지나친 거조는 곧 스스로 알지 못하시는 것을 근심하는 것이 아니라, 알면서 후회하고 또 다시 행하여 거듭하여 마지않으심[91]이 지금까지 이르는 것입니다. 삼가 바라옵건대 전하께서는 지금 이후로 개연(慨然)히 떨쳐 일어나고 허심탄회하게 생각을 고치시어 다시는 미혹되고 되풀이하는 근심이 없도록 하소서.

신이 삼가 보건대, 지난번의 비망(備忘)은 외지(外地)에 있는 시종(侍從)이 대유(大諭)[92]가 내려간 후에 곧바로 올라오지 않았다는 것으

89 빈연(賓筵) : 세자가 학문하는 자리를 가리킨다.

90 전환(轉圜)의 덕 : '간언(諫言)을 순순히 받아들이는 덕'이라는 의미이다. 《한서(漢書)》 권67 〈매복전(梅福傳)〉에 "예전에 한(漢)나라의 고조(高祖)가 신하의 옳은 말 듣기를 미치지 못할 듯이 하였고 간언을 따르기를 둥근 물체를 굴리듯이〔轉圜〕 쉽게 하였다."라고 한 데서 나온 말이다.

91 거듭하여 마지않으심 : 원문은 "■■不已"인데, 《영조실록(英祖實錄)》 18년 4월 4일의 기사에 '轉輾不已'라고 한 것에 근거하여 보충·번역하였다.

92 대유(大諭) : 영조는 민창수(閔昌洙)의 일이 생긴데다 조현명(趙顯明)이 주먹으로 땅을 두드리며 기승을 부리자 이에 진노하여 오랫동안 정사도 살피지 않고 약원(藥院)의 입진(入診)도 윤허하지 않았다. 그러다가 드디어 군민(軍民)들에게 대유를 내렸는데, 대유의 내용이 《영조실록》 18년(1742) 3월 14일의 기사에 실려 있다. 그 중 일부를 인용하면 다음과 같다. "……대훈(大訓)이 이미 이루어졌으니 조정의 분위기가 진정이 되어야 마땅하건만, 또 민창수란 자가 있어 우리의 국시(國是)를 혼란시켰다. 사신(史臣)의 선유(宣諭)는 뜻을 보임에 불과한데 보상(輔相)이 민창수로 하여 주먹으로 땅을 두드리는 것이 어찌 그리 지나쳤는가? 아! 우리 군민들은 비록 나의 뜻을

로 사교(辭敎 임금의 말씀)가 지엄(至嚴)하여 잉수(仍囚)[93]의 형벌이 유신(儒臣)들에 두루 미쳤다가 '소인(小人)'을 사면하라고 하교하기에 이르셨으니, 신은 전하께서 이에 또 한 마디 실언(失言)을 면치 못하신 듯합니다. 저 외지에 있는 이들은 혹 애초에 직명(職名)이 없다가 겨우 제지(除旨 임금이 벼슬을 제수한 교지(敎旨))만 가진 자도 있으며 혹 먼 곳에 거주하여 대유를 받들어 듣지 못한 자도 있으니, 대유가 내려온다고 어떻게 일사불란하게 조정에 나아올 것을 요구하시겠습니까. 가령 특별히 어떤 사정이나 병이 있어 미처 올라오지 못하였다면, 또한 어찌 갑자기 '소인(小人)'이라는 죄목을 더하고 끝내 대사면이 내려진 상황에서 은혜로운 용서를 아끼실 수가 있사옵니까.

비록 대신(大臣)의 진달로 인하여 바로 풀어주라는 명이 있었다 하더라도 대개 전하께서는 평소에 신하들을 경시하시어 묶어놓고 마구 부리다가 하나라도 혹 성심(聖心)에 어긋나는 것이 있으면 곧 지나치게 꾸짖음을 가하고 조금도 돌아보지 않으시니, 몇 자의 사륜(絲綸 임금의 조칙)이 비록 한 때의 실언에 불과하다 하더라도 조종조(祖宗朝)에서 신린(臣隣)[94]을 예(禮)로 부렸던 도에 비하면 어떠하겠습니까.

알아주지 않으나, 아! 저 대신(大臣)도 관례에 따라 심단(尋單)하며 그 온유(溫諭)만을 기다리니, 이러한 국체(國體)는 오늘에야 처음 보는데 주(周)의 하당(下堂)과 거의 근사한 일이다. 당인이 서로 공격하며 나라 일을 팽개쳐 버리면서도 오히려 그 임금더러 게으르다 한다. 아! 문리(文吏)가 날로 더욱 가찰(苛察)을 하고 명류(名類)는 장차 윤기(倫紀)가 없는 데 이르게 되니, 돌아보건대 나의 강개한 마음은 당세(當世)에 권권(眷眷)한 것이 아니라 군민에게 오히려 연연(戀戀)한다. 아! 나의 군민들은 모두 나의 이 민박(悶迫)한 마음을 이해하라."

93 잉수(仍囚) : 죄인을 석방하지 않고 계속해서 가두어 두는 것을 말한다.

지나간 일이라 하여 그대로 둘 수가 없으니, 삼가 바라옵건대 속히 거두어들일 것을 명하시옵소서.

신이 병 때문에 아직 복명(復命)하지 못하여 이미 지극히 송구하고 위축되었사온데, 더구나 신은 관직(館職)을 띠고 있는 몸으로[95] 법강(法講)을 열라는 명이 계실 때에 또한 연석(筵席 경연(經筵)을 여는 자리)에 한 번 오를 길이 없어 죄 위에 죄를 더하였으니 엄중한 견책을 받아야 마땅하옵니다.

이에 감히 천지부모(天地父母)와 같으신 성상의 앞에서 다급하게 호소하오니, 엎드려 바라옵건대 명철하신 성상께서는 특별히 불쌍히 여기는 마음을 드리우시어 속히 신의 직명(職名)을 체차(遞差)하시어 제때에 조섭하고 치료할 수 있게 하여주십시오. 이어서 신의 죄를 다스려 조정의 기강을 엄숙하게 하여 천한 분수를 편안케 하여주신다면 그보다 다행이 없겠사옵니다. 신은 지극히 간절하고 황공한 마음 금할 길이 없사옵니다.

94 신린(臣隣) : 임금을 측근에서 보필하는 신하라는 뜻으로, 《서경(書經)》〈익직(益稷)〉의 "신하가 이웃이며, 이웃이 신하이다.〔臣哉, 隣哉; 隣哉, 臣哉.〕"라는 말에서 유래하였다.

95 신은……몸으로 : '관직(館職)'은 홍문관의 부제학 이하와 성균관의 대사성 이하의 관원을 통틀어 일컫는 말이다. 여기서는 당시 이천보(李天輔)가 홍문관 수찬의 자리에 있었음을 가리킨다.

비지로 인하여 사직하면서 겸하여 소회를 진달한 상소[96]

因批旨辭職 兼陳所懷疏

삼가 아뢰옵니다. 신(臣)의 구구한 사정과 형세를 지난날의 공사(供辭)[97]에서 대략 진달하였사온데, 성상의 도량이 하늘과 같이 크시어 특별히 은혜로운 사면(赦免)을 입고 소패(召牌)가 또 내려옴에 신은 놀라고 감격스러워 몸 둘 바를 알지 못하겠나이다. 신에게 만약 조금이라도 강행할 만한 형세가 있다면 어찌 감히 한결같이 왕명을 어겨 죄를 더욱 가중시키겠습니까마는 다만 지난번의 비지(批旨)가 지극히 엄하여[98] 신의 염치와 의리상 결단코 이를 무릅쓰고 벼슬에 나아갈

96 비지(批旨)로……상소 : 이 상소는 1742년(영조18) 7월 15일에 올린 것으로, 당시 이천보(李天輔)는 홍문관 부수찬의 자리에 있었다.

97 공사(供辭) : 죄인이 범죄 사실에 대하여 진술한 말로, '공초(供招)'라고도 한다.

98 지난번의……엄하여 : 《영조실록》의 기사에 의거하여 전후 상황을 정리하면 다음과 같다. 1742년(영조18) 5월 25일에 당시 수찬이었던 이천보가 상소를 올려, "근년 이래로 재이가 거듭 나타나고 흉년 뒤에 계속 여역이 번져 사망이 서로 잇달으니, 거리는 쓸쓸하기가 마치 병화(兵火)를 겪은 것과 같습니다.……원하건대 전하께서는 묘당에 신칙하여 사의(私意)를 완전히 떨쳐버리고 일체의 청탁하는 무리로 하여금 경계할 줄을 알도록 하소서. 신이 언로(言路)가 막힘을 들어 진계(陳戒)한 것이 여러 차례였습니다만 전하께서는 오직 언로를 열지 않으실 뿐만 아니라 혹 말하는 자가 있으면 그 입을 여는 데 따라 견벌(譴罰)이 문득 이르렀습니다.……전하께서는 남의 말을 듣는 아량을 빨리 넓히어 언로를 열어 놓으소서."라고 하였다. 그런데 영조가 이에 비답하기를, "그 면계한 바는 마땅히 힘쓰겠다. 그러나 신칙하라는 청은 또한 사체(事體)에 흠이 있으니, 묘당의 천주(薦注)는 한결같이 공(公)에 따른 것인데 사의라고 비방하고 배척한 것은 과연 한결같이 공심에서 나온 말인가? 너부터 면계함이 마땅하다."라고

수가 없사오니, 지엄한 소패가 내려옴에 대략 짤막한 글을 올려 다시 간곡한 심정을 드러내옵니다. 엎드려 바라옵건대, 명철하신 성상께옵서는 속히 신의 관직을 체차(遞差)하시고 이어서 신의 오만하고 게으른 죄를 다스리시어 조정의 기강을 엄숙케 하신다면 천만다행이겠습니다.

신이 일전의 한림 소시(翰林召試)[99] 때의 비망(備忘)에 대하여 삼가 개탄한 바가 있어 감히 이에 덧붙여 진달하오니, 명철하신 성상께서는 굽어 살펴주시옵소서. 지난겨울 소시(召試) 때에 신이 대독관(對讀官)[100]으로 입시(入侍)하여 시험장에 나아가지 않은 사람들의 일을 가지고 대략 진달한 적이 있었는데, 삼가 명철하신 성상께서도 혹 기억하고 계실 것이라 생각되옵니다. 그때에 전하께서 그들의 부형(父兄)

하며 꾸짖었다. 당시에 경상 감사 자리가 비자 영조가 적합한 사람이 없다고 여겨 묘당에서 인재를 의망하라고 명하였다. 이에 영의정 김재로(金在魯)와 좌의정 송인명(宋寅明)이 김치후(金致垕)를 천거하여 경상 감사로 삼았는데, 김치후는 김재로의 가까운 친족이었다. 이천보가 상소에서 '청탁하는 무리'라고 한 것은 이들을 가리킨 것이었으니, 불안함을 느낀 김재로와 송인명이 5월 27일에 차자를 올려 인책사임(引責辭任)하였으나 영조는 사직하지 말라고 하였다. 그리고는 6월 25일에 당시 수찬이었던 이천보를 부수찬으로 제수하였다. 또한 이천보가 당시 북병사(北兵使)였던 우하형(禹夏亨)의 잘못을 논하자 대신들이 상소하여 변명한 일이 있었다. 이에 이천보가 7월 6일에 다시 상소를 올려 공척하였는데, 그 상소에 헐뜯고 배척하는 말이 자못 많았다. 이 상소를 읽은 영조가 '사체(事體)가 미안하다.'라는 비답을 내려 유시한 사실을 가리킨다.

99 한림 소시(翰林召試) : 예문관 검열(檢閱) 임용 후보자에 대한 특별 시험을 말한다. 적임자를 선정하여 임금에게 상주(上奏)하면, 임금이 위원(委員)을 시켜 시(詩)·부(賦)·논(論)·책문(策問) 등의 시험을 보게 한 후 삼지하(三之下) 이상의 득점자를 차례로 예문관 검열에 임명하였다.

100 대독관(對讀官) : 시관(試官)의 종류 가운데 하나이다.

의 죄를 논하셨다가 곧바로 환침(還寢 거두어들임)을 허락하셨으니 무릇 신하들이 지금까지도 성상의 덕을 우러러 공경하고 있는데,[101] 일전의 비망의 말씀에 또 그들의 부형에 대하여 언급하신 것이 있으니 전하의 지나친 거조는 어쩌면 그리도 자주 반복되어 그치지 아니하는 것입니까.[102]

101 지난겨울……있는데 : 《영조실록》 17년(1741) 11월 27일의 기사에 이에 대한 내용이 다음과 같이 실려 있다. "임금이 사관(史官)으로 피선(被選)된 자들을 소시(召試)하여 조재민(趙載敏)·서지수(徐志修)·조재덕(趙載德)·조명정(趙明鼎)·민백창(閔百昌)·조운규(趙雲逵) 등 6인을 뽑았다. 조재민 등이 처음에 응명하지 않자 임금이 진노하여 엄지(嚴旨)를 내려 재촉해 불렀다. 이에 분부를 받고 전문(殿門) 밖에 이르렀으나 또 들어가기를 기꺼워하지 않았으므로, 판중추 서명균(徐命均)을 파직시키고 형조 판서 민응수(閔應洙)를 체직시킬 것을 명하였으니 그 자식을 가르치지 못한 까닭이었다. 서지수는 서명균의 아들이고 민백창은 민응수의 아들인데, 두 사람이 이미 입정(入庭)하자 드디어 그 분부를 중지시켰다. 이의중(李毅中)·신위(申暐)·조중회(趙重晦)는 끝내 부시(赴試)하지 않으니, 임금이 그 부형을 가둘 것을 명하였다가 얼마 후 대신의 말로 인하여 그 명을 도로 중지시켰다."

102 일전의……것입니까 : 《영조실록》 18년(1742) 7월 13일의 기사에 의거하여 당시 상황을 정리하면 다음과 같다. 당시에 이의중(李毅中)·조중회(趙重晦)·신위(申暐) 등이 한림의 권점(圈點)을 받아 소시(召試)를 치르게 되었는데, 유언호(兪彦好)를 제외하고는 모두 소명(召命)을 어기고 나아가지 않았다. 이에 분노한 영조가 엄지(嚴旨)를 내려, "새로 사진(仕進)하는 소관(小官)이 어찌 감히 나오지 않는단 말인가? 다시 천거하여 권점하고 강(講)으로 시험을 보였으니, 하나이면서 둘이고 둘이면서 하나인 것이다. 의리에 무슨 어긋남이 있는가? 그런데도 감히 정식(定式)에 불만을 품고 새 법(法)을 저희(沮戲)하여 매번 소시(召試) 때만 소명을 어기는 것을 일삼고 있다. 임금의 정령(政令)을 소관이 맞서 겨룸으로 인해 겨우 한 번 시행되고는 곧 중지되었으니, 오늘날 조선은 '신하는 있고 임금은 없다.'고 할 만하다. 우선 종중추고(從重推考)하라. 그리고 만약 전처럼 맞서 겨루는 자가 있으면 마땅히 중벌로 다스릴 것이다."라고 하였다. 그럼에도 소명에 응하지 않자 영조는 "나라는 나라답지 않고 임금은

사람들이 시험장에 나아가지 않는 것은 그 마음을 구해보면 지나치게 영달(榮達)을 사양하는 것에 불과하고 조정에서 명령에 응하도록 독촉하는 것은 곧 일개 유사(有司)의 책임이니 성상께서 깊이 진념하실 필요가 없습니다. 비록 그 죄를 논한다 하더라도 그 몸에 죄가 있으니, 자제(子弟)의 죄를 미루어 그 부형에게까지 미치게 한다면 이것이 어찌 왕도(王道) 정치가 할 만한 일이겠습니까. 신진소년(新進少年)들이 대궐의 뜰에서 재주를 겨루는 것이 가히 청명(淸明)한 조정의 좋은 일이라고 할 만하나, 물러나고 나아감은 곧 다만 그 사람에게 맡겨야 할 따름입니다. 이제 그 사람으로 하여금 성상의 하교가 그 부형에게까지 미쳤다는 말을 듣게 한다면 하늘이 무너지는 듯하고 가슴이 꽉 막혀 죽으려 해도 죽을 길이 없어 억지로 붓을 잡고 종이를 펴서 오직 그 부형이 죄를 면할 것만을 바랄 것이니, 참으로 우리 성상께서 법을 마련하신 훌륭한 뜻이 아닌데다가 하물며 그 부형이 세상에 있지 않은 이는 애통한 마음이 더욱 어떠하겠습니까.

전하께서 과연 참으로 그 부형의 죄를 묻고자 하신다면 전하의 하늘이 내신 인자함은 반드시 이러한 일을 하지 않을 것이나 만약 변통 없이 이러한 하교를 내리시어 그 사람을 각박한 처지에 두셔서 그로 하여금 명령에 응하게 하신다면 전하께서 결국 얻는 바는 다만 몇 명의 잠필(簪筆)의 신하[103]이나 한 마디 실언(失言)은 곧 사관(史官)이 기록

임금답지 않다."라며 엄지를 내려 준엄하게 꾸짖고 "부형이 된 자가 그 자제로 하여금 제멋대로 굴도록 내버려 두어 군부(君父)의 법령과 맞서 겨루도록 만들었다."라고 화를 낸 사실을 가리킨다.

103 잠필(簪筆)의 신하 : '잠필'은 관원이 관(冠)이나 홀(笏)에 붓을 꽂아서 서사(書寫)에 대비하는 것을 이르는 말로, 사관(史官)이나 시종신(侍從臣)을 가리킨다. 조선

하여 사방에 전할 것이니 자그마한 일이 아닐까봐 두렵습니다.

엎드려 바라옵건대, 명철하신 성상께서는 비망 가운데 그 부형을 언급한 단락을 특별히 거두시어 성덕(聖德)을 빛내시옵소서. 신은 지극히 황공하고 두려운 마음 금할 길이 없사옵니다.

시대에 예문관 검열이나 승정원 주서 등 사관을 '잠필지신(簪筆之臣)'이라고 하였다.

이선태의 상소로 인하여 사정을 진달하며 변명한 상소[104]

因李善泰疏 陳辨疏

삼가 아뢰옵니다. 신이 사정이 위태롭고 질병에 시달려 거듭 지엄한 소명(召命)을 어기는 바람에 분수와 의리가 이지러져 삼가 무거운 처벌을 기다리고 있었는데, 천만 뜻밖에도 이선태(李善泰)[105]의 상소[106]가 나왔습니다. 그 상소는 다만 신의 종형(從兄)인 대사성(大司成) 신(臣) 정보(鼎輔) 형제[107]만 거론하고 신의 이름을 가리켜 배척하지

104 이선태의……상소 : 1742년(영조18년) 8월 8일에 올린 상소이다.

105 이선태(李善泰) : 1673~? 조선 후기의 문신으로, 본관은 연안이며 자는 여형(汝亨)이다. 1726년(영조2) 문과에 급제하고, 통덕랑(通德郎)과 사헌부 장령 등을 지냈다. 1742년에 장령으로 있으면서 이정보(李鼎輔)·이천보(李天輔) 형제가 사당(私黨)을 이루었다며 상소하였다가 체직되고, 곧이어 영의정 김재로(金在魯)의 건의에 따라 삭탈관직 당하였다.

106 이선태(李善泰)의 상소 : 《영조실록》 18년(1742) 8월 8일의 기사에 실려 있다.

107 종형(從兄)인……형제 : 이정보·이익보 형제를 가리키는 것으로, 이들은 이천보(李天輔)와 사촌형제 사이이다. 이정보(李鼎輔, 1693~1766)는 조선후기의 문신으로, 본관은 연안이며 자는 사수(士受), 호는 삼주(三洲) 또는 보객정(報客亭)이다. 1736년(영조12) 사헌부 지평으로 있으면서 탕평책에 반대하는 시무십일조를 올려 파직되었다. 이후 재기용되어 부제학·대사간·대사성·승지를 지내다 재차 탕평책에 반대하여 인천 부사(仁川府使)로 좌천되었다. 이후 이조 판서·대제학·예조 판서 등을 역임하고 만년에 벼슬이 판중추부사에 이르렀다. 시호는 문간(文簡)이다. 이익보(李益輔, 1708~1767)는 이정보의 동생으로, 자는 사겸(士謙)이다. 1739년(영조15) 문과에 급제한 후 검열·정언 등을 거쳐 대사간·도승지·대사헌·이조 판서·좌참찬 등 요직을 두루 역임하였다.

는 않았으나, 그 뜻을 궁구해보면 곧 신의 종형제를 모두 아울러 논한 것입니다. 아! 이것이 무슨 말입니까. 종이에 가득한 화심(禍心 남을 해치려는 마음)이 변화무쌍하게 번득이는데 한편으로는 신등(臣等)을 모함하는 계략이요, 한편으로는 전하를 두렵게 하려는 술책으로 모두 신하된 자가 감히 들을 수 없는 바의 것이니, 신등은 등골이 오싹하고 마음이 떨려 온 집안이 두려워하며 떨었습니다.

대저 '세력이 강하고 권세가 중하다.〔勢盛權重〕'는 것은 예로부터 거활(巨猾 매우 교활한 사람)에 대한 죄안(罪案)인데 갑자기 보잘것없는 저에게 가해졌으나,[108] 신등은 어쩌면 그리 다행스럽게도 전하께서 밝게 살피시어 그 정상(情狀)을 굽어 통촉하여 주셨는지요.[109] 그러나

108 대저……가해졌으나 : 《영조실록》 18년(1742) 8월 8일의 기사에 이선태가 이정보 형제를 논척한 상소가 실려 있는데, 이에 해당하는 부분을 인용하면 다음과 같다. "……하지만 불행하게도 몇 백 년이나 된 습속은 변화시키기 어려워 한두 당의 고집과 억셈이 날이 갈수록 더욱 심해지고 있습니다. 몰래 명로를 열고 막는 권세를 쥐고 전하께서 이미 이루어 놓으신 정치를 무너뜨리려 하니, 이는 참으로 청명한 조정의 큰 좀〔巨蠹〕인 것입니다. 다만 그 세력이 강하고 권세가 중하여〔勢盛權重〕 사람들이 누구도 어찌할 수 없어 이 지경에 이르게 된 것입니다."

109 신등은……주셨는지요 : 이선태의 상소가 올라가자 영조가 이에 비답하기를, "당습(黨習)에 대해 칙려하는 것이 나의 고심(苦心)이다. 대훈(大訓)을 내린 뒤로 감히 예전 버릇을 부리는 자는 내가 마땅히 경중에 따라 면칙할 것이니 어찌 그 면려하는 것을 기다릴 것이며, 공심(公心)인지 당심(黨心)인지를 임금이 살필 것이니 어찌 들추어내기를 기다릴 것인가? 이 또한 예전의 버릇인데, 감히 오늘 써 먹으려 하는가?"라고 하고 이선태를 패초(牌招)하라고 하였다. 이선태가 소패(召牌)를 받들고 감시관(監試官)으로 나아갔는데 영조가 하교하기를, "이선태가 진달한 바는 그 뜻이 놀라웠다. 그가 아무리 볼품이 없다 할지라도 관명(官名)이 아까웠기 때문에 대략 조왕(錯枉)의 뜻을 보였던 것이니, 그 신칙함은 심각했던 것이었다. 그런데 의기양양하게 시험을 감독하였으니 거조가 해괴하다. 염치를 권려하는 도리에 있어서 어찌 신칙함이 없을 수 있겠는

마음 아픈 것은, 당당(堂堂)한 청조(淸朝 청명한 조정)에 명철하신 성상께서 위에 계신데 이렇게 추악하고 도리에 어긋난 말이 신등으로 인하여 장주(章奏 신하가 임금에게 올린 글)에 오르게 되었으니, 이는 진실로 신의 죄가 만 번 죽임을 당하여도 오히려 가벼운 것입니다.

신등이 원경하(元景夏)[110]와 절교한 것은 사사로운 일에 불과하니 돌아보건대 조정의 논의와 무슨 상관이 있겠습니까. 그런데 이것을 가탁하여 사람을 망측(罔測)한 죄과(罪科)에 몰아넣고자 합니다.[111]

가? 체직시키라."라고 하였다. 《영조실록 18년 8월 8일》

110 원경하(元景夏) : 1698~1761. 조선 후기의 문신으로, 본관은 원주이며 자는 화백(華伯), 호는 창하(蒼霞)·비와(肥窩)이다. 1736년(영조12) 문과에 장원급제 한 후 영조의 뜻을 받들어 붕당이 나라를 그르치는 화근임과 탕평책을 진언하였다. 이후 예문관 제학·이조 참판·청풍 부사·부제학 등을 역임하였으며 판돈녕부사로 치사하여 봉조하가 되었다. 노론·소론만의 탕평인 소탕평(小蕩平)을 반대하고 동서남북을 다 포함한 대탕평(大蕩平)을 창도하자 조정에서 이를 탐탁지 않게 여겼으며, 이천보와 절교를 선언하여 원수가 되었다. 노론들은 원경하가 남인·소북들과 결탁하였다고 비난하였으나 대부분은 그의 탕평에 대한 노력을 칭송하였다. 영조의 신임이 두터워 그가 죽자 왕이 친히 제문을 지었으며, 해당 부서에 명을 내려 치제(致祭)하게 하였다. 사후 영의정에 추증되었다. 저술로 《창하집》이 남아있으며, 시호는 충문(忠文)이다.

111 신등이……합니다 : 《영조실록》 37년(1761) 5월 27일의 기사에 원경하의 졸기(卒記)가 실려 있는데, 이와 관련하여 다음과 같이 서술하고 있다. "원경하가 임정(任珽)·정우량(鄭羽良)·오광운(吳光運)·윤유(尹游)를 따라 탕평책을 확대시켜야 한다는 것으로 조정에서 주장하자 빈객과 친구들이 모두 부끄럽게 여기고 서로 왕래하지 않았으며, 이천보는 이서(移書)하여 절교를 알리기도 하였다. 이렇게 되자 원경하는 더욱 크게 분노하여 마침내 영조에게 낭천(郎薦)을 혁파할 것과 춘추관의 거대법(擧代法)을 개정할 것을 아뢰게 되었다. 그리고 원경하의 사인(私人) 민백창(閔百昌)이 원경하를 위하여 몰래 장령 이선태를 꾀어 이천보를 탄핵하게 하였는데, 영의정 김재로(金在魯)가 차자를 올려 이선태가 참소하고 무함하는 상황을 극력 말하였다."

이른바 '은밀한 사주(使嗾)'라고 하는 것은 볼 수 있는 형체가 없고 찾을 수 있는 자취가 없어 무함하는 자는 말하기 쉬우나 무함을 받는 자는 스스로 밝히기가 어려우므로 비록 절친한 친구나 지극히 가까운 사이도 또한 혹 이간(離間)할 수 있는데, 하물며 이것으로 인주(人主)의 앞에서 참소하고 비방하면 곧 인주는 구중궁궐에 깊이 거처하시니 어떻게 정황과 작태를 간파하시겠습니까.

다만 신등이 경하(景夏)와 절교한 것을 가지고 근자에 경하에 대해 논한 사람들을 거짓으로 끌어다가 일필(一筆)로 잘라버리는 것은 비단 신등을 얽어 죽이고자 할 뿐만 아니라 진신(搢紳 벼슬아치)·장보(章甫 유생(儒生))까지 아울러 일망타진하려는 계책을 꾸민 것이니, 또한 심한 일입니다.[112] 그 밖의 말도 경악할 만하고 자못 조리가 없으니, 신등이

112 다만……일입니다 : 이에 대해 이선태가 올린 상소에 다음과 같은 구절이 있다. "저번에 춘궁(春宮)이 입학할 때의 일입니다. 유생의 무리들이 괴귀(怪鬼)한 무리들을 모아서 입학 때의 집사(執事)를 패악한 말로 모욕하고, 심지어 지나간 해에 원경하의 유벌(儒罰)을 풀어준 유생들을 끌어 넣어 극벌(極罰)을 베풀고 심지어, '감히 상묵(庠墨)을 풀어주었다.'라고까지 말하였습니다. 그가 아무리 이정보 등의 풍지(風旨)를 승망(承望)하여 원경하를 원수처럼 본다 할지라도 또한 어찌 감히 이처럼 사체(事體)를 돌아보지 않을 수 있단 말입니까?……그런데 그 당시 김한철(金漢喆)의 아우 김한열(金漢說)이 반임(泮任)으로서 재빠르게 그 유생에게 벌을 베풀었던 것은 이미 군부(君父)의 명을 공경히 여기는 뜻이 아니었으니, 지금 와서 다시 벌을 준 것은 너무 심하다고 할 수 있습니다. 더욱이 그 벌목(罰目)에 쓴 '감히〔敢〕'라는 글자는 가리키는 곳이 어떤 것입니까? 그 사당(私黨)을 경외하고 군부(君父)를 가볍게 보는 마음이 탄로났음을 스스로 깨닫지 못하고 있는 것입니다.……당습의 소굴이 이곳에 있고 조정에서 성원(聲援)함이 여기에 있어, 진신(搢紳)과 장보(章甫)가 머리부터 꼬리까지 서로 얽혀 있는데, 이러함에도 놓아두고 지나간다면 세도(世道)의 풍파는 끝내 그칠 날이 없을 것입니다."《영조실록 18년 8월 8일》

머리를 맞대고 깊이 궁구하여도 그것이 무슨 뜻인지 깨닫지 못해 비록 변명하고자 하여도 또한 방도가 없을 따름이옵니다.

아! 신이 선대(先代)에서부터 나라의 두터운 은혜를 입어 누대에 걸쳐 조정에 서면서도 일찍이 단 한 번도 화란(禍亂)에 걸려든 적이 없는 것은, 다만 권세 있는 요직(要職)을 좋아하지 않고 시속(時俗)의 의론에 참여하지 않아 근신(謹愼 언행을 삼가고 조심함)으로 가문의 법도를 삼았기 때문입니다. 신등이 외람되이 과거에 급제하여 전후(前後)로 염치없이 차지하였던 것이 청화직(淸華職)[113] 아님이 없어, 구구(區區)하게 서로 면려한 것이 오직 한마음으로 보답을 도모하여 선조의 유업(遺業)을 실추시킴이 없어야 한다는 것일 따름이었습니다. 신이 몇 해 전에 처음으로 강연(講筵)[114]에 올랐는데 전하께서 정성스레 타이르고 권면하심이 마치 자애로운 아버지가 어리석은 자식을 가르치는 것과 같음이 있으셨으니, 지금도 돌이켜 생각하면 아직도 감격에 겨운 눈물이 흐릅니다.

이제 경하(景夏)와 절교한 것으로 인하여 갑자기 큰 죄에 빠져 육신과 명예가 모욕을 입었습니다. 살아서는 전하의 은혜를 갚을 수가 없고 죽어서는 선조(先祖)를 돌아가 뵐 수가 없어 자신을 돌아보며 가슴 아파하니, 다시 무슨 말을 하겠습니까. 만약에 신등이 일찍이 졸법(拙法)을 지켜 벼슬길에서 자취를 거두었다면, 저 선태(善泰)라는 자가

113 청화직(淸華職) : 청환(淸宦)과 화직(華職)으로, 주로 학식과 문벌이 높은 사람이 맡던 홍문관·예문관·춘추관·사간원·사헌부 등의 벼슬을 가리킨다. 지위와 봉록은 높지 않으나 훗날 높이 될 자리였다. 이천보는 이때까지 시강원 겸설서·사서, 홍문관 정자·수찬·교리, 사간원 정언·헌납 등을 지냈다.

114 강연(講筵) : 임금 앞에서 경서(經書)를 진강(進講)하는 것이다.

어찌 세상에 신등이 있는 것을 알았겠습니까. 지금부터 또 자정(自靖)[115]의 도(道)를 행하지 않으면 얼마나 많은 함정이 그 뒤를 따르게 될지 알 수가 없사옵니다.

엎드려 바라옵건대, 천지부모(天地父母)와 같으신 성상께옵서는 특별히 불쌍히 여기는 마음을 드리우시어 속히 신의 관직을 간삭(刊削)[116]할 것을 윤허하여 신으로 하여금 물러나 구학(丘壑)을 지킴으로써 낳아주시고 길러주신 은택을 마칠 수 있도록 하여주신다면 천만다행이겠사옵니다. 신은 지극히 황공하고 간절한 마음 금할 길이 없사옵니다.

115 자정(自靖) : 은거하여 의리를 지키며 이를 편안히 여기는 것이다. 《서경(書經)》 〈미자(微子)〉에서 기자(箕子)가 "자정(自靖)하여 사람마다 스스로 선왕(先王)에게 뜻을 바칠 것이니, 나는 길을 떠나 은둔함을 돌아보지 않겠다."라고 한 데서 나온 말이다. 채침(蔡沈)은 여기에 주를 달아 "정(靖)은 편안함이다. 각기 의리에 마땅히 다해야 할 바에 편안한 것이다.〔靖, 安也. 各安其義之所當盡.〕"라고 하였다.

116 간삭(刊削) : '삭거사판(削去仕版)'을 말하는 것으로, 사판(仕版), 즉 관리의 명부에서 이름을 삭제하는 것이다. 죄를 지은 관리를 처벌하는 규정의 하나로, 초사(初仕) 이후의 모든 임관(任官)을 말소하였다.

특교 후에 부교리를 사임한 상소[117]

特敎後 辭副校理疏

삼가 아뢰옵니다. 신은 곧 더러운 찌꺼기와 같은 하나의 버려진 물건이옵니다. 분수 상 마땅히 전리(田里)로 방축(放逐)되어[118] 세로(世路)에서 자취를 감추고 감히 다시는 조정의 반열에 끼지 말아야 할 것이라, 전후의 제명(除命 벼슬에 제수하는 임금의 명령)에 번번이 위포(違逋)[119]를 일삼았사옵니다. 신이 비록 지극히 어리석다 하더라도 신의 분수가 이지러지고 신의 죄가 쌓이는 것을 모르지 않으나, 그 형세가 참으로 지극히 궁하고 그 마음이 참으로 지극히 괴로워서 이렇게 하지 않을 수가 없었사옵니다.

어명(御命)을 태만히 여긴 죄와 같은 것은 국법(國法)으로 헤아리면 주벌(誅罰)을 당하여야 마땅할 것인데, 삼가 지난번 경연(經筵) 중에 성상의 하교가 극진하시어 "참소하고 비방하는 말을 상하(上下)가 모두 안다."라고 하교하시고 이어서 "거듭 신칙하여 공무(公務)를 집행하라."라고 명하기까지 하셨다고 들었사옵니다. 미천한 신의 거취가 성스러운 조정에 무슨 관계가 있겠습니까마는 성상께서 은혜를 지나치게

117 특교(特敎)……상소 : 이천보(李天輔)는 1742년(영조18년) 7월 28일에 홍문관 부교리에 임명되었으며, 이 상소는 11월 21일에 올린 것이다.

118 전리(田里)로 방축(放逐)되어 : 원문의 '歸身田里'는 '방귀전리(放歸田里)', 즉 벼슬을 삭탈(削奪)하고 고향으로 내쫓는 형벌인데 유배보다는 한 등급 가벼운 형벌이다. '방축향리(放逐鄕里)'라고도 한다.

119 위포(違逋) : 패초(牌招)를 어기고 관직에 나가지 않는 것을 의미한다.

소비하심이 이러한 지경에 이르시니, 신이 대궐을 향하여 아홉 번 머리를 조아림에 저도 모르게 감격의 눈물이 얼굴을 뒤덮고 계속해서 황공하고 두려움에 몸 둘 곳이 없사옵니다.

아! 전하께서 신을 물불 속에서 건져 신을 자리 위에 올려놓고 또 이어서 문질러 닦아주시고 따뜻하게 불어주시는 것이 마치 자애로운 아버지가 미혹한 자식을 돌보는 것과 같음이 있사오니, 신과 같이 미천한 이가 어떻게 명철하신 성상의 세상에 이러한 것을 얻겠사옵니까. 비록 분골쇄신한다 하더라도 참으로 만분의 일도 보답할 수가 없사옵니다. 그러나 다만 전하께서 신을 곡진하게 보전해주신 것은 그 형장(刑章 형벌)을 느슨히 할 수는 있으나 입은 바의 모욕은 씻을 수가 없사오며, 신이 전하에게 보답하기 위하여 저의 몸과 목숨을 버릴 수는 있으나 제가 지키고 있는 염우(廉隅 염치와 절개)는 무너뜨릴 수가 없사옵니다. 신이 다만 사사로운 은총에 감격하여 달려가 받들기에 급급할 줄만 알아서 스스로 염우의 큰 둑을 무너뜨리면, 신의 죄가 더욱 커질 것이옵니다.

하물며 신의 현재 직무가 곧 삼사(三司) 언의(言議)의 직책인데, 지난번 그 사람이 그 죄를 성토하고 나열하여 말한 것이 대개 '권세(權勢)'이고 '언의(言議)'라고 하였음에리까.[120] 이른바 '권세'라는 것은 신이 지난 번 상소에서 대략 진달하여 드러낸 적이 있으나, 엎드려 생각건대 전하께서 신의 말을 기다리지 않고도 반드시 통촉하여 남음이 없으신 것은 다만 신이 다행스럽게도 권세 있는 직임(職任)에 거하지

120 지난번……하였음에리까 : 이선태(李善泰)의 상소를 말하는 것으로, 《영조실록》 18년(1742) 8월 8일의 기사에 실려 있다.

않았기 때문이옵니다. 그러나 언의에 이르러서는 이미 불행히도 그 직임에 처하였으니, 비록 일월과 같으신 성상의 밝음으로도 그 실상을 다 살피지 못하실까봐 두렵사옵니다.

신이 삼사의 직(職)을 맡아 일찍이 한 마디 말을 내거나 한 가지 일을 논하지 않아서 우러러 전하의 치화(治化 어진 정치로 다스려 교화함)를 도움에 말씀드릴 만한 시비(是非)도 말씀드리지 못하고 말씀드릴 만한 정령(政令)도 말씀드리지 못하였으며, 전하께서 구하시는 것이 붕당을 제거하는 것이나 사사로운 붕당이 번성하고 있음을 말씀드리지 못하고, 전하께서 중히 여기시는 것이 인재의 등용이나 행문(倖門)[121]이 열려있는 것을 말씀드리지 못하는 등, 무릇 말씀드릴 만한 일체의 시정(時政)을 모두 말씀드리지 못하였사옵니다. 때때로 한두 번의 장주(章奏)가 있어 스스로 미약한 정성을 올렸사오나 그 말이 엉성하고 조리에 어긋나 말하지 않은 것이나 마찬가지였으니, 말하지 않은 죄를 신이 참으로 스스로 잘 알고 있사옵니다.

신이 대대로 나라의 녹(祿)을 받은 집안에서 태어나 태평성대를 만나서 대궐에 출입하게 되었사오니 충성을 바치고자 하는 성심(誠心)이 어찌 남보다 뒤지겠습니까마는, 오직 세상을 살아가는 방도에 어두워저 신(臣)을 헐뜯는 자가 그림자를 살피고[122] 틈을 엿보아 기필코 심술

121 행문(倖門) : 요행으로 벼슬에 진출할 수 있는 문호를 말한다.

122 그림자를 살피고 : 원문의 '窺影'은 '역(蜮)'이라고 하는 물 여우의 행태를 말하는 것이다. 이 동물은 등에 껍질이 있고 머리에 뿔이 있으며, 날개가 달려 날기도 하며, 눈은 없어도 귀가 밝으며, 입안에 활시위 같은 횡물(橫物)이 있다. 물속에 있다가 사람의 소리가 들리면 입 안에 머금고 있던 모래를 쏘아 사람이나 사람의 그림자를 쏘는데, 사람에게 맞으면 창병(瘡病)이 생기고 사람의 그림자에 맞아도 병이 생겼다가 죽는다

을 한 번 부리고자 합니다. 그러므로 덫과 함정 옆에 자취를 맡기고 칼날과 살촉의 주변에 몸을 두어 마음속에 두려움이 쌓여서 벌벌 떨며 시일을 보냈었는데, 이선태(李善泰)의 상소가 결국 나왔습니다.

그가 "턱짓으로 삼사(三司)를 지휘한다."[123]라고 말한 것은 더욱이 한 번의 웃음거리도 되지 않습니다. 대저 언의(言議)는 신이 스스로 능하지 못한 바인데, 이에 다른 사람의 언의를 구하고자 한들 할 수 있겠습니까. 사람 중에는 본디 사인(私人)들과 널리 무리를 맺은 후 상(賞)을 걸고 꾀거나 세(勢)를 과시하여 위협하여서 어느새 하나의 소굴을 만들고 보이지 않는 곳에서 지휘하여 세상에 독기(毒氣)를 부리는 자가 있는데, 이것은 세상에서 혁혁하게 권세 있는 자리에 처한 자만이 오직 할 수 있고 신은 비록 이러한 짓을 하고자 하여도 할 수가 없사옵니다.

만약 삼사(三司)에 자리하면서도 언의(言議)하는 바가 없는 것으로 신의 죄를 삼는다면 만 번 죽임을 당하여도 마땅하겠습니다만 이제 도리어 언의를 가지고 신에게 억지로 뒤집어씌워 죽여 없앤 후에야 그만두고자 하니, 옆에서 보는 사람이 손뼉을 치며 웃지 않음이 없으면서 "저 사람이 무슨 언의를 하였기에 이러한 제목(題目)[124]이 있는가."

고 하였다. 그런 까닭에 '사공(射工)' 혹은 '사영(射影)'이라고도 부르며, 전하여 군자를 모해하는 소인을 지칭하게 되었다.

123 턱짓으로 삼사(三司)를 지휘한다 : 이선태가 상소에서 이정보(李鼎輔) 형제를 겨냥하여 한 말로, "저 턱짓으로 삼사를 지휘하고 선비들을 마구 부린 자에 대해서 전하께서 또한 어떻게 그 정상을 죄다 통촉하실 수 있었겠습니까?"라고 하였다. 《英祖實錄 18年 8月 8日》

124 제목(題目) : 죄에 관하여 평정(評定)하는 것이다.

라고 말합니다. 신의 마음이 황공하고 부끄럽기가 죽는 것보다 심한데, 마음 아픈 것은 신을 터무니없는 죄에 얽어서 죽이려고 작정한다면 무슨 트집 잡을 말이 없음을 걱정하기에 기필코 "언의"라고 말하는 바로 그것입니다.

오직 우리 전하께서 지극한 정성으로 치도(治道)를 구하시어 무릇 신하들의 말에 일찍이 너그럽게 포용하지 않음이 없고 일찍이 잘못을 용서하지 않음이 없으시나, 다만 당습(黨習 붕당을 지어 다른 당을 배척하는 습속)을 통렬히 미워하시어 혹시라도 당론(黨論)과 관계가 있을까 의심이 들면 징계하고 제재(制裁)를 가하십니다. 그러므로 신하들이 형적(形迹)에 구애를 받고 혐의를 피하여 이에 곧은 말을 하는 풍조가 쇠퇴하고 입을 다물고 침묵하는 폐단이 생겨났는데, 전하께서 미워하시는 것은 당론이지 언의가 아닙니다. 당론을 금하려고 신하들의 언의까지 아울러서 금하시는 것은 전하의 본뜻이 아니옵니다. 저들은 이에 전하께서 듣기 싫어하시는 것이 언의요, 중한 죄를 주는 것이 언의라고 망령되이 생각하며 오직 언의라는 이름으로 사람을 죽일 수도 있다고 생각하나, 명철하신 성상께서 위에 계시어 언의로 죄를 주지 않으심을 모르고 있사옵니다. 신은 하물며 본래 언의가 없는 자임에리까.

이제 신이 여전히 삼사(三司)의 직책을 외람되이 차지하고 앉아 한결같이 시위소찬(尸位素餐)[125]함을 경계할 줄 모르는 것이 오히려 예전과 같으니, 위로 특별한 은총을 저버리고 아래로 저의 평소의 마음을 어기는 것입니다. 이에 일에 따라 입을 열어 조금이라도 그 직책을

125 시위소찬(尸位素餐) : 재덕(才德)이나 공적도 없이 높은 자리에 앉아 녹만 받는다는 뜻으로, 자신의 직책을 다하지 않음을 이르는 말이다.

다하고자 하면, 인심은 갈수록 험악해지고 세도(世道)는 갈수록 분열되어 저 신(臣)을 벼르고 있는 자들의 배포(排布 마음속으로 일을 이리저리 계획함)의 형세와 췌마(揣摩)의 술책[126]이 마치 수풀 사이에서 휘파람을 불어 수백 수천의 도깨비를 모으는 것과 같음이 있어, 또 몇 명의 선태(善泰)를 꾸며내 백일하에서 농간을 부릴지 알 수가 없사오니 근심스럽고 또한 두렵사옵니다.

앞의 설(說)로 말미암으면 신이 비록 혹시라도 구차하게 성명(性命)을 보전한다 하더라도 다만 부끄러움을 안고 생을 마칠 것이요, 뒤의 설로 말미암으면 신의 몸을 장차 보전하지 못하여 천지(天地)와도 같이 낳아주시고 길러주신 전하의 은혜를 마치지 못할 것이옵니다. 신은 이에 주변에서 모두 죄인시하니 스스로 도모할 방법을 알지 못하겠습니다. 지금 상황에서 할 수 있는 방도는 오직 마땅히 삼사(三司) 일보(一步)의 땅에 스스로 한계를 짓고 저의 개인적인 의리에 편안하여야 할 따름이옵니다. 신의 머리꼭대기서부터 발뒤꿈치까지 모두가 전하의 큰 은택을 입은 것이라 생사(生死)와 이험(夷險 평탄함과 험난함)이 오직 전하께서 그렇게 하시는 바인데, 한갓 그 화(禍)를 취하여 청명한 조정에 누를 끼치는 것은 또 신이 감히 할 바가 아니옵니다.

아! 신은 밝은 시대를 스스로 소원히 한 것이 아니고, 성군(聖君)에게 죄를 지은 것도 아니옵니다. 오래된 한 친구의 뜻을 거스른 것에 불과한데[127] 몸이 큰 죄에 빠져 망극한 은혜를 입었으나 갚을 길이 없사

126 췌마(揣摩)의 술책 : 상대방의 마음을 헤아리면서 설득하여 자신의 의견을 관철시키는 언변술로, 소진(蘇秦)·장의(張儀) 등 중국 전국시대의 유세가(游說家)들이 많이 사용한 술책이다.

오니, 그 또한 명(命)일 따름이옵니다. 전하께서는 상천(上天)과도 같이 지극히 인자하시어 만물(萬物)을 곡진히 이루어 주시니, 보잘것없는 저의 충정(衷情)을 굽어 살펴주시옵소서.

이어서 남몰래 생각하건대, 근래 재앙과 이변이 거듭 발생하고 있어 겨울 우레와 지진이 모두 예사롭지 않은데다가 이어서 짙은 안개가 한 달 동안 끼었으며, 각 도(道)의 전염병이 겨울 들어 더욱 기승을 부려 들판에 나뒹구는 해골과 여항(閭巷)의 곡소리가 차마 듣고 볼 수가 없음이 있사옵니다. 음려(陰沴)[128]의 기운이 어쩌면 그리도 위로 하늘의 조화를 범하여서, 하늘이 우리 전하에게 경계하여 알려주심이 이와 같이 부지런하기 그지없는지요.

엎드려 생각하건대, 전하께서는 깊이 생각하시고 척연(惕然)히 두려워하시며 우러러 하늘을 두려워하고 굽어 백성을 걱정하시어 수성(修省)[129]의 도(道)를 깊이 궁구하실 것이온데, 옛사람들이 관직에서 물러날 때에 임금에게 말씀을 드린 것은 대개 물러난다고 해서 갑자기 그 임금을 잊는 것이 아니기 때문이었습니다. 신이 장차 물러나려고

127 오래된……불과한데 : 원경하(元景夏)가 탕평책(蕩平策)을 확대시켜야 한다고 주장하자 이에 반대한 이천보(李天輔)가 편지를 보내 절교한 사실을 가리킨다.

128 음려(陰沴) : 음양(陰陽)의 기운이 조화를 잃어 음기(陰氣)가 치성한 나머지 절서(節序)가 어긋나는 등 재해가 발생하는 것을 말하는데, 소인이 군자를 억누르고 득세하는 현상을 은연중에 암시하는 말이기도 하다.

129 수성(修省) : '공구수성(恐懼修省)'의 준말로, 나라에 재앙이 들 때 임금이 두려운 마음으로 자신의 몸을 닦고 허물을 반성하는 것이다. 옛사람들은 사람에게 잘못이 있으면 하늘이 재변(災變)을 내려 경계의 뜻을 보인다고 생각하였다. 그러므로 천변(天變)이 생기면 임금의 잘못이라 여겨 몸을 닦고 허물을 반성하였다. 《周易 震卦 象》

하는 때에 어찌 한 마디도 없을 수 있겠사옵니까.

오늘날 말해야 하는데 신이 말하지 않은 것에 네 가지 조목이 있는데, 신이 이미 앞에서 하나하나 센 적이 있사옵니다. 오직 바라옵건대 전하께서는 시비(是非)를 분명히 하시어 명실(名實 이름과 실상)을 분별하시고, 정령(政令)을 삼가시어 기강을 가지런히 하시며, 사붕(私朋 사사로운 붕당(朋黨))을 타파하여 교란(交亂 서로 어지럽힘)의 근심을 끊어 버리시고, 행문(倖門 요행으로 벼슬에 오름)을 닫아 조경(躁競)[130]의 풍습을 억제하시옵소서. 이름과 실상이 뒤섞이면 인심이 복종하지 않고, 기강이 실추되면 국가의 체모가 존엄하지 못하며, 교란의 근심이 생기면 충성스럽고 어진 신하를 보전할 수가 없고, 조경의 풍습이 자라면 간사하고 아첨하는 자들이 횡행하게 되니, 이 네 가지가 갖추어지고도 나라가 위태롭지 않은 경우는 있지 않았사옵니다.

신처럼 죄 많은 자가 감히 장황하게 말씀드릴 수가 없어 다만 이 네 가지로 진언하옵니다. 《시경(詩經)》에 "의심하고 근심하지 말라. 상제(上帝)께서 너에게 내려와 계시니라."[131]라고 하였사오니, 오직 전하께서는 힘쓰시옵소서.

일전에 지엄한 소패(召牌)가 내려옴에 궐 밖으로 달려 나아가 이 상소를 밀봉하여 올렸사오나 승정원에서 궐문을 닫을 시간이 이미 임박하였다 하여 봉납(捧納 거두어 받아들임)을 허락하지 않아서 마침내 위오(違傲 왕명을 어긴 오만함)의 죄과를 범하게 되었는데, 성상의 도량이

130 조경(躁競) : '조급하게 경쟁한다.'는 뜻으로, 권세 · 부귀 · 승진 등을 조급하게 다투는 것이다.

131 의심하고……계시니라 : 《시경(詩經)》 〈비궁(閟宮)〉에 나오는 말이다.

하늘과 같이 크시어 벌이 서면(書面) 조사에 그쳤사오니 신의 황송함이 더욱 지극하옵니다.

이에 아직 올리지 못한 상소를 가지고 소패를 따라 호소하옵니다. 엎드려 바라옵건대, 자애로우신 성상께옵서는 신의 슬프고 괴로운 마음을 살피시고 신의 위태로운 자취를 불쌍히 여기시어 속히 신의 직명(職名)을 삭탈하고 이어서 신의 죄를 다스리시며 특별히 선부(選部 이조(吏曹))에 명하여 다시는 벼슬길에 검의(檢擬)[132]하지 말라 하여주시옵소서. 그리하여 신으로 하여금 구학(丘壑)에서 한가로이 노닐며 성상의 은택에 무젖게 하여 주신다면 그보다 다행이 없겠사옵니다. 신은 지극히 황공하고 두려운 마음 금할 길이 없사옵니다.

132 검의(檢擬) : '검사하여 의망(擬望)한다.'는 뜻으로, 인재를 골라서 관직의 후보자로 추천하는 것을 말한다.

대사간을 사임하면서 겸하여 전조[133]에 죄를 줄 것을 청하는 상소[134]

辭大司諫 兼請罪銓曹疏

삼가 아뢰옵니다. 신의 병세가 위독하여 어제 빈대(賓對)[135]에 입시(入侍)하라는 명에 제 힘으로 연석(筵席)에 나갈 수가 없어 감히 질통(疾痛)의 호소[136]를 가지고 우러러 성상께 간청하였사온데, 성상의 비답(批答)을 받듦에 은혜로운 체차(遞差)를 입지 못하여 신의 마음이 두렵고 위축되어 마치 또 다른 병이 더하여진 듯하옵니다.

언관(言官)의 직책은 무거운 소임인지라 신처럼 불초한 자가 함부로 처할 수 있는 바가 결코 아닌데다가, 하물며 지금 병의 상태가 참으로 관복을 입고 직무를 수행할 도리가 없어 직함만 차지한 채 날을 보내며 다만 신의 죄를 더하고 있사옴에리까. 엎드려 바라옵건대, 명철하신 성상께옵서는 특별히 헤아려 살피셔서 속히 신의 직명(職名)을 체차하

133 전조(銓曹) : 인재의 전형(銓衡)을 담당하는 조(曹), 즉 기관이라는 뜻이다. 문관(文官)의 전형을 담당한 이조(吏曹)와 무관(武官)의 전형을 담당한 병조(兵曹)가 이에 해당한다.

134 대사간을……상소 : 영조는 1744년(영조20) 2월 28일에 이천보(李天輔)를 대사간으로 임명하였다. 이 상소의 일부가《영조실록》20년 3월 16일의 기사에 실려 있다.

135 빈대(賓對) : '빈청차대(賓廳次對)'의 줄임말로, 빈청은 대신(大臣)과 재상들의 회의체이다. 비변사의 도제조 이하 당상관과 삼사(三司)의 관원 각 1인이 매달 5·10·15·20·25·30일 등 6차례에 걸쳐 임금 앞에 나아가 중요한 정무(政務)를 아뢰던 일이다.

136 질통(疾痛)의 호소 : 질병으로 인해 몸이 아프다고 하소연하는 것이다.

시어 천한 분수를 편안케 하여주신다면 천만다행이겠사옵니다.

신이 이미 하루라도 재직하였다면 마땅히 하루만큼의 직책을 다하여야 할 것이니, 여론에서 얻은 것이 있어 감히 이에 우러러 진달하옵니다. 국가의 관방(官方 관가의 규율)이 무엇인들 무겁지 않겠습니까마는, 성균관 좨주(祭酒)와 시강원 자의(諮議)는 국가에서 산림에 유일(遺逸)된 선비를 대우하는 것이 이 직임보다 무거운 것이 없으므로 취사(取捨)의 즈음과 통의(通擬)[137]의 순서를 한 푼, 한 치만큼도 뛰어넘을 수가 없사옵니다.

신이 삼가 일전의 대정(大政)[138]을 보건대, 좨주는 숙덕(宿德 덕망이 높은 선비)을 버리고 한 사람으로 단부(單付)[139]하였으며 자의는 새로 통망(通望)된[140] 사람이 예전에 통망된 사람을 누르고 수망(首望)[141]으

137 통의(通擬) : 관리를 선발하거나 승진시킬 때, 인사 책임자들이 추천 받은 후보자의 이름을 적어 놓고 서로 의논하여 적임자를 결정하는 것을 의미한다.

138 대정(大政) : 음력 12월에 대대적으로 행하던 도목정사(都目政事)를 가리킨다. 도목정사란 이조와 병조에서 관원의 치적을 조사하여 출척(黜陟)과 이동(異動)을 행하던 인사 제도로 매년 6월과 12월에 행하였는데, 6월에 행하는 권무정(權務政)은 임시 인사이고 12월에 행하는 대정은 정기 인사였다.

139 단부(單付) : 단망(單望)으로 관원을 임명하는 것으로, 단망은 관리를 임명할 때 단 1명의 후보자만 기입한 망단자(望單子)로 왕의 낙점(落點)을 받아 관직을 제수하는 것이다. 조선시대에는 삼망(三望), 즉 3배수의 후보자를 추천하는 것이 원칙이었으므로, 단망은 거의 변칙이라고 할 수 있다.

140 새로 통망(通望)된 : 원문의 '新通'은 관리를 임용할 때 해당 관직의 후보자 명단〔望單〕에 처음으로 이름이 올라가는 것, 혹은 그 사람을 의미한다.

141 수망(首望) : 조선시대 인사 추천제의 하나인 삼망(三望)에서 제일 처음으로 거명된 후보자로 제2인을 부망(副望), 제3인을 말망(末望)이라고 하였다. 3명의 후보자 가운데 가장 월등한 사람이라고 할 수 있다.

로 의망(擬望 추천)되어, 그 취사를 제멋대로 함과 통의가 법식에 어긋남이 심하였사옵니다.

근래에 관방이 문란하여 정관(政官)[142]이 된 자가 반드시 모두 관(官)을 위하여 사람을 선택하지는 않아서, 정목(政目)[143]이 나옴에 인심을 만족시키지 못하는 경우가 매우 많사옵니다. 신이 외람되이 삼사(三司)에 있으면서 일찍이 진사(陳事 사안을 진달함)하고 논열(論列 시비를 열거하여 논함)한 적이 없었사온데, 다만 신이 나약하고 게을러서 직무를 태만히 하였기 때문만은 아니옵니다. 신은 관방의 득실은 오직 인군(人君)의 영도(領導)가 그 도를 다함에 달려있을 따름이라고 생각하옵니다. 진실로 우리 임금에게 책난(責難)[144]하지 않고서 만약 사람을 따라 논한다면, 한 사람을 겨우 논척하면 또 다른 사람이 있고 한 관청을 겨우 논척하면 또 다른 관청이 있어 말하는 자는 수고로움을 이기지 못하고 관방은 하루도 청명할 날이 없을 것이옵니다. 그러므로 신이 일일이 지적하여 진달하고 싶지 않은 것은 대개 이 때문이옵니다.

쾌주의 경우는 그 소임이 지극히 중하고 그 선발이 지극히 엄격하여, 비록 선정(先正 선대(先代)의 어진 이)의 현자(賢者)들이라 할지라도 명덕(命德)[145]의 반열에 미치지 못하고서 이 직임을 맡은 사람이 드물었사

142 정관(政官) : '인사행정을 담당하는 관리'라는 뜻으로, '전관(銓官)'과 같은 말이다.

143 정목(政目) : 관원들의 임명·해임과 관련된 사실을 기록한 문서이다.

144 책난(責難) : 하기 어려운 일을 남에게 권한다는 뜻으로, 《맹자(孟子)》 〈이루 상(離婁上)〉에서 나온 말이다.

145 명덕(命德) : '작이명덕(爵以命德)'의 줄임말로, 덕(德)이 있는 사람에게 벼슬을 내리는 것을 뜻한다. 《서경(書經)》 〈열명 중(說命中)〉에서 부열(傅說)이 고종(高宗)에게 "나라가 다스려지고 혼란함은 여러 관원들에게 달려있으니, 관직을 사사로이 가까

옵니다. 이 직임을 선출하지 않으면 그만이나 만약 선출한다고 하면 지금의 사림(士林) 중에서 오랫동안 신망을 받은 사람 가운데 그에 걸맞은 사람이 있사오니, 참으로 이렇게 취사하여서는 안 될 것이옵니다. 또 단부(單付)라는 것은 혹 전례(前例)가 있기도 하나 비망(備望)[146]할 만한 사람이 있는데도 한 사람만 단부한다는 말은 듣지 못하였사옵니다. 자의(諮議)를 통의(通擬)하는 경우는, 신은 정격(政格)[147]에 과연 일정한 법이 없는지 모르겠습니다마는 새로 통망된 사람으로 예전부터 통망된 사람을 뛰어넘게 하여 그 순서를 어지럽혀서는 안 된다고 생각하옵니다.

아! 정관(政官)의 한때의 저울질이 어찌 그 사람의 경중(輕重)을 재기에 족하겠습니까마는 우리 역대 성조(聖朝)에서 격식 밖의 직임을 설치하여 암혈(巖穴)의 현자(賢者)를 불러들인 것은 대개 현유(賢儒 어진 선비)를 존대하고 예우하여 세도(世道)를 붙들어 세우려는 성대한 뜻에서 나온 것이니, 곧 전하의 가법(家法)이옵니다. 지금 권형(權衡)을 잡은 자들이 어찌 공의(公議)를 억지로 거슬러서 그 사이에서 자기 편은 돕고 상대편은 억누를 수 있단 말입니까. 신은 정관에게 견책(譴責)을 가하는 법이 없을 수 없다고 생각하옵니다. 신은 지극히 황공하

운 자에게 미치지 않게 하고 능력 있는 자로 하시며, 작위를 악덕한 이에게 미치지 않게 하고 어진 자로 하소서."라고 하였는데, 채침(蔡沈)이 이에 주를 달아 "관직은 일을 맡기는 것이기 때문에 능력을 말하였고, 작위는 덕 있는 자에게 명하는 것이기 때문에 어진 것을 말하였다.〔官以任事, 故曰能; 爵以命德, 故曰賢.〕"라고 하였다.

146 비망(備望) : '비삼망(備三望)'의 줄임말로, 1명의 관리를 뽑을 때 3명의 후보자를 갖추어서 천거하는 것을 말한다.

147 정격(政格) : 인사행정의 법식이라는 뜻이다.

고 두려운 마음 금할 길이 없사옵니다.

국초[148]로 인해 사정을 진달하여 변명하면서 겸하여 승문원 부제조를 사임하는 상소[149]

因鞫招陳辨 兼辭承文院副提調疏

삼가 아뢰옵니다. 지난번 국문(鞫問)을 받은 죄수의 어지러운 말이 신에게는 참으로 횡액을 당할 뻔한 고비였는데, 삼가 듣건대 일전의 경연(經筵) 중에 명철하신 성상께옵서 그 음모를 굽어 살피시고 하신 말씀의 뜻이 살뜰하고 은근하셨다고 하니 신은 경악스럽고 위축(危蹙)되었던 나머지 이내 감격의 눈물을 흘렸사옵니다. 엎드려 생각건대 신의 성품이 본래 세상 물정에 어두워 망령되이 명도(名途 벼슬길)에 들어섰다가 기왕에 기미를 살펴 화복(禍福)의 문(門)에서 멀리 벗어나지도 못하였고 또 풍속을 따라 이해(利害)의 장(場)에 구차히 영합하지도 못하여 몇 해 전 이선태(李善泰)가 무함(誣陷)을 얽어내는 일[150]이 있게 하였사오니, 지금 돌이켜 생각하면 꿈속에서도 여전히 가슴이 두근두근 떨리옵니다.

신의 성명(性命)을 보전함이 성상의 은혜 아님이 없사온데, 인심은

148 국초(鞫招) : 임금의 명령을 받아 죄인을 국문(鞫問)하는 것이다.

149 국초(鞫招)로……상소 : 영조는 1745년(영조21) 2월 12일에 이천보(李天輔)를 승문원 부제조로 임명하였는데, 이 상소는 이때 올린 것이다.

150 이선태(李善泰)가……일 : 1742년(영조18) 8월 8일에 이선태를 사헌부 장령으로 임명하였는데, 바로 그날 이선태가 상소를 올려 이정보(李鼎輔)·이익보(李益輔) 형제와 그들의 사촌인 이천보(李天輔)를 논척하였다. 그 상소가 《영조실록》 8월 8일의 기사에 실려 있다.

더욱 간악하고 세도(世道)는 더욱 험악해진데다가 뜻밖의 재앙이 또 엿보고 있었사옵니다. 있지도 않은 일을 가지고 농간을 부려 반드시 남에게 재앙을 전가하려고 한 계책은, 만약 우리 성상의 지극한 인자함과 지극한 명철함이 아니었다면 어떻게 귀신이나 물 여우[151]와 같은 정상(情狀)을 통촉하실 수 있었겠사옵니까. 대개 신과 징(徵)[152]은 어려서부터 안면이 있는 사이인데, 징이 태학(太學 성균관(成均館))의 재임(齋任)[153]이 되어 사우(士友)들에게 벌을 주었을 때 신이 무함(誣陷)의 모욕을 입고 이로부터 영향(影響)이 멀어진 지 이제 이미 10여 년이 되었사오니 이는 온 세상이 아는 사실이옵니다. 징이 신의 신변에 대하여 사람들에게 언급한 것은 참으로 한바탕 웃음거리도 되지 못하오나 그 계교를 꾸며낸 것이 지극히 음험하고 간교하옵니다.

오늘날 신이 명철하신 성상을 한결같이 믿고 의지하며 벼슬길에서 머뭇거리고 있사온데, 일신을 보전하려는 계책을 생각하지 않으면 또 어찌 무한한 함정이 뒤에 잠복하고 있지 않은지 알겠사옵니까마는 그 계교를 꾸미는 것이 날이 갈수록 더욱 깊어져서 비록 하늘의 해와 같으신 성상의 명철함이라 할지라도 또한 혹시라도 다 살피지 못하신 것이 있을 것이오니 어찌 크게 두렵지 않겠사옵니까.

151 귀신이나 물 여우 : 보이지 않는 곳에서 음모를 꾸며 사람을 해치는 존재들로, 전하여 군자를 모해하는 소인을 지칭한다.

152 징(徵) : 조징(趙徵, 1699~?)을 가리킨다. 본관은 풍양(豊壤)이며, 자는 백휴(伯休)이다. 1726년(영조2)에 진사에 합격하였으며, 자세한 내용은 미상이다.

153 재임(齋任) : 조선시대에 성균관(成均館)의 재(齋), 즉 기숙사에 거처하는 유생(儒生) 가운데 유생들의 의견을 대표하거나 여러 가지 문제를 처리하기 위해 뽑힌 임원을 의미한다.

또 신이 삼가 승문원 부제조에 차하(差下 벼슬에 임명함)하시는 명을 받들었사온데, 이 직임은 세상에서 일컫는 바 문장가를 골라 임명하는 자리이옵니다. 신과 같이 용렬하고 비루한 자가 어찌 구차하게 자리를 채워 관직(官職)을 더럽혀 욕되게 하겠으며, 하물며 신의 딱한 사정은 비록 긴요한 직임은 아니지만 하루하루 하는 일 없이 직함만 차지하고 있음에 더욱 황송함이 더해지고 있사옴에리까. 이에 감히 죽음을 무릅쓰고 천지부모와 같은 성상의 앞에 호소하오니, 엎드려 청하옵건대 명철하신 성상께옵서는 간절한 정성을 굽어 살피시어 특별히 불쌍하고 가엽게 여기는 마음을 드리우시어 속히 신이 띠고 있는 직명(職名)을 체차하시고 이어서 사적(仕籍 벼슬아치의 명부)에서 이름을 깎아버리라 명하시어 신의 사적(私的)인 의리(義理)에 편안할 수 있도록 하고[154] 위태로운 신세를 보전케 하여주신다면 천만다행이겠사옵니다. 신은 지극히 황공하고 간절히 바라는 마음 금할 길이 없사옵니다.

154 사적(私的)인……하고 : 《서경(書經)》 〈미자(微子)〉에서 나온 말로, 은거하여 의리를 지키며 이를 편안히 여기는 것이다.

재해를 입은 논밭의 조세를 면제하여 줄 것을 청하면서 겸하여 신천[155]의 토지 측량의 일을 진달한 상소[156] 황해도 관찰사로 있을 때

請給災 兼陳信川量田事疏 海藩時

삼가 아뢰옵니다. 신이 외람되이 막중한 임무를 맡게 된 지 이제 장차 반년이 넘어갑니다. 지려(智慮)를 다하여 만분의 일이나마 바치고자 하지 않은 것이 아니나, 위엄 있는 명령은 관할을 통제하기에 부족하고 총명은 사안을 낱낱이 파헤치기에 부족하여 손대는 일마다 어수선하여 무엇 하나 잘한 것이 없사오니 밤낮으로 근심스럽고 두려운 것이 마치 구렁텅이에 떨어진 듯하옵니다. 게다가 불행히도 도내(道內)의 농사에 흉년이 들었는데 한 도(道)를 보전하고 살릴 수 있는 방책이 참으로 신과 같이 서툰 솜씨와 엉성한 정치(政治)가 감당할 수 있는 바 아니나 달아나 숨을 길이 없어, 연분(年分)[157]을 기다리지 않고 실상에 의거하여 장계(狀啓)를 올려 아뢰되 병진년(1736, 영조12)에 일어난 수재(水災) 때의 예[158]를 인용하여 급재결(給災結)의 수(數)[159]를

155 신천(信川) : 황해도 신천을 가리킨다.

156 재해를……상소 : 이천보(李天輔)는 1746년(영조22) 2월에 황해도 관찰사가 되었으며, 1747년 6월에 홍문관 부제학으로 임명되었다. 이 상소는 그 사이에 쓰인 것으로 보인다.

157 연분(年分) : 조선시대에 매년 농사가 풍작인가 흉작인가를 가지고 정하였던 전세(田稅)의 비율을 의미한다.

158 병진년에……예 : 이에 대한 자세한 내용을 《국역 영조실록》에서 인용하면 다음

추가하여 줄 것을 청하고[160] 삼가 수십 일을 기다렸사옵니다. 그런데

과 같다. "12년(1736) 9월 9일. 공홍 감사 이종백(李宗白)이 상소하여 물에 잠기고 모래에 묻히고 가물어 말라 죽고 바람에 상한 재이에 대해 진달하니, 비국으로 하여금 품처하게 하였다." "10월 21일. 임금이 주강을 행하였다. 임금이 이르기를, '어제 서로 번갈아 면려한 내용이 대의(大義)는 좋으나 백성들에게 실제의 혜택이 미치는 것이 하나도 없었다.' 하니 우의정 송인명(宋寅明)이 말하기를, '달리 백성들에게 실제의 혜택이 미치게 할 수 있는 방책이 없어서 삼남(三南)의 재해가 더욱 심한 고을의 누적된 포흠(逋欠)을 견감하고자 하였습니다마는 멀리서는 헤아리기가 어려우니, 제도(諸道)의 도신들로 하여금 비국에 논열(論烈)하여 보고하게 하고 그것을 가지고 사의를 헤아려 품처(稟處)하게 하는 것이 마땅하겠습니다. 그리고 백성들이 거꾸로 매달린 것 같은 고통을 당하는 것은 실로 양역(良役)에 연유된 것입니다. 선조조(宣祖朝)에는 양정 어사(良丁御史)라는 이름이 있었는데, 이는 눈앞에 닥친 위급함을 구제할 수 있습니다.' 하니 임금이 그대로 따랐다." "10월 27일. 임금이 대신과 비국 당상을 인견하였다. 좌의정 김재로(金在魯)가 말하기를, '양정 어사(良丁御史)를 품지(稟旨)하여 발송하려 하고 있는데, 외부의 의논은 소요가 일어날 것을 우려하기도 하니, 먼저 아주 심한 고을에만 보내는 것이 어떻겠습니까?' 하고, 우의정 송인명(宋寅明)은 말하기를, '이는 임금을 대신해서 여러 고을을 순행하는 일입니다. 따라서 백성을 구제하는 것은 성실하게 해야 하는 것이니, 기읍(畿邑) 가운데 풍덕(豐德)·김포(金浦)와 호서의 아주 심한 고을에 우선 먼저 보내는 것이 마땅하겠습니다.' 하니, 임금이 이르기를, '두서너 고을의 폐단을 바로잡는 것이 어찌 수성(修省)하는 도리가 될 수 있겠는가?' 하였다." "11월 3일. 수찬 유최기(兪最基)가 상소하여 양역(良役)의 폐단을 진달하니, 개납(開納)한다는 비답을 내렸다." "12월 21일. 흉년이 든 까닭에 삼남(三南)의 재읍(災邑)의 포곡(逋穀)을 감하게 하고 삼수(三水)·갑산(甲山)에 면포(綿布) 4천 필(疋)을 내렸는데, 도신(道臣)의 청을 따른 것이었다."

159 급재결(給災結)의 수(數) : 가뭄이나 홍수 등으로 흉년이 들었을 때 농사를 제대로 짓지 못하여 세금을 줄이거나 면제하거나 경감해 주는 논밭의 결수(結數)를 말한다.

160 급재결(給災結)의……청하고 : 매년 호조(戶曹)에서 그해의 작황을 참고하여 조세 감면 대상인 급재결(給災結)과 조세 부과 대상인 실결(實結)의 총수를 정하여 각 도(道)에 반포하는 것을 연분 사목(年分事目)이라고 하는데, 여기서 정해준 급재(給

회답이 내려온 것을 본즉 추가한 바의 급재가 다만 700결(結)이라 급재에 해당하는 것이 모두 합하여 3750결이니, 신은 깜짝 놀라 대책을 잃고 어찌해야 할 바를 알지 못하겠나이다.[161]

아! 신이 비록 지극히 어리석으나 오히려 국가의 경비(經費)가 얼마나 중한지 아옵기에, 일찍이 외방(外方 지방(地方))의 관리가 혹 재상(災傷)[162]을 과장되게 보고하여 백성들에게 사사로운 은혜를 베푸는 것을 보고 마음속으로 매우 미워하였습니다. 그래서 관하(管下)의 고을을 순행(巡行)할 때에 수령을 만나 타이르며 말하기를,

"수령이 도신(道臣 관찰사)에게 과장되게 보고하면 이는 도신을 기만하는 것이 아니요, 임금을 기만하는 것이다. 도신은 그 책임이 더욱 중하니 어찌 차마 우리 임금을 기만하겠는가."

하였사옵니다. 신이 스스로 힘쓰고 또 수령에게 힘쓰도록 한 것이 이와 같은데, 묘당(廟堂 의정부)에서는 신의 말을 믿지 않고 허황되게 과장하여 마지못해 책임이나 때우고 만 것으로 간주하였사옵니다.

災)를 사목재(事目災)라고 한다. 만약 사목재가 실제보다 적게 책정되었다고 판단되면 관찰사는 급재결을 추가해 달라는 장계를 올린다.

161 게다가……못하겠나이다 : 이 무렵의 상황을《국역 영조실록》에서 인용하면 다음과 같다. "22년(1746) 7월 7일. 연일 큰 장마가 져서 평지의 수심이 한 길 이상이나 되어 도로가 불통되었으며, 집이 떠내려가고 성안의 사람과 가축도 많이 빠져 죽었다." "7월 9일. 사대문에서 영제(禜祭)를 지냈으니, 오랫동안 비가 개지 않기 때문이었다." "7월 11일. 좌의정 송인명(宋寅明)이 수재(水災)로 인하여 면직을 빌었다." "8월 3일. 호조 판서 정석오(鄭錫五)가 신천군(信川郡)이 양전(量田)을 한 뒤로 감축(減縮)된 전결(田縮)이 자그마치 1천 7백여 결(結)에 이른다 하여 해당 고을 수령을 추문할 것을 청하니, 임금이 비국(備局)으로 하여금 품처하도록 명하였다."

162 재상(災傷) : 자연재해로 인해서 발생한 곡식의 피해를 뜻한다.

아! 묘당에서는 필시 신이 평소에 매우 오활(迂闊)하여 허상과 실상을 변별하지 못하므로 이렇게 과장된 청원을 하였다고 여겨서 신의 요구를 허락하는 것을 깎고 또 깎아 손을 쓸 방도가 없게 하였을 것이옵니다. 신이 묘당에 신뢰를 얻지 못한 것은 참으로 신의 죄이나, 신으로 인하여 한 도(道)의 생령(生靈 생민(生民))들로 하여금 생을 보전할 수 없게 하여서 우리 성상께서 백성을 구휼하시는 훌륭한 뜻을 저버리게 된다면 곧 신의 죄가 더욱 커질 것이옵니다. 이에 감히 번거롭게 해드림을 피하지 않고 우러러 신엄(宸嚴 임금)의 아래에 거듭 호소하며 헤아리고 살펴주실 것을 바라옵나이다.

대개 도내(道內) 재황(災荒 재해로 인해 흉년이 듦)의 실상은 이미 전후의 장문(狀聞)에 자세히 갖추어졌으므로 이제 다시 번거롭게 아뢸 필요가 없을 것이옵니다. 그런데 금년에 재앙을 입은 것이 산간지대의 고을〔山郡〕이 더욱 심하고 바닷가 연안의 고을〔沿海〕이 그 다음이며 평야지대의 고을〔野邑〕이 또 그 다음인데, 이른바 평야지대의 고을이 예년과 비교하여 외려 흉작을 면치 못하였은즉 하물며 그보다 더욱 심한 산간지대와 바닷가 연안의 고을은 어떠하겠사옵니까.

신이 순행할 때에 백성들이 제가 탄 말을 둘러싸고 눈물로 하소연하며 말하기를,

"작년은 금년에 비하여 약간 풍년이었다고 할 수 있는데도 조정의 급재(給災)가 오히려 5000결에 이르러 백성들이 그에 힘입어 살 수 있었습니다. 그런데 금년에는 지부(地部 호조(戶曹))의 급재가 작년과 비교하여 겨우 반을 조금 넘는다고 하니 백성들이 장차 무엇을 믿고 산단 말입니까. 다 똑같은 백성인즉 조정의 진념(軫念 염려)이 필시 작년에는 후하고 금년에는 박한 것이 아닐 것이니, 오직 영문

(營門)[163]에서 장계를 올려 변통(變通 처리)하는 데에 달려있을 뿐입니다."

하여, 신이 말을 멈추고 위로하며 안집(安集 떠돌아다니지 않고 안주함)하게끔 하였사옵니다. 그동안 장계(狀啓)를 올리며 백성들의 사정을 갖추어 진달하면 우리 도(道)의 애통한 호소가 위로 전하의 귀에 닿을 수 있을 것이라고 스스로 생각하였사온데, 묘당은 예사롭게 대응하고 있사옵니다.

병진년(1736, 영조12)으로부터 지금까지 이미 10년이 넘어서 신이 인용하여 예로 들 것을 등록(謄錄)[164]에서 살피고 부로(父老)에게 자문하여 절충하고 참작하였사옵니다. 금년에 재앙을 입은 것이 필시 병진년과 같음을 묘당에서는 비록 미처 자세히 알고 있지 못한다 하더라도 작년에 비하여 몇 배(倍)일 뿐만이 아닌즉, 길가의 사람들이 보지 못함이 없고 전하지 않음이 없사오니 묘당에서는 신의 말을 기다리지 않고도 어찌 들어서 알지 못하겠사옵니까. 그런데 조정에서 우휼(優恤 넉넉하게 구휼함)하는 도(道)는 도리어 작년만도 못하니, 신은 참으로 그 까닭을 알지 못하겠나이다.

신이 애초에 묘당에서 아뢴 것이 이와 같은 줄 모르고 각별히 여러 고을에 신칙하여 재앙의 실상을 작성하여 보고하게 하고 혹 과다한 곳이 있으면 왕복을 거듭하며 점검하고 퇴짜를 놓고 해서, 지금 성책

163 영문(營門) : 관찰사가 일을 보는 관아를 말하는 것으로, 전하여 관찰사를 가리키기도 한다.

164 등록(謄錄) : 관청에서 조치하여 행한 일 가운데 중요한 것을 그대로 기록하여 만든 책으로, 참고 자료로 많이 활용하였다.

(成冊)[165]이 이미 다 도착하였사옵니다. 얻은 바의 재결(災結)을 가지고 수를 헤아려 나누어주려고 한즉 도내(道內)의 8~9읍에서 재해를 보고한 것만 해도 이미 그 수를 넘는데, 또 어떻게 23고을로 나누겠사옵니까. 형세가 장차 성책을 모조리 돌려보내고 3분의 1로 깎아서 보고한 연후에야 그 수를 당할 수 있사온데, 슬프고 가련한 것은 저 각 고을의 백성들이 이미 자신들의 밭이 전재(全災)[166]에 들은 줄 알고 불행 중 다행이라고 여겨 바야흐로 조정의 덕의(德意)를 칭송하고 있사온데 갑자기 성책을 돌려보낸다는 말을 들으면 놀라고 원망스러운 마음이 마땅히 다시 어떠하겠사옵니까. 신은 차마 돌려보내지 못하고 우선 성책을 남겨두고 이에 다급한 소리로 진달하며 호소하옵나이다.

엎드려 바라옵건대, 특별히 명지(明旨 명철한 성지(聖旨))를 내려 묘당에 하문하시어 한결같이 병진년의 전례에 의거하여 수량대로 급재하여서 생민을 구제하여주시기 바라옵나이다. 그렇지 않으면 신이 전후로 과장해서 청한 죄를 엄중히 처단할 것을 속히 명하시어 왕장(王章 왕법(王法))을 엄숙히 하신다면 천만다행이겠사옵니다.

또 신이 신천 군수(信川郡守) 조명규(趙明奎)를 잡아들여 처벌하라고 하신 명에 대하여 삼가 편안하기 어려운 바가 있사옵니다. 본 군(郡)의 토지 개량(改量 다시 측량함)은 전 감사(監司) 신(臣) 송익보(宋翼輔)[167]가 초안(草案)을 작성하였고, 그 정안(正案)[168]은 곧 신이 밀봉하

165 성책(成冊) : 문서를 책자로 만드는 것, 혹은 그렇게 만든 책을 가리킨다.

166 전재(全災) : 재해 등으로 인하여 전지(田地)가 전부 재상(災傷)을 입은 상태를 말하며, 이 경우에 전세(田稅)를 전부 면제하였다.

167 송익보(宋翼輔) : 1689~? 조선 후기의 문신으로, 본관은 여산(礪山)이며 자는

여 올렸사옵니다. 조명규가 이제 이것으로 견책당하고 있은즉 신이 어찌 홀로 편안할 수 있겠사옵니까.

본 군은 땅은 작고 부담은 많아, 땅의 넓이는 도내의 큰 고을인 안악(安岳)이나 봉산(鳳山)과 비교하여 그 반에도 미치지 못하는데 전결(田結 논밭에 물리는 세금)은 거의 차이가 없어 백성들이 견디지 못하고 해마다 삶의 터전을 떠나 유랑의 길에 오르고 있사옵니다. 폐해를 구제할 방책은 오직 토지를 다시 측량하는 데에 있는데, 지금까지 그대로 답습하였던 것은 아마도 원결(元結)[169]이 필시 감축될 것을 우려하여서였을 것이옵니다. 그런데 조정에서 특별히 토지를 다시 측량할 것을 명령함에 미쳐 겨우 그 일을 시작하였는데 감축한 바가 이미 많아 명규가 누차 영문(營門 감사(監司)가 일을 보는 관아)에 보고하여 중단할 것을 청하였사온데, 송익보가 본 군에 달려가서 이미 측량한 곳을 살펴보고 장계를 올려 토지의 등급을 내리고 시행을 엄격히 독려할 것을 청하였사옵니다. 그런데 등급을 내린 것은 이미 여러 등급을 훌쩍 내린 것이 아니라 다만 한 등급을 내렸을 뿐이고 예전 그대로 등급을 내리지 않은 것 또한 많이 있는데, 감축한 것이 오히려 1700여 결에 이르렀사옵니다. 신이 부임 초기에 그 초안(草案)을 보고 마음속으로 의아하게 생각

원직(元直)이다. 1740년(영조16) 문과에 급제한 후 승지·충청도 관찰사 등을 지내고 1744년에 황해도 관찰사를 지냈다. 이후에는 대사간이나 승지 등을 역임하며 주로 측근에서 왕을 보필하였다.

168 정안(正案) : 초안(草案)과 상대되는 말로, 토지 측량 결과를 최종적으로 정리한 문서를 가리키는 것으로 보인다.

169 원결(元結) : 양안 원장(量案元帳), 즉 토지 대장에 등재된 전결(田結)을 말한다. 원전(元田)이라고도 한다.

하였사옵니다. 본 군을 순행할 때에 백성들이 온전히 체감(遞減 등급에 따라 덜어나감)해주지 않았다 하여 어지럽게 호소하기에 신이 '아랫사람에게 이로운 정사[170]만 온전히 펼 수는 없다.'는 뜻으로 알아듣도록 타일렀으나, 원결(元結)의 감축은 실로 일의 형세가 그러하지 않을 수 없음에서 연유한 것으로 명규가 다만 백성의 욕심을 따른 것이 아님을 비로소 알았사옵니다. 하물며 또 본 군에서 토지를 다시 측량한 작업을 애초에 본 군에만 오로지 위임한 것이 아니었음에리까.

송익보는 바야흐로 토지를 측량하고 있을 때 직접 살펴보고 초안을 마련하여 보냈고, 신은 이미 토지를 측량한 후에 살펴 듣고서 정안을 밀봉하여 올렸사옵니다. 신이 비록 보잘것없으나 방악(方岳 관찰사)의 직임에 있으면서 어찌 국가의 경비(經費)는 생각지 아니하고 구차하게 한 군의 백성만을 기쁘게 하겠사옵니까. 그러나 명규가 이미 엄중한 견책을 입었은즉, 신의 염치 상 두려움을 이길 수 없어 이에 감히 소장(疏章)을 올려 우러러 아뢰옵나이다. 엎드려 바라옵건대, 명철하신 성상께옵서는 신의 죄를 살펴 처벌하여 주시옵소서.

신이 삼가 비국(備局 비변사)의 관문(關文)[171]을 본즉, 신천의 토지를 다시 측량한 것을 신임 군수로 하여금 이정(釐正 바로잡아 고침)하게 하였사옵니다. 대저 이정의 도(道)란, 이미 감등(減等)한 것에 나아가 다시 조정하여서 원결(元結)을 보충하는 것에 불과할 따름이옵니다.

170 아랫사람에게 이로운 정사(政事) : 원문의 '益下之政'에서 '익하(益下)'는 '손상익하(損上益下)'의 줄임말로, 윗사람의 것을 덜어서 아랫사람을 이롭게 하는 정사라는 뜻이다.

171 관문(關文) : 조선시대에 상호 동등한 관서끼리, 혹은 상급관서에서 하급관서로 보내던 문서를 의미한다.

조정에서 특별히 감등을 명한 것은 세금을 공평히 하여 백성을 구휼함으로써 백 년이 넘은 고질적 폐단을 제거하려 한 데서 나온 것이옵니다. 그런데 불행히도 실질적 혜택은 궁구하지 않고 또 이정하게 하니, 저 백성들이 어리석어 아는 것이 없으나 명규가 죄를 입은 것을 들은 이후로 국가가 백성에게 신뢰를 잃었다고 하며 경내(境內)의 모든 이들이 놀라고 두려워하면서 백 명씩 천 명씩 무리를 지어 신에게 와서 호소를 하오니 인심이 요동하는 것이 참으로 작은 걱정거리가 아니옵니다.

이정의 의도는 오직 다시 정밀 조사를 더하여 상하로 하여금 모두 다 이롭게 함에 있는 것이지, 이미 내린 등급을 모조리 다 올리기 위함이 아니옵니다. 그러나 명규가 이미 그 죄를 입었은즉 죄를 두려워하지 않을 수 없는 것이 인지상정이라, 명규를 대신하여 그 일을 담당한 자는 오직 죄를 면하는 것으로 다행을 삼아 도리어 조정이 백성을 구휼하는 본래의 뜻을 잃어버리는 경향이 있사옵니다. 그러한즉 이른바 '백성에게 신뢰를 잃는다.'고 한 것이 과연 그 말대로 되었사오니, 국가에서 얻는 바가 그 잃는 바를 메울 수 없을까봐 두렵사옵니다. 어찌 크게 우려할 만하지 않겠사옵니까.

신이 바야흐로 견책을 기다리며 감히 그 폐단을 깊이 논하지 않았사온데, 성명(成命)[172]이 내려와 삼가 신임 군수 이복상(李復祥)에게 즉시 받들어 행할 것을 신칙해야 하는 상황이 되었사옵니다. 양안(量案)[173]을 이정(釐正)하는 것은 끝내 지극히 어려운 바가 있어 본 군의

172 성명(成命) : 임금이 신하의 신상에 관해 결정하여 내리는 명령이라는 뜻이다.

173 양안(量案) : 조세를 부과하기 위해 전지(田地)를 측량하여 만든 토지대장이다.

수령이 홀로 담당할 수 있는 바가 아니오니, 근자의 예에 의거하여 본 도(道)의 도사(都事)로 하여금 주관하여 실제로 편의에 합당케 하여주시고 속히 묘당으로 하여금 성상께 아뢰어 처리하도록 하여주시옵소서. 신은 지극히 두렵고 황공한 마음 금할 길이 없사옵니다.

이조 참의를 사임하는 상소[174]

辭吏曹參議疏

삼가 아뢰옵니다. 신이 국자감(國子監 성균관(成均館))에 봉직하면서 어제 과장(科場)을 열고 시험을 보이고 있었는데,[175] 천관(天官 이조(吏曹)) 좌의(佐貳 참의(參議))에 제수한다는 명이 이때 갑자기 내려오고 뒤를 이어 소패(召牌)[176]가 엄히 내려왔사옵니다. 신이 명을 듣고 당황하여 황급하게 따라 나아갔는데, 날이 이미 저물녘이 되어 상소를 올려 하소연할 길이 없어 마침내 위포(違逋)[177]의 죄를 범하였으니 두렵고 불안한 마음 더욱 간절하였사옵니다. 그런데 성상의 도량으로 포용하시어 처벌이 서면(書面) 조사에 그치고 다만 제수의 명(命)을 받들 것을 명하시니, 분의(分義 분수에 맞는 의리)를 두려워하여 마지못해 나아가 공경히 숙배(肅拜)하고 이어서 정석(政席)[178]을 담당하게 되었사옵니다. 일이 창졸간에 일어나 자신을 도모할 겨를이 없어 나아가고 물러남에 의로움이 없었사오니, 부끄럽고 두려운 마음만 쌓이나이다.

174 이조……상소 : 영조는 1748년(영조24) 윤7월 5일에 이천보(李天輔)를 이조 참의로 삼았다. 이 상소는 이때 쓰인 것이다.

175 신이……있었는데 : 이천보(李天輔)는 당시 성균관 대사성이었는데, 약 1달 반 전인 1748년(영조24) 6월 21일에 대사성에 임명되었다.

176 소패(召牌) : 조선 시대에 임금이 관리를 불러들일 때 사용하던 패, 혹은 그 패를 보내어 신하를 부르던 일을 말한다.

177 위포(違逋) : 소패를 어기고 나아가지 않는 것을 의미한다.

178 정석(政席) : 인사 행정과 관련된 일을 하는 자리를 의미한다.

이어서 삼가 생각하옵건대, 전형(銓衡 인재를 시험하여 뽑음)의 직임은 나라에서 중히 여기는 바라 비록 평시(平時)라 하더라도 참으로 적임자가 아닌 사람에게 가벼이 제수하여 국사를 그르치게 하여서는 안 되는 것이온데, 하물며 지금 조정의 상황은 더욱 어지럽고 인심은 더욱 타락한 때임에리까. 전하께서 신하들에게 책려(責勵 요구하고 독려함)하신 것이 일찍이 건극(建極)의 정치[179]에 뜻이 없으셨던 적이 없었는데, 신하들이 제대로 뜻을 받들지 못하여서 인재가 정체되어 벼슬길이 맑지 않고 행문(倖門)[180]이 열려 공도(公道 공정(公正)한 도)가 행해지지 않고 있사옵니다.

폐단을 구제하는 방책은 오직 전조(銓曹)[181]에서 인재를 얻음에 달려 있사온데, 대개 시비(是非)는 분명히 가리지 않을 수 없으며 제방(隄防)은 엄격하게 하지 않을 수 없으나 인재의 등용은 무엇보다 힘써야 할 것이 대공무사(大公無私 크게 공변되어 사사로움이 없음)함에 있사옵니다. 가령 세상 사람들 가운데 진실로 간범(干犯)하여 공론(公論)에 죄를 얻은 것만 있지 않으면 곧 모두 더불어 광대한 덕화(德化)의 안에서 도야(陶冶)한 연후에 거의 우리 전하의 지극하신 뜻에 우러러 부응할 수 있을 것이온데, 전후로 전형(銓衡)의 직임에 있었던 신하 가운데

179 건극(建極)의 정치 : 황극(皇極), 즉 지극한 표준을 세우는 정치라는 뜻이다. 황극은 《서경(書經)》 〈홍범(洪範)〉에서 나온 말로, "황극은 임금이 극을 세우는 것이다.〔皇極, 皇建其有極.〕"라고 하였다.

180 행문(倖門) : 요행으로 벼슬에 진출할 수 있는 문호를 말한다.

181 전조(銓曹) : 인재의 전형(銓衡)을 담당하는 조(曹), 즉 기관이라는 뜻이다. 문관(文官)의 전형을 담당한 이조(吏曹)와 무관(武官)의 전형을 담당한 병조(兵曹)가 이에 해당한다.

또한 어찌 분연(憤然)히 이러한 도(道)에 뜻이 있었던 자가 없었겠사옵니까. 그러나 일이 혹 마음과 어긋나 마침내 낭패에 이르렀을 따름이옵니다.

신과 같이 지극히 용렬하고 비루하여 사람 가운데 가장 하류(下流)에 속하여서 인재를 감별하는 능력은 현명한 이와 어리석은 이를 변별하기에 부족하고 기력(氣力)은 청류(淸流)를 등용하고 탁류(濁流)를 축출하기에 부족하며 행적 또한 위태로운 자가 밝은 임금이 다스리는 시대를 만나 차마 조정을 버리고 떠날 수 없어 조정의 끝자락에 몸을 부치고 있는데 좌우에서 눈을 부릅뜨고 쳐다보고 있으니 성명(性命)을 보전할 수 있는 것만도 오히려 다행이옵니다. 어찌하면 원망을 감수하고 비방을 무릅쓰면서 출척(黜陟 관원을 임명하고 해임함)의 권한을 행하여 직책의 만분의 일이나마 다할 수 있겠습니까. 신이 이러한 처지를 무릅쓰고 나온 것은 한때의 응급 사태에 부응한 계책에 불과한데, 지금 장석(長席)이 이미 나간 상황에서 요행스런 기회를 타고 눌러앉아 떠나가지 않는 것은 신의 의분(義分 도의에 맞는 분수) 상 감히 할 수 있는 바가 아니옵니다.[182]

182 신이 이러한……아니옵니다. : 장석(長席)은 장관을 말하니, 여기서는 이조 판서를 가리킨다. 이때의 상황을 《국역 영조실록》에서 인용하면 다음과 같다. "1748년(영조 24) 윤7월 5일. 임금이 대신과 비국 당상을 인견하고 나서 이조 판서 신만(申晩), 참판 김상성(金尙星)을 파직시키라 명하고 병조 판서 정우량(鄭羽良)을 면직하였다. 신만이 김상성과 공좌(公坐)에서 분을 내어 다투다가 서로의 사이가 어긋났는데, 수개월 동안 공무를 집행하지 않았으므로 드디어 아울러 파직시켰다. 정우량은 아버지의 병 때문에 사직(辭職)하여 체직되었다." "윤7월 5일. 이천보(李天輔)를 이조 참의로 삼았다. 남태제(南泰齊)가 부상(父喪)을 당하여 직책을 떠났으므로 삼전(三銓)의 자리가 빈 지 또 1개월이 지났다. 신만 등을 파직시키고 나서 대신에게 의망(擬望)하게 하여 드디어

또 신이 평소에 흉격(胸膈)의 질병을 앓고 있어 시시때때로 발병하는데, 발병하게 되면 잠깐 사이에 거의 위독해지곤 하옵니다. 어제 대궐에 입시(入侍)하였다가 갑자기 또 다시 발병하여 죽을 것 같은 것을 참고 물러나오다가 정신을 잃고 섬돌에 쓰러져 청정한 대궐을 더럽히는 것을 겨우 면하였사오니, 이제 와서 돌이켜 생각함에 두려운 마음 더욱 간절하옵니다. 이렇게 병든 상태로는 참으로 관복을 입고 관직을 수행할 수가 없사오니, 이에 감히 성심(誠心)으로 우러러 호소하나이다. 엎드려 바라옵건대, 명철하신 성상께옵서는 굽어 살피시어 속히 신의 직명(職名)을 체차하여 관가의 규율을 엄중히 하심으로써 미천한 신의 분수를 편안케 하여주신다면 천만다행이겠사옵니다.

또한 신이 정주(政注)[183]하는 사이에 잘못을 저지른 것이 있사온데, 사간(司諫) 김상구(金尙耉)는 아직 아장(亞長)[184]의 업무를 파악하지 못하였고[185] 신은 신입(新入)이라 생소하여 잘못 의망(擬望)함을 면치 못하였사오니 이것이 또 제가 편안키 어려운 일단이옵니다. 신은 지극히 두려워하며 처벌을 기다리는 마음 가눌 길이 없나이다.

이천보를 이 직임에 제수한 것이다."

183 정주(政注) : 정조(政曹), 즉 인사행정을 담당한 이조와 병조의 주의(注擬)라는 뜻이다. 주의란 관원(官員)을 임명할 때 임용예정자의 삼망(三望), 즉 3배수를 정하여 임금에게 올리는 것을 말한다.

184 아장(亞長) : 장관에 버금가는 벼슬이라는 뜻으로, 조선시대에 사헌부의 집의(執義)와 사간원의 사간(司諫)을 아울러 이르던 말이다.

185 사간(司諫)……못하였고 : 《영조실록》 1748년(영조24) 윤 7월 6일의 기사에 김상구(金尙耉)를 사간으로 삼았다는 내용이 보인다.

이조 참판을 사임하는 상소[186]

辭吏曹參判疏

삼가 아뢰옵니다. 신이 외람되이 전형(銓衡)의 직임에 거하면서 지엄한 꾸짖음을 자초하여 황급하게 도성(都城)을 나가 겨우 한강머리에 도착하였는데 곧이어 입시(入侍)하라는 하교를 받들었사옵니다.[187] 어

186 이조(吏曹)……상소 : 영조는 1748년(영조24) 윤7월 19일에 이천보(李天輔)를 이조 참판에 제수하였고, 이천보는 윤 7월 23일에 사직 상소를 올렸다. 이 상소는 이때 쓰인 것이다.

187 신이……받들었사옵니다 : 이때의 상황을 《국역 영조실록》에서 인용하면 다음과 같다. "1748년(영조24) 윤7월 5일. 이천보(李天輔)를 이조 참의로 삼았다." "13일. 현광우(玄光宇)·이제화(李齊華)를 장령으로 삼았다." "16일. 사간 조진세(趙鎭世)·지평 이영조(李永祚)·수찬 김시위(金始煒) 등이 이광좌(李光佐)·조태억(趙泰億) 등의 관작을 추탈하자는 계사(啓辭)를 정지하였다." "18일. 헌부 【장령 현광우이다.】 에서 전계를 거듭 아뢰었으나 윤허하지 않았다.……또 아뢰기를, '지난번 삼사(三司)의 합계는 곧 군부(君父)를 위하여 징토를 엄하게 하는 대의로서 일국의 공통된 의논인 것입니다.……그런데 조진세(趙鎭世) 등 3인이 윤강(倫綱)의 소중함을 돌아보지 않고 감히 영호(營護)할 마음을 내어 몸을 빼내어 돌입하여 멋대로 갑자기 정계(停啓)시켰습니다.……청컨대 조진세·김시위·이영조를 극변(極邊)에 원찬(遠竄)시키소서.' 하니 답하기를, '윤허하지 않는다. 이들은 처음 이 직(職)에 올랐다. 특교(特敎)를 내렸는데도 이에 감히 당심(黨心)을 드러내고 있어 세도가 이러하니 임금이 있다고 할 수 있겠는가? 마음대로 하라.' 하였다." "18일. 장령 현광우를 장기 현감(長鬐縣監)에, 이조 참의 이천보를 고부 군수(古阜郡守)에 책수(責授)하였다. 현광우가 대직(臺職)으로 들어간 것은 이천보가 의망(擬望)한 것이었는데, 현광우가 조진세 등에 대해 발계(發啓)하자 임금이 조정(調停)하려고 힘썼다. 또 처음 전지(銓地)에 들어가서 당신(黨臣)을 끌어들여 등용했다는 것으로 아울러 출보(黜補)시키라고 명하였다." "19일. 승정원에서 아뢰기를, '…… 헌계(憲啓)에서 〔조진세 등에게〕 죄주기를 청한 것은 진실로 윤기(倫紀)

전(御前)에 오름에 융숭한 대우가 고금(古今)에 유례없었사오니, 누누한 성상의 말씀은 다만 신이 감당할 수 있는 바가 아닐 뿐 아니라 또한 신이 감히 들을 수 있는 바도 아니었사옵니다. 그런데 이미 외직

를 부지하고 방비를 엄히 하려는 뜻에서 나온 것인데 전하께서는 도리어 꺾어 누르고 핍박을 가하여 축출시켰으니, 신 등은 그윽이 경악스럽고도 걱정스러움을 견딜 수가 없습니다. 더구나 전관(銓官)을 특별히 외직에 보임시킨 것은 더욱 천만 뜻밖의 일인 것이니, 갑(甲)에 대한 노여움을 을(乙)로 옮기는 것에 거의 가깝지 않겠습니까?…… 삼가 바라건대, 성명(聖明)께서는 평온한 마음으로 차분히 따져보신 다음 대신(臺臣)과 전신(銓臣)을 외직에 보임하라는 명을 환수하시어 세도를 진정시키고 성덕을 빛나게 하소서.' 하였는데, 이는 도승지 윤득화(尹得和)·동부승지 김한철(金漢喆)이 아뢴 것이다. 임금이 엄한 하교를 내려 꾸짖었다." "19일. 이천보를 외직에 보임시키라는 명을 도로 중지시키고 발탁하여 이조 참판에 제수하였다. 좌의정 조현명(趙顯命)이 차자를 올리기를, '지금 소보(小報)를 접견해 보니, 이조 참의 이천보는 당인(黨人)을 먼저 기용했다고 하여 특별히 외직에 보임시키라는 명이 있습니다. 아! 지금 사람치고서 당인이 아닌 사람이 누구입니까? 전관(銓官)이 당인을 기용하지 않는다면 어느 곳에서 사람을 구해 오겠습니까?……이천보가 행한 몇 차례의 정사(政事)는 자못 널리 탕평(蕩平)하게 하여 근래의 면목(面目)과는 상당히 같지 않은 점이 있어 신은 그윽이 훌륭하게 여겼었습니다. 이런 때에 이 같은 전관을 잃는 것이 어찌 애석한 일이 아닐 수 있겠습니까?' 하고, 영의정 김재로(金在魯)도 또한 아뢰기를, '……지금 이 이조 참의의 자리는 적격자를 얻었다고 할 수 있습니다. 현광우·조진세가 모두 그의 손에 의해 기용되었으므로 이 때문에 비방하는 사람이 많습니다만, 지금 외직에 보임시키는 것은 또한 억울하지 않겠습니까?' 하고, 예조 판서 이주진(李周鎭)은 말하기를, '이천보의 정사는 신도 또한 그렇게 하기가 어렵다고 여기고 있습니다.' 하니, 임금이 갑자기 말하기를, '이는 내가 미처 몰랐던 일이다.' 하였다. 이때 이천보가 아직 한강(漢江)을 건너지 않고 막 도성(都城) 밖으로 나갔는데, 달려가서 부르자 이천보가 달려 들어왔다. 임금이 인견하고 갖추 위유(慰諭)하고 나서 이조 참판으로 발탁하였다. 이에 앞서 이천보는 문망(文望)이 있고 제우(儕友)가 매우 번성하였으므로 임금이 이를 구실로 조상(朝象)을 진정시키려 했기 때문에 처음에는 기를 꺾었다가 곧이어 발탁하여 승진시킨 것이다."

(外職)에 보임하라는 명을 거두시고 또 승자(陞資)하여 등용하시어 신으로 이조 참판을 삼으시니,[188] 서릿발 같은 위엄과 우로(雨露) 같은 은혜가 잠깐 사이에 갑자기 바뀌었사옵니다. 신은 당황스럽고 두려워 오장(五臟)이 무너졌사오니, 망연자실 그 까닭을 알지 못하겠나이다.

아! 예로부터 신하가 임금에게서 지우(知遇)를 입는 것은 그것을 만나는 방법이 한 가지 길이 아니나, 신과 같이 죄를 지은 몸으로 영광을 입어 세상에 없는 은혜와 분수에 넘치는 은총이 갑자기 창졸간에 더해진 자가 있다는 말은 듣지 못하였사옵니다. 혹시 연신(筵臣)[189]이 신구(伸救 신원(伸寃)하여 구제함)하기에 급급하여 신의 본심에 다른 것이 없음을 밝히면서 말씀을 아뢸 즈음에 사실보다 과장된 점이 있었는데 전하께서 잘못 듣고 살피지 못하신 것이옵니까.

이전에 신이 죄를 지은 것이 이미 정주(政注)[190]하는 사이에 일어난 일 때문이었는데 이제 이에 은혜로이 제수하시고 또 정주의 직임을 가지고 이에 도리어 발탁하여 등용하시니, 신 개인의 분수가 황송함은 참으로 말할 겨를이 없거니와 사방에서 듣는 사람들이 놀라고 의아해

188 그런데……삼으시니 : 승자(陞資)는 종3품 이하 당하관(堂下官)이 정3품 이상 당상관(堂上官)의 자급(資級)에 오르는 것을 의미한다. 여기서는 영조가 이천보를 종4품의 고부 군수(古阜郡守)에 제수하였다가 다시 종2품의 이조 참판으로 임명한 사실을 가리킨다.

189 연신(筵臣) : 연석(筵席), 즉 임금이 신하들과 더불어 경서(經書)를 강론하거나 시사(時事)를 의논하는 자리에 참석하는 신하를 의미한다. 여기서는 영의정 김재로(金在魯)·좌의정 조현명(趙顯命)·예조 판서 이주진(李周鎭)등을 가리킨다.

190 정주(政注) : 정조(政曹), 즉 인사행정을 담당한 이조와 병조의 주의(注擬)라는 뜻이다. 주의란 관원(官員)을 임명할 때 임용예정자의 삼망(三望), 즉 3배수를 정하여 임금에게 올리는 것을 말한다.

하는 것은 마땅히 어떠하겠사옵니까. 일개 미친한 신하로 인하여 사람들이 혹시라도 전하께서 정령(政令)을 번복하신 것을 수군거리며 논한다면 신의 죄가 더욱 커질 것이옵니다. 또 중비(中批)[191]로 관직을 제수하는 것은 성세(聖世)의 아름다운 일이 아니옵니다. 비록 혹시라도 자리에 딱 맞는 인재를 얻었다 하더라도 오히려 가벼이 제수할 수가 없사온데, 더구나 신과 같이 백에 한 가지도 제대로 하는 일이 없는 이에게 전하께서는 어쩌면 그리도 잘못된 은총을 아끼지 않으심이 이와 같은 데 이르셨사옵니까.

신이 삼전(三銓 이조 참의)의 자리를 무릅쓰고 받아들였던 것은 한때의 응급 상황에 부응하였던 것에 불과한 것으로, 그 구구(區區)한 저의 의견은 이전의 상소에서 대략 진달하였사오니 전하께서 기억하고 계실 것이라고 생각하옵니다.

대개 전하께서 20년 동안 고심하신 것이 오직 붕당을 제거하는 데 있사온데, 그 일을 맡은 사람이 혹자는 오늘날 인재를 등용하는 방법은 차라리 좁게 할지언정 넓게 하여서는 안 된다고 생각하고 혹자는 차라리 넓게 할지언정 좁게 하여서는 안 된다고 생각하옵니다. 이른바 넓게 할 경우의 폐단인즉 제방과 더불어 함께 무너져 내려 멈출 데가 없이 다 쓸려나가게 되고 이른바 좁게 할 경우의 폐단인즉 사의(私意)가 우세하고 공도(公道)가 무너지게 되니, 이 두 가지는 모두 전하께서 황극(皇極)을 세우시는 훌륭한 뜻이 아니옵니다.

신이 일찍이 이를 개탄하였기 때문에 처음 전조(銓曹 이조(吏曹))에

191 중비(中批) : 이조나 병조의 전형(銓衡) 절차를 거치지 않고 임금의 특지(特旨)로 관리를 임명하는 것을 말한다.

들어가 겨우 두 번의 정사(政事 전형(銓衡))를 행하였사오나 오직 '가(可)한 것도 없고 불가(不可)한 것도 없다.'[192]는 것으로 마음을 삼아 진실로 간범(干犯 범죄와 관련됨)한 것만 있지 않은 자라면 곧 모두 들어서 의망(擬望 추천)하였사온데, 정목(政目)[193]이 나가자 사람들이 모두 주장하는 것이 너무 없다며 비판과 조롱이 사방에서 이르렀사옵니다. 비록 대관(臺官 사헌부와 사간원의 관원)을 의망한 것을 가지고 말한다 하더라도, 조진세(趙鎭世)[194]·이영조(李永祚)와 같이 대론(大論 국가의 대사에 대한 논의)을 제멋대로 중지한 자[195] 및 현광우(玄光宇)[196]와 같

192 가(可)한……없다 : 원문의 '無適無莫'은 《논어(論語)》 〈이인(里仁)〉에서 나온 말로, "군자는 천하의 일에 있어서 가한 것도 없고 불가한 것도 없으며 의(義)를 따를 뿐이다.〔君子之於天下也, 無適也, 無莫也, 義之與比.〕"라고 하였다.

193 정목(政目) : 관원들의 임명·해임과 관련된 사실을 기록한 문서이다.

194 조진세(趙鎭世) : 1689~? 조선 후기의 문신으로, 본관은 한양(漢陽)이며 자는 안석(安石)이다. 1725년(영조1) 문과에 급제한 후 문학(文學)을 지냈다. 1732년에 지평과 정언을 역임하였으며, 1748년에는 사간(司諫)에 임명되어 언론을 담당하였다.

195 조진세(趙鎭世)·이영조(李永祚)와……자 : 이때의 상황을 《국역 영조실록》에서 인용하면 다음과 같다. "1748년(영조24) 윤 7월 16일. 사간 조진세(趙鎭世)·지평 이영조(李永祚)·수찬 김시위(金始煒) 등이 이광좌(李光佐)·조태억(趙泰億) 등의 관작을 추탈(追奪)하자는 계사(啓辭)를 정지하였다. 합계(合啓)가 시작된 때부터 지금까지 전후 3년인데, 연계(聯啓)한 것은 겨우 4일이었다. 한편으로는 외람되고 의심스러워 감히 갑자기 정계하지 못했고 또 한편으로는 누차 엄한 하교를 받았으므로 의기(意氣)가 위축되어 또한 다시 쟁론하지 못하였다. 그리하여 삼사(三司)의 신하들이 서로 버티면서 한 사람도 행공(行公)하는 사람이 없었는데, 합계에 대해 수습할 방책이 없었다. 이때에 이르러 양쪽의 준론(峻論)을 서로 합치자는 의논이 대단했는데, 한쪽은 정계(停啓)하자 하고 한쪽은 연계(連啓)하자는 의논이 있었다. 이리하여 조진세 등이 나와서 정계한 것이다."

196 현광우(玄光宇) : 1696~? 조선 후기의 문신으로, 본관은 순천(順天)이며 자는

이 애써 공론을 부지한 자[197] 또한 모두 바로 신의 전형에서 나왔는데 신이 어찌 그 사이에 사심을 두었겠사옵니까.

인재를 등용함에 반드시 좁게 하지도 않고 반드시 넓게 하지도 않으면서 지극히 공정하게 하기만을 힘쓰는 것이 참으로 신의 본뜻이요, 의리(義理)에 관계되는 것과 시비(是非)의 분별에 이르러서는 곧 평소에 지키는 바가 있사옵니다. 만약 신으로 하여금 하루아침에 평소 지키는 바를 고쳐 세상에 구차히 영합하게 하신다면 이는 다만 신이 차마 할 수 있는 바가 아닐 뿐만 아니라 전하께서 신에게 기대하고 바라신

여부(汝夫)이다. 1743년(영조19) 문과에 급제한 후 승정원 주서(注書)에 천거되었는데, 우매하고 용렬한 사람이라는 대간의 탄핵을 받았으나 영조가 상대당의 음해라 하여 이를 거부하였다. 1748년 탕평책을 주도하던 이조 참판 이천보(李天輔)에 의해 당파에 구애받지 않는 인물이라 하여 장령에 제수된 후 정언·장령·헌납·집의·사간 등 주로 언관의 직책을 역임하였다. 1765년 공조 참의에 제수되었다.

197 현광우(玄光宇)와……자 : 이때의 상황을 《국역 영조실록》에서 인용하면 다음과 같다. "1748년(영조24) 윤 7월 18일. 사헌부 【장령 현광우(玄光宇)이다.】 에서 전계를 거듭 아뢰었으나 윤허하지 않았다.……또 아뢰기를, '지난번 삼사(三司)의 합계는 곧 군부(君父)를 위하여 징토를 엄하게 하는 대의(大義)로서 일국의 공통된 의논인 것입니다. 전하의 신하가 된 사람이 진실로 조금이라도 타고난 천성을 지키는 마음을 지니고 있다면 누군들 감히 그 사이에 이의를 제기할 수 있겠습니까? 그런데 조진세(趙鎭世) 등 3인이 윤강(倫綱)의 소중함을 돌아보지 않고 감히 영호(營護)할 마음을 내어 몸을 빼내어 돌입하여 멋대로 갑자기 정계(停啓)시켰습니다. 아! 의리가 회색(晦塞)되고 인심이 함닉(陷溺)되어 세도(世道)의 변괴가 있지 않은 때가 없었는데, 사사로운 당을 위하여 사력(死力)을 다하는 것을 달갑게 여겨 방자하고 무엄한 것이 이들에게 이르러 극도에 달했습니다. 이런데도 버려 둔다면 반드시 나라가 나라답지 못하게 되고 사람이 사람답게 행동하지 않게 될 것이니, 앞으로 닥쳐 올 걱정이 이루 말할 수 없는 지경에 이를 것입니다. 청컨대 조진세·김시위(金始煒)·이영조(李永祚)를 극변(極邊)에 원찬(遠竄)시키소서.' 하였다."

것이 또한 어찌 여기에 있겠사옵니까.

전하께서 '선비는 자기를 알아주는 이를 위하여 목숨을 바친다.'[198]는 것으로 신에게 요구하시니, 우러러 덕음(德音)을 들음에 저도 모르게 눈물이 턱까지 흘렀사옵니다. 이제 신의 일신(一身)은 신의 소유가 아니오니, 신은 마땅히 전하를 위하여 죽어야 할 것이옵니다. 그러나 오늘날 세도(世道)는 더욱 떨어지고 인심은 더욱 타락하였는데, 신이 자신의 역량을 헤아리지 않고 다만 전하의 은총만 믿고서 무릅쓰고 나아가 무턱대고 가다가 곧 조만간에 엎어지고 자빠지는 것은 참으로 걱정할 것이 없사오나 성은을 저버리고 국사를 그르치게 되는 것은 어떻게 한단 말이옵니까.

여러 번 반복하여 생각하여도 전하의 뜻을 받들 수가 없어 재차 지엄한 소패(召牌)를 어기고 두려워 몸을 움츠리고 견책을 기다리면서 감히 간절한 마음을 진달하여 우러러 성상의 위엄을 범하옵나이다. 엎드려 바라옵건대, 명철하신 성상께옵서는 굽어 살피시어 속히 신이 새로 제수 받은 직명 및 자급(資級)을 거두시어 관직(官職)을 중히 여기심으로써 미천한 신의 분수를 편안케 하여주신다면 천만다행이겠사옵니다. 신은 떨리는 심정으로 간절히 바라는 지극한 마음 금할 길이 없사옵니다.

198 선비는……바친다 : 중국 춘추시대 말기 진(晉)나라의 협객(俠客) 예양(豫讓)이 한 말로, "선비는 자기를 알아주는 이를 위하여 목숨을 바치고, 여인은 자기를 사랑하는 사람을 위하여 단장을 한다.〔士爲知己者死, 女爲說己者容.〕"라고 하였다. 《史記 卷86 刺客列傳》

본직을 해면하여줄 것을 청한 글[199]

乞解本職書

삼가 아뢰옵니다. 신이 지극히 용렬하고 비루한 몸으로 지극히 어렵고 위태로운 지경에 처하여 나라의 은혜를 전혀 갚지 못하고 있사오니 다만 두려움만 쌓여갑니다. 매양 혈성(血誠)을 다해 슬피 호소하며 체차(遞差)의 은총을 입게 되길 바랐사오나 대정(大政)[200]이 늦추어져 여러 차례 재촉하시는 명이 있었사온데 지금까지 붙들고 있다가 대정이 이미 행하여졌으니, 이때에 해면(解免)을 빌지 않고 다시 어느 때를 기다리겠습니까.

오직 우리 대조(大朝)[201]께서 신이 불초(不肖)함을 알지 못하시고 이 직임에 발탁하여 제수하셨을 때에는 어찌 다만 신으로 하여금 후한 녹봉을 배불리 먹고 일신을 영화롭게 하려 하신 것이었겠사옵니까마는 신이 분수에 맞지 않은 자리를 함부로 차지한 것이 이제 장차 열 달이

199 본직을……글 : 여기서의 본직(本職)은 이조 참판을 가리키는 것으로, 영조는 1748년(영조24) 윤7월 19일에 이천보(李天輔)를 이조 참판에 제수하였다. 본문에 '신이 어제 삼가 대관(臺官)에서 상달(上達)한 것을 보았는데……'라는 구절이 나오는데, 대관에서 상달한 것이 1749년(영조25) 3월 27일이므로 이 글은 다음 날인 3월 28일에 쓰인 것으로 보인다.

200 대정(大政) : 음력 12월에 대대적으로 행하던 도목정사(都目政事)를 가리킨다.

201 대조(大朝) : 왕세자가 섭정(攝政)하고 있을 때의 임금을 일컫는 말로, 여기서는 영조(英祖)를 가리킨다. 당시에 장헌 세자(莊獻世子), 즉 사도 세자(思悼世子)가 대리청정(大理聽政)을 하며 후계자로서의 경험을 쌓고 있었다.

넘어가옵니다. 그 전형(銓衡)을 행한 것이 이쪽에서 바르고〔塗〕 저쪽에서 지우며〔抹〕 터진 곳을 잡아당기고 새는 곳을 메움으로써 세속에서 하는 것을 흉내 낸 것에 불과하였을 따름이옵니다.

신의 본의(本意)는, 인재를 등용할 때에는 지극히 공정하고자 애써야 하나 지극히 공정한 가운데에 엄격하지 않을 수 없는 것이 있으니 제방(堤防)이 바로 이것이라는 것이옵니다. 공정함이 아니면 인재를 진출시킬 수가 없고 엄격함이 아니면 나라의 기강을 보존할 수가 없사오니, 두 가지가 아울러 행하여진 후에야 나라가 거의 다스려질 것이옵니다.

신이 명을 받은 이후로 오직 이 두 가지가 그 도(道)를 잃을까 두려워하였사옵니다. 만약 제방과 관련하여 저앙(低昻 등용하거나 내침)을 수용할 수 없는 경우가 아니라면 곧 충분히 고려하여 무릇 정주(政注)[202]가 차라리 후보의 범위를 넓히는 잘못에 빠질지언정 좁게 하려고 하지 않았사온데, 신을 알지 못하는 자는 혹 완전히 다 트지 않았다 질책하기도 하고 또는 한계를 지키지 않았음을 병통으로 여기기도 하니 모두 신의 본의가 아니옵니다. 신이 이에 어찌 답답하고 또 고민스럽지 않겠사옵니까.

신은 이미 세도(世道)를 진정시킬 수 있는 식견과 도량이 없고 또 인심을 복종시킬 수 있는 명망과 의론도 없는데, 하루아침에 다만 과분한 은혜를 욕되게 하며 구차하게 자리나 채우고 있사옵니다. 비록 허리

202 정주(政注) : 정조(政曹), 즉 인사행정을 담당한 이조와 병조의 주의(注擬)라는 뜻이다. 주의란 관원(官員)을 임명할 때 임용예정자의 삼망(三望), 즉 3배수를 정하여 임금에게 올리는 것을 말한다.

를 꼿꼿이 세우고 눈을 크게 뜨고서 죽든지 살든지 간에 앞으로 나아가고자 하나 힘에 부치니 어찌하겠사옵니까.

또 옛날의 전관(銓官 인사행정을 담당하는 관리)은 그 방법이 돌아보건대 어렵지 않았사옵니다. 인재를 취하고 버리는 즈음과 등용하고 저지하는 사이에 세상에 일정한 공론(公論)이 있어서, 전관이 취하고 버리는 것이 아니라 이에 공론이 취하고 버렸으며 전관이 등용하고 저지하는 것이 아니라 이에 공론이 등용하고 저지하였사옵니다. 공론의 소재(所在)는 임금도 오히려 주거나 빼앗을 수 없사온데, 하물며 정관(政官 인사행정을 담당하는 관리)은 어떠하겠습니까. 이로써 정관은 오직 공론을 보고서 받들어 시행하였사옵니다.

오늘날의 세상에는 공론이 없어진 지 오래됐사옵니다. 정관이 된 자는 미미한 일신(一身)으로 대중과 적이 되니, 표준으로 삼을 만한 바가 전혀 없어서 은혜와 원망이 다만 자신의 몸에 돌아와 1보(步)만큼의 전관(銓官)의 자리가 문득 화(禍)의 소굴이 되곤 합니다.

신이 자신의 분수를 헤아리지 못하고 망령되이 성상의 간택을 입은 것만 믿고 마땅히 떠나야 하는데 떠나지 않아 마침내 커다란 죄에 빠져 위로는 나라의 정사를 그르치고 아래로는 일신의 명예를 잃게 되었사오니, 비록 만 번 죽임을 당한다 하더라도 신의 죄를 씻기가 부족한데 국가에 무슨 도움이 되겠사옵니까. 신이 지금에 이르러 떠나는 것은 지혜로운 사람이 아니라도 그 이익과 손해를 판단할 수 있사오니, 다만 신을 위한 사사로운 계책이 아님이 분명하옵니다.

이어서 생각건대, 신이 평소에 앓던 괴벽(塊癖)[203]의 증상이 이미

203 괴벽(塊癖) : 몸 안에 생긴 단단한 덩어리로, 구체적으로 무엇을 의미하는지는

고질이 되었사옵니다. 벼슬길에 오른 이후의 일체의 벼슬 가운데 나아간 것은 적고 물러난 것은 많아 근력을 다하여 동분서주함으로써 자력(自力)을 다 바치지 못하였던 것은 대개 질병이 빌미가 되었는데, 지난 겨울부터 본래 앓던 병이 도져서 그동안 몇 달에 한 번씩 발병하였던 것이 지금은 한 달 안에 2~3번은 발병하고 바야흐로 위독할 때에는 호흡이 가쁘고 가슴과 배에 찌르는 듯한 통증이 있어 마치 눈 깜빡할 사이에 거의 죽을 것 같사옵니다. 게다가 담화(痰火)[204]가 더욱 심하여져 조금이라도 몸을 피로하게 하면 문득 코피가 나니, 전후로 피를 흘린 것이 너무 많아 원기(元氣)가 소진되어서 의원이 위험하게 생각하지 않음이 없사옵니다. 만약 제 때에 치료하지 않는다면 반드시 불행한 사태가 벌어질 것이옵니다. 신의 목숨은 본디 걱정할 것이 없사오나, 갑자기 세상을 떠나 나라의 은혜를 갚지 못하게 될까봐 삼가 두렵사옵니다.

어제 정패(政牌)[205]가 내려왔는데 거듭 지엄한 소명(召命)을 어겼으니, 신이 더욱 죽을죄를 지었사옵니다. 이에 감히 다급한 목소리로 저하(邸下)께 우러러 호소하오니, 삼가 굽어 살피시어 신의 본직과 겸직 등 모든 관직을 체차(遞差)하심으로써 미천한 신의 분수를 편안케 하여주시기 바라옵니다.

또 신이 어제 삼가 대관(臺官 사헌부(司憲府))에서 상달(上達)한 것을

알 수 없다.

204 담화(痰火) : 담(痰)으로 인하여 가슴이 답답하여지는 병이다.

205 정패(政牌) : 승지(承旨)가 왕명을 받아 신하를 관직에 부르는 목패(木牌)이다. '명(命)'자를 쓴 목패에 신하의 이름을 써서 원례(院隷)를 시켜 보냈다.

보았는데, 전(前) 수찬(修撰) 유언민(兪彦民)[206]을 의망(擬望 추천)한 일로 본조(本曹)의 장관(長官)[207]을 추고(推考)할 것을 청한 내용이었사옵니다.[208] 대개 유신(儒臣)을 의망할 때에[209] 신이 이미 같은 자리에

206 유언민(兪彦民) : 1709~1773. 조선 후기의 문신으로, 자는 이천(伊天), 호는 석은(石隱)·기재(棄齋)이다. 자세한 내용은 알 수 없다. 1746년(영조22) 11월 21일에 유언민을 부수찬으로 삼았다는 《영조실록》의 기록이 보인다.

207 본조(本曹)의 장관(長官) : 당시 이조 판서였던 정우량(鄭羽良, 1692~1754)을 가리킨다. 정우량은 조선 후기의 문신으로, 본관은 연일(延日)이며 자는 자휘(子翬), 호는 학남(鶴南)이다. 1723년(경종3) 문과에 급제하였으며, 대사성·대사헌·한성부 좌윤·제학·병조 판서·이조 판서·우의정 등을 지내고 판중추부사로 퇴직하였다. 글씨에 능하였다고 전해지며, 시호는 문충(文忠)이다.

208 또……내용이었사옵니다 : 1749년(영조25) 3월 25일에 유언민을 부수찬으로 삼자, 이틀 뒤인 3월 27일에 사헌부에서 이를 문제 삼아 유언민을 등용한 이조의 수장인 판서 정우량을 중추(重推)할 것을 청한 사실을 가리킨다. 이때의 상황을 《국역 영조실록》에서 인용하면 다음과 같다. "25년(1749) 3월 27일. 헌부 【지평 허휘(許彙)이다.】에서 전달을 거듭 상달하였으나 따르지 않았다. 또 상달하기를, '……지난날 이태(李泰)의 문서가 나온 것은 유언민이 손수 쓴 서찰인데, 심지어 심형(心兄)·심제(心弟)라고 일컬었으니 그 잡류들과 체결(締結)하여 행실이 이미 삼가지 않은 정상은 이것을 미루어 알 수 있습니다. 진실로 다시 옥서(玉署)에 끼이는 것은 용납될 수 없는데, 전조(銓曹)에서는 전례를 따라 검의(檢擬)하면서 아무런 사고가 없는 사람과 같이 하였으니, 유언민은 사판(仕版)에서 삭제하고, 이조 판서 정우량은 중추하는 것이 마땅합니다.'하니 모두 그대로 따랐으나, 추고하는 일은 따르지 않았다." 유언민은 이태(李泰)와 같은 잡류(雜類)와 심형심제(心兄心弟)라고 부르며 친하게 지낸 것이 문제가 되었는데, 이태는 글씨를 잘 쓰기로 이름난 자로 당시에 여천군(驪川君) 이증(李增)의 집에서 발견된 역모를 꾀하는 투서 사건과 인사 청탁을 위한 뇌물 사건에 연루되어 처벌을 받은 전력이 있는 자였다.

209 유신(儒臣)을 의망할 때에 : 유신(儒臣)은 홍문관 직제학(直提學) 이하의 관원을 통틀어 일컫는 말로, 당시 이조에서 유언민(兪彦民)을 홍문관 부수찬으로 추천하였던 것을 가리킨다.

참석하여 들었사오니 신이 어찌 홀로 편안할 수 있겠사옵니까. 대관의 말에 비록 신이 들은 바와 다른 것이 있다 하더라도 죄를 논함이 전관(銓官)에게 미침에 이르렀사오니 신의 편안키 어려움에 곧 하나의 단서를 더하였사옵니다. 아울러 밝게 살펴주실 것을 청하옵니다. 신은 지극히 황공하고 간절한 마음 금할 길이 없사옵니다.

예문관 제학을 사임하는 글[210]

辭藝文館提學書

삼가 아뢰옵니다. 신이 죄를 지은 것이 매우 중한데 특별히 대조(大朝)[211]의 너그러운 경감(輕勘)을 입었사옵니다. 그런데 얼마 안 되어 은혜로운 서용(敍用)이 갑자기 내려왔으며 계속해서 금오(金吾 의금부(義禁府))에 제수하시는 명이 있었고 열흘이 안 되어 또 신을 예문관 제학으로 삼으시니, 신은 놀라고 두려워 어찌할 바를 알지 못하겠나이다.

저하(邸下)께서 대리(代理)하신 이후로[212] 백관(百官)을 신칙하여 그 직임을 잘 따르도록 하신 성상의 하교는, 그 말씀이 은근하고 지극하신 것이 후손에게 편안함을 물려주려는 계책 아닌 것이 없었사옵니다. 신이 비록 보잘 것 없사오나, 어찌 감히 근력을 다하여 동분서주함으로써 한 푼이나마 갚고자 하지 않았겠사옵니까. 그러나 불행히도 몸에 병이 있어 병석에 누워있느라 그동안 빈대(賓對)[213]에서 신하들의

210 예문관……글 : 영조는 1749년(영조25) 6월 14일에 이천보(李天輔)를 예문관 제학에 제수하였는데, 이 글은 이때 쓰인 것으로 보인다.

211 대조(大朝) : 왕세자가 섭정하고 있을 때의 임금을 일컫는 말로, 여기서는 영조를 가리킨다.

212 저하(邸下)께서 대리(代理)하신 이후로 : 장헌 세자(莊獻世子)가 15살 되던 해인 1749년(영조25)부터 영조를 대신해 대리청정을 하였다.

213 빈대(賓對) : '빈청 차대(賓廳次對)'의 줄임말로, 빈청은 대신(大臣)과 재상들의 회의체이다.

뒤를 따르지 못하고 편안히 지냈사오니, 만 번 죽어 마땅하옵니다. 어찌 한때의 견책과 처벌이 이미 행하여졌다고 해서 태연히 무릅쓰고 나아가 그 죄를 더욱 보탤 수 있겠사옵니까.

예문관에 새로 제수하신 것으로 말하자면, 곧 신의 사정과 형편을 돌아보는 것 외에 감히 감당할 수 없는 것이 있사옵니다. 소시(少時)에 기이한 병에 걸려 우물쭈물하다가 공부할 시기를 놓쳤사오니, 늘그막에 한 번 급제한 것은[214] 다만 요행일 뿐이었사옵니다. 평소 수응(酬應 남의 요구에 응함)하여 짓는 문자도 오히려 짧고 껄끄러운 병통이 있어 하루 종일 붓만 썩히며[215] 문장을 완성하지 못하옵니다. 그러므로 일찍이 영관(瀛館 홍문관)에서 봉직할 때[216] 매번 지제교의 직함[217]을 겸대(兼帶)하였는데, 무릇 응제문(應製文 임금의 명에 의해 짓는 시문(詩文))을 지을 때 동료 관원이 혼자 그 일을 담당하여 마치 신을 위하여 졸렬함을 덮어주듯 하였던 것은, 대개 신의 실상을 잘 알아 힘에 부치는 일을 억지로 시키려고 하지 않았던 것이옵니다. 지금 이에 관각(館閣 예문관)

214 늘그막에……것은 : 이천보(李天輔)는 42세인 1739년(영조15)에 알성문과에 을과로 급제하였다.

215 붓만 썩히며 : 시문(詩文)을 지을 때 너무 오래 생각만 한다는 뜻으로, 《문심조룡(文心彫龍)》〈신사(神思)〉에서 나온 말이다.

216 영관(瀛館)에서 봉직할 때 : 이천보(李天輔)는 1740년(영조16) 5월에 도당록(都堂錄)에 선발되어 홍문관 정자가 되었으며, 8월에 부수찬이 되었다. 이후 홍문관에서 부교리・교리・수찬・부응교・응교 등을 역임하였으며, 1747년 6월에는 부제학에 제수된 바 있다.

217 지제교의 직함 : 원문의 '三字銜'은 세 글자로 된 직함이란 뜻으로, 봉조하(奉朝賀)와 지제교(知製敎)를 일컫는 말인데, 여기서는 지제교를 지칭한다. 지제교는 왕이 내리는 교서(敎書)・제문(祭文) 등의 글을 맡아 지었다.

에 나아가게 하여 찬술(撰述)의 책임을 맡기신다면 군색한 모습이 곳곳에서 드러나 사원(詞苑 예문관)에 수치를 끼치고야 말 것이니, 어찌 크게 고민스럽지 않겠사옵니까.

신이 외람되이 성상의 크신 은혜를 입어 전후로 청환(淸宦)[218]을 두루 역임한 것이 모두 분수에 넘치는 일이었는데, 절차대로 흘러오다보니 마침내 이러한 직임에 이르렀사옵니다. 직임이 무거울수록 선발은 더욱 맑아야 하는데, 신은 식자(識者)들이 조정에서 인재를 등용하는 것이 날이 갈수록 더욱 그 도(道)를 잃고 있다고 탄식할까봐 두렵사옵니다.

인재는 시대에 따라 융성하거나 쇠퇴하니, 오늘날의 사람들이 꼭 모두 다 선배들과 같지는 못하나 재주와 학문이 신보다 나은 사람들 또한 많사옵니다. 신이 정관(政官 인사행정을 담당한 관리)으로 봉직하고 있을 때[219] 덕이 높은 선배 가운데 이 직임에 의망(擬望)된 이를 들어 동료들이 모인 자리에서 힘껏 추천하였는데, 결국에는 통의(通擬)[220]가 도리어 신의 몸에 돌아왔사옵니다. 신이 무릅쓰고 나갈 수 없음에 또 한 가지 이유를 보태었사오니, 직함만 차지한 채 날을 보내며 두려움과 부끄러움이 더욱 쌓여가옵니다.

이에 감히 혈성(血誠)을 다하여 저하께 호소하옵니다. 엎드려 바라

218 청환(淸宦) : 학식이나 문벌이 높은 사람에게 시키던 벼슬로, 규장각(奎章閣), 홍문관(弘文館), 선전관청(宣傳官廳) 등의 자리를 말한다. 지위와 봉록이 높은 것은 아니나 뒷날에 높이 승진될 자리였다.

219 신이……때 : 이천보(李天輔)가 이조 참판의 자리에 있었던 것을 가리킨다.

220 통의(通擬) : 벼슬아치를 뽑을 때 뽑는 사람들이 한 데 모여서 후보자의 이름을 적어놓고 적임자를 가려 뽑는 일을 말한다.

옵건대, 굽어 살피시어 속히 신이 겸대(兼帶)한 두 가지 직임[221]을 체차하시어 개인의 의리를 편안케 하시고, 이어서 선부(選部 이조(吏曹))로 하여금 다시는 관각(館閣 예문관)에 검의(檢擬 관직의 후보자로 추천함)하지 말라 하시어 관직(官職)을 중히 여기신다면 천만다행이겠사옵니다. 신은 지극히 황송하고 간절한 마음 가눌 길이 없사옵니다.

221 겸대(兼帶)한……직임 : 예문관 제학과 세자시강원 우부빈객을 가리키는 것으로 보인다. 이천보는 1749년(영조25) 3월 13일에 우부빈객이 되고 6월 14일에 예문관 제학에 제수되었는데, 우부빈객은 타관(他官)이 겸직하였다.

천둥번개의 재이로 인하여 경계하실 것을 아뢰면서 겸하여 사직한 글[222]

因雷異陳戒兼辭職書

삼가 아뢰옵니다. 일전에 천둥과 번개의 변이 이에 양기(陽氣)를 거두어들이는 계절에 일어났는데,[223] 근년 이래 재이(災異)가 거듭 일어나 해마다 일어나지 않는 해가 없었사옵니다. 우리 대조(大朝)께서 지극한 정성으로 하늘을 대하여 재이의 일소(一掃)와 관계된 모든 방책이 지극하지 않음이 없사온데, 저하(邸下)께서 대리(代理)하시는 초년에[224] 하늘이 또 경계를 보이기를 이와 같이 하니 상천(上天)이 지극히 인자하여 우리 저하를 경계하고 격려하여 대조의 엄중한 부탁을 저버리지 않게 함이 여기에 있지 않은 줄 어찌 알겠나이까.

임금이 재이를 만나 자신의 몸을 닦고 허물을 반성하는 것[225]은 그

222 천둥번개의……글 : 이 글은 1749년(25년) 10월 하순에 쓰인 것으로 보이며, 이천보(李天輔)는 당시 이조 참판의 자리에 있었다.

223 일전에……일어났는데 :《영조실록》25년(1749) 10월 21일의 기사에, "밤에 천둥과 번개가 쳤다."는 내용이 보인다.

224 저하(邸下)께서 대리(代理)하시는 초년에 : 장헌 세자(莊獻世子)는 15살이던 1749년(영조25)에 대리청정을 시작하였다.

225 자신의……것 : 원문의 '修省'은 '공구수성(恐懼修省)'의 줄임말로,《주역》진괘(震卦) 상(象)에 "우레가 거듭된 것이 진(震)이니, 군자가 보고서 두려워하여 자신의 몸을 닦고 살핀다.〔洊雷, 震, 君子以恐懼修省.〕"라고 한 데서 나온 말이다. 고대에는 사람에게 잘못이 있으면 하늘이 재앙을 내려 경계의 뜻을 보인다고 생각하였다. 그러므로 천재지변이 생기면 임금은 자신에게 잘못은 없는지, 자신의 몸을 닦고 허물을 반성하

도(道)가 참으로 한 가지가 아니나, 그 요체는 '하늘을 공경함〔敬天〕'에 지나지 않사옵니다. 임금이 하늘을 섬기는 것은 마치 자식이 어버이를 섬기는 것과 같으니, 백성의 자제가 몸가짐을 삼가고 자신의 일에 부지런하여 능히 어버이에게 근심을 끼치지 않을 수 있으면 곧 그 부모가 일찍이 좋아하고 기뻐하지 않음이 없을 것이요, 이와 반대이면 꾸짖음이 뒤따를 것이옵니다. 하물며 대조께서 저하에게 기대하시는 책임이 무겁고 크심에리까.

하늘이 저하를 봄이 곧 대조께서 저하를 보시는 것과 같으니, 하늘이 경계를 보이는 것이 어찌 대조께서 매사에 경계하고 신칙하시는 것과 다르겠사옵니까. 대조께서 무릇 저하를 경계하고 신칙하실 때에는 참으로 유순하고 공손하게 지극한 뜻을 우러러 받드셔야 할 것이니, 이러한 마음을 미루어 하늘을 섬기면 이것을 일러 '하늘을 공경한다.'고 하는 것이옵니다.

지난날 빈연(賓筵)[226]에서 저하께서 신하들에게 "부모의 뜻을 따르는 것이 효(孝)이다."라고 하셨는데, 참으로 훌륭한 말씀이옵니다. 저하의 이 말씀을 옮겨서 하늘을 섬기면 공경이 지극하지 않을까 어찌 근심하겠사옵니까. 부모의 뜻을 따른다는 것은 문안을 올리고 수라를 살피는 것이 아니라 다만 성상의 뜻에 맞게 하는 것일 따름이옵니다. 대조께서 저하를 경계하고 신칙하시는 것은 반드시 요(堯) · 순(舜)[227]

였다.

226 빈연(賓筵) : 세자가 학문하는 자리를 가리킨다.

227 요(堯) · 순(舜) : 고대 중국의 전설상의 성제(聖帝)로, 태평성대를 이룬 제왕의 모범으로 받들어지고 있다.

과 같은 임금이 되게 하려고 하시는 것이온데, 저하께서 요・순과 같은 임금이 되지 않으시면 곧 뜻을 따르는 것이 아니옵니다. 대조께서 저하를 경계하고 신칙하시는 것은 반드시 우(禹)・탕(湯)[228]과 같은 임금이 되게 하려고 하시는 것이온데, 저하께서 우・탕과 같은 임금이 되지 않으시면 곧 뜻을 따르는 것이 아니옵니다.

하늘의 도는 현묘(玄妙)하고 고원(高遠)하니, 지금 경계를 보임에 신은 그 허물이 어디에 있는지 알지 못하겠나이다. 그러나 저하께서 자신을 돌아보고 그 허물을 찾으면서,

> "진덕수업(進德修業)[229]을 마땅히 부지런히 하여야 하는데 내가 혹시라도 태만하였는가. 기강을 마땅히 진작시켜야 하는데 내가 혹시라도 해이하였는가. 백성의 고통을 못 헤아렸는가. 언로(言路)를 안 열었는가."

하며 반복하여 깊이 궁구하시면서 이에 하나라도 있으면 곧 척연(惕然 두려워하는 모양)히 두려워하며 마치 상제(上帝)가 엄연(儼然)히 임함에 직접 대면하여 가르침을 받드는 것처럼 하시면서 오직 공경히 받들기

228 우(禹)・탕(湯) : 중국 하(夏)나라의 우왕(禹王)・상(商)나라의 탕왕(湯王)을 가리킨다. 모두 태평성대를 이끈 성군(聖君)으로, 유가(儒家)에서 성인(聖人)으로 받들어지는 인물들이다.

229 진덕수업(進德修業) : 임금이 덕(德)을 진전시키고 업(業)을 닦는 것이다. 《주역(周易)》 건괘(乾卦) 구삼(九三)의 문언(文言)에서 나온 말로, 정이(程頤)는 이에 주를 달아, "삼(三)은 하괘(下卦)의 위에 거하여 임금의 덕이 이미 드러났으니, 장차 무슨 일을 하겠는가. 오직 진덕과 수업을 할 뿐이다. 안에 충신(忠信)을 쌓는 것이 진덕이요, 말을 가려하고 뜻을 돈독히 하는 것이 거업(居業)이다.〔三, 居下之上, 而君德已著, 將何爲哉? 唯進德修業而已. 內積忠信, 所以進德也; 擇言篤志, 所以居業也.〕"라고 하였다.

에도 겨를이 없을까 두려워하시면 곧 저하께서 하늘을 공경하시는 것과 대조를 공경하시는 것이 이에 두 가지 이치가 없을 것이옵니다. 무릇 그러한즉 대조께서 팔짱을 높이 끼고 대궐에 가만히 계셔도 다만 무한한 즐거움만 있고 한 가지 근심도 없을 뿐만 아니라, 천심(天心)이 기쁘고 즐거워 재이가 바뀌어 상서로움이 되는 것이 다만 잠깐 사이의 일일 것이옵니다.

저하의 오늘날 급선무는 강학(講學 학문을 닦고 연구함)만한 것이 없사옵니다. 자로(子路)가 "백성이 있고 사직이 있는데, 어찌 반드시 글을 읽은 후에야 학문을 하는 것이겠습니까."라고 하자 공자(孔子)께서는 그 말을 말재주를 부리는 것일 뿐이라고 여기셨으니,[230] 강학으로 말미암지 않고 능히 정사(政事)를 행할 수 있다는 말을 신은 듣지 못하였사옵니다.

신이 지난번에 대조(大朝)에 입시(入侍)할 때 종종걸음으로 덕성합(德性閤)[231]을 지나다가 마침 저하께서 법강(法講)을 열고 계심을 만났는데, 음절(音節)이 물 흐르듯 양양(洋洋)하고 높낮이와 속도에 분명히 이해하고 있는 뜻이 담겨있었사옵니다. 신이 여러 신하들과 함께 가만히 서서 한참을 듣다가 서로 돌아보고 하례하면서 거의 발을 구르

230 자로(子路)가……여기셨으니 : 《논어(論語)》 〈선진(先進)〉에서 나온 말로, "자로가 자고(子羔)를 비읍(費邑)의 읍재(邑宰)로 삼자 공자(孔子)께서 '남의 자식을 망치는구나.'라고 하셨다. 자로가 '백성이 있고 사직(社稷)이 있는데, 어찌 반드시 글을 읽은 후에야 학문을 하는 것이겠습니까.'라고 하자 공자께서 '이래서 말재주 있는 자를 미워하는 것이다.'라고 하셨다."라고 하였다.

231 덕성합(德性閤) : '德成閤'이라고도 표기한다. 창경궁(昌慶宮) 안에 있던 전각의 이름으로, 당시 사도 세자(思悼世子)의 처소였다.

며 춤을 출 뻔하였사오니, 저하께서 배움에 힘쓰시는 것[232]이 부지런하고 또 독실하지 않음이 없으시옵니다.

비록 그러하나 만기(萬機 임금의 온갖 정사(政事))는 지극히 번다하고 백도(百度 온갖 법률과 제도)는 지극히 광범위하니, 신은 저하께서 응접(應接)하시는 여가에 책을 들고 공부하시는 시간이 하루에 얼마 없을까 두렵사옵니다. 생각건대 이제 겨울밤은 바야흐로 길고 촛불은 밝고 밝으니, 이러한 때에 궁관(宮官)[233]을 불러들여 경전(經傳)을 토론하며 그 의리를 깊이 따지다가 고금(古今)의 역사가 치세(治世)와 난세(亂世)로 나뉘게 된 연유에 미치게 된다면 그 재미가 끝이 없어 반드시 새벽이 되어 물시계의 물이 다 떨어지도록 지루한 줄 모르실 것이옵니다. 하물며 야기(夜氣)가 청명(淸明)하여 이취(理趣)의 발현을 도울 때임에리까.[234] 그 공(功)이 낮에 서연(書筵)을 두 번 여는 것보다 배(倍)는 될 것이오니, 엎드려 바라옵건대 저하께서는 힘쓰고 또 힘쓰시옵소서.

이어서 엎드려 생각건대, 신의 괴벽(塊癖)[235]의 증세가 추위를 만나

232 배움에 힘쓰시는 것 : 원문의 '典學'은 항상 배움에 힘쓴다는 뜻으로, 《서경(書經)》 〈열명(說命)〉에서 부열(傅說)이 고종(高宗)에게 "처음부터 끝까지 항상 배움에 힘쓴다면 그 덕이 깨닫지 못하는 사이에 닦아질 것입니다.〔念終始典于學, 厥德脩罔覺.〕"라고 한데서 나온 말이다. 이에서 전하여 제왕의 학문을 뜻하게 되었다.

233 궁관(宮官) : '동궁(東宮)에 소속된 관리(官吏)'의 줄임말로, 세자궁에 딸린 세자시강원과 세자익위사의 실무 관료를 말한다. 여기서는 왕세자의 교육을 담당한 세자시강원의 관리를 가리킨다.

234 하물며……때임에리까 : 야기(夜氣)는 한밤에 사물의 생장(生長)을 돕는 청명한 기운으로, 인의(仁義)의 마음이 자라도록 돕는다고 한다. 《맹자(孟子)》 〈고자 상(告子上)〉에서 나온 말이다.

더욱 심각해진데다가 또 발에 부스럼이 생겨 걷는 데 방해가 되니, 가까운 시일 내에 일어나 움직일 수 없을 듯하옵니다. 띠고 있는 본직(本職)과 겸직(兼職) 모든 직책이 모두 긴요한 직임과 연관되어있는데 한결같이 직함만 차지한 채 다만 신의 죄를 더하고 있사오니, 엎드려 바라옵건대 굽어 살피시어 속히 체차(遞差)를 허락하시어 편안하게 조섭(調攝)할 수 있도록 하여주신다면 천만다행이겠사옵니다. 신은 지극히 황공하고 간절한 마음 금할 길이 없사옵니다.

235 괴벽(塊癖) : 몸 안에 생긴 단단한 덩어리로, 구체적으로 무엇을 의미하는지는 알 수 없다.

병조 판서를 사임하는 글[236]

辭兵曹判書書

삼가 아뢰옵니다. 신이 일전에 시험을 관장하고 있는데[237] 삼가 병조 판서에 제수하신다는 교지(敎旨)가 내려왔다는 말을 들었사옵니다. 신이 놀라고 떨려 어찌 할 바를 알지 못하고 있었는데 시험장에 몸이 매여 있어 호소할 길이 없었사옵니다. 일이 끝나거든 대궐에 와서 입시(入侍)하라는 명이 있었은즉 장수의 임무가 몸에 있는데 병부(兵符)를 받지 않고 갑자기 등대(登對)[238]하는 것은 의분(義分 의리와 분수)상 감히 할 수 있는 바가 아니라 마지못해 공경히 숙배(肅拜)하였사옵니다. 그러나 신이 구구(區區)하게 생각하고 있었던 바는 시사(試事)에 대한 명을 따르는 것에 불과할 따름이었사옵니다.

비변사(備邊司) 당상관들이 입시함에 이르러서는 신이 장차 본직(本職)을 해면(解免)해달라고 청할 겨를이 없어 감히 제신(諸臣)의 말석에서 정성을 다할 수가 없었사옵니다. 그런데 대조(大朝)의 지엄하신 하교가 죄상을 조사하여 파직(罷職)시키라고 명하시기에 이르자 신이 참으로 두렵고 두려워 몸 둘 곳이 없었사오나, 무거운 부담을 곧바로 벗게 되어 개인의 분수가 그런대로 편안하였사옵니다. 그런데

236 병조……글 : 영조는 1750년(영조26) 2월 9일에 이천보(李天輔)를 병조 판서에 제수하였다. 《英祖實錄》

237 신이……있는데 : 이천보는 당시 이조 참판의 자리에 있었다.

238 등대(登對) : 어전(御前)에서 임금을 직접 면대(面對)하여 아뢰는 것이다.

한밤중에 내려온 특별 교지의 말씀이 온화하고 또 '파직하지 말라.'고 하신 명이 있었으니, 신은 당황스럽고 감격하여 더욱 죽을 곳을 알지 못하겠나이다.

생각건대, 신은 곧 일개 늙은 조대(措大 선비)일 따름이옵니다. 이에 한 나라의 병권(兵權)을 들어서 주신다면 세상에 가소롭고 놀랄 만한 것이 아마 이보다 더한 것이 없을 것이옵니다. 생각건대 지금 나라 안에 특별한 일이 없어 조정에서 군사(軍事)를 급한 일로 여기지 않아 그런대로 일단 신에게 빌려주는 것이 마치 관례대로 응대하게 하다가 요행히 큰 죄나 면할 수 있게 하는 것과 같사오니, 옛사람이 이른바 "이웃나라에 알려져서는 안 될 일"[239]이라고 한 것이 이러한 경우를 이른 것이옵니다.

모든 사물의 성(性)에는 각각 트인 것〔通〕과 가려진 것〔蔽〕이 있는데,[240] 신과 같이 엉성하고 우활한 이는 본래 한 가지도 잘 하는 것이

239 이웃나라에……일 : 말을 꺼내기도 부끄러운 일이란 뜻이다. 중국 춘추 시대 때 노(魯)나라의 학자 자사(子思)가 위(衛)나라 임금에게 구변(苟變)을 천거하며 500승(乘) 군대의 장수가 될 만하다고 하자, 위나라 임금은 구변이 관리로 있을 때 백성에게 세금을 거두면서 남의 달걀 2개를 먹었기 때문에 쓰지 않겠다고 하였다. 이에 자사가 "성인이 사람을 관리로 등용하는 것은 장인이 나무를 사용하는 것과 같아서, 그 장점은 취하고 단점은 버립니다. 그러므로 구기자나무나 가래나무가 몇 아름이 될 정도로 크면 몇 자 정도 썩은 부분이 있어도 훌륭한 장인은 이를 버리지 않습니다. 지금 임금께서 전쟁이 난무하는 세상에 처하여 맹수의 발톱 같고 어금니 같은 용사를 뽑으면서 달걀 2개 때문에 방패 같고 성 같은 든든한 장수를 버리시다니, 이것은 이웃 나라에 알려져서는 안 될 일입니다."라고 한 데서 나온 말이다. 《資治通鑑 卷1 周紀1 安王 25年》

240 모든……있는데 : 중국 북송의 철학자 장재(張載)가 한 말로, "모든 사물은 그 성(性)을 갖고 있지 않음이 없는데, 트임과 가려짐·열림과 막힘으로 말미암아 인(人)과 물(物)의 구별이 있게 된다.〔凡物莫不有是性, 而由通蔽開塞, 所以有人物之別.〕"라

없사옵니다. 그런데 군대에 관한 일 같은 것에는 더욱 심하게 치우치고 막혀있는지라, 일찍이 배운 적이 없으며 가령 배웠다 하더라도 잘 할 수 없음을 분명하게 알았을 것이옵니다. 기예(技藝)가 얕은 것이 바둑만한 것이 없는데, 종신토록 익히면서도 터득하지 못하는 사람이 있는 것은 그 성(性)이 그러한 것이옵니다.

신이 비록 지극히 어리석으나 스스로를 파악할 정도의 밝음은 있사옵니다. 하물며 지난번에 총애를 입고 발탁된 지 겨우 한 달 만에 또 분수에 넘치는 은혜를 차지하여, 성스런 조정의 종핵(綜核 종합적으로 살펴서 인물을 등용함)의 정사에 누를 끼친 것이 많았음에리까.[241] 신이 만약 은혜를 품고 의리를 두려워하여 염치없음을 무릅쓰고 명을 받들어서 마침내 직무를 제대로 수행하지 못하고 국사를 그르치게 된 후에야 그만둔다면, 과연 국가에 무슨 도움이 되겠사옵니까.

엎드려 바라옵건대, 저하[242]께옵서는 신의 간절한 마음이 형식적인 겸양에서 나온 것이 아님을 굽어 살피시어 신이 새로 제수 받은 직명(職名)을 속히 체개(遞改)할 것을 허락하심으로써 공적(公的)으로나 사적(私的)으로 다행스럽게 하여주시기를 크게 바라마지 않사옵니다. 신은 지극히 두렵고 간절한 마음 금할 길이 없나이다.

고 하였다. 《張子全書 卷14 性理拾遺》

241 하물며……많았음에리까 : 이천보(李天輔)가 1749년(영조25) 7월에 형조 참판이 되었다가 한 달 만인 8월에 다시 이조 참판에 제수되었던 사실을 가리킨다.

242 저하 : 현재 대리청정을 하고 있는 사도 세자(思悼世子)를 가리킨다.

문묘 작헌을 미루어 행하기로 한 것에 대하여 논한 상소[243]

論文廟酌獻退行疏

삼가 아뢰옵나이다. 일전에 흰 무지개[244]가 뜨는 변과 눈이 내리는 재이(災異)가 하루 안에 일어났사옵니다.[245] 전하께서는 위에서 수공(垂拱)[246]하시고 동궁 저하는 아래에서 참결(參決)[247]하고 있는 때에 바야흐로 봄이 화창한 기운을 베풀어 만물이 모두 이루어지고 있사온데, 상천(上天)이 경계를 알리는 것이 마치 재앙과 환난이 눈앞에 임박한

243 문묘(文廟)……상소 : 1750년(영조26) 3월 10일 무렵에 올린 상소인 것으로 보인다.

244 흰 무지개 : 원문의 '陰虹'은 '백홍(白虹)'과 같은 말로, 흰 무지개를 의미한다. 예전에는 이를 재해나 병란(兵亂)의 조짐이라고 하여 상서롭지 못한 현상으로 보았다.

245 일전에……일어났사옵니다 : 1750년(영조26) 봄에 있었던 일로, 이때의 상황을 《국역 영조실록》에서 인용하면 다음과 같다. "3월 8일. 흰 무지개〔白虹〕가 해를 꿰뚫었다." "3월 10일. 왕세자가 대신과 비국 당상을 인접(引接)하였다. 좌의정 김약로(金若魯)·우의정 정우량(鄭羽良) 등이 말하기를, '천재가 중첩한 중에서도 흰 무지개가 해를 꿰뚫은 변이나 늦은 봄에 눈이 내리는 재변은 음독(陰毒)이 더욱 큰 것들입니다. 지금 국세는 위태롭고 백성은 거꾸로 매달린 듯하며 기강은 무너지고 온갖 법도가 해이하였으니, 신 등의 죄가 아님이 없습니다.' 하였다."

246 수공(垂拱) : '수의공수(垂衣拱手)'의 준말로, 《서경(書經)》 〈무성(武成)〉에 "소매를 늘어뜨리고 팔짱을 끼고 있어도 천하가 잘 다스려진다.〔垂拱而天下治〕"라고 한 데서 나온 말이다. 원래 성군(聖君)이 통치의 기반을 잘 닦아 아무 일 하지 않아도 세상이 잘 다스려지는 무위지치(無爲之治)의 경지를 뜻하는데, 여기서는 영조가 장헌세자(莊獻世子)에게 대리청정을 맡기고 뒤로 물러난 상황을 가리킨다.

247 참결(參決) : 임금이 결재하는 것을 돕는다는 뜻으로, 장헌 세자가 영조를 대신하여 청정(聽政)하고 있었던 상황을 가리킨다.

듯하오니 우리 전하를 계칙(戒飭)하기를 간곡하게 반복함이 어쩌면 이와 같이 그치지 않는단 말입니까.

신이 삼가 감선(減膳)[248]하신다는 교지(敎旨)를 읽었사온데 사륜(絲綸)의 말씀이 애달파 공구수성(恐懼修省)[249]의 뜻이 말씀 밖에 흘러넘쳤으니, 신이 수차례 반복하여 읽으며 경탄(敬歎)하면서 저도 모르게 어리석은 충정(衷情)이 갑절이나 더하여졌사옵니다. 삼가 바라옵건대, 전하께서는 더욱 성학(聖學 제왕의 학문)에 힘쓰시고 더욱 성지(聖志)를 가다듬어 너무 늦었다 낙담하지 마시고 안일함에 젖어 소홀히 하지 마시어 능히 하늘을 공경하는 정성을 돈독히 하고 힘써 재이를 소멸케 할 방책을 다하시어서, 억만 년 동안 끝없이 이어질 터전을 닦으시기를 바라옵나이다.

신이 비망(備忘)[250]을 보았사온데, 문묘(文廟)의 알성(謁聖)[251]을 내년 봄을 기다려 거행하라고 하신 명이 있었사옵니다. 신이 이에 성상께서 재이를 만나 경계하고 삼감에 지극함을 다하지 않음이 없으심을

248 감선(減膳) : 나라에 재변(災變)이 있을 때 임금이 근신하는 의미로 수라상(水剌床)의 반찬 가짓수를 줄이는 것을 말한다.

249 공구수성(恐懼修省) : 나라에 재앙이 들 때 임금이 두려운 마음으로 자신의 몸을 닦고 허물을 반성하는 것이다. 옛사람들은 사람에게 잘못이 있으면 하늘이 재변(災變)을 내려 경계의 뜻을 보인다고 생각하였다. 그러므로 천변(天變)이 생기면 임금의 잘못이라 여겨 몸을 닦고 허물을 반성하였다. 《周易 震卦 象》

250 비망(備忘) : 임금이 명령이나 의견을 적어서 승지(承旨)에게 전하던 문서를 말한다.

251 문묘(文廟)의 알성(謁聖) : 성균관 문묘에 나아가 공자(孔子)를 비롯한 성인(聖人)들의 신위(神位)에 알현하는 것을 말한다. 임금과 함께 왕세자와 유사(有司), 과거 합격자들도 함께 문묘에 나아가 알성하였다.

더욱 앙모하였사오나, 또한 구구(區區)한 의견이 있어 감히 그 어리석은 의견을 바치려 하나이다.

대저 문묘에서 해마다 작헌(酌獻)[252]하는 것을 성상께서는 혹 그것이 제사를 모독함[253]에 가까운 것이 아닐까 염려하시는데, 생각건대 이번 성례(盛禮)[254]는 곧 동궁이 대리청정(代理聽政)한[255] 후에 처음 행하는 것이옵니다. 작년에 대리청정을 시작한 초기에 마땅히 행하였어야하는데 행하지 않고 금년에 이르러 행하게 되었사오니, 신은 오히려 늦었다고 생각하옵니다. 작년 봄에 작헌할 때 전하께서 동궁을 거느리고 예를 행하시고[256] 이제 이에 다시 거행하신즉 곧 모독한다고 하여도 참으로 가(可)할 것이나, 이제 전하께서 특별히 전례를 따라 삼가 선대의 스승들을 배알하시는 것은 대개 동궁을 위해서이옵니다. 모독이 될까 하여 꺼리는 것은 너무 지나치지 않겠사옵니까.

알성(謁聖)할 때 선비들에게 시험을 보이는 것[257]은 본래의 뜻을 살

252 작헌(酌獻) : 문묘(文廟)나 임금의 영정(影幀)을 모셔 둔 곳에 임금이나 세자가 술잔을 올리는 의식으로, 제왕이 태묘나 문묘에 거둥하여 몸소 제사를 지내는 일을 말한다.

253 제사를 모독함 : 원문의 '瀆祀'는 번거로울 정도로 자주 제사를 지냄으로써 제사를 모독하는 것을 의미한다.

254 성례(盛禮) : 예(禮)를 미화하여 표현한 것으로, 작헌례를 가리킨다.

255 동궁이 대리청정(代理聽政)한 : 장헌 세자(莊獻世子)가 15세 되던 1749년 1월 27일에, 왕세자의 대리 청정을 태묘(太廟)에 고하고 전국에 이 사실을 반포하였다. 《英祖實錄》

256 작년……행하시고 : 《영조실록》 25년(1749) 3월 16일의 기사에, 임금이 문묘(文廟)에 나아가 면복(冕服) 차림으로 작헌례를 의식대로 행하였다는 내용이 보인다.

257 알성(謁聖)할……것 : 알성시(謁聖試)를 가리키는 것으로, 알성과(謁聖科)라고

펴보면 의식(儀式)을 표하기 위한 것도 아니요, 아름다움을 보이기 위한 것도 아니옵니다. 선대의 성현에게 예를 올리고 많은 선비들에게 시험을 보이는 것은 예로부터 제왕들이 유도(儒道)를 존숭하였던 대법(大法)이었은즉, 하늘이 재이(災異)를 보였다고 하여 갑자기 그 예를 중단하셔서는 안 될 것이옵니다.[258] 하물며 길일(吉日)이 얼마 남지 않아 향(香)과 초를 이미 갖추었는데, 해를 넘겨가며 미루어 거행한다면 예(禮)와 의(義)에 있어 그 이득을 보지 못할 것이옵니다.

또 시험 보는 일로 말씀드리자면, 사방의 인사(人士)들이 모두 경사(京師 한양(漢陽))로 모여들어 눈을 비비며 고대하는 것이 간절하옵니다. 옛날 당(唐)나라 헌종(憲宗) 때 가뭄이 들어 임시로 과거 선발을 중지하였는데, 한유(韓愈)[259]가 진언(進言)하여 그것이 불가함을 극렬하게 논하였사옵니다. 성상께서 비록 별제(別製)[260]를 설치하여 위로하시려 하여도 무과(武科) 시험이 진시(陳試)[261]가 됨에 이르면 더욱

도 한다. 국왕이 문묘에 가서 제례(祭禮)를 올릴 때 과거시험을 베푸는 것이다.

258 하늘이……것이옵니다 : 《영조실록》 26년(1750) 3월 9일의 기사에, "임금이 무지개의 변괴로 인하여 알성시를 명년 봄으로 미루어 설행하라고 명하였다."라는 내용이 보인다.

259 한유(韓愈) : 768~824. 중국 당(唐)나라의 학자이자 문장가로, 자는 퇴지(退之)이며 호는 창려(昌黎)이다. 유학의 중흥을 위해 힘쓴 후대 성리학의 원조로, '문(文)'이라는 시호를 받았다.

260 별제(別製) : 나라에 특별한 일이 있을 때, 성균관 거재생(居齋生)과 지방 유생들에게 제술(製述)만 보게 하는 시험을 말한다.

261 진시(陳試) : '묵은 시험'이라는 뜻으로, 과거(科擧)의 초시(初試)에 합격한 사람이 사정이 있어 복시(覆試)에 응시할 수 없을 때 다음에 복시를 치를 수 있도록 허가를 받는 것이다.

불편함이 있사옵니다.[262] 먼 지방에 사는 무사(武士)들이 다행히 발해(發解 초시(初試)에 합격함)하였다 하여도 1년 사이에 아무 탈 없이 회시(會試)[263]에 응시하는 자는 필시 거의 없을 것이오니, 이 또한 조정에서 마땅히 진념(軫念)하여야 할 단서이옵니다.

신이 삼가 대신(大臣)과 여러 재신(宰臣)들이 지금 전하를 뵙기를 청하고 있다는 말을 들었사온데, 신이 마침 앓고 있는 감기의 증세가 위독하여 연석(筵席)[264]에 나갈 수가 없사옵니다. 이에 감히 짧은 글을 올려 미천한 신의 의견을 대략 진달하오니, 전하께서는 굽어 살피시어 처분해 주시기를 엎드려 바라옵나이다. 신은 지극히 두렵고 황공한 마음 금할 길이 없나이다.

262 성상께서……있사옵니다 : 이때의 상황을 《국역 영조실록》에서 인용하면 다음과 같다. "26년(1750) 3월 9일. 임금이 무지개의 변괴로 인하여 알성시(謁聖試)를 명년 봄으로 미루어 설행하라고 명하였다. 이때에 무과는 이미 초시를 설행하였기 때문에 우선 진시(陳試)하고 명년 봄의 회시(會試)에 응시하라고 명하였다. 이어서 하교하기를, '시골 선비로 서울에 체류한 자들을 시권(試券)을 가지고 돌아가게 할 수는 없으니, 삼일제(三日製)를 앞서 택정한 알성일(謁聖日)에 실시하여 서울과 외방에서 각 한 사람씩을 뽑도록 하라.' 하였다."

263 회시(會試) : 과거의 초시(初試) 급제자가 서울에 모여 2차로 보는 시험이다.

264 연석(筵席) : 임금이 신하들과 더불어 경서(經書)를 강론하거나 시사(時事)를 의논하는 자리를 말한다.

균역에 대하여 논한 글[265]

論均役書

삼가 아뢰옵나이다. 신이 어제 내려온 대조(大朝)의 비망(備忘)을 읽었사온데, 백성을 위한 성대하신 뜻이 사륜(絲綸 임금의 말씀)의 표면에 흘러넘치니 팔도(八道)의 신하와 백성이 누군들 감읍(感泣)하지 않겠습니까. 처음 호전(戶錢)[266]을 시행하려고 하였던 것도 백성의 폐단 때문이었고, 마침내 또 호전을 폐지한 것 역시 백성의 폐단 때문이었습니다. 성상(聖上)께서 측은히 여기시는 마음은 백성을 위하는 바 아님이 없으셨으나, 하나의 폐단을 구제하려고 하면 또 하나의 폐단이 생기니 곧 성상의 마음으로 차마 할 수 없는 것이옵니다.

신과 같이 용렬하고 노둔한 것이 외람되이 담당자의 반열에 있으면서 석 달 동안 직숙(直宿)하며 밤낮으로 강구한 것은 오직 호전 한 가지 일이었사옵니다. 그런데 계책은 졸렬하고 생각은 짧아 이익과 손해를 정확하게 보지 못하여 반드시 행할 것을 감히 청하지 못하였고 또 반드시 폐지할 것도 감히 청하지 못하면서 다만 대체(大體)와는 관련이 없는 구구(區區)한 절목(節目)만을 가지고 가(可)커니 부(否)커니 하며 한갓 시일만 허비하였사옵니다. 그리하여 성상께서 홀로 위에서 근심하시다가 무더운 여름날 궐문에 친림(親臨)하시고[267] 마침

265 균역(均役)에……글 : 본문의 내용으로 보아 1750년(영조26) 7월 이후에 올린 글인 것으로 보인다. 이천보(李天輔)는 당시 병조 판서였다.

266 호전(戶錢) : 국가에서 호(戶)를 기준으로 받는 세금을 말한다.

내 그 영(令)을 거두어들이시게끔 만들었으니,[268] 신의 죄를 살펴보면

267 궐문에 친림(親臨)하시고 : 원문의 '臨門'은 임금이 궁궐문 밖으로 나와서 백성들과 공개적으로 소통하는 것을 말한다. 《조선왕조실록》을 보면 영조가 시작하여 즐겨 실행했던 것으로 보이며, 영조 이전은 물론 이후에도 별로 보이지 않는다. 대부분 양역(良役) 제도의 폐단이나 대동법의 시행을 둘러싼 갈등 등 심각한 사회문제를 해결하고자 임금이 일반 백성들과 이해 당사자들의 의견을 청취하는 정책 소통의 장으로 활용되었다.

268 그리하여……만들었으니 : 1752년(영조28) 1월 13일에 당시 병조 판서였던 홍계희(洪啓禧)가 장헌 세자(莊獻世子)에게 균역에 대한 사실을 기록한 책자를 올렸는데, 이때의 정황이 자세히 기록되어 있다. 이에 해당하는 내용을 《국역 영조실록》에서 인용하면 다음과 같다. "경오년(1750, 영조26) 3월에 신 홍계희가 충청 감사로 있으면서 책자(冊子)를 올려 결포(結布)를 시행할 것을 청하였고 5월에는 호조 판서 박문수(朴文秀)가 호전(戶錢)을 행하기를 청하였습니다만, 조정의 신하들이 혹은 호전을 주장하기도 하고 혹은 결포를 주장하기도 했으며 더러는 변혁시켜야 된다고 하기도 하고 더러는 변혁시켜서는 안 된다고 하기도 하여 여러 의논이 분분했던 탓으로 끝내 확정하지 못했습니다. 이달 19일 대조(大朝)께서 홍화문(弘化門)에 친림(親臨)하여 조정에 있는 여러 신하들과 오부(五部)의 방민(坊民)들에게 굽어 순문(詢問)하시기를, '오늘의 이 신민은 나의 신민이 아니라 곧 열조(列祖)와 성고(聖考)께서 사랑하고 돌보신 신민이다.……그런 까닭에 더운 계절 정섭(靜攝)하는 때를 당하여 병(病)을 억지로 견디면서 임문(臨門)하여 사서(士庶)들을 불러 하문하는 것이다. 예로부터 폐단을 구제하는 데 대해 이야기하여 온 것은 호포와 결포와 유포와 구전이었었지만, 구전과 유포는 나의 생각에는 결단코 시행할 수 없다고 여긴다. 이제 하문하노니 호포·결포와 이밖에 폐단을 구제할 수 있는 방도에 대해 각기 면대하여 진달함으로써 모쪼록 추후 후회하는 일이 없도록 하라.' 하니, 사서와 군병들이 각기 진달한 내용이 있었는데, 호포가 편하다고 말한 사람이 많았고 결포가 편하다고 말한 사람은 열에 두세 명뿐이었습니다. 대조(大朝)께서 여러 신하들에게 명하여 비국(備局)에 직숙(直宿)하면서 호전에 관한 법안을 마련하라고 명하였는데, 의논하는 사람들이 처음에는 '호(戶)마다 4, 5전(錢) 씩을 거두면 양역(良役)에 의거 바치는 숫자를 충당시킬 수 있습니다.'라고 했다가, 상세히 계산하기에 이르러서는 '대호(大戶)에게는 2, 3냥을 거두고 소호(小戶)에는 6, 7전을 거두어도 오히려 부족합니다.'라고 하였습니다. 7월 초3일 임문(臨門)하여 다시 백관

중벌에 처하셔야 마땅할 것이옵니다. 그러나 성상의 도량으로 포용하시어 벌을 주지 않으셨을 뿐만 아니라 윤음(綸音 임금의 말씀)을 성대하게 내려 신등으로 하여금 다시 호전 외의 것을 강구하게 하셨사오니,[269] 신은 감격스럽고 황송하여 몸 둘 바를 알지 못하겠나이다.

신이 본래 지극히 우활하여 무릇 일체의 세상사에 있어서 무슨 일을 해야 하는지 알지 못하옵니다. 그런데 삼가 선배가 남긴 의론을 들은즉 양역(良役)[270]의 폐단을 구제하는 방법은 그 설이 다양한데, 그 중 가장

(百官)·유생(儒生)과 서민(庶民)에게 순문하고 나서 특별히 윤음을 내리기를, '호포·결포 가운데 호전법(戶錢法)을 시행하려 하는데, 적법(籍法)이 다 없어져 버려 계산하여 보아도 충당시킬 수가 없다. 그리고 감포(減布)시킨 끝에 징포(徵布)하는 것을 내가 매우 탐탁지 않게 여기고 있다. 호(戶)를 수괄(搜括)하는 정사에는 백성들이 모두 동요하는 마음이 있게 될 것이다. 임어(臨御)한 지 여러 해가 되었는데도 은택이 백성들에게 미쳐가게 하지 못하였는데, 흰머리 늙은 나이에 도리어 백성들의 마음을 동요시키는 정사를 행한다면 이는 나라 백성의 반 때문에 도리어 온 나라의 사민(士民)에게 폐단을 끼치는 것이 되기 때문에 특별히 그 명을 정지시킨다.' 했습니다. 그달 초9일 명정전(明政殿)에 나아가 비국의 여러 재상들과 육조(六曹)·삼사(三司)의 여러 신하들을 인접하고 특별히 양역에 대해 1필씩을 영구히 감면시키라고 명하였습니다. 눈물을 흘리면서 신하들에게 하유(下諭)하기를, '호포·결포는 비록 시행할 수 없지만 감포(減布)하는 조처는 하지 않을 수 없다. 경 등은 급대(給代)할 방책을 구획(區劃)하여 가지고 오라. 그렇게 하지 않으면 나를 만날 생각을 말라.' 하였습니다."

269 그러나……하셨사오니 : 《영조실록》의 기록을 보면, 영조는 1750년(영조26) 6월 17일에 "병판(兵判) 이외의 균당(均堂)은 아울러 월봉(越俸) 1등을 시키라. 그리고 오늘부터 낭청(郎廳)과 함께 비국에 숙직하면서 그에 대한 일을 강구하여 등대(登對)할 때 아뢰라."라고 하였고, 7월 9일에는 명정전(明政殿)에 나아가 눈물을 흘리면서 신하들에게 하유(下諭)하기를, "호포·결포는 비록 시행할 수 없지만 감포(減布)하는 조처는 하지 않을 수 없다. 경 등은 급대(給代)할 방책을 구획(區劃)하여 가지고 오라. 그렇게 하지 않으면 나를 만날 생각을 말라."라고 하였다. 《英祖實錄 28年 1月 13日》

두드러진 것은 호포(戶布)[271]와 결포(結布)[272]였사옵니다. 그러나 두 법(法)을 지금 시행할 수 없다는 것을 신은 모르지 않사옵니다.

신과 재신(宰臣) 홍계희(洪啓禧)[273]는 소시(少時)부터 친하게 지냈사온데, 계희가 결포에 대하여 강구한 것이 자못 오래되어 그동안 반드시 결포를 시행(試行)해 볼 것을 누차 청하였사옵니다. 그러므로 신은 그가 시세(時勢)를 헤아리지 않는다는 내용으로 서찰을 보내어 경계하였는데, 이에 호전에 대한 대조(大朝)의 하문(下問)이 내려옴에 도리어 받들게 되었사오니 다만 '호(戶 가호(家戶))'의 명목(名目)이 '결(結 토지)'보다 조금 낫기 때문만이 아니라 실로 백성을 위한 성상의 훌륭하신 뜻을 차마 선양하지 않을 수 없었기 때문이옵니다. 호와 결이 모두 처음 만들어진 법인즉 붕우(朋友 홍계희)에게 경계한 것을 가지고 임금께 우러러 권면할 수 없었사오니 신의 죄 아님이 없사옵니다. 그러나

270 양역(良役) : 조선시대에 국가에서 16세~60세까지의 양인(良人) 장정에게 부과하던 각종 신역(身役)의 통칭이다.

271 호포(戶布) : 군포(軍布)의 폐단을 시정하기 위하여 나온 개념으로, 양반·상민의 구별없이 호(戶)를 기준으로 군포를 평등하게 징수하는 것이다.

272 결포(結布) : 군포의 폐단을 시정하기 위하여 나온 개념으로, 모든 지주(地主)에게 전답의 결(結)을 기준으로 군포를 평등하게 징수하는 것이다.

273 홍계희(洪啓禧) : 1703~1771. 조선 후기의 문신으로, 본관은 남양(南陽)이며 자는 순보(純甫), 호는 담와(澹窩)이다. 이재(李縡)의 문인으로, 1737년(영조13) 문과에 급제하였다. 1742년 북도감진어사(北道監賑御史)가 되어 함경도의 진휼정책을 살피고, 이듬해 다시 북도별견어사로 파견되어 지역의 지형과 물정을 상세히 수록한 지도를 작성하였다. 이후 승지·형조 참판·충청도 관찰사를 지내고, 1750년 병조 판서가 되어 영의정 조현명과 함께 균역법 제정을 주관하였으나 중신들의 비난을 받고 광주유수(廣州留守)로 전출되었다. 1754년 이조 판서로 재기용된 후 여러 조(曹)의 판서 및 예문관 대제학을 역임하고 판중추부사로서 봉조하(奉朝賀)가 되었다.

신에게 애끓는 소회(所懷)가 있사온데 만약 지금 한 말씀 드리지 않는다면 곧 신이 성상을 저버리는 것이 또 클 것이옵니다. 이에 감히 죽기를 무릅쓰고 말씀드리겠나이다.

호전이 이미 폐지된 후에 조정에서 양역의 폐단을 구제할 것이라고 믿고 있는 것은 요컨대 제궁(諸宮)에서 절수(折受)하는[274] 어염(魚鹽)에 있사온데, 성상께서 백성들의 수용(需用)을 메워줄 것을 특별히 허락하신 것은 곧 천고(千古)에 없을 제왕의 훌륭한 처사이십니다. 나라의 삼면(三面)이 바닷가라 개펄에 무궁무진하게 저장되어 있는 것이 다만 안팎의 개인적인 씀씀이로만 돌아가는데도 나라에서는 알지 못하니 이는 참으로 나라를 균등하게 다스리는 데에 부끄러움이 있고, 만약 그 이익을 믿고 양역의 폐단을 구제할 근본으로 삼으려 한다면 불가한 점이 있사옵니다. 대개 어염의 이익은 가득할 때가 있고 줄어들 때가 있으며 크게 얻는 해〔歲〕가 있고 크게 잃는 해가 있사오니, 나라가 그 이익을 갖는 것은 비유하자면 장사꾼이 말단의 이익을 좇아 거기에서 얻은 바로 혹 하루아침에 부를 쌓기도 하고 또 혹 하루아침에 결딴나기도 하는 것과 같사옵니다. 그러므로 장사꾼 가운데 상등(上等) 부자(富者)의 살림살이가 농부 가운데 중간쯤 되는 집안의 살림살이가 일정한 생업을 보전할 수 있는 것만 못하니, 나라에서 취하여 경비에 보태 씀에 신은 그것이 넉넉하지 못할까 두려운데 하물며 군제

274 제궁(諸宮)에서 절수(折受)하는 : 제궁은 왕실의 일부인 궁실(宮室)과 왕실에서 분가하여 독립한 대군(大君)·왕자군(王子君)·공주·옹주가 살던 집을 통틀어 이르는 말이며, 절수는 이들 궁가(宮家)에서 자기 몫으로 전토(田土)나 결세(結稅) 따위를 국왕에게서 떼어 받는 것을 이른다.

(軍制)까지 아울러 그 이익에 전적으로 의지하고 있음에리까.

또한 이전의 역사를 보건대, 각리(榷利)[275]의 폐단이 일찍이 어염으로부터 시작되지 않았습니까? 신은 10년 내에 백성의 재물을 마구 거두어들이는 무리가 여기저기서 나와서 국가가 그 병폐를 받게 될까봐 두렵사옵니다. 조정에서 그 세법(稅法)을 정함에 차라리 너무 가벼울지언정 혹시라도 무겁게 하지 말 것으로 영구히 준행(遵行)할 방책을 삼는다면, 이른바 그 이익이라는 것이 양역(良役)의 4분의 1도 충당할 수 없을 것이오니 신은 또 장차 어떻게 그 수를 채울 것인지 알지 못하겠나이다.

양역의 급대(給代)[276]는 마땅히 60여만 냥은 되어야 하며 반드시 그 여유분을 저축하여 도합 80~90만 냥은 되게 한 연후에야 지속시킬 수 있는 방도가 될 것인데, 오늘날 의론하는 자들은 다만 그 수에 준하여 그치고자 하니 좋은 계책이 아니옵니다. 맹자(孟子)께서 말씀하시기를, "(지혜를 미워하는 까닭은) 지혜가 천착하기 때문이다."[277]라고 하셨습니다. 오늘날의 군자(君子)는 각각 사사로운 지혜를 부려서 어지러이 동쪽의 것을 깨다가 서쪽을 메우고 왼쪽의 것을 잘라다가 오른쪽을 채우는 등 구차하게 변통하여 눈앞의 책임이나 때우고 마는즉,

275 각리(榷利) : 술이나 소금, 철 등의 상품을 전매(專賣)하여 이익을 독점하는 것을 말한다.

276 급대(給代) : 다른 물건으로 대신 지급한다는 뜻으로, 여기서는 급대전(給代錢)을 가리킨다.

277 지혜가 천착하기 때문이다 : 《맹자(孟子)》 〈이루 하(離婁下)〉에서 나온 말로, "지혜로움을 미워하는 까닭은 그것이 천착하기 때문이니, 만일 지혜로운 자가 우왕이 물을 흘러가게 하듯이 한다면 지혜를 미워할 까닭이 없을 것이다."라고 하였다.

마치 숙병(宿病)이 아직 다 낫지 않았는데 다른 증상이 번갈아 생겨 원기(元氣)가 그에 따라 꺼져가는 것과 같으니 어찌 크게 걱정하지 않을 수 있겠사옵니까.

또한 양역(良役)에서 한 필(疋)을 줄였은즉[278] 대조(大朝)의 덕의(德意)가 이미 백성들에게 신뢰를 얻었을 것이라고 생각하옵니다. 하물며 금년 같은 경우에는 더욱 진념(軫念)하셔야 함에리까. 신은 1년의 급대(給代)는 먼저 묘당(廟堂)에 명하여 구획(區劃)하도록 하시고, 대대적인 변통에 이르러서는 천천히 논의해도 아직 늦지 않을 것이라고 생각하옵니다. 엎드려 바라옵건대, 저하께서는 대조(大朝)께 아뢰어 재처(裁處 참작하여 처리함)하여주시기 바라옵나이다.

신이 호전(戶錢)에 있어서 비록 본의는 아니었으나 호적(戶籍)에 따라 세금을 계산한 것이 아직도 생생한데, 여러 달 동안 헤아렸던 것이 모두 망상(妄想)으로 돌아갔사옵니다. 이제 또 허공을 더듬어 계책을 세우려 망연(茫然)히 사방을 둘러보아도 성상의 엄중하신 부탁에 부응할만한 계책이 도무지 떠오르지 않으니, 신의 죄가 더욱 어떠하겠사오며 또한 신하가 임금을 정성으로 섬기는 방법도 아니옵니다. 신이 비록 보잘것없으나 어찌 차마 이러한 짓을 하겠사옵니까.

신이 여러 달 동안 분주히 일하다 평소 앓고 있던 괴벽(塊癖)[279]이 더위를 타고 다시 발병하였으며, 오한과 신열이 번갈아 일어나더니

278 또한……줄였은즉 : 영조는 균역법의 일환으로 종래에 약간씩 차이가 나던 양역(良役)의 부담을 감필(減匹)을 통일해 1필로 균일화하였다. 1필은 돈으로 낼 때에는 2냥에 해당한다.

279 괴벽(塊癖) : 몸 안에 생긴 단단한 덩어리로, 구체적으로 무엇을 의미하는지는 알 수 없다.

학질(瘧疾)이 되었사옵니다. 가까운 시일 내에 연석(筵席)[280]에 나갈 수가 없으니, 신의 죄 이에 이르러 더욱 달아날 데가 없사옵니다. 엎드려 바라옵건대, 저하께서는 굽어 살피시어 속히 신의 본직(本職)과 겸직(兼職) 등 모든 직임을 체차(遞差)하시고 이어서 신의 죄를 다스리시어 조정의 기강을 엄숙히 하신다면 천만다행이겠사옵니다. 신은 지극히 황공하고 간절한 마음 금할 길이 없나이다.

280 연석(筵席) : 임금이 신하들과 더불어 경서(經書)를 강론하거나 시사(時事)를 의논하는 자리를 말한다.

이조 판서를 사임한 글[281]
辭吏曹判書書

삼가 아뢰옵나이다. 신이 오랫동안 중임(重任)에 있으면서 쌓인 피로가 병이 되었으니, 바야흐로 혈성(血誠)을 다해 호소하여 은혜로운 체차(遞差)를 입음으로써 낳아주시고 길러주시는 천지(天地)와도 같은 은택을 온전히 하고자 하옵니다.

동전(東銓 이조(吏曹))으로 옮겨 제수하라는 명이 이즈음에 갑자기 내려오니, 신은 당황스럽고 두려워 어찌 해야 할 바를 알지 못하겠나이다. 가만히 생각건대, 육관(六官)의 직임이 어느 것인들 중요하지 않겠습니까마는 가장 중요한 것을 논한다면 양전(兩銓 이조와 병조)만한 것이 없사옵니다. 그런데 천관(天官 이조)의 우두머리는 곧 옛날의 총재(冢宰)에 해당하는 직으로, 인물을 저울질하고 백관(百官)을 나아가거나 물러나게 하는 자리입니다. 그 임무가 지극히 중한 것이 지금 몸담고 있는 병조(兵曹)의 배(倍)가 되니, 위에서는 가벼이 제수할 수가 없고 아래에서는 함부로 거할 수 없음이 분명하옵니다.

신이 우둔하고 엉성하여 백에 한 가지도 잘 하는 것이 없사온데, 승자(陞資)한 지 1년이 채 안 되어[282] 서전(西銓 병조)에서 뽑아다 동전

281 이조(吏曹)……글 : 영조는 1750년(영조26년) 12월 3일에 이천보(李天輔)를 이조 판서에 제수하였다. 이 글은 이때 쓰인 것으로 보인다.

282 승자(陞資)한……되어 : 《영조실록》 26년(1750) 1월 5일의 기사에, "임금이 대신(大臣)과 비국(備局)의 당상관을 인견하여 이천보(李天輔)와 조재호(趙載浩)를 정2품으로 승자하도록 명하였는데, 좌의정 김약로(金若魯)의 천거에 따른 것이었다."라는

으로 옮기며 진용(進用)하기에 급급한 것이 마치 신이 아니면 안 될 것 같이 하심이 있사옵니다. 지금 조정에 있는 신하들은 오랫동안 덕망이 쌓인 사람들이라 인재가 없음을 근심할 상황이 아니옵니다. 그런데 신이 이에 분수에 넘치게 서열을 뛰어넘어 외람되이 성상(聖上)의 간택을 욕되게 하며 관직에 제수될 때마다 번번이 받아들이기를 마치 본래부터 가지고 있었던 것처럼 한다면, 성은(聖恩)은 더욱 그릇되고 신의 죄는 더욱 커져 위와 아래가 모두 마땅함을 잃을 것이니 나라에 무슨 도움이 되겠사옵니까.

신이 일찍이 이좌(貳佐 참판)를 맡은 것이 3번이었는데,[283] 장석(長席 판서)이 있었기 때문에 인재를 등용하고 저지하는 사이와 취하고 버리는 즈음에 그 책임이 돌아갈 데가 있어서 신이 오히려 그 졸렬함을 다 드러냈으니 지금에 이르러 돌이켜 생각하면 남은 부끄러움이 마음에 있사옵니다. 신이 비록 편안한 마음으로 장석에 나아가 자리를 차지하고자 하더라도 할 수 없는 일을 억지로 하는 것이 가능하겠사옵니까.

아! 인재를 등용하는 도(道)는 '공(公)' 한 글자에 지나지 않으니, 대조(大朝)께서 전관(銓官)에게 요구하고 독려하시는 것이 오직 이것이옵니다. 다만 '공'의 도라는 것이 참으로 설명하기 어려운데, 오늘날의 이른바 '공'이라는 것은 피차의 색목(色目 사색당파(四色黨派))을 막론하고 무조건 옳거나 옳지 않다고 하는 마음을 두지 않고 경계(境界)를

말이 나온다. 그리고 1년이 채 안 되는 12월 3일에 당시 병조 판서였던 이천보를 이조 판서에 제수하였다.

283 신이……3번이었는데 : 이좌(貳佐)는 '이인자(二人者)의 자리에서 보좌한다.'는 뜻으로, 참판을 가리킨다. 이천보는 1748(영조24) 윤7월에 이조 참판에 제수되었으며, 다음해인 1749년 7월에 형조 참판, 8월에 이조 참판에 제수된 바 있다.

두지 않고서 오직 재주가 있으면 이에 등용하는 것일 따름이옵니다. 신이 만약에 무조건 옳거나 옳지 않다고 하는 마음을 강하게 품고 경계를 두어서 우리 성상의 엄중한 부탁에 부응하지 못한다면 신의 죄가 참으로 클 것이옵니다.

그러나 무조건 옳거나 옳지 않다고 하는 마음이 없는 가운데 일찍이 의리(義理)가 없었던 적이 없고, 경계가 없는 가운데 일찍이 시비(是非)가 없었던 적이 없었사옵니다. 제방(堤防)을 다 무너뜨리고 나서 "'공(公)'의 도가 이와 같다."라고 말한다면 이는 의리가 없는 것이요, 시비가 없는 것이니 신이 임금을 섬기는 데 조금도 도움이 되는 것이 아니옵니다. 신이 또 차마 이와 같은 짓을 할 수가 없사오니, 이 두 가지 가운데 어찌 지정지당(至正至當 지극히 바르고 지극히 마땅함)하고 불편불의(不偏不倚 치우치지도 않고 기울어지지도 않음)한, 황극(皇極)을 세울 만한 참된 기지(基地)가 없겠습니까마는 신의 식량(識量 식견과 도량)과 재력(才力 재주와 능력)이 감히 받들 수 있는 바가 아니옵니다.

신이 이좌(貳佐 참판)로 봉직하고 있을 때에 일찍이 이러한 뜻으로 여러 차례 대조께 진달하였사옵니다. 그런데 이제 만약 지금의 형세를 살피지 않고 자신의 분수를 헤아리지 않고서 염치를 무릅쓰고 나아가 명을 받든다면, 신의 한 몸은 곤경에 처하게 되더라도 할 말이 없을 것이나 성은(聖恩)을 저버려 국사를 그르침에 있어서는 어찌하겠습니까. 차라리 왕명을 태만히 한 데 대한 주벌(誅罰)을 입을지언정 결단코 몸을 돌려 벼슬에 나아갈 길은 없사오니, 거듭 소명(召命)을 어김에 두렵고 불안한 마음 더욱 간절하옵니다.

또 신의 질병이 고질이 되어 직책을 수행할 가망이 없는데, 뜻밖에 분수에 넘치는 신명(新命 새로운 명(命))이 내려왔으니 하늘이 장차 재앙을 보태고 죽음을 재촉할 것입니다. 이는 신의 사사로운 근심이라 아직 말할 겨를이 없었사옵고 관직에 제수(除授)된 이후로 연달아 재일(齋日 재계(齋戒)하는 날)을 만나 이제서야 비로소 지극히 간절한 마음을 다 토로하며 저하께 앙망(仰望)하옵니다. 엎드려 바라옵건대, 굽어 살피시어 신이 새로 제수 받은 직명(職名)을 속히 체개(遞改)할 것을 허락하시어 공적으로나 사적으로 다행스럽게 하여주시기를 천만번 크게 원하옵니다. 신은 지극히 간절하게 기원하는 마음 금할 길이 없사옵니다.

대신[284]이 올린 글로 인하여 비변사 당상관을 사임하고 겸하여 휴가를 청한 글[285]

因臺書辭備堂 兼乞恩暇書

삼가 아뢰옵나이다. 황궁(皇穹 하늘)이 보우하시어 성상(聖上)의 체후가 빠르게 강녕(康寧)을 회복하시니, 신하와 백성의 기쁨이 어찌 다함이 있겠사옵니까.

신이 삼가 장령(掌令) 강필신(姜必愼)[286]이 지난번에 올린 서본(書本)을 본즉 균역(均役)의 폐해를 갖추어 진달하며 비변사의 당상 제신(堂上諸臣)들이 이를 말하지 않았음을 논척(論斥)하고 이어서 경책(警責 경계하여 꾸짖음)을 청하였으니, 신이 이에 지극히 두렵고 부끄러운

284 대신(臺臣) : 사헌부의 신하를 지칭하는 말로, 여기서는 사헌부 장령(掌令) 강필신(姜必愼)을 가리킨다.

285 대신(臺臣)이……글 : 이천보(李天輔)는 1752년(영조28) 2월 4일 병조 판서에 제수되었는데, 이 무렵에 올린 글인 것으로 보인다. 원문의 '備堂'은 비변사 당상관의 줄임말로, 도제조·제조·부제조를 이른다. 병조 판서는 자동으로 비변사 제조를 겸직한다.

286 강필신(姜必愼) : 1687~1756. 조선 후기의 문신으로, 본관은 진주이며 자는 사경(思卿), 호는 모헌(慕軒)이다. 1718년(숙종44) 문과에 급제한 후 지평·예조 좌랑·병조 좌랑 등을 지내면서 수비책을 제시한 공으로 원종일등공산에 책록되었다. 그러나 상신(相臣) 조문명(趙文命)·송인명(宋寅明) 등이 탕평책을 주장할 때 이를 반대하였고, 병조 판서 홍계희(洪啓禧)가 주장한 균역론의 폐단을 극론하여 미움을 샀다. 또 상신 정우량(鄭羽良) 형제가 남태량(南泰良)을 재상에 승진시킨 사실을 지적하였다가 정우량 형제에게 밀려 관직을 내놓고 고향으로 돌아가 시문에 전념하였다. 저서로 《모헌집》이 남아있다.

마음 이기지 못하겠나이다.

작년에 균역이 처음 논의되었을 때 신은 성상께서 백성을 구휼(救恤)하시는 지극한 뜻에 감격하여 신하들의 뒤를 따라 그 일에 참여하여 들었사옵니다. 그러나 보잘것없는 저의 의견으로는 마침내 구차히 동조할 수 없는 것이 있어 대략 상소를 지어 올려 망령되이 균역법의 손해와 이익에 대하여 진달하였는데, 말은 졸렬하고 생각은 짧아 성심(聖心)에 마뜩치 않았사옵니다. 신은 그때에는 다만 그 대체(大體)에 반드시 훗날의 폐단이 있을 것임을 알고 만세토록 행할 만한 법이 아닌 것만을 걱정하였사옵니다. 그런데 명목(名目)은 제대로 갖추어지지 않고 시행함에 여기저기 구멍이 뚫려 아침에 영(令)을 발하면 저녁에 폐단을 받아 온 나라를 통틀어 한 군데도 병들지 않은 곳이 없음에 이르렀으니, 신 또한 이와 같이 심할 줄은 생각지 못하였사옵니다. 신이 어찌 끝까지 말하고 빠짐없이 논하여 전에 올린 글에서 미처 다하지 못한 것을 다 말씀드리고 싶지 않았겠습니까마는, 지금 한창 행해지고 있는 법과 이미 확장되고 있는 형세에 신과 같은 한 사람의 말은 있으나마나하니 다만 일을 가로막는 죄를 범할 따름이옵니다.

또 이미 그 폐단을 말하였으면 반드시 폐단을 구제하는 방도가 있어서 뒤이어 제시한 연후에야 가히 도움이 될 수 있을 터인데, 신이 본래 오활하여 멍하니 앉아 끝내 좋은 결과를 가져올 만한 한 가지 계책도 얻지 못하였사옵니다. 이야기가 균역에 이르면 입대(入對)하여서는 고개를 숙이고 엎드려 있었으며 비변사의 좌기(坐起)에서는 팔짱을 끼고 앉아 묵묵히 한 마디도 감히 내지 못하였사오니, 이는 지난번에 올린 한 통의 상소로 책임을 면하였다고 생각하여 그러한 것이 아니오라 실로 어떻게 말해야 할지 알지 못하여 그러한 것이옵니다. 다만 혼자서 깊이 근심하고 길게 탄식하며 밤중에도 잠들지 못하였사오니, 대신(臺臣)의 말을 기다리지 않고도 신이 참으로 저의 죄를 잘 알고 있사옵니다.

아! 균역은 중대한 법이니, 국가의 안위(安危)와 관련되고 백성의 휴척(休戚 행복과 불행)과 연계된 것이옵니다. 신이 비변사 당상관의 직책에 있으면서 눈으로 그 폐단을 목도하여 늠연(凜然 두려워하는 모양)히 토붕와해(土崩瓦解)의 우려가 있사오나 한 가지 계책을 올리거나 한 가지 꾀를 내어서 우러러 우리 성상께서 지성(至誠)으로 백성들을 가엽게 여기시는 뜻을 도울 수가 없사오니, 신의 죄를 돌이켜 보건대 죽고도 남음이 있사옵니다.

대신(臺臣)이 다만 경책(警責)을 청한 것은 어쩌면 그리도 지나친 너그러움에 빠진 것인지요. 신하의 도리 상 오직 마땅히 의리에 따라 허물을 자책하며 비변사 땅에는 한 걸음이라도 영원히 스스로 금을 긋고 들어가지 말아야 할 것이옵니다. 하물며 신이 띠고 있는 유사(有司)의 직임은 더욱 긴중(緊重 꼭 필요하고 중요함)한 자리에 속하여 직함만 차지한 채 자리를 비워두는 것이 용납되지 않음에리까. 그런데도 부끄럽고 두려워 납작 엎드려 있다가 이제서야 비로소 노장(露章)[287]을 올려 저의 죄를 자백하오니, 엎드려 바라옵건대 저하께서는 굽어 살피시어 신이 지닌 비변사 당상관의 직임을 속히 체개(遞改)할 것을 허락

287 노장(露章) : 사람들에게 그 내용을 알리기 위해 봉(封)하지 않고 올리는 소장(疏章)을 말한다. 주로 남의 비리를 탄핵하기 위해 쓰였는데 당사자로 하여금 자신의 잘못을 알고서 복죄(服罪)하게 하기 위해서이다. 여기서는 이천보(李天輔)가 자신의 잘못을 스스로 탄핵하기 위하여 이렇게 올린 것이다.

하시고 이어서 직무를 태만히 한 신의 죄를 다스리시어 공의(公議)에 답하신다면 천만다행이겠사옵니다.

또 엎드려 생각건대, 신이 선산(先山)을 살피기 위하여 지난번에 은가(恩暇)를 입었사온데 그때 마침 병고(病故)가 있어 곧바로 출발하지 못하였다가 삼가 성상의 체후(體候)가 미령(靡寧)하시다는 말씀을 듣고 황급하게 들어가 숙배(肅拜)하였사옵니다. 신의 직무가 몸을 구속하여 성소(省掃)[288]를 폐한 지 이제 벌써 3년이 되었으니, 부모 잃은 외로운 심정이 배나 더하옵니다. 엎드려 바라옵건대, 다시 말미를 내려 주시어 지극한 정을 펼 수 있게 하여주십시오. 신은 지극히 황공하고 간절한 마음 금할 길이 없나이다.

288 성소(省掃) : 조상의 묘역(墓域)을 돌아보고 청소하는 것이다.

진암집

제5권

소차 疏箚

의 議

계 啓

서계 書啓

소차 疏箚

우의정을 사임한 서[1]

辭右議政書

삼가 아뢰옵니다. 신은 질병이 심한 탓에 문 닫고 사직서를 올리면서, 오직 무거운 임무에서 속히 풀려나 살길을 찾기만을 바랐을 뿐이옵니다. 그런데 뜻하지 않게 이러한 때에 신을 뽑아 의정부 우의정에 배수하시니, 신은 놀랍고 두려워서 몸 둘 데가 없사옵니다. 오직 사헌부에서 공의(公議)로써 곧바로 논박해 바로잡기만을 기다렸을 뿐인데, 여러 날 귀를 기울였음에도 지금까지 소식이 없습니다. 신은 이에 감히 마냥 가만히 있을 수가 없어, 만 번 죽음을 무릅쓰고 심혈을 기울여 호소하면서, 밝게 굽어 살피시어 재결(裁決)을 내려 주시옵기를 삼가 비옵니다.

신이 듣건대 이윤(伊尹)이 관직을 위임하는 도(道)를 논하며 이르기를, "어렵게 여기고 신중히 하라."[2]라고 하였습니다. 인재란 쉽게 알

1 우의정을……서 : 《영조실록》에 의하면, 영조 28년 6월 11일에 이천보가 우의정에 제배되었는데, 6월 17일에 사직하는 상서를 올렸으나 왕세자가 허락하지 않았다.

2 어렵게……하라 : 《서경》 〈함유일덕(咸有一德)〉에 나오는 말로, 이윤이 치사(致

수 없기에 임명하기를 어렵게 여겨야 하고, (관직이란) 가볍게 제수할 수 없기에 신중히 해야 한다는 것입니다. 어렵고 신중히 하라는 말은 모든 관직이 다 그러할 것인데, 하물며 재상의 중함이야 말할 나위가 있겠사옵니까.

대개 유사(有司)를 임용함에 있어 반드시 적임자를 얻을 수는 없으나, 하나의 직책이 적임자를 얻지 못했다 해도 하나의 직책이 그 병폐를 받을 뿐이고, 하나의 일이 적임자를 얻지 못했다 해도 하나의 일이 그 폐단을 받을 뿐입니다. 그러나 재상이란 위로는 임금의 마음을 바로잡고 아래로는 백관을 바르게 하는 자리인지라, 국가의 치란(治亂)과 백성의 휴척(休戚)이 여기 달려 있으니, 만일 적임자를 얻지 못한다면 어찌 크게 두렵지 않겠습니까. 그러므로 당우(唐虞)와 삼대(三代 하(夏)·은(殷)·주(周))에서 사람을 쓸 때 무릇 유사의 직책에 임명하려는 자는 간혹 "가한지를 시험해 보고 나서야 그만두기도"[3] 하였던 것입니

仕)할 때 군주인 태갑(太甲)에게 경계한 말 가운데 있다. "관직을 맡기되 현자와 재능 있는 자로 하시며, 좌우에 오직 훌륭한 사람을 등용하소서. 신하는 위로는 임금의 덕을 선양하고, 아래로는 백성을 위해야 하니, 관직을 임명하는 것을 그야말로 어렵게 여기고 신중히 해야 할 것이요, 오직 조화롭고 한결같게 해야 할 것입니다.〔任官惟賢材, 左右惟其人. 臣爲上爲德, 爲下爲民, 其難其愼, 惟和惟一.〕"라고 하였다.

3 가한지를……그만두기도 : 《서경》 〈요전(堯典)〉에 "요 임금이 말하기를, '아, 사악아. 넘실대는 홍수가 한창 피해를 끼쳐 거침없이 산을 감싸고 언덕을 넘어 도도하게 하늘까지 넘실댄다. 백성들이 한탄하고 있으니, 능히 다스릴만한 자가 있으면 다스리게 하리라.'라고 하자, 모두들 '아, 곤입니다.'라고 하였다. 요 임금이 '아, 그렇지 않다. 그는 명을 거역하며 족류들을 무너뜨릴 것이다.'라고 하니, 사악이 '흡족하지 않더라도 시험해 본 뒤에 그만두소서.'라고 하기에, 요 임금이 곤에게 '가서 공경히 수행하라.'라고 하였는데, 9년 동안에 공적이 이루어지지 않았다.〔帝曰 咨四岳 湯湯洪水方割 蕩蕩懷山襄陵 浩浩滔天 下民其咨 有能俾乂 僉曰 於鯀哉 帝曰 吁咈哉 方命圮族 岳曰异哉 試可

다. 그러나 재상의 경우에는 직책을 주어서 시험해 보고, 공효를 분명히 내어 명망과 실질이 상하에 미더워진 연후에야 비로소 등용하였으니, 대충 가한지 여부를 시험하지 않았던 것입니다. 시대가 내려와 한(漢)・당(唐)・송(宋) 이후로는 재상을 두는 도가 진실로 삼대의 성대함에는 미치지 못하였으나, 그래도 위상(魏相)[4]과 병길(丙吉)[5], 방현령(房玄齡)[6]과 두여회(杜如晦)[7], 한기(韓琦)[8]와 부필(富弼)[9] 같은

乃已 帝曰往欽哉 九載 績用弗成〕"라고 하였다.

4 위상(魏相) : ?~기원전 59. 전한(前漢) 선제(宣帝) 때의 명신으로 자는 약옹(弱翁), 시호는 헌(憲)이다. 하남 태수(河南太守)・어사대부(御史大夫) 등을 거쳐 곽광이 죽은 후에 재상이 되었고, 고평후(高平侯)에 봉해졌다. 진위를 잘 분변하고 권력자를 두려워하지 않으며 치죄를 엄격하게 하여, 외척 세력을 억제하고 나라를 부강하게 하는 데 많은 공헌을 하였다.《漢書 卷74 魏相傳》

5 병길(丙吉) : ?~기원전 55. 전한 선제 때의 명재상이다. '邴吉'이라고 쓰기도 하며, 자는 소경(少卿)이다. 율령(律令)을 배워 옥리(獄吏)가 되었고 곧 정위감(廷尉監)에 올랐다. 선제(宣帝) 때 태자내부와 어사대부를 거쳐 승상이 되었고 박양후(博陽侯)에 봉해졌다. 대의예양(大義禮讓)을 중히 여겼다 하며, 시호는 정(定)이다.

6 방현령(房玄齡) : 579~648. 당나라의 재상으로, 자는 교(喬)이다. 수나라에서 진사가 되었으나 당나라에 귀의하여 태종(太宗) 원년(626)에 중서령이 되고 개국공(開國公)에 봉해졌으며, 후에 위국공(魏國公)과 양국공(梁國公)에 봉해졌다. 15년 동안 재상의 자리에 있으면서 두여회(杜如晦)와 함께 현상(賢相)이라는 칭송을 받았으니, '방현령이 모의하고 두여회가 결단한다.〔房謀杜斷.〕'는 말이 있을 정도로 정관(貞觀)의 치(治)는 이들에게 힘입은 바 크다. 시호는 문소(文昭)이다.

7 두여회(杜如晦) : 585~630. 당 현종(唐玄宗) 때의 명재상이다. 대대로 북조(北朝)와 수(隋)나라에서 벼슬하던 관료 집안 출신이다. 그러나 당나라 군대가 관중(關中)으로 들어오자 이세민(李世民)의 참모로 정벌에 나서 공을 세웠으며, 이세민이 태자가 되자 좌서자(左庶子)가 되었다가 병부 상서로 승진하고 채국공(蔡國公)에 봉해졌다. 당나라의 법률제도와 인사행정을 정비하여 방현령과 더불어 정관(貞觀)의 치(治)를 구축하였다. 시호는 성(成)이다.

자들이 나와 한 시대의 다스림을 능히 이루고 지금까지 현상(賢相)이라고 일컬어지고 있으니, 그 가려서 임명함을 또한 지극히 어렵게 여기고 지극히 신중하게 여긴 덕분 아니겠습니까.

신은 본디 지극히 어리석고 지극히 미련한지라, 실로 성세(聖世)의 말단 직임에도 합당하지 않습니다. 그럼에도 대조(大朝)[10]의 특달(特達)하신 지우(知遇)[11]를 과하게 입어 벼슬길에 오른 지[12] 겨우 십 년이

8 한기(韓琦) : 1008~1075. 북송 때의 명재상으로 자는 치규(稚圭). 호는 공수(贛叟)이며 상주(相州) 사람이다. 약관의 나이에 진사시에 급제하였고, 가우(嘉祐) 연간에 정승에 제수되었다. 위국공(魏國公)에 봉해졌으며, 시호는 충헌(忠獻)이다. 덕량(德量)과 문장(文章), 정사(政事)와 공업(功業)에 있어서 송나라 제일의 정승으로 일컬어진다. 문집으로 《안양집(安陽集)》이 있다.

9 부필(富弼) : 1004~1083. 북송 때의 명재상으로, 자는 언국(彦國)이다. 인종(仁宗) 때 무재(武才)로 천거되었다. 1042년에 거란으로 사신 가서 영토를 할양하는 것에 대해 항의하고 대신 세폐(歲幣)를 늘리는 것으로 합의하였다. 이후 추밀사가 되어 범중엄(范仲淹)과 함께 경력신정(慶曆新政)을 추진한 바 있으며, 재상의 자리에 올라 일을 잘 처리해 현상(賢相)으로 불렸다. 왕안석(王安石)과 의견이 맞지 않아 청묘법(青苗法)의 시행을 반대하다 탄핵을 받았다. 정국공(鄭國公)에 봉해진 바 있으며, 후에 한국공(韓國公)으로 치사(致仕)하였다. 시호는 문충(文忠)이고 저서에 《부정공시집(富鄭公詩集)》이 있다. 《宋史 卷313 富弼列傳》

10 대조(大朝) : 왕세자가 대리청정할 때 부왕을 가리키므로, 곧 영조를 말한다. 사도세자는 영조 25년(1749)부터 대리청정하였다.

11 특달(特達)하신 지우(知遇) : 임금으로부터 매우 특별한 예우를 받았음을 말한 것이다. 《예기》 〈빙의(聘義)〉에 "규장을 가지고 천자에게 바로 통하는 것은 덕이 있기 때문이다.〔珪璋特達, 德也.〕"라고 하였다. 이에 대한 공영달(孔穎達)의 소(疏)에 "규장을 지닌 이는 다른 폐백(幣帛)을 갖추지 않고도 천자에게 통할 수 있는데, 사람이 덕을 지니면 통하지 않는 일이 없어서 다른 사물을 기다리지 않고도 일을 성취한다."라고 하였다.

12 벼슬길에……지 : 원문의 '통적(通籍)'은 궁문의 출입을 허락하던 명패(名牌)를

지난 즈음 갑자기 높고 귀한 지위에 올라 권세 있는 요직을 번갈아 차지하며 무리를 따라 부침하였으나, 용렬하고 못난 탓에 하나도 잘한 것이 없사옵니다. 성상께서는 인재를 제대로 가리지 못하여 잘못 제수하시었고, 신은 또한 자신을 헤아리지 못하고 감히 자리를 차지하여 상하(上下)가 같이 그 합당함을 잃었습니다. 성상의 간택을 욕되게 하고 성상의 은혜를 저버린 신의 죄는 죽음으로도 갚지 못할 것입니다.

신이 거쳐 온 직임이 어찌 하나인들 나라의 중임이 아니었겠는가마는 그래도 유사(有司)의 직무였습니다. 성명(聖明)께서 맡기시어 신에게 주신 까닭은, 신이 반드시 그 직임을 감당하리라고 여기셔서가 아니라 아마도 잠시 시험하시려는 의도에서 나왔을 것이옵니다. 그러나 신은 한 푼의 보답도 전혀 하지 못하고 다만 족히 그 졸렬함만 다 드러냈으니 성명께서 진실로 내치고 물리쳐서 군료들을 경각시켜야 마땅한데, 지금 내쳐 물리치지 않을뿐더러 도리어 진급시켜 낭묘(廊廟)[13]의 위에 두시었으니, 죄는 더욱 쌓이는데 지위는 더욱 높아지고 힘은 더욱 미약해지는데 임무는 더욱 커졌습니다.

신은 성상께서 신의 우둔한 실상을 살피지 못하시어 이러한 명을 내리신 것인지, 아니면 누차 시험하여 비록 공효를 낸 바가 없었을지라도 애오라지 또한 삼사(三事)의 지위[14]에서 시험해 보시려고 이러한

말하는데, 출입 허가를 받은 사람의 성명과 연령 등을 적은 것이다. 이는 고관대작이나 종친과 외척에게 대궐을 자유로이 출입하도록 한 제도이다.

13 낭묘(廊廟) : 대신들이 정사를 의논하고 집행하는 곳으로 묘당(廟堂), 조정(朝廷)을 뜻한다.

14 삼사(三事)의 지위 : 삼공(三公)으로 곧 의정부의 영의정, 좌의정, 우의정을 가리킨다.

명을 내리신 것인지 감히 알지 못하겠사옵니다. 그러나 위로 말씀드리자면 임금의 감식(鑑識)은 지극히 밝아 반드시 남김없이 비추어야 할 것이요, 아래로 말씀드리자면 재상이 어찌 가한지 여부를 시험하는 직책이겠습니까. 신은 참으로 창황하여 그 까닭을 모르겠사옵니다. 돌아보건대 지금의 인재들이 비록 조종의 성대했던 시대보다 못하다고 해도, 숙덕(宿德)[15]이 드러나 여망(輿望)이 쏠려 있는 사람들 가운데 또한 절로 적임자가 있을 터인데, 이 직임이 신 같이 재주도 없고 덕도 없는 변변찮은 일개 후진(後進)에게 돌아오다니, 이게 대체 무슨 일이란 말입니까.

신이 명을 들은 후에 온갖 근심이 마음을 괴롭혀서 한밤중에도 잠들지 못하는 것은 단지 신 한 몸의 사사로움 때문만은 아니옵니다. 부디 원하옵건대 예자(睿慈)[16]께서 속히 양찰하시어, 삼가 대조께 여쭈어 신에게 새로 제수하신 직명을 즉시 거두어들이시고 현덕(賢德) 중에 다시 가려 뽑아 국사를 해결하게 하신다면 천만다행이겠나이다.

15 숙덕(宿德) : 오래도록 쌓아온 덕을 말한다.

16 예자(睿慈) : 대리청정을 하고 있는 왕세자를 가리킨다.

돈유[17] 후 좌의정을 사임한 소[18]

敦諭後辭左議政疏

삼가 아뢰옵니다. 신이 일전의 서계(書啓)에서 간절한 심정을 대략 아뢰어, 밝으신 성지(聖旨)를 받들기를 기대하며 삼가 여러 날을 기다렸으나 끝내 처분이 없었습니다. 신이 은명(恩命)을 거듭 어긴 죄는 실로 만 번 죽어도 합당하오나, 속히 위벌(威罰)을 내려 포만(逋慢)[19] 한 죄를 바로잡거나, 그렇지 않다면 하늘의 해와 같은 밝음으로 충심을 굽어 살피사 한결같은 은혜를 온전히 해주실 터, 성명(聖明)께서 신을 처우하실 바는 반드시 이 둘 중 하나일 것입니다. 그런데 성상의 도량으로 포용하시어 이미 형벌을 가하지 않으시더니, 신의 성의가 얕아 또한 윤허를 얻지 못하였사옵니다. 눈 쌓인 황량한 마을에 사신이 당도해 지키면서, 마치 신이 관례대로 사양하면 돈면(敦勉)[20]하여 나아가게 하려는 듯 기다리고 있으니, 신은 이에 땅에 엎드려 눈물 흘리며 오직 어서 죽기만을 바랄 뿐입니다.

아! 신이 초야에 물러나 성세(聖世)의 폐물(廢物)이 되고자 마음으로 맹세하는 것이 어찌 좋아서 그리하는 것이겠습니까. 신이 비록 보잘

17 돈유 : 임금이 의정과 유현(儒賢)에게 면려를 권하는 말이다.

18 돈유……소 : 이천보는 1752년(영조28) 10월에 55세로 좌의정이 되었다.

19 포만(逋慢) : 책임을 회피하고 게을리하는 것을 말한다.

20 돈면(敦勉) : 임금이 전지(傳旨)를 내려 대신이나 유현(儒賢)을 권면(勸勉)하는 것을 말한다.

것없으나 군신의 의(義)를 대략 들었사온데, 성명하신 주상을 만나 망극한 은혜를 받았으면 살건 죽건 평탄하건 험난하건 모두가 신의 직분이거늘, 어찌 감히 한때 죄를 지었다는 이유로 스스로 전하께 소원해질 수 있겠습니까. 게다가 간곡한 뜻을 반복해가며 개석(開釋)[21]하는 성교(聖敎)를 삼가 받들었거니와, 스스로를 돌아보며 허물을 돌리시는 뜻이 사륜(絲綸 임금의 조서)에 가득한 지경에 이르렀으니, 비록 저보다 대등한 지위 이하에서 이런 것을 얻었다고 해도 오히려 감동할 줄 알 터인데, 하물며 신이 주상께 있어서야 더 말할 나위 있겠습니까. 신이 만약 성은을 저버리고 보답할 바를 생각하지 않는다면 신은 그저 미련한 목석(木石)일 뿐이거늘, 신이 또한 어찌 이런 지경에 이르겠습니까.

군신(君臣)은 부자(父子)와 같사옵니다. 아들이 아비에게 죄를 지었는데 아비가 자애로움이 지나쳐서 억지로 위로하여 풀어주며 이르기를 "너의 죄가 아니다."라고 합니다. 그러나 아들의 죄인즉 이웃이 알고 향당(鄕黨)이 아는데, 아들 된 자가 아버지의 위로의 말을 가지고 스스로 그 죄를 덮고서 의의양양 부끄러움을 모른다면 되겠습니까. 신이 오늘 처한 상황은 불행히도 이와 유사합니다. 아! 지금까지의 일을 전하께서 "이미 끝났으니 더 논하지 말라."[22]라고 전교하셨는데, 신이 어찌 감히 그 일을 다시 제기하여 우러러 성상의 귀를 더럽히겠습니까.

21 개석(開釋) : 신하의 무고한 죄나 의심을 풀어주는 것을 말한다.

22 이미……말라 : 《논어》 〈팔일(八佾)〉에 나오는 공자의 말 중에 "이루어진 일이라 말하지 않으며, 다 된 일이라 간(諫)하지 않으며, 지나간 일이라 탓하지 않는다.〔成事不說, 遂事不諫, 旣往不咎.〕"라고 하였다.

그러나 신이 경연에서 주청하는 일에 소홀한 탓에 신 자신만 중죄에 저촉되었을 뿐만 아니라, 온 나라의 신료들로 하여금 솥에 물 끓듯 두려움에 떨며, 마음이 산만해지고 넋이 나가게 만들었습니다. 그리고 한밤중에 장전(帳殿)[23]에서 친히 신문하시는 일까지 있었으니, 신의 일 때문이 아니면 어찌 이 지경에 이르렀겠습니까.

재상이란 백관을 통솔하는 자리입니다. 그러나 신은 통솔도 못할뿐더러 도리어 백관의 죄인이 되었사온데, 지금 만약 염치도 잊고 수치도 무릅쓰며 편안히 다시 구첨(具瞻)의 자리[24]에 나아가고, 나와서는 사람들에게 말하기를, "성상의 하교가 이미 다 개석(開釋)하였거늘 내가 무슨 죄가 있느냐?"라고 한다면 그 누가 믿겠습니까. 신은 진실로 말할 것도 없거니와 조정에 욕됨이 클 것이옵니다. 국가가 재상을 두었는데 조정의 치욕이 되기에 족하다면 그 나라가 잘 다스려지겠습니까? 다스려지지 않겠습니까? 신이 비록 만 번 죽는 한이 있더라도 감히 명을 받들지 못하는 것이 어찌 다만 신 한 몸만을 위한 계책이겠습니까.

신은 이 일이 있은 후부터 끌어다 혐의로 삼을 만한 것이 또한 한 가지만이 아니었으며, 구구히 허물을 자성하는 의리로써 이런 일은 기대하지 않고 있었습니다. 그렇기 때문에 비록 하나하나 열거할 겨를은 없으나 매양 이 생각을 할 때마다 자신을 돌아보며 스스로 슬퍼하였습니다. 신의 괴로운 마음과 지극한 간절함을 성명께서 위에 계시는데 어찌 긍휼히 여겨주시지 않았으리오마는, 중임에 헛되이 매인 채 벗어

23 장전(帳殿) : 임금이 거동했을 때 임시로 머무는 곳으로, 차일을 치고 휘장으로 사방을 둘러막아 가운데에 좌석을 마련하였다.

24 구첨(具瞻)의 자리 : '모두가 우러러보는 자리'라는 뜻으로 재상을 가리킨다.

날 기약이 없으니, 한갓 죄만 쌓음이 날로 더해갑니다. 이에 감히 현도(縣道)를 따라[25] 천지 부모[26] 앞에 다급한 음성으로 슬피 호소하였사옵니다.

엎드려 바라옵건대 성자(聖慈)께오서 굽어살피사 불쌍히 여기시어, 사관(史官)을 소환하여 임금의 명을 욕되게 하지 마시고, 먼저 신의 직임을 체차한 뒤 이어서 신의 죄를 다스리심으로써 나라의 법을 엄히 하시고 미천한 본분을 편안히 해 주신다면 천만다행이겠사옵니다.

25 현도(縣道)를 따라 : 지방에 있는 관원이 상소할 때 자신이 거주하는 고을에 상소문을 바치면, 고을 수령이 감사에게 상소문을 보내고 감사가 승정원으로 올려 보냈다. 이러한 과정을 통해 올리는 상소를 '종현도상소(從縣道上疏)', 또는 '현도소(縣道疏)'라고 하였다.

26 천지 부모 : 천지이며 부모라는 뜻으로 임금을 가리킨다.

거듭 제수된 좌의정을 사면한 서[27]

重拜左議政辭免書

삼가 아뢰옵니다. 기후가 화창한 가운데 대조(大朝)[28]께서 원행(園幸)[29]하시었다 매우 편안하게 환궁하시니, 신민(臣民)의 기쁨이 한량없사옵니다.

엎드려 생각건대 신이 본직(本職)[30]에 감히 무릅쓰고 나아갈 수 없는 정상을 앞의 상소에서 대략 아뢰었기에 예감(睿鑑)[31]으로 반드시 살펴주셨기를 속으로 바랐사오나, 내려주신 비답을 받들어 봄에 윤허 받지 못하였으며, 마치 신이 관례에 따라 가식적으로 사양하므로 돈면(敦勉)하면 나오게 할 수 있다 여기시는 듯하였습니다. 신은 답답하고 두려워 몸 둘 바를 모르겠나이다. 혹 신이 상소에서 신을 파면하자마자 도로 제수하는 것은 국가의 형정(刑政)에 관계되는 일이라고만 논하였을 뿐, 신 한 몸의 염치로 어명을 결코 받들 수 없음에 관해서는 미처 아뢰지 않았던 탓에 그 위태롭고 괴로운 정상이 오히려 통촉하심을

27 거듭……서 : 이천보는 1752년(영조28) 10월에 55세로 좌의정이 되었고, 2년 후인 1754년에 두 번째로 좌의정이 되었다.

28 대조(大朝) : 영조를 가리킨다.

29 원행(園幸) : 영조가 생모의 묘인 소령원(昭寧園)에 행차한 일을 말하는 듯하다. 영조의 생모인 숙빈 최씨의 묘는 처음에는 소령묘(昭寧墓)라고 하였다가 29년(1753)에 소령원으로 승격시켰다.

30 본직(本職) : 좌의정을 가리킨다.

31 예감(睿鑑) : 임금의 밝은 감식(鑑識)을 말한다.

입지 못하여 그런 것입니까.

무릇 지금 조정의 신하로 직위에 있는 자가 그 직책을 잘하지 못하여 죄를 입었다가 다시 그 직책을 제수받으면, 그간의 세월이 좀 오래되었다고 할지라도 또한 앞의 일을 끌어다 혐의로 삼아 머뭇거리며 물러나 사양할 수 있고, 조정에서도 혹 한번은 체차를 허락하여 그 뜻을 이루게 해 줄 수 있으니, 대개 염치라는 것이 그렇게 하지 않을 수 없기 때문입니다. 더구나 신은 외람되이 대관의 지위에 있었사온데, 대관 자리에서 견책당해 파면되는 일이라면 얕은 벌이 아닙니다. 그런데 얼마 안 돼 도로 임명되어 자기로써 자기를 대신하게 되었음에도 편히 거하여 사퇴할 줄을 모른다면, 사유(四維)[32]가 펼쳐지지 않음은 장차 신으로부터 비롯될 것입니다. 나라에서 재상을 두는 것은 백관을 모범이 되어 거느리게 하기 위함입니다. 신은 감히 이런 논의에 낄 수도 없사온데, 또 어찌 차마 스스로 사유를 무너뜨리고서 백관의 우두머리로서 얼굴을 들겠사옵니까.

아! 신의 직위인즉 조종(祖宗)께서 사람을 가려 제수하시고, 예(禮)로써 들이고 내쳐왔던 자리인데, 신같이 보잘것없는 자가 구차하게 자리를 채웠으니, 참으로 어진 이의 앞길을 방해함이 이미 오래되었습니다. 그런데도 대방(大防)[33]을 업신여기며 저버리게 하고, 강제할 수 없는 것을 강제로 하게 하시면서도 신의 처지를 조금도 헤아려 주지

32 사유(四維) : 나라를 다스리는 네 가지 강령으로 예(禮), 의(義), 염(廉), 치(恥)를 말한다. 《관자(管子)》 〈목민(牧民)〉에 "예·의·염·치는 나라의 사유이니, 사유가 신장되지 않으면 나라가 망한다.〔禮義廉恥, 國之四維, 四維不張, 國乃滅亡.〕"라고 한 데서 유래한 것이다.

33 대방(大防) : 큰 법칙으로, 예법(禮法)을 가리킨다.

않으시다니, 신은 말할 만하지 못하다손 어찌 그 직책의 중함을 돌아보지 않으십니까.

신이 중서(中書)[34]에서 자리만 차지하고 앉은 지 지금 이미 해를 넘겼사옵니다만 한 가지 일도 건의하지 못하고 한 가지 계책도 구획하지 못하여 여기저기서 고통이 터져 나왔는지라 전후로 엄중한 하교를 받은 것이 여러 번이었습니다. 애타듯 급한 상황 아니면 놀랄 만큼 급박한 지경들을 결국 미봉은 하였으나 그저 관을 벗고 죄를 자책하는 데 그쳤을 뿐입니다. 신을 아는 자들은 근심하며 탄식하고, 신을 모르는 자들은 조롱하고 비웃는데도 신은 오히려 머뭇머뭇 미련을 두며 차마 바로 떠나지 못하였으니, 이것이 어찌 녹과 지위를 탐하고 연연해서였겠습니까. 대개 마음속에 새긴 바가 있어 혹 조금이나마 은혜를 갚기를 바랐기 때문이었습니다. 그런데 지금 은혜를 갚지 못할뿐더러 구구한 염치마저 완전히 팽개친다면, 신은 실로 비루한 사내라 사람들은 장차 신이 남긴 밥조차 먹지 않을 것입니다.

일전에 한번 사은숙배(謝恩肅拜)할 적에 마침 대조께서 거동하시었는데, 하필 유도(留都)의 일이 급하였으므로 다른 일은 돌볼 겨를이 없어 창황하게 명을 받들게 되었습니다. 그러나 신이 만약 요행을 틈타 버티고 앉아 물러나지 않는다면 고금에 어찌 이러한 일이 있겠습니까? 이에 감히 다시 도성문을 나가 삼가 처분을 기다렸던 것인데, 굳은 충심을 아직 성상의 일월 같은 밝으심 앞에 스스로 진달하지 못한 탓에, 사관이 멀리까지 찾아온 데다 심지어 명소(命召)[35]를 도로 주라는

34 중서(中書) : 중서령(中書令)으로 재상을 가리킨다.

35 명소(命召) : 임금이 명패(命牌)를 주어 의정 대신(議政大臣)이나 육조(六曹)·

하교까지 있게 되었습니다.

신은 사정이 다급하고 형세가 절박하여 속히 형장(刑章)[36] 입기만을 원할 뿐인지라, 다시금 심중을 피력하여 만 번 죽음을 무릅쓰고 세자 저하[37]께 부르짖어 호소하옵니다. 엎드려 바라옵건대 굽어살피시어 긍휼히 여기사 신의 직명을 삭제하시고, 이어서 신이 명을 어긴 죄를 다스리시어 뭇 관원을 면려하시고 미천한 소신을 온전하게 해주신다면 천만다행이겠나이다. 신은 두렵고 간절한 마음을 가눌 수가 없사옵니다.

대간(臺諫) 등을 대궐로 부르던 일을 말한다.

36 형장(刑章) : 형법(刑法)과 같다.

37 세자 저하 : 원문의 '이극(貳極)'은 두 번째로 높은 자리라는 뜻으로 세자를 지칭한다.

해래 사관[38]을 거두어 주기를 청하는 소[39]

乞收偕來史官疏

삼가 아뢰옵나이다. 세월이 쏜살같이 흘러서 의소묘(懿昭廟)[40]의 담사(禫事)[41]가 어느새 지나갔습니다. 엎드려 생각하건대 성심(聖心)의 슬픔과 아픔이 더욱 깊어지셨을 터, 어찌 옥체에 손상됨이 없겠습니까.

38 해래 사관 : 임금이 신하를 불러들이기 위해서 함께 모시고 오도록 명하여 보낸 사관(史官)을 말한다.

39 해래……소 : 이 소(疏)는 영조 30년 4월 즈음에 썼을 것으로 추정된다. 《영조실록》 30년 윤4월 5일 기사에 임금이 좌의정 이천보에게 다음과 같이 하유하였다. "사관이 지켜 기다린 지 이제 며칠인가? 신하의 분의(分義)는 그 임금이 한때 하교한 것 때문에 감히 고집부리지 않아야 할 것이다. 더구나 접때 타이른 것이 한두 번이 아닌데, 나라를 깊이 생각하는 정성이 있는 경으로서 어찌하여 이것을 헤아리지 않고 이처럼 언짢아하는가? 의소(懿昭)의 입묘(入廟)가 사흘 남았을 뿐이니, 나에게는 언짢아할지라도 어찌 세 살인 내 손자의 담제(禫祭) 날을 생각하지 않고 시골에서 머뭇거리겠는가? 경은 헤아려야 한다." 아래 본문에 의하면, 이천보는 참석하지 않았다.

40 의소묘(懿昭廟) : 의소세손(懿昭世孫, 1750~1752)의 사당이다. 1752년(영조28)에 창의궁((彰義宮)에 세웠다. 의소세손은 영조의 손자로, 사도세자와 혜빈 홍씨의 장남이다. 이름은 정(琔)이고, 정조의 동복형이다. 1751년(영조27) 6월 왕세손에 책봉되었으나, 이듬해에 세 살의 나이로 죽자 영조가 친히 의소라는 시호를 내렸다. 뒤에 사도세자가 장종(莊宗)으로 추존되었을 때 의소세자로 격상되었고, 곧이어 장종이 장조 의황제(莊祖懿皇帝)로 다시 추존되자 의소태자로 격상되었다. 능원은 경기도 고양시 덕양구 원당동 서삼릉 경내의 의령원(懿寧園)이다.

41 담사(禫事) : 담제(禫祭)를 말한다. 담제는 삼년상을 마친 그 다음다음 달 하순에 탈상하면서 지내는 제사이다. 의소 세손의 담제는 영조 30년 윤4월 7일에 영조가 담제에 관한 하교를 내리고, 이튿날 8일에 영조가 친림하여 거행하였다.

신은 일전에 별유(別諭)[42]를 받자옵고 감히 강가 교외에 태연히 머물 수가 없어 병든 몸을 가마에 싣고 성 밖에 와서 부복하였사온데, 사관이 또한 와서 성지(聖旨)를 전함에 누누이 말씀하심이 더욱 간곡하여 신의 입시를 재촉하시었습니다. 신하된 분의(分義)로 마땅히 성상의 앞에 나아가 우러러 위태롭고 괴로운 심정을 드러내고 이어서 제반(祭班)[43]에 참여해야 했으나, 앓고 있는 여러 증세가 바람을 무릅쓰고 행보한 탓에 배나 심해져서 일어나 움직일 수가 없었기로 인정을 어그러뜨리고 결례를 범하였으니, 죄만 더욱 커졌사옵니다.

아! 지난번 성상의 비답의 간곡하고 통찰하심이 예사를 넘었기에, 신은 눈물 흘리며 장중히 외면서 죽을 곳을 알지 못하였사옵니다. 이러한 지경에 이르러 신이 어찌 감히 줄곧 거역하여 만명(慢命)[44]의 죄를 거듭 자초하겠사옵니까. 그러나 죽음을 무릅쓰고 애절하게 호소하여 하늘의 해가 충심을 굽어살피기를 속으로 바라는 것은, 신이 일시의 노여움이 아닌 하교[45]가 있었다고 하여 스스로 군부(君父)를 소홀히 하고자 함도 아니요, 비답의 개석(開釋)이 간절하여 신이 나아갈 길을 열어 주신 것을 모르는 바도 아닙니다. 다만 삼가 듣건대 신하가 임금을 섬김에 있어 "제대로 행할 수 없을 때는 그만두고 떠나야 한다."[46]

42 별유(別諭) : 임금이 특별히 신하에게 내리는 유지(諭旨)를 가리킨다.

43 제반(祭班) : 각종 나라 제사에 제관(祭官)으로 참여하는 반열을 말한다.

44 만명(慢命) : 임금의 명령을 어기는 것을 말한다.

45 노여움이……하교 : 원문의 '匪怒之教'는 노여워한 것이 아니라 가르치려 한 것이라는 뜻이다. 《시경》 〈반수(泮水)〉에 "얼굴빛을 화락하게 하고 웃으시니, 노한 것이 아니라 가르치시는 것이로다.〔載色載笑, 匪怒伊教.〕"라고 하였다.

46 제대로……한다 : 공자가 일찍이 계씨(季氏)의 비행을 간하여 막지 못한 염구(冉

하였고, 성명한 왕이 사람을 임용함에 있어 공 없는 자는 내친다고 하였습니다. 전기(傳記)를 소급하여 고찰해 보아도 이 도(道)를 말미암지 않고서 위에서 능히 그 업적을 드날리고 아래에서 능히 그 의리를 온전히 한 자는 찾아볼 수 없습니다. 마땅히 쫓아내야 하는데 도리어 승진시키고, 마땅히 그만두어야 하는데도 도리어 진급한다면 위아래가 모두 그 마땅함을 잃는 형국이 될 터인데, 이런 것으로써 나라를 다스리고자 한다면 또한 잘못된 것이 아니겠습니까?

신은 지극히 용렬하고 비루한데도 외람되이 특달(特達)의 지우(知遇)[47]를 입어 중임을 맡았으나 한 치의 공효(功效)를 세워 성상의 정치를 보좌하지도 못했을뿐더러, 자리에 있던 삼 년 동안 저지른 죄가 만 번 죽어 마땅했던 적이 무릇 여러 번이었습니다. 그러나 전하께서 신을 처벌하신 것은 예에 따른 가벼운 처벌에 그쳤고, 또 곧이어 포용해주시고 부당하게 관직까지 주시어, 마치 한 번 죄를 지으면 바로 한 번의 은례(恩禮)를 베풀고 두 번 죄를 지으면 바로 두 번의 은례를 베푸는 형국이 되었기에, 지금에 이르러서 신의 죄는 더욱 무거워지고 성은은 더욱 높아졌습니다.

아! 무능한데 그만두지 않는 것도 오히려 의(義)가 아닐진대, 하물며 죄가 있는데 그만두지 않아서야 되겠습니까. 공이 없는데 내치지

求)를 책망하여 이르기를 "구야, 주임(周任)이 말하기를 '힘을 다하여 반열에 나아가서 능히 할 수 없겠거든 그만두어야 한다.'라고 했으니, 위태로운데도 굳게 지키지 않고, 넘어지는데도 붙들지 않는다면 저런 상신을 어디에 쓰겠느냐.〔求 周任有言曰 陳力就列 不能者止 危而不持 顚而不扶 則將焉用彼相哉〕"라고 한 데서 온 말이다. 《論語 李氏》

47 특달(特達)의 지우(知遇) : 임금으로부터 매우 특별한 예우를 받았음을 말한 것이다.

않는 것도 오히려 도(道)를 잃는 것일진대, 하물며 죄가 있는데 내치지 않아서야 되겠습니까. 또 하물며 그 죄가 두 번 세 번에 이르렀는데, 위에서는 단지 은전에만 힘쓰고 아래에서는 단지 총애만 믿어, 끝내 내치지 않고 끝내 그만두지 않아서야 되겠습니까? 신이야 족히 말할 것이 못 된다손, 성세(聖世)의 형정(刑政)에 누를 끼치는 것은 어찌하시겠습니까.

신이 차라리 부월(斧鉞)의 형벌을 받을지언정 감히 무릅쓰고 나아갈 생각을 하지 못하는 것은 굳은 충심, 오직 이것일 뿐입니다. 신이 비록 형편없으나 그래도 인심(人心)을 가지고 있사온데, 이제껏 베풀어주신 덕음(德音)을 마음에 새기고 뼈에 새기면서 숨이 끊어지기 전에 어찌 감히 잊겠습니까. 그러나 아무리 돌이켜 보아도 전후로 지은 죄가 실로 얼굴을 들고 다시 백료의 우두머리 자리에 나아갈 수 없습니다. 이것이 바로 신이 황야를 방황하면서 하늘을 우러러 죽기를 빌며 그치지 않는 이유입니다.

또한 삼가 생각건대, 신은 근자에 앓은 독감에 묵은 병증까지 겹쳐졌사온데, 그 위험한 조짐과 피폐한 상황이야 성청(聖聽)을 이루 다 어지럽혀 드릴 수 없사오나, 처음부터 끝까지 병세의 진퇴(進退)가 일정하지 않사옵니다. 신은 고질병을 가지고 외람되이 중한 직무를 연이어 맡느라 분주한 나머지 피로가 쌓이고, 경황없이 다급한 중에 근골이 다 삭았습니다. 정기(精氣)는 소진되고 힘은 고갈되어 파리하게 몸이 상해 뼈가 드러나고, 나이 예순이 채 안 되어 갑자기 구부정한 늙은이가 되어버린 터라, 만약 하루아침에 병이라도 도지면 요행을 바랄 수 없습니다. 만약 지금 정말 병이 도진다면, 어찌 다시 일어나 사람 노릇 하기를 보장하겠나이까.

이에 어쩔 수 없이 천지 부모 앞에 다급한 소리로 호소하옵나이다. 부디 바라옵건대 성자(聖慈)께오서 굽어살피사 불쌍히 여기시어 해래 사관의 명을 속히 거두시오소서. 신의 직위를 삭제하고 신의 죄를 다스리심으로써 나라의 법을 엄히 하시고 미천한 분수를 편안히 해주신다면 천만다행이겠나이다. 신은 두렵고 간절한 마음을 가눌 수가 없사옵니다.

조종부의 상서로 인하여 면직해 주기를 진정하는 소
因趙宗溥書 陳情乞免疏

삼가 아뢰옵니다. 신이 마땅히 떠나야 함에도 떠나지 않아 조만간 위태롭고 치욕스러운 일이 닥칠 것을 대기한 지 오래이온데, 조종부(趙宗溥)[48]의 상소가 과연 나와서, 먼저 개정(改正)하기를 청하고 끝에는 논단(論斷)[49]할 것을 청하였사옵니다. 지면 가득한 화심(禍心)[50]은 비

48 조종부趙宗溥) : 당시 지평으로서 이천보를 탄핵하기를, 정승의 자격이 없는 자로서 남의 부인을 빼앗고 그 지아비를 병들어 죽게 했다고 하며 상서하였다. 《영조실록》 30년(1754) 11월 20일에 그 상서의 내용이 대략 실려 있는데 다음과 같다. 정승 이천보는 처음부터 명환(名宦)을 차지하려고 꾀했다는 비방이 있었으며, 용렬한 겁쟁이일 뿐이고 그 행실은 비루한 자인데 집안의 세력이 좋아서 지위가 높아졌다. 여염의 강씨(姜氏) 성을 가진 사람의 아내가 자색으로 이름이 났는데, 그 지아비가 멀리 나간 것을 보고 이천보가 부정한 방법으로 겁주어 데려다가 그대로 첩을 만들었다. 그 지아비가 억울함을 호소한다는 말을 듣고는 후한이 있을 것을 염려하여 포장(捕將) 정찬술(鄭纘述)에게 분부하여 때려죽이게 하였으나, 정찬술이 그 억울함을 알고 기꺼이 거행하지 않으니 다른 일을 꾸며서 그를 파직하였다. 정찬술을 대신한 자가 그를 별간에 가두고 10여 일 동안 물도 마시지 못하게 하여 죽게 하였다. 얼마 안 가서 포장이 앓아 죽으니 세상 사람들이 그 재앙을 받았다고 하며, 정승을 비난한다고 하였다. 이에 임금이 정형복(鄭亨復)을 형조 판서로, 유언민(兪彦民)을 참의로 제수하여 참판 심성진(沈星鎭)과 함께 그 일을 조사하게 한 결과, 조종부는 사판(仕版)에서 삭제하고 귀양 보내라고 명하였고, 이천보에게는 승지를 보내어 위로하였다. 이때 이천보는 금오(金吾)에서 대명(待命)하였다. 11월 25일 기사에는, 정언 홍억(洪檍)이 상서하여 조종부를 사판에서 삭제하고 귀양 보내라는 명을 도로 거두기를 청하니, 왕세자가 그 소장을 돌려주고 특별히 삭직도록 하령하였다.

49 논단(論斷) : 죄안을 판결하는 것을 말한다.

록 신을 질투하고 미워하는 자가 보았다 하여도 오히려 또한 간담이 서늘하고 온몸에 소름이 끼칠 정도였는지라, 신은 비통하고 절박한 심경에 차라리 그 자리에서 죽어 없어지고 싶었으나 그러지도 못하였습니다.

아! 인심은 경박한데 신의 덕망으로는 눌러 복종시킬 수 없고, 조정의 기상이 분열되어있는데 신의 역량으로는 한데 모을 수가 없사옵니다. 밖으로는 때를 헤아리지 못하고 안으로는 자기를 헤아리지 못한 탓에, 지극히 어려운 시기에 주선하고 대중이 다투는 곳에 임무를 맡으면서 마음만 믿고 무턱대고 가다 보니, 사람들에게 득죄하는 일이 많았습니다. 원수들이 모인 곳에 그 독봉(毒鋒)이 기어이 이르는 일이야 괴이할 것이 없습니다만, 그 중에 "당여를 세워 권세를 판다.〔樹黨市權〕"는 한 구절인즉 권세 있는 간신이 저지를 극죄(極罪)이니, 신하로서 이 죄를 진 자라면 비록 일족이 몰살되고 일신이 멸한다 할지라도 어찌 그 만분의 일인들 속죄하겠습니까.

아! 가령 과연 언자(言者)[51]의 말과 같이 신의 기세가 족히 사람을 제압할 만하고 성원(聲援)이 족히 자신을 지킬 만하였다면, 비록 신의 처지를 달갑게 여기는 자라 할지라도 반드시 이처럼 차고 짓밟으며 능멸하는 지경에 이르지는 않았을 것입니다. 그러나 저 언자가 도리어 넉 자의 지목[52]을 쉬이 가하다니, 천지 귀신이 분명하게 벌여 있고 삼엄하게 늘어섰거늘 어찌 감히 속이겠사옵니까.[53] 말단(末端)의 한 가지

50 화심(禍心) : 남을 해치려는 마음이다.

51 언자(言者) : 언관으로, 이천보를 탄핵하여 상서한 지평 조종부를 가리킨다.

52 넉……지목 : '樹黨市權〔당여를 세워 권세를 판다.〕'를 가리킨다.

일[54]에 이르러서는 최고로 그 살심(殺心)[55]을 쏟아부었다 할 수 있는데, 말을 하려니 입이 더러워질 것이라 언급하고 싶지도 않습니다. 그러나 통분할 만한 것은 생판으로 거짓된 말을 지어내서는 중외(中外)에 전파하여 한 세상을 현혹시키고, 그런 후에 끝에는 대각(臺閣)[56]의 위세를 빌려 그 일을 사실로 만들어서 위로 성상의 귀를 어지럽힌 일이니, 그 계획은 지극히 교묘하고 음흉하다고 할 만하며, 신이 이 무리에게 시기를 받은 것을 여기에서 또한 징험할 수 있사옵니다. 비록 일월(日月)의 밝음으로써도 또한 어찌 그 일의 정상을 다 통촉하시겠사옵니까.

신은 불초하여 3년 동안 중서(中書)[57]에 있으면서 멍청하게 자리만 차지하고 녹을 먹으며[58] 잘한 일은 하나도 없으니, 만약 신의 죄를 논하고자 한다면 할 말이 없을까 걱정이겠습니까.[59] 그런데 기어코 욕설을

53 천지……속이겠사옵니까 : 한유(韓愈)의 〈맹상서에게 주는 글〔與孟尙書書〕〉에 "천지신명이 분명하게 벌여 섰고 삼엄하게 늘어섰으니, 무함할 수 있는 일이 아니다.〔天地神祇 昭布森列 非可誣也〕"라는 말이 나온다.

54 말단의……일 : 이천보가 남의 부인을 빼앗고 그 남편을 죽게 했다고 주장한 것을 가리킨다. 이 일은 조종부의 상서 뒷부분에 "비록 한 가지 일로 말하더라도〔雖以一事言之〕"로 시작되어 있다.

55 살심(殺心) : 남을 해치려는 마음을 말한다.

56 대각(臺閣) : 사헌부(司憲府)와 사간원(司諫院)을 말하는데, 여기서 조종부가 사헌부 지평(持平)이므로 말한 것이다.

57 중서(中書) : 의정부(議政府)의 별칭으로, 재상을 말한다.

58 자리만……먹으며 : 원문의 '시소(尸素)'는 '시위소찬(尸位素餐)'의 줄임말이다.

59 만약……걱정이겠습니까 : 처벌할 의도를 품으면 트집 잡을 핑곗거리는 많다는 뜻이다. 춘추 시대 진(晉)나라의 이극(里克)이 죽기 직전에 자기를 죽이려는 진 혜공(晉惠公)에게, "죄를 뒤집어씌우려 한다면 무슨 할 말이 없을 것을 걱정하겠는가.〔欲加之罪, 何患無辭?〕"라고 하였다. 《춘추좌씨전(春秋左氏傳)》 〈희공(僖公) 10년〉에 있다.

퍼붓기를 마치 길거리의 아이들이 삿대질을 하며 추악한 말로 꾸짖고 나서야 후련해 하는 것과 같이 하는 것은 대체 무슨 마음입니까. 이전 역사를 두루 논하자면, 대신으로서 사람들에게 논박을 받은 자가 어찌 한량이 있겠습니까마는, 욕설을 가함이 이러한 극한에 이른 경우는 여태 듣지 못하였습니다.

신이 못난 탓에 조정에 욕을 끼쳤으니, 모두 신의 죄가 아님이 없습니다. 비록 성명(聖明)께서 위에 계시어 왕법을 굽혀 용서해주신 덕에 한 가닥 위태로운 목숨이 아직도 지상에 남아있기는 하오나, 부질없이 성권(聖眷)[60]을 수고롭혀 거듭 별유(別諭)[61]를 내리시고, 근시(近侍)를 보내 지키면서 은혜를 더욱 높이시는 일이 어찌 죄지은 더러운 신하가 받을 수 있는 것이겠사옵니까. 전하께서 주신 것은 은례(恩禮)요 굽힌 것은 형장(刑章)이온데, 신이 받은 치욕을 돌아봄에 끝내 씻을 길이 없으니, 그 어떻게 사람들 사이에서 감히 낯을 들고 멀쩡히 지낼 수 있겠습니까. 그러나 이는 오히려 신의 일신상의 일에 속할 뿐이고, 이름이 구첨(具瞻)[62]에 있으면서 욕 당함이 이 지경에 이른다면, 맑은 조정에 누가 되고 당세에 수치가 됨이 마땅히 어떠하겠사옵니까.

하늘을 우러르고 땅을 굽어봐도 부끄럽고 통탄스럽기만 한지라, 오직 빨리 죽기만을 원하는 마음에 피눈물을 흘리며 석고대죄하여, 주광(黈纊)[63] 아래에 애절하게 대략 아뢰었사옵니다. 엎드려 바라옵건대

60 성권(聖眷) : 신하에 대한 임금의 사랑을 말한다.

61 별유(別諭) : 임금히 특별히 신하에게 내리는 유지(諭旨)를 가리킨다.

62 구첨(具瞻) : '모두가 우러러보는 자리'라는 뜻으로 재상을 가리킨다.

성명께서 신의 직명을 속히 책면(責免)[64]할 것을 윤허하시어 언자가 아뢴 개정(改正)의 청을 따르시옵고, 이어서 유사에게 명하여 신의 죄를 다스리시어 시의(時議)에 답하신다면 천만다행이겠나이다.

63 주광(黈纊) : 임금이 쓰는 면류관의 양쪽에 달아매어 두 귀 옆으로 늘어뜨린 누런 솜방울을 말하는데, 이는 제왕이 무익한 말은 듣지 않음을 상징한다. 곧 임금을 가리킨다.

64 책면(責免) : 책임을 물어 면직(免職)하는 것을 말한다.

조영순[65]의 상서[66]로 인하여 다시 조사하기를 청한 소

因趙榮順書 請更查疏

삼가 아뢰옵니다. 신은 조종부(趙宗溥)[67]의 말에 걸리고서부터 성 밖에서 석고대죄하며 삼가 엄한 처분을 기다리고 있었사온데, 간서(諫

65 조영순(趙榮順) : 1725~1775. 본관은 양주(楊州). 자는 효승(孝承), 호는 퇴헌(退軒). 할아버지는 우의정 조태채(趙泰采)이고, 아버지는 동몽교관(童蒙教官) 조겸빈(趙謙彬)이다. 박필주(朴弼周)의 문인이다. 1751년(영조27) 정시 문과에 급제하였고 좌의정 김상로(金尙魯)의 천거로 정언이 되었다. 부수찬이 되어 왕세자에게 영의정 이천보(李天輔)를 매도하는 글을 올렸다가 대정(大靜)의 해도(海島)로 유배되었다. 1759년 영의정 유척기(兪拓基), 우의정 신만(申晩) 등의 건의로 풀려나와 세손강서원(世孫講書院)의 익선(翊善)에 기용되었다. 이후 의주 부윤, 황해도 관찰사, 호조 참판 등을 역임하였다. 사직이 되어 소론의 영수 최석항(崔錫恒)의 신원(伸寃)을 상소하였다가 관직을 삭탈당하고 경흥에 유배되었다. 풀려나와 여러 번 벼슬에 임명되었으나 응하지 않았다. 저서로 《퇴헌집(退軒集)》이 있다.

66 조영순의 상서 : 《영조실록》 30년(1754) 11월 20일에 실린 사신(史臣)의 말에 의하면, "조영순은 일찍이 참하 홍록(參下弘錄) 때문에 이천보에게 바라는 것이 있었으나 이천보가 들어주지 않았으므로, 조영순이 이 때문에 이천보를 원망하는 것이 날로 심해져서 서로 부추겨 조종부가 그를 탄핵하고 조영순이 또한 뒤를 이어 탄핵한 것이었다." 라고 하였다. 동 11월 27일에 조영순이 또 상서한 이민곤(李敏坤)과 함께 유배되었다. 이날 기사에 부수찬 조영순이 이천보를 탄핵한 상서가 실려 있는데 그 내용은 대략 다음과 같다. 이천보는 정승으로서 마땅한 인물이 아니며 음흉하고 비루한 성품으로 권문에 붙어서 갑자기 높은 자리를 차지하였고, 평생의 재주는 남을 배척하고 자기를 이롭게 함이며 아첨하여 총애를 굽히는 데만 힘쓴다고 하며, 탐욕이 끝이 없어 뇌물이 모여들고 아첨하는 문객으로 당여(黨與)가 치성해져서 항간에 가시(歌詩)가 퍼져 손가락질을 받는다고 하였다.

67 조종부(趙宗溥) : 354쪽 주48 참조.

書)[68]와 당서(堂書)[69]가 이어서 나오고 죄를 낭자히 성토함이 급서(急書)[70]와도 같았기에, 신은 감히 일각도 도성문 가까운 곳에서 머뭇거릴 수가 없어서 창황하게 강을 건넜습니다. 가슴을 치고 피눈물을 닦으며 다만 이 몸이 아직도 지상에 있는 것이 한스러웠습니다. 옛날에 노여웠던 자들과 새로이 원한 품은 자들이 이 기회를 틈타 번갈아 발하기를 갈수록 더욱 급히 하더니, 사촌 형제[71]에까지 미쳐서는 기어이 온 집안을 멸하고 나서야 그치고자 하니, 아! 어찌 그리도 급히 한단 말입니까.

저들이 지면 가득 적어서 나열한 것인즉 크게 간사하고 크게 사특한 극죄(極罪)가 아님이 없는데, 혹 (트집 잡아) 억누르고, 혹 날조하고, 혹 흠을 잡아 내 함정에 빠뜨리려 하지만 천감(天鑑)[72]이 위에 계시니

68 간서(諫書) : 임금에게 간하는 서장(書狀)이다.

69 당서(堂書) : 옥당(玉堂)의 상서를 말한다. 옥당은 홍문관의 별칭이다.

70 급서(急書) : 외적의 침입이나 고변 같은 국가적 위급한 일을 알리는 글을 말한다. 여기서는 고변하는 글을 가리킨다.

71 사촌 형제 : 이익보(李益輔, 1708~1767)와 이정보(李鼎輔, 1693~1766)를 가리킨다. 조영순의 상서에, "그 종제 이익보는 잔인한 성질에 간사한 행실이 있으며 악인끼리 서로 도와 기회를 틈타 벼슬을 빼앗고 위복(威福)을 빙자하여 진신(搢紳)을 갈라놓아 어지럽혔다.……지난겨울에 이정보가 승자(陞資)된 것에서 극도에 달하였다."라고 하였다. 이익보는 자는 사겸(士謙)이고 아버지는 참판 이우신(李雨臣)이다. 대사헌, 판돈녕부사, 좌참찬 등을 역임하였다. 이정보는 자는 사수(士受), 호는 삼주(三洲) 또는 보객정(報客亭)이다. 이익보의 형이다. 이조 판서로 지춘추관사・판돈녕부사를 겸하고 이어 좌참찬으로 세손의 사부가 되었다. 1762년 기로소에 들어갔으며, 1763년(영조39)에 대제학 등에 이어 판중추부사로 보국숭록대부(輔國崇祿大夫)에 승진하였다. 시호는 문간(文簡)이다.

72 천감(天鑑) : 임금의 감식(鑑識)을 말한다.

신이 꼭 조목마다 분별하여 논파할 필요조차 없을 것이옵니다. 그러나 그밖에 사람을 현혹하고 두려움에 떨게 만드는 말들은 온통 허공에 펼쳐놓은 그림자 모양 어지럽고도 번쩍거리며 오직 추잡하게 욕하는 것만을 통쾌함으로 삼고 있는데, 신이 비록 그 한두 가지를 분별하여 밝히고자 하여도 형상이 없어 잡을 길이 없으니, 말할 바를 알지 못하여 단지 스스로 하늘에 호소하며 슬피 눈물만 흘릴 뿐입니다. 그러나 '조사하는 일〔查事〕' 한 조목에 이르러서는 이미 엄한 조사를 거쳤는데도 아직도 "흐릿해서 분명하지 않다."라고 하고 있으니, 조사하고 또 조사하여 열 번에 이르러 만약 언자(言者)의 말과 비슷한 일이 나온다면, 신 비록 부월(斧鉞)의 주벌을 받는다 하더라도 실로 여한이 없겠사옵니다. 엎드려 청하옵건대 다시 조사하라는 명을 특별히 내려 주시어 사람들의 마음을 후련하게 풀어 주소서.

아! 증자(曾子)는 대현(大賢)이요 살인은 대죄(大罪)이온데, 그 모친은 오히려 또한 세 번 사람이 와서 하는 터무니없는 말에 북을 던졌습니다.[73] 전하께서 신의 몸을 보호해 주시는 것이 곡진하고 도타워 오직 혹시라도 다칠까 염려하고 계시오니, 이는 증자가 그 모친에게서도 능히 얻지 못한 것을 신이 전하께 능히 얻은 것이라, 신 엎드려 전후로 내려온 윤음을 읽고 감격의 눈물을 흘렸사옵니다.

다만 지금도 탄핵하는 자가 그치지 않고 있습니다. 조종부의 말이

73 증자(曾子)는……던졌습니다 : 터무니없는 말도 여러 번 반복되면 믿게 된다는 뜻이다. 공자의 제자 증삼의 어머니가 베틀에 앉아 베를 짜고 있는데, 마을 사람이 와서 증삼이 살인을 했다고 하니 처음에는 믿지 않았다가, 두 번째 사람이 와서 말을 하자 반신반의하게 되었고, 세 번째 사람이 와서 말을 하자 북을 던지고 달아났다고 한다. 사실은 동명이인이었던 것이다. 《戰國策 秦策》

이미 허언(虛言)으로 귀결된 뒤, 조영순은 변명할 말을 찾아도 얻지 못하자 이에 "흐릿해서 분명하지 않다."라고 하였습니다. 정말로 조금이라도 흐릿해서 분명하지 않은 점이 있다면 마땅히 다시 조사하기를 청하여야 할 것이나, 그렇게 하지 않고 모호하게 말을 하고는 끝에 또 이어서 말하기를, "어찌 꼭 사람들의 말의 유무(有無)와 조사한 일의 허실(虛實)을 가지고 그 죄의 경중(輕重)을 삼아야 하겠습니까."라고 하였습니다. 이로써 보건대 백 번 조사하고 천 번 누명을 벗어도 신의 죄는 참으로 여전할 것이며, 장차 부스러기를 만들고 가루를 내고서야 그만둘 것입니다. 천하에 어찌 말의 유무와 일의 허실을 논하지 않고 곧장 죄를 가하는 경우가 있겠습니까. 그러나 지금 신의 계책은 다만 다시 조사하기를 청하는 외에는 다른 도리가 없사오니, 오직 성명(聖明)께서 비추어 살펴주소서.

신이 불행히도 앉아서는 안 될 자리를 외람되이 차지하여 시기가 쌓이고 질투가 모였는데, 함정이 곁에 있어도 신은 떠나지 않았고 그물이 앞에 있어도 신은 떠나지 않았습니다. 암암리에 배포(排布)[74]하고 온양(醞釀)[75]한 방법이 한두 가지가 아니었사오나, 신이 떠나지 않으면서 믿었던 것은 오로지 성명뿐이었습니다. 그러나 홀로 서서 무턱대고 행하였다가 지금 과연 끝내 큰 죄에 빠지고 말았습니다.

자고로 신과 같이 죄를 성토 받았는데도 오히려 왕법의 용서를 받은 자가 어찌 있겠습니까. 죽은 듯 입 다물고 견책을 기다린 지 이미 열흘이 지났으나 아직까지 처분이 없으므로, 이에 부득불 만 번의 죽음을

74 배포(排布) : 마음속으로 일을 이리저리 계획하는 것을 말한다.

75 온양(醞釀) : 근거없는 사실을 꾸며 모함하는 것을 말한다.

무릎쓰고 천지 부모 앞에 피를 쏟으며 애달프게 호소하옵니다. 삼가 원하옵건대 속히 명지(明旨)[76]를 내려 주시어 먼저 신의 직위를 삭제하시고, 이어서 신의 죄를 다스리시어 대중의 분노를 풀고 나라의 법을 엄숙히 하신다면 천만다행이겠나이다. 신은 눈물을 흘리며 애절하게 바라는 마음을 금할 수 없나이다.

76 명지(明旨) : 성지(聖旨)를 말한다.

조영순의 상서로 인하여 다시 조사하기를 청한 소 두 번째 소[77]

因趙榮順書 請更査疏 再疏

삼가 아뢰옵니다. 신은 천고에 없는 오욕(汚辱)을 당하였는데, 이미 조사를 거쳤음에도 오히려 "흐릿해서 분명하지 않다."라고 말하고 있습니다. 그 말이 나오면 나올수록 더욱 기이하여 신이 만 번 죽음을 무릅쓰고 누차 다시 조사하기를 청하였사온데, 삼가 성심(聖心)으로 측은하고 불쌍히 여기시어 특별히 그 청을 윤허해주심에, 반복하여 철저히 조사한 끝에 구구절절이 허언(虛言)으로 귀결되었고, 현혹하는 말들은 일월(日月) 아래에서 감히 떠돌지 못하게 되었습니다. 열 줄 윤음으로 분명하게 유시(諭示)하시어 남은 의혹도 거의 사라졌으니, 신 비록 그날로 죽어 없어진다 하여도 편히 눈을 감을 것이기에, 머리를 땅에 대고 하늘을 우러러 감격하여 눈물만 흘릴 뿐이옵니다. 다만 지극히 더럽고 지극히 수치스러운 이 일을 한 번 조사하고 두 번 조사하여 성상의 마음을 번거롭게 하고 나라의 체모를 손상시킨 것은 신의 죄가 아님이 없사오니, 왕법으로 논죄함에 만 번의 죽임도 오히려 가벼울 것입니다.

아! 쇠세(衰世)의 인심의 경박함이 참으로 성상의 하교와 같사옵거니와, 신이 당한 일인즉 천신(天神)이 굽어보시거늘 사람이 어찌 차마

77 조영순의……소 : 《영조실록》 30년(1754) 11월 27일에 실려 있다. 이 소의 일부 내용이 《영조실록》 31년 1월 4일에 실려 있다.

이런 짓을 한단 말입니까. 설령 일시적인 헛소문이 있었다손, 언관(言官)된 자가 공평한 마음으로 들었다면 결코 사람들에게 말을 전하지 않았을 것이어늘, 하물며 주장(奏章)에 올렸겠습니까. 저들은 곧 함정에 빠뜨릴 거리를 만들어 원수같이 미워하는 마음을 후련히 풀고자 말을 덧붙이고 이것저것 모아서 마치 증거를 잡은 듯하였던 것이니, 지금 비록 조사하고 또 조사하여 환히 밝혀졌다고 하여도, 다시 의심하고 어지럽히는 말로 또 이어 전하 앞에서 음험하게 중상하지 않을 줄을 어찌 알겠습니까.

아! 삼사(三司)[78]에서 신을 논하는 자들이 좌우에서 번갈아 나왔으나, 조사가 끝나지 않았기에 다른 일을 언급할 겨를이 없어서 일단 침묵하며 죄를 기다렸던 것인데, 다행히 천지 부모의 은혜에 힘입어 무멸(誣衊)[79]한 말로부터는 지금 이미 벗어났으니, 그 밖에 신의 죄를 성토한 것에 대해 이제야 그 한두 가지를 아뢰겠나이다.

아! 정계(停啓)한 대관(臺官)[80]을 전관(銓官)으로서 검의(檢擬)한

78 삼사(三司) : 사헌부(司憲府), 사간원(司諫院) 양사(兩司)와 홍문관(弘文館)의 합칭이다. 간쟁(諫諍)을 맡은 관직으로 청화요직에 해당된다.

79 무멸(誣衊) : 거짓을 꾸며서 명예를 더럽히는 것을 말한다.

80 정계(停啓)한 대관(臺官) : 정계(停啓)는 대간(臺諫)이 계속해서 논란해 오던 사건에 대한 논계(論啓)를 중지하는 것을 말한다. 《영조실록》 24년(1748) 윤 7월 16일에, "사간 조진세(趙鎭世)·지평 이영조(李永祚)·수찬 김시위(金始煒) 등이 이광좌(李光佐)·조태억(趙泰億) 등의 관작을 추탈하자는 계사(啓辭)를 정지하였다. 합계(合啓)가 시작된 때부터 지금까지 전후 3년인데, 연계(聯啓)한 것은 겨우 4일이었다.……이때 한쪽은 정계하자 하고 한쪽은 연계(連啓)하자는 의논이 있었다. 그리하여 조진세 등이 나와서 정계한 것이다."라고 하였다. 이에 대해 사헌부 장령 현광우(玄光宇)가 이들을 극변(極邊)에 유배시킬 것을 아뢰었으나 임금이 윤허하지 않았다. 29년 6월 4일의 기사

것[81]은 단지 신 한 사람만이 아니며, 합사(合辭)를 마음대로 정지한 것은 신이 예상한 바가 아니었습니다. 능(陵) 위에서 대답한 일[82]의

에, 이천보가 왕세자에게 말한 바에 "김시위(金始煒)·이영조(李永祚)·조진세(趙鎭世)는 바로 삼사(三司)에 있으면서 논계(論啓)를 정지시킨 사람들로 이미 공의(公議)에 죄를 얻었으니, 다시 옛 자리에 통망(通望)할 수는 없습니다. 그러나 성조(聖朝)에서는 버리는 인물이 없는 법이니, 외관(外官)에 제수하여 내어보낸 것이 또한 무슨 방해될 것이 있겠습니까?"라고 하였다. 이에 대해 왕세자가 사퇴하지 말라고 답하였다. 김시위는 영광 군수, 조진세는 강릉 부사, 이영조는 부안 현감으로 외직에 나갔다.

81 전관(銓官)……것 : 정계(停啓)한 대관 조진세(趙鎭世)와 이영조(李永祚)는 이천보가 전관(銓官)인 이조 참의로 있을 때 검의(檢擬)한 사람들이다. 검의는 조사하여 의망(擬望)한다는 뜻으로, 관직의 후보자로 추천함을 말한다. 이 때문에 조영순의 상서에서 이천보를 비판하기를, "삼사의 합달(合達)이란 본래 한 나라의 큰 논의인데, 처음 전조(銓曹)에 들어가서는 은밀히 배척하여 제멋대로 정지시켰다."라고 하였다.

82 능(陵)……일 : 영조가 1752년(영조28) 8월 25일에 경종의 기신제(忌辰祭)를 지내기 위해 그 능인 의릉(懿陵)에 거동한 일을 말한 것으로, 이천보가 삼사(三司)에 대해 정계(停啓)시키겠다고 한 말을 가리키는 것으로 보인다. 이때의 일이 자주 언급되는 것으로 보아 매우 중요한 문제와 연관되어 있음을 알 수 있다. 《영조실록》 이 날 기사에는, 임금이 의릉에 거동하여서는 상설(象設) 곁에 엎드려 "세도가 한심하기 때문에 황형(皇兄)께 고하고 호소하러 온 것"이라며 일어나지 않고 "무(誣)'란 글자를 씻은 뒤에 일어나겠다." 하였다. 재신들이 간하고 이천보가 눈물을 흘리며 일어나기를 청하니 임금이 "경이 나의 무함을 풀었다만, 이광좌(李光佐)·조태억(趙泰億)의 계사(啓辭)는 아직 그대로 있는데, 오늘 대신(臺臣)이 나오지 않는 것이 옳겠는가?" 하므로, 이천보가 "이것은 삼사(三司)의 죄입니다. 정계하는 것이 무엇이 어려워 전하께서 이런 거조를 하십니까? 신이 한사코 하겠습니다."라고 하였다. 9월 2일의 기사에는, 이조판서 조재호가 아뢰기를, "신이 우상에게, '3백 년 이래로 대신이 삼사를 명령한 일은 있지 않았습니다.'라고 말했더니, 우상이 말하기를, '창황 중에 미처 말을 가리지 못했지만 본래 뜻은 이와 같지 않았다.'고 하였습니다.."라고 하였다. 이 일에 대해 《강한집》 제16권, 이천보의 묘지명 〈대광보국숭록대부 의정부영의정 겸 영경연홍문관예문관춘추관관상감사 세자사 문간 이공의 묘지명〔大匡輔國崇祿大夫議政府領議政兼領經筵弘

경우, 그때의 애타고 떨리는 심정은 지금 돌이켜 생각해도 간담이 땅에 떨어질 듯합니다.

꾸며 낸 조목과 거짓된 문안은 모두 강압으로 만들어낸 유래(柳徠)의 옥(獄)[83]에서 나온 것이므로 세상에서 원통함을 칭하며 공론에 따라 천거한 자가 많았고, 신 또한 들은 바를 따라 우러러 대답하였습니다. 본병(本兵)의 천망은 일이 지친(至親)에 관련되므로[84] 신이 감히 말하

文館藝文館春秋館觀象監事世子師文簡李公墓誌銘]〉에는 다음과 같이 실려 있다. 오찬(吳瓚)이 상소하여 국무(國誣)를 논하니 상이 의릉(懿陵)에 가서 머리를 조아리며 울며 말하기를, "나의 무함을 씻지 못한다면 돌아가지 않겠다." 하였다. 공이 눈물 흘리며 도성으로 돌아가기를 굳이 청하다가 창졸간에 말을 실수하였으나 스스로 알지 못하였다. 상이 돌아온 뒤 공이 마침내 스스로 허물을 밝혔다. 상이 노하여 말하기를, "대신은 스스로 허물을 밝혔으나 조정 안에는 반드시 비방하는 자가 있을 것이다." 하고 곧 하교하여 비방자를 색출하게 하였으나 이천보가 끝내 고하지 않았고, 상이 직위를 파하였다고 하였다. 국무(國誣)는 국계(國系)에 관한 무함(誣陷)으로, 여기서는 경종의 뒤를 이은 영조에 대한 무함을 가리킨다. 소론과 남인 측에서 제기한 것으로, 영조가 경종을 시해하였으며 숙종의 친자가 아니라고 한 것이다. 영조 27년(1751) 윤5월 18일 기사에 정언 오찬의 상서가 실려 있다.

83 유래(柳徠)의 옥(獄) : 유래(柳徠, 1687~1728)는 본관은 진주, 자는 자산(子山)이다. 이인좌가 일으킨 무신난(1728)에 연루되어 곤장을 맞고 사망하였다. 《영조실록》 30년(1754) 10월 14일 기사에 관련 내용이 다음과 같이 실려 있다. "무신년에 장폐(杖斃)된 유래의 직첩을 주라고 명하였다. 대개 유래의 아내가 상언하였는데, 판의금 홍상한(洪象漢)이 먼저 단서를 끌어내고 영의정 이천보와 좌의정 김상로(金尙魯)가 서로 이어서 힘껏 말하였기 때문이었다. 세상에서 말하기를, '유래의 집은 장서(藏書)가 만 권(卷)이고 적화(積貨)가 천 금(金)인데, 유래의 조카 유경종(柳慶鍾)이 다 뒷구멍을 통하여 흩어 주었기 때문에 두 대신으로 하여금 말하게 할 수 있었다.' 하였다."

84 본병(本兵)의……관련되므로 : 본병(本兵)은 병조 판서의 별칭으로, 이천보가 종제 이익보(李益輔)를 병조 판서에 의망한 일을 말한 것이다. 조영순의 상서에서, "또 근일의 일로 말하면, 역얼(逆孼)을 비호하여 반드시 죄적(罪籍)에서 신설(伸雪)시키

지 못하겠사오나 '《당록(堂錄)》[85]이 정승 집 사객〔相門私客〕'[86] 운운한 것이 신을 옭아매는 데 급급하여 맑은 조정의 훌륭한 학사들로 하여금 그 욕을 입게 한 것은 또한 어찌하겠습니까? 대간(大諫)의 상서 중에 "공도(公道)를 어기고 제방(堤防)을 무너뜨렸다.〔咈公壞防〕"[87] 넉 자가

고, 흉과(凶科)에 아호(阿好)하여 빠르게 본병(本兵)의 망(望)에 천거하였으니, 방자하여 제멋대로 하는 것이 또한 못하는 짓이 없다고 할 수 있는데, 더구나 그 잔인하여 어질지 못하고 탐욕이 한없는 것이겠습니까?"라고 하였다.《영조실록 30년 11월 27일》 이에 대해 당시 예조 참판에 있던 이익보는 상서하여 조영순이 비판한 것에 대해 변명하기를, '다만 대신의 지친(至親)이기 때문에 일망타진할 계책을 이루기 위해서 무함한 것'이라고 하였다.

85 당록(堂錄) : 《도당록(都堂錄)》을 말한다. 《도당록》은 홍문관(弘文館)의 교리(校理)와 수찬(修撰)을 임명하기 위한 2차 선거(選擧) 기록으로서, 의정(議政)・찬성(贊成)・참찬(參贊)・대제학(大提學)・이조 판서(吏曹判書) 등이 모여, 1차 선거 기록인 홍문록(弘文錄)에 오른 명단에서 적합한 사람의 이름 위에 권점(圈點)을 찍은 뒤 그 권점의 수를 헤아려 임금에게 올리면, 득점의 순위대로 임명되었다.

86 정승……사객 : 홍문록에 오른 30여 명에 대해 그 인사가 불공정한 것이라고 조영순이 비판한 말이다. 《영조실록》 30년 11월 27일에 실려있는 부수찬 조영순의 상서 첫머리에서 "홍문관의 신록(新錄)이 얼마나 중요한 선출인데, 사람들의 말이 낭자하고 물정이 놀라 분노하여도, 정승의 집 사객(私客)은 같은 대열에 서서 보무를 나란히 하고 있다."라고 하였다.

87 대간(大諫)의……무너뜨렸다 : 대사간(大司諫) 신위(申暐, 1707～?)가 상서한 내용을 말한 것이다. 《영조실록》 30년 12월 1일에 신위가 상서하여 네 신하를 삭직하고 귀양보내라는 명을 거두기를 청하였는데, 이 중 이천보를 비판한 가운데 있다. "지금 영의정을 돌이켜 보건대, 좌전(佐銓) 때부터 정권을 잡을 때까지 공도(公道)를 어기고 제방(隄防)을 무너뜨렸으므로 의논할 만한 것이 많다.〔顧今元輔, 自其佐銓, 及至秉軸, 咈公壞防, 率多可議.〕"라고 하였다. 이튿날 신위를 종성(鍾城)에 귀양보내고 천극(栫棘)을 가하였다. 또한 정사를 대리하던 세자까지도 '문자를 상세히 살피지 못했다.'는 영조의 꾸지람을 듣고 관을 벗고 석고대죄하였다.

무슨 일을 지적하는지 모르겠는데, 장차 무엇으로써 분별하여 따지겠습니까.

아! 보잘것없는 신이 5년 전관(銓官)으로 있고 3년 정승으로 있는 동안 예전의 화가 풀리지 못한 데다 새로운 질시가 다시 모여, 온갖 계략이 자라나 은밀한 곳에 배포되고 있었사온데, 모함하는 것도 부족하여 욕보이고, 욕보이는 것도 부족하여 기어이 온 집안을 몰살하고자 하였습니다. 이것이 참으로 신이 한두 사람에게 미움을 쌓아 그저 이 한 몸, 이 한 가문의 불행이 된 것일까요? 아니면 세도가 더욱 무너져서 조짐이 상서롭지 않아 그렇게 된 것일까요? 생각이 여기에 미치니 신도 모르는 사이에 간담이 서늘해집니다.

직명이 하루 신에게 있으면 신에게 하루의 죄가 늘어납니다. 약원 제거(藥院提擧)[88] 또한 대신이 겸하는 직책이온데, 신이 만약 문안을 빙자하여 움직이게 되면 곧 대신으로 자처하는 것이나 마찬가지이니 신이 어찌 감히 이런 일을 하겠으며, 전하께서도 또한 어찌 이런 것으로써 신을 책망하시겠습니까. 근신(近臣)이 와서 지킴이 달포가 지났으니 주전(廚傳)[89]으로 관가에 폐를 끼치는 것 또한 신의 죄입니다.

엎드려 받자온 지난 날 별유(別諭)[90]의 하교는 실로 신하로서 감히 들을 수 없는 바였기에, 창황하고 떨려서 본부(本府)의 옥문(獄門)으

88 약원 제거(藥院提擧) : 약원(藥院)은 내의원의 별칭으로, 궁중에서 의약을 맡아보던 관청이다. 제거(提擧)는 제조(提調)와 같은 말이다.

89 주전(廚傳) : 지방에 파견되는 관원에게 역참에서 음식과 거마를 제공하는 것을 말한다.

90 별유(別諭) : 임금이 특별히 신하에게 내리는 유지(諭旨)를 말한다.

로 달려가 엎드려 삼가 엄한 주벌을 기다렸사온데, 승선(承宣)[91]이 즉시 성상의 하교를 전하지 않음으로 인하여 석고하여 견책을 청함 또한 때늦음을 면하지 못하였습니다. 신의 죄가 이 지경에 이르러 더욱 달아날 곳이 없사옵기에 이에 감히 피를 쏟으며 호소하는 바이니, 엎드려 비옵건대 성명께서 굽어 살피시어 속히 해래(偕來)의 명을 거두시고, 이어서 신의 직위를 삭제하시고 신의 죄를 중히 처벌하신다면 천만다행이겠나이다.

신이 소(疏)를 작성하여 장차 현도(縣道)에 부치려는[92] 즈음 삼가 정언(正言) 원인손(元仁孫)의 서본(書本)[93]을 보게 되었는데, 또한 과연 조사에 관한 일을 논하고 있었습니다. 사람들의 말이 지금도 이와 같으니, 신 또한 어찌할 수가 없사옵니다. 신의 앞서 올린 소(疏)에서 이른바 "비록 천 번 조사하고 백 번 누명을 벗더라도 신의 죄는 여전합

91 승선(承宣) : 승지(承旨)와 같다.

92 현도(縣道)에 부치려는 : 지방에 있는 관원이 상소할 경우, 자신이 거주하는 고을에 상소문을 바치면, 고을 수령이 감사에게 상소문을 보내고 감사가 승정원으로 올려 보냈다. 이러한 과정을 통해 올리는 상소를 '종현도상소(從縣道上疏)', 또는 '현도소(縣道疏)'라고 하였다.

93 정언(正言)……서본(書本) : 《영조실록》 30년(1754) 12월 30일에 정언 원인손의 상서 내용이 대략 수록되어 있다. 이에 의하면, 전 포장 정찬술(鄭纘述)을 삭출(削黜)해야 한다고 주장하고, 대관(大官)이 이예보(李禮輔)의 성명을 연석(筵席)에서 제기하여 아뢰었는데도 의관 반열에 있음이 풍속을 어지럽히고 기강을 무너뜨린다고 하며 빨리 도배(島配)할 것을 주장하였다. 왕세자는 이 상서가 대신을 무함하려는 데 뜻이 있었다고 하여 그 상서를 도로 주고 원인손을 체차하였는데, 뒤에 삭직시켰다. 원인손(元仁孫, 1721~1774)은 본관은 원주, 자는 자정(子靜)으로 아버지는 예조 판서 원경하(元景夏)이다. 1753년(영조) 정시문과에 급제한 후 세자시강원 설서, 정언, 이조 판서 등을 거쳐 벼슬이 우의정에 이르렀다. 시호는 문민(文敏)이다.

니다."라고 한 것은 참으로 지나친 우려가 아니었습니다. 신의 서재종제(庶再從弟) 예보(禮輔)[94]로 말하자면, 어릴 때부터 신이 집안에 데려다 기르면서 친자식같이 여겨왔습니다만, 그에게 무슨 죄가 있겠습니까. 신 때문에 일족의 화가 지극히 미미한 사람에게까지 미치다니, 이 또한 슬픈 일입니다.

비록 그렇더라도 사람들의 말이 이 지경에 이르렀으니 더욱 두려워 떨립니다. 다시 청하옵나니 속히 신의 죄를 다스리시어 사람들의 화를 풀어 주시옵소서. 신은 눈물을 흘리며 간절히 빌어 마지않사옵니다.

94 예보(禮輔) : 이예보(李禮輔, 1725~1791)로, 자는 경숙(敬叔)이며 송라도 찰방(松羅道察訪), 음죽 현감(陰竹縣監)을 지냈다. 《豐墅集11 敬叔墓誌》

《천의소감(闡義昭鑑)》[95]을 지어서 올리며[96]

撰進闡義昭鑑

삼가 아뢰옵니다. 신들은 외람되이 《천의소감(闡義昭鑑)》을 찬집하라는 명을 받들면서, 처음에는 매우 슬펐고 도중에는 매우 두려웠으며 끝에는 또 머리를 모아 서로 기뻐해 마지않았습니다. 대개 신들이 전하를 모신 지 여러 해이오나 의리를 밝게 펴서 흉악한 모략을 막지 못한 탓에, 난역(亂逆)이 앞에서 창도하고 뒤에서 호응하여 잇달아

95 천의소감(闡義昭鑑) : 영조의 명에 의해 1721년(경종1)부터 1755년(영조31)까지 토역(討逆) 사실을 모아 김재로(金在魯)와 이천보가 편찬한 책으로 1755년 11월 26일에 완성되었다. 1721년에 영조가 왕세제로 책봉된 이후 1755년 나주벽서사건(羅州壁書事件)이 일어나기까지 여러 차례 역모 사건이 일어나자 영조는 그 원인이 세제 책봉을 둘러싼 분규 때문이라고 인식하였다. 이에 영조는 세제 책봉이 정당한 처사였음을 밝히고, 그 경위를 후세에 전하려는 목적으로 이 책의 편찬을 명하였다. 모두 4권으로 이루어져 있는데, 권1에는 1721년 왕세자 청정(聽政)에 대한 노론측의 찬성과 소론측의 반대 상소를 수록하였으며, 권2는 1724년 경종의 죽음과 영조 사위(嗣位)에 대한 논란을, 권3은 1728년 이인좌의 난에 대한 개요를, 권4는 1755년 나주벽서사건에 관계된 인물에 대한 처벌기록을 수록하고 있다. 이 책에는 당시 노·소간 당쟁의 양상과 그에 따라 영조의 탕평책이 성립·전개되는 과정이 자세하게 서술되어 있다. 단, 노론의 입장에서 편찬했기 때문에 소론의 사정이 무시되었다는 사료적 한계를 지닌다.

96 천의소감(闡義昭鑑)……올리며 : 《천의소감》 권수(卷首)에 〈천의소감을 올리는 차자〔進闡義昭鑑箚子〕〉라는 제목으로 실려 있는데, 위의 본문 앞에 "대광보국숭록대부 영중추부사 신 김재로(金在魯), 대광보국숭록대부 의정부영의정 겸 영경연홍문관예문관춘추관관상감사 세자사(世子師) 신 이천보 등은 삼가 아룁니다.〔大匡輔國崇祿大夫、領中樞府事臣金在魯，大匡輔國崇祿大夫、議政府領議政、兼領經筵弘文館藝文館春秋館觀象監事·世子師臣李天輔等伏以〕"라는 글자가 붙어 있다.

일어나게 하였습니다. 이것은 실로 신들의 죄요, (명을 받들고) 슬퍼한 까닭이었습니다. 지금 헌신(憲臣)이 차자를 올림으로 인하여[97] 다행히 천명(闡明)할 기회를 만나게 되었으나, 학식은 짧고 문장은 졸렬하여 능히 일의 근원을 설파하지 못할까 염려되니, 이것이 바로 두려워한 까닭이었습니다. 비록 그러하나, 세 성인의 성덕을 표양하고 만세의 강상을 붙들어 세워서, 난신적자로 하여금 그 실상을 숨길 곳이 없게 하여 천경(天經)과 민의(民彝)[98]가 일세의 이목에 환히 드러난다면, 또한 어찌 신들이 함께 기뻐할 바가 아니겠습니까.

아! 삼백 년 종사(宗社)에 오늘이 있을 수 있음은 누구의 덕분이겠습니까. 우리 동조(東朝)[99]께서는 임사(任姒)[100]의 덕으로써 영고(寧

97 헌신(憲臣)이……인하여 : 헌신(憲臣)은 사헌부 신하를 말한다. 영조 31년(1755) 5월 29일에, 집의(執義) 서명응(徐命膺), 지평(持平) 원인손(元仁孫)이 연명(聯名)하여 역적을 토벌한 전말을 기록하라는 차자를 올렸다. 이에 비답하기를, 국(局)을 설치하여 대신을 도제조(都提調)로 삼고 당상과 낭청을 차출해 거행하라고 하였다. 6월 1일에, 이정보(李鼎輔)를 우참찬으로, 영부사 김재로(金在魯), 영돈녕 이천보, 우의정 조재호(趙載浩)를 《천의리편감(闡義理編鑑)》 찬수청 도제조(纂修廳都提調)로 삼았는데, 임금이 《천의리편감》이라 명명(命名)하였다가 후에 《천의소감(闡義昭鑑)》으로 고쳤다.

98 천경(天經)과 민의(民彝) : 천경(天經)은 하늘의 항상된 법칙이며, 민의(民彝)는 백성의 떳떳한 도리를 말한다.

99 동조(東朝) : 태후를 말하는데 여기서는 인원왕후(仁元王后)를 가리킨다. 동조는 원래 한(漢) 나라 때 태후가 거처하던 장락궁(長樂宮)이 황제의 거처인 미앙궁(未央宮)의 동쪽에 있었던 데서 유래한 명칭이다.

100 임사(任姒) : 태임(太任)과 태사(太姒)로, 모의(母儀)와 부덕(婦德)의 모범으로 칭송한다. 태임은 주(周)나라 문왕(文王)의 어머니로 문왕을 임신하자 나쁜 것을 보지 않고 음란한 것을 듣지 않고 오만한 말을 하지 않으면서 태교를 잘하였다고 한다.

考)[101]의 유지를 받들어 우리 전하를 보호하고 도우셨습니다. 우리 경묘(景廟 경종)께서는 하늘이 낸 효성과 마음에서 우러난 우애로 우리 전하를 보호하셨습니다. 그리고 우리 전하의 효제(孝悌)의 지극한 행실은 신명(神明)에 통하였으니, 험난한 일을 겪으면서 더욱 빛났고 위태로운 일을 지나면서 더욱 드러나 두 분 성인[102]께서 맡기신 중임을 능히 실현하셨습니다.

《맹자》에서 "성인은 인륜의 지극함이다."[103]라고 한 것은 우리 세 분 성인을 이른 것이니, 이 동쪽 땅에 살면서 생명을 가진 무리로서 그 누구인들 공경하여 기리며 감읍하지 않겠습니까. 그러나 오직 저 흉얼(凶孽)의 무리만은 신축년과 임인년[104] 이래로 온갖 방법으로 무함

태사는 문왕의 후비(后妃)로, 시조모와 시모를 잘 섬기고 집안을 잘 다스리며 아들을 잘 가르쳤다고 한다.

101 영고(寧考) : 여기서는 숙종을 가리킨다. 영고는 선왕(先王), 특히 천명(天命)을 받아서 천하를 편안하게 한 선왕을 이르는 말로 '영왕(寧王)'이라고도 한다. 《서경》 〈대고(大誥)〉의 "영왕이 나에게 큰 보배인 거북을 물려주심은 하늘의 밝은 명을 소개하신 것이라.〔寧王遺我大寶龜, 紹天命.〕"에 채침(蔡沈)이 주를 달아, "영왕(寧王)은 무왕(武王)이니, 아래의 글에는 또 '영고'라고 하였다. 소씨는 말하기를, '당시에 무왕을 일러 영왕이라 하였으니 이는 은나라를 이기고 천하를 편안히 하였기 때문이다.'라고 하였다.〔寧王武王也, 下文又曰寧考. 蘇氏曰 : 當時謂武王爲寧王, 以其克殷而安天下也.〕"라고 설명하였다.

102 두……성인 : 인원왕후(仁元王后)와 경종(景宗)을 가리킨다.

103 성인은……지극함이다 : 《맹자》 〈이루 상〉에 "규구는 방원의 지극함이요 성인은 인륜의 지극함이다.〔規矩, 方員之至也; 聖人, 人倫之至也.〕" 하였다.

104 신축년과 임인년 : 신임사화(辛壬士禍)가 일어난 해로, 신축년(1721, 경종1)~임인년(1722, 경종2)에 걸쳐 일어났다. 경종(景宗)이 후사가 없자 노론 4대신이 연잉군(延礽君. 훗날 영조)을 왕세제(王世弟)로 책봉하고 정무를 대리하게 한 데 대해, 소론

하며 하지 않는 짓이 없었습니다. 대통(大統)을 주고받은 정당성은 천지 앞에 우뚝 서고 일월 앞에 밝히 빛날 수 있거늘, 감히 덮고 가리는 계략과 흉악한 심보와 반역의 마음을 부려 비밀리에 전하고 몰래 교통함에, 우리 전하께서 삼십 년[105]간 베푸신 은혜의 깊음과 양육의 넓음으로도 오히려 능히 효경(梟獍)[106] 같은 성질을 교화시키지 못하였습니다. 지난봄의 변고[107]에 이르러서는 갈수록 더욱 치열해졌으나, 오직 하늘과 조종(祖宗)이 묵묵히 성상의 충심을 열어 주시어 결단을 시원스레 발휘하신 덕분에, 징벌이 속히 행해지고 처분이 크게 정해졌으며, 이미 어두워진 곳에서 천리를 밝히시고, 바야흐로 닥치기 전에 적의 간담을 깨뜨리셨습니다. 그럼에도 오히려 미진하게 여기시어 책을 편찬하라는 명이 있기에 이르렀습니다.

혹자가 이르기를, "자고로 난역(亂逆)이 일어나면 오직 주벌하거나

이 반대하여 노론을 대거 숙청한 사건이다. 목호룡(睦虎龍)의 고변으로 일어나 국청(鞫廳)이 설치되고 8개월에 걸쳐 국문이 진행되면서 대옥사가 일어났다. 노론사대신이 사사되는 등 노론 일파가 대거 화를 당하였다.

105 삼십 년 : 영조(1694~1776)가 1724년에 즉위한 지 30년이 되었다는 말이다.

106 효경(梟獍) : 인륜을 모르는 악인을 비유한 말이다. 효(梟)는 올빼미 종류로 태어나서 어미를 잡아먹고, 경(獍)은 호랑이 종류로 아비를 잡아먹는 짐승이라고 한다.

107 지난봄의 변고 : 나주 괘서 사건을 말한다. 1755년(영조31) 2월에 전라도 관찰사 조운규(趙雲逵)가 나주에 흉서(凶書)가 내걸린 변고를 급히 장계하였다. 이는 소론의 윤지(尹志, 1688~1755)가 주동이 되어 노론을 제거하기 위해 일으킨 모역 사건이다. 윤지의 아버지인 훈련대장 윤취상(尹就商)은 김일경(金一鏡) 사건에 연루되어 고문 끝에 죽었고, 윤지는 나주에 유배되어 있었는데 영조의 치세를 비판하는 글을 써서 객사에 붙이게 한 것이다. 윤지는 영조의 친국을 받고 2월에 그 무리인 박찬신(朴纘新)·김윤(金潤)·조동정(趙東鼎)·조동하(趙東夏) 등과 같이 사형당하였고, 이광사(李匡師)·윤득구(尹得九) 등은 귀양갔다.

극형에 처할 뿐이었거늘, 기록은 해서 무엇하겠습니까."라고 한다면 신들은 이렇게 대답할 것이옵니다.

"아닙니다. 이른바 주벌하고 극형에 처해봐야 국가의 상전(常典)[108]을 거행하여 신인(神人)이 함께 분개함을 푸는 것에 지나지 않습니다. 그 자라남의 오래됨과 뿌리와 꼭지의 굳어짐은 하루아침 하루저녁의 일이 아닌데, 만약 이 책이 없다면 천 대(代) 백 대가 지나 때가 바뀌고 일이 지나가 듣고 들은 것이 점차 멀어진 후에, 장차 무엇으로써 진실된 안건을 살피고 참된 자취를 증험하여 귀역(鬼蜮)[109]의 정상을 엿보겠습니까? 하물며 그 흉악한 말의 터무니없는 거짓이 비단 우리 전하를 무함했을 뿐만 아니라, 위로 두 성인을 핍박함에 이르렀는데, 전하께서 또한 어찌 일이 성상 자신에 관련된 것이라는 이유로 두 성인을 위하여 변론하지 않을 수 있겠습니까. 이에 전하께서는 차마 말할 수가 없다고 하여 말하지 않으실 수 없고, 신들은 감히 차마 쓸 수 없다고 하여 쓰지 않을 수 없습니다. 전하께서 눈물을 흘리며 말씀하시고 신들은 피를 토하며 쓴 것은 실로 절절한 통분과 먼 후일을 근심하는 데에서 나왔으니, 아마도 인류의 기강을 바로잡고 화란(禍亂)을 막는 일이 이 책에 의지하지

108 상전(常典) : 일반적인 규칙을 말한다.

109 귀역(鬼蜮) : 귀신과 물여우로, 음흉하게 음모를 꾸며 사람을 해치는 악인(惡人)을 비유한다. 귀신과 물여우는 그 실체를 볼 수가 없는데, 물여우는 모래를 머금어 사람의 그림자에 뿜으면 그 사람이 병이 든다고 한다. 《시경》 〈하인사(何人斯)〉에 "귀신이나 물여우라면 볼 수가 없겠지만, 버젓이 사람의 얼굴을 하고서 사람을 늘 대하고 있다. 이 좋은 노래를 지어 너의 반측하는 실체를 다 말하노라.〔爲鬼爲蜮, 則不可得. 有靦面目, 視人罔極. 作此好歌, 以極反側.〕"라고 하였다

않으리라는 법은 없을 터, 책 만들기를 어찌 그만둘 수 있겠습니까."

오호라! 또한 슬프고도 괴롭습니다. 신들은 명을 받든 이래로 온종일 분주하게 국안(鞫案)[110]과 《승정원일기(承政院日記)》를 두루 고찰하여 그 큰 것을 뽑아서 혹은 그대로 두고 혹은 삭제함에 한결같이 예제(睿裁)[111]를 따랐고, 강(綱)을 세우고 목(目)을 나누어 배치하고 단론(斷論)을 붙였습니다. 원악(元惡)과 거괴(巨魁)로 법에 따라 처형된 자 외에는 생략하여 기록하지 않았으니, 대개 서릿발과 같은 위엄과 우로(雨露) 같은 은택이 그 사이에서 함께 행하게 하도록 한 것이었습니다. 세상에서 이 책을 읽는 자로서 탄식하며 분개하고 한탄하며 주먹을 움켜쥐고 눈을 부릅뜨지 않는다면 어진 사람과 의로운 선비가 아닐 것입니다. 은혜를 받고 덕을 입고서도 놀라서 깨닫고 근심하며 두려워하고 징계하지 않는다면, 신하의 절의(節義)가 없고 사람의 마음이 없는 자일 것입니다. 사람의 마음이 없으면 난(亂)이요, 신하의 절의가 없으면 역(逆)입니다. 사람의 반열에 있으면서 하늘이 준 마음을 함께 얻은 자로서 어찌 이럴 수가 있겠습니까. 어찌 이럴 수가 있겠습니까.

국(局)[112]을 설치한 지 다섯 달 만에 비로소 맡은 일을 끝내었으니 책은 모두 4편(編)으로, 신들이 삼가 두 손 모아 절하옵고 머리 조아려 절하고 받들어 올리옵니다.

110 국안(鞫案) : 임금의 명령을 받아 반란이나 강상(綱常) 등에 관련된 중죄인을 국문(鞫問)한 사실과 이로부터 얻어낸 자백, 판결한 내용 등을 기록한 문서이다.

111 예제(睿裁) : 임금의 재가(裁可)를 말한다.

112 국(局) : 천의소감 찬수청(闡義昭鑑纂修廳)을 가리킨다. 이곳에서 간행한 《천의소감찬수청의궤(闡義昭鑑纂修廳儀軌)》가 전한다.

총호사를 면직시켜 줄 것을 청한 차자

請免摠護使箚

삼가 아뢰옵니다. 세월이 쏜살같이 흘러 인원 대비(仁元大妃)[113]의 계찬(啓欑)[114] 기일이 어느새 임박했습니다. 엎드려 생각하옵건대 전하의 애모와 통탄의 심정은 더욱 끝없이 깊어졌을 것이옵니다.

엎드려 듣건대 근자 이래로 종일토록 체후가 편치 않아 연일 탕제를 올리고 있다 하니, 지극한 근심과 초조함을 이길 길이 없나이다. 단비 끝에 늦더위가 여전히 기승을 부리고 있사온데, 뜨거운 볕을 무릅쓰고 상여를 호종하시다가 성체가 상하기라도 할까, 생각만 해도 두렵기 짝이 없사옵니다. 오로지 흐느끼면서, 오르내리시는 혼령에게 위에서 고요히 보호해주십사 기원할 따름이옵니다.

또 엎드려 생각건대, 신은 고질병을 끌어안은 채 오직 실낱같은 목숨만 이어가고 있사옵니다. 홍릉(弘陵)[115]의 인산(因山)[116] 당시, 그리고

113 인원 대비(仁元大妃: 1687~1757) : 조선 숙종의 두 번째 계비 김씨(金氏)를 말한다. 인원 왕후는 경종 때 영조를 왕세제로 등극시키고, 양자로 입적하는 등, 영조가 임금으로 즉위하는 과정에서 결정적인 인물로 활약하였으며, 그 방패막이 되어주었다. 인원 대비가 승하한 날은 음력 3월 26일이다.

114 계찬(啓欑) : 찬궁(欑宮)을 연다는 뜻으로, 발인(發靷)하기에 앞서 빈전(殯殿)을 열고 재궁(梓宮)을 꺼내는 것을 말한다.

115 홍릉(弘陵) : 홍릉은 영조의 첫 번째 왕비인 정성 왕후(貞聖王后: 1692~1757) 서씨의 능이다. 정성 왕후는 달성부원군 서종제(徐宗悌)의 딸로 열세 살 되던 해인 1704년에 숙종의 둘째 아들 연잉군과 결혼했고, 경종의 뒤를 이어 연잉군이 영조로 등극하자 왕비가 되었다. 영조는 왕비의 행장기에서 정성 왕후가 43년 동안의 왕궁

며칠 전 청시(請諡) 및 상시(上諡)[117] 당시에도 죽을 것만 같은 것을 참아가며 기운을 내었기에 간신히 땅에 고꾸라지는 것을 면할 수 있었습니다. 그러나 몸을 움직이고 절하고 무릎 꿇는 의식을 예법에 맞게 행하지 못했기에, 뜰에서 이를 지켜보던 자들 중 위태롭다 여기며 놀라지 않은 자가 없었습니다. 그 후로 토사곽란이 한번 더해지고 다시금 열독(熱毒)으로 인한 이질(痢疾)까지 더해져 원기가 급격히 떨어진 데다, 본디 앓고 있던 어지럼증까지 수시로 도졌사온데, 도질 때마다 늘 혼절하여 인사불성이 되는 통에 침석에 몸을 맡긴 채 죽음과 이웃하

생활 동안 늘 미소 띤 얼굴로 맞아주고, 윗전을 극진히 모시며 게으른 빛이 없었다고 적었다.

116 인산(因山) : 조선 시대 태상왕과 그 비, 왕과 왕비, 왕세자와 그 빈, 왕세손과 그 빈의 장례를 인산이라고 표현한다. 《영조실록》 33년(1757) 6월 4일 기사 〈정성왕후의 인산 의주〉에, "좌의정 김상로(金尙魯)가 재궁을 받들어 순에 올리고, 순을 메는 군사가 순을 받들어 왼쪽으로 돌아 머리를 북쪽으로 향하게 하여 현궁으로 나아가니, 궁인들이 모두 곡을 하였다. 순이 수도각(隧道閣)에 이르러 윤여(輪轝)로 재궁을 받들어 퇴광(退壙)의 산륜(散輪) 위에 올려 안치하고, 소금저를 제거하였다. 감싼 것이 제대로 풀어졌는가를 봉심(奉審)하고 녹로(轆轤)를 사용하여 퇴광 안의 윤여 위에 안치하니, 우의정 신만이 수건을 받들어 재궁을 닦고, 관의(棺衣)를 세 겹으로 덮고, 명정을 그 위에 두었다. 좌의정 김상로가 재궁을 마주 드는 궁관을 거느리고 재궁을 받들어 외재궁(外梓宮) 안에 안치하였다. 우의정 신만이 다시 관의와 명정을 정돈하였다. 국장 도감 제조 홍상한(洪象漢) 등이 보삽(黼翣)·불삽(黻翣)·화삽(畫翣)을 재궁의 양쪽 옆에 꽂았다. 영의정 이천보(李天輔)가 애책문(哀冊文)을 퇴광의 서쪽에 올리고, 증옥(贈玉)과 증백(贈帛)을 애책문의 남쪽에 올리니, 집의 심관(沈鏆)이 봉폐(封閉)한 것을 감시하였다."고 하였다. 정성 왕후는 음력 2월 15일에 세상을 떠났다.

117 청시(請諡)……상시(上諡) : '청시'는 정이품 이상의 벼슬아치가 죽었을 때나 왕과 왕비가 죽었을 때 정해진 규칙이나 관례에 따라 나라에 시호 혹은 묘호를 청하는 일을 이르던 말이고, '상시'는 시호 혹은 묘호를 올리던 일을 말한다.

여 지냈사옵니다. 전후 곡반(哭班)[118]에 한 차례도 나아가 참석하지 못한 것이 어느덧 두 달, 인정이 이지러지고 예절이 어그러져 살아있어도 죽느니만 못하옵기에, 밤낮으로 몸조리하면서 혹여 조금이라도 차도가 있을까 바라고 있을 뿐이옵니다.

산릉에 옥백(玉帛)을 바치고 감봉(監封)하는 두 가지 일만은[119] 죽기 전에 성심을 다 바치고자 하였사온데, 하루 이틀 병세만 더해가고 나아지질 않는 터라, 이러한 상황과 몰골로는 어가를 수행할 길이 없을 듯하옵니다. 지금의 형편이라면 부득불 쇠잔한 몸 (남에게) 업히고 이끌려 한 마디 한 마디씩 앞으로 나아가 먼저 능에 찾아가 있어야 할 것 같은데, 도중에 쓰러지지나 않을지 알 길이 없사옵니다. 혹여 다행히 그곳에 도착했다 하더라도 지금의 병세는 예전과 비교하여 이만저만 더 나빠져 있는 것이 아닌지라, 이렇듯 눈으로 보아도 알 수 있는 일을 가지고 함부로 맡겠다고 나선다면 이는 실로 지극히 위험한

118 곡반(哭班) : 국상 때 궁중에 모여서 곡을 하던 벼슬아치의 반열을 이르던 말이다.

119 산릉에……일만은 : 《세종실록》 권135 〈오례(五禮)·흉례의식(凶禮儀式)·천전의(遷奠儀)〉에 따르면 "전의(典儀)가 영의정이 옥백을 올릴 자리를 장막의 동쪽에 북쪽으로 가까이 서향하여 설치하고, 애책(哀冊)과 옥백을 받들 관원은 그 남쪽에 조금 뒤로 물러 자리하게 하는데, 서향하여 북쪽을 위로 하게 한다.…… 내시가 관의(棺衣)를 덮고 명정(銘旌)을 가져다가 대[杠]는 떼어 버리고 그 위에 놓는다. 봉례랑이 영의정을 인도하여 옥백을 올리는 자리로 나아가고, 애책을 받드는 관원과 옥백을 받드는 관원(공조 정랑(工曹正郎)이 옥(玉)을 받들고, 상의원(尙議院)의 관원이 백(帛)을 받든다.)이 이를 따른다."고 한다. 문서 따위의 내용을 감독하고 검사하여, 봉하고 도장을 찍는 것을 감봉(監封)이라고 하는데, 같은 기록에 "총호원 및 봉폐원이 현궁 문에 함께 감봉한다.[摠護員及封閉員, 並監封標玄宮門]"라고 나와 있다.

일이 될 것이옵니다. 그곳은 지극히 경건한 곳이요, 그 예법은 지극히 엄중한 예법이온데, 오르고 내리는 사이의 일을 주관하는 자가 만에 하나 실수라도 한다면, 신의 목숨은 언급하기에도 부족하거니와 지척에서 놀라 두려워하게 될 우환은 또 어찌한단 말입니까! 생각이 여기에 미침에 자신도 모르는 사이 간담이 서늘해집니다. 거듭 헤아려보건대, 그때를 당하여 낭패를 보느니 차라리 일찌감치 변통을 허여하시어 온당함을 얻느니만 못할 것이옵니다.

아아! 오늘 신이 스스로 다 밝히고자 하는 바는 산릉의 대사에 있습니다. 신은 불행히도 위독한 질병으로 인해 장차 신하로서의 직분을 다하지 못하게 되었기에, 베개에 엎드려 슬피 흐느끼고만 있으니, 저는 과연 어떤 사람입니까? 만약 신이 엄외하는 마음만 품고서 감히 우러러 청하지 못하여 마침내 일을 그르치고 만다면, 만 번 죽음으로도 속죄할 길이 없을 것이옵니다. 이에 감히 눈물을 흘리며 엄려(嚴廬)[120] 아래 아뢰었나이다. 이러한 때에 번거롭게 호소하였으니, 신의 죄 더더욱 죽음으로도 갚을 길 없사옵니다.

엎으려 비옵건대, 명철하신 성상께서 신을 굽어 양찰해 주시어 신의 직명(職名)을 깎아내시고, 다시 유사(有司)에게 명하여 신의 죄를 엄중히 조사하심으로써 나라의 법도를 지엄히 하여 주시옵소서.

재결하여 주시옵소서.

120 엄려(嚴廬) : 임금이 국상을 당하였을 때 거처하는 여막을 말한다.

영의정을 사직하는 소[121]

辭領議政疏

삼가 아뢰옵니다. 세월이 쏜살같이 흘러, 효소전(孝昭殿)[122] 상사(祥事)[123]가 어느덧 지나갔습니다. 우러러 생각건대 성상의 효심과 애모의 정은 더욱 끝없이 깊어졌을 것이옵니다. 구구한 신의 심정으로도 이와 같은 슬픔과 근심을 이길 길이 없사옵니다.

신은 한번 병이 든 이래 지루하게 이어져 이미 쇠잔한 폐인이 되어버렸거늘, 헛되이 직명(職名)만 지닌 채 일 년이 지나도록 베개에 엎드려 지내고 있습니다. 살펴 돌아봄에 쌓인 죄가 이와 같으니, 나라의 법도로써 헤아려보아도 만 번 죽어 마땅하옵니다. 그러나 하늘에 떠 있는 해의 밝음으로도 이 실상을 굽어 비추지 못하고서, 줄곧 관직에 이름을

121 영의정을……소 : 이천보는 60세 되던 해인 영조 33년(1757) 8월에 60여 차례에 걸쳐 영의정 사직 단자를 올렸다.

122 효소전(孝昭殿) : 창경궁에 있던 숙종의 두 번째 계비 인원 왕후(仁元王后)의 신주를 모신 혼전(魂殿)을 말한다. 혼전은 산릉에서 장례를 치른 뒤 신주를 모시고 궁궐로 돌아와 종묘(宗廟)에 신주를 부묘(祔廟)할 때까지 신주를 봉안하는 곳이다. 인원 왕후처럼 왕보다 나중에 승하한 왕후는 개인마다 약간 차이는 있지만 장례를 치르는 시점이 승하한 지 5개월 만에 이루어지므로 혼전은 3년(27개월) 중 22개월 동안 존재하였다. 영조 33년(1757) 인원 왕후가 승하하자 혼전의 전각명을 '효소(孝昭)'로 정하고(《영조실록》 권89, 33년(1757) 4월 2일, 5개월 뒤 숙종과 숙종의 첫 번째 계비 인현 왕후(仁顯王后)의 능인 명릉(明陵)의 우강(右崗)에 장례를 치렀다. 3년의 상제가 끝난 뒤 종묘의 숙종 신실(神室)에 부묘할 때까지 효소전에 신주가 봉안되어 있었다.

123 상사(祥事) : 사람이 죽은 뒤 두 돌 만에 지내는 제사.

매어둔 채 침석(枕席)에서 편히 쉬도록 내버려두고 계시옵니다. 이에 하늘이 기이한 액운을 내리셨는지, 하룻밤 사이에 머리가 타고 이마가 짓물러, 타다 남은 재처럼 죽지 못한 목숨만 겨우 남아 있습니다.[124] 신 기왕에 죽을병에 걸려 아침저녁으로 오직 죽기만을 기다리고 있었사온데, 다시 불행하게도 뜻밖의 재앙까지 만났으니, 이것은 다 신의 운명이 궁박하기 때문일 것이옵니다. 가슴을 치며 애달파할 뿐, 다시 그 누구를 원망하겠습니까!

신이 병으로 누워있어 직무를 폐한 마당에 어디를 가건 죄가 아닌 곳이 없사오나, 이런 것은 도리어 말할 만한 것도 못 되옵니다. 우리 성모(聖母)의 인산(因山)[125] 이후 곡반(哭班)[126]에 신은 한 차례도 본분을 다하지 못하였으며, 상기(祥期)에 이르러 하사받은 상복도 예법대로 벗지 못하였으니, 하늘을 우러르고 땅을 굽어봄에 저는 대체 어떤 사람이란 말입니까? 하지만 전하께서는 신에게 죄를 가하지 않으셨을 뿐만 아니라, 경연(經筵)에 임하여 굽어 하문하시고, 측은히 연민을 드리워주시며, 특별히 태의(太醫)를 보내시어 진귀한 약제까지 하사하셨습니다. 신은 황공하고도 감격스러운 마음에 저도 모르게 피눈물

124 이에……있습니다 : 《영조실록》 34년(1758) 3월 22일에 〈영의정 이천보가 밤에 불이 나 명소패가 탄 일에 대해 견책을 청하다〉라는 기록이 보이는데, "영의정 이천보가 밤중에 불이 나서 내려 준 명소패(命召牌)가 불에 탄 바가 되었는데, 이천보가 차자를 올려 견책을 청하니, 임금이 우악하게 비답하였다."라고 하였는바, 1758년에 이천보가 화재를 당해 심한 화상을 입었음을 알 수 있다.

125 성모(聖母)의 인산(因山) : 정성 왕후의 인산을 말한다. 자세한 내용은 379쪽 주116 참조.

126 곡반(哭班) : 국상 때 궁중에 모여서 곡을 하던 벼슬아치의 반열을 이르던 말이다.

로 얼굴을 적셨습니다.

아! 사람이 사람인 까닭은 그저 신식(神識 정신과 인식)과 근력이 있기 때문입니다. 신은 화재를 당한 이후로, 안으로는 허둥대는 사이에 심령이 떨어져 나갔고, 밖으로는 넘어지는 와중에 사지가 다쳤습니다. 본디부터 있던 어지럼증이 배로 극심해져 진작부터 어둡던 신식이 지금은 더욱 상실되어 버렸고, 진작부터 고갈되었던 근력이 지금은 더욱 위태로워졌습니다.[127] 더구나 화독(火毒)까지 입어 모습마저 훼손되고 변해버리고 아예 딴사람이 되어버렸기에, 신을 보러 온 친구들 모두가 슬퍼하고 있습니다. 몸뚱이가 아직 남아 있기는 하나, 산 사람이라 여기어 직무를 맡길 수 있겠나이까?

신이 작년 겨울에 입시했던 것은 죽을 것 같은 것을 참아가면서 어명에 나아갔던 것인데, 당시는 바야흐로 성후(聖候)를 고요히 다스리고 계시던 때라,[128] 사적인 속내를 감히 다 털어놓을 수 없었사옵니다. 충정어린 오로지 한 마음으로, 죽기 전에 어전 앞에 한 번 올라 미처 다하지 못한 간곡한 뜻을 펼치고자 하였으나, 지금의 병세는 예전과 비교해볼 때 이만저만 더 나빠진 정도가 아닌지라, 의대를 차고 일어나 움직이는 일은 실로 가망이 없사옵니다. 게다가 어찌 이 몰골로 다시금 조정 계단에 올라 바라보는 사람들을 놀라게 할 수 있겠사옵니까? 하늘을 향해 기원하는 바는 오로지 속히 관직으로부터 놓여나 공사(公

127 위태로워졌습니다 : 원문은 '철(綴)'인데, 면류관에 매달린 술을 말하는 철류(綴旒)에서 비롯되어 언제 떨어질지 모르는 위태한 상황을 형용하는 말로 사용되었다.

128 성후(聖候)를……때라 : 원문의 '정섭(靜攝)'은 고요히 심신을 휴양한다는 뜻인데, 특히 왕이 국상이나 다른 이유로 조정에 임하여 정사를 돌보지 않는 것을 가리킨다. 정성 왕후의 상을 당한 때라 이렇게 표현하였다.

私)를 편히 하고자 하는 것뿐입니다. 중서(中書)[129]는 중요한 자리이거늘 아직 식지 않은 데 불과한 시체에게 맡겨져 있다 보니 현재 사무들 중에 신으로 인해 결락되거나 지체되어 있는 것들이 실로 많사옵니다. 죽을죄 위에 다시 죽을죄를 더하고 있으니, 생각이 여기에 미칠 때면 오로지 홀연 죽어버리고만 싶사옵니다.

이에 감히 (성상을) 번거롭게 해드리는 죄도 마다하지 않고 천지부모와도 같은 성상 앞에 다급한 목소리로 호소하였사오니, 엎드려 비옵건대 자애로우신 성상께서 굽어 양찰하여 주시고, 신의 직명을 속히 교체하여 해직시켜 주시옵소서. 또한 신이 전후로 받아야 할 죄도 다스리시어 국사를 편안히 하시고, 조정의 기강을 엄숙히 하시기를 간절히 기원하옵나이다. 신 흐르는 눈물과 지극히 초조하고 절박하고 서글프고 간곡한 심정 감당할 길이 없사옵니다.

129 중서(中書) : 의정부의 별칭으로 사용되던 용어이다.

임금과 세자의 빈대[130]를 전례에 의거하여 거행할 것을 청한 차자

請大小朝賓對依前擧行箚

삼가 아뢰옵니다. 신은 어제 내리신 전교(傳敎)를 보았사온데, 강경(講經)[131]을 주강(晝講)[132]의 정식(定式)으로 삼고, 일차(日次)를 차대(次對)로 한다는 내용이었으니, 명분을 바로 하는 뜻을 깊이 얻었다고 할 수 있으며, 상세한 하교의 말씀 모두 만년의 정사에 분발하시고자 하는 성대한 뜻에서 나왔다고 할 수 있었사옵니다. 우리 전하의 성수(聖壽)가 높아질수록 성심(聖心) 또한 더욱 강건해지나니, 양암(諒闇)[133]에 거하실 적에도 신료들의 접견을 드문드문 한 적이 없사오며, 연이어 심신을 정섭(靜攝)[134]하시는 중에 계시느라 스스로 돌볼 겨를이 없을 때도 몸소 근면함과 근심으로 부지런히 정사에 임하셨사옵니다.[135] 정사(政事) 하나, 명령 하나도 경천애민(敬天愛民)의 뜻으로부

130 빈대 : 차대(次對)라고도 한다. 매월 여섯 차례 의정(議政)·대간(臺諫)·옥당(玉堂)의 관리들이 입시하여 중요한 정무를 상주하는 일이다. 자세한 내용은 《영조실록》 34년(1758) 6월 15일 기사에 〈영의정 이천보가 올린 세자의 주강·빈대에 대한 차자와 이에 대한 비답〉에 보인다.

131 강경(講經) : 경연(經筵) 등에서 경서를 강의하는 것을 말한다.

132 주강(晝講) : 경연특진관 이하가 오시(午時)에 임금을 모시고 행하던 경연을 말한다.

133 양암(諒闇) : 임금이 부모의 상중에 있을 때 거처하는 방을 말한다.

134 정섭(靜攝) : 고요히 심신을 휴양한다는 뜻인데, 특히 왕이 국상이나 다른 이유로 조정에 임하여 정사를 돌보지 않는 것을 가리킨다.

터 나오지 않은 것이 없기에, 온 나라가 우러러 따르며 누구 하나 존경하며 사모하지 않는 이가 없사옵니다.

이러한 때를 맞이하여 대소 군신 백관들은 분주히 뛰어다니며 직분을 다함으로써 성스러운 다스림의 만분의 일이나마 도움이 되도록 도모해야 마땅할 것이옵니다. 그러나 신은 불행히도 기이한 질병에 걸려 중서(中書 의정부의 별칭)라는 중요한 곳을 요양하는 장소로 삼고 있사옵니다. 오늘 빈연(賓筵)[136]의 경우만 해도, 침석에 엎드려 누운 채 기동할 방도가 없었습니다. 신의 죄가 이 지경에 이르러 만 번 죽어 마땅하오니, 엎드려 비옵건대 신의 죄를 속히 바로잡으시어 군신 백관들의 경계로 삼으소서.

엎드려 생각건대, 세자의 빈대(賓對)를 한 달에 여섯 차례 거행하는 것은 대리청정 이후의 절목(節目)이었사옵니다. 세자를 접견하는 일은 빈대가 아니고서는 다른 통로가 없사옵니다. 신은 그 횟수가 많지 않은 것을 걱정하고 있사온데, 지금은 그것을 세 번으로 줄이셨습니다. 전하께서 평상시 세자를 독려하고 다그치시던 바 중에 근정(勤政)보다 더한 것이 없사온데, 그 방법은 바로 전하께서 몸소 가르치시는 도(道) 안에 있사옵니다. 전하께서 한 가지 일의 근면함을 더하시면 세자에게는 한 가지 일의 근면함을 면려하게 되고, 전하께서 두 가지 일의 근면함을 더하시면 세자에게는 두 가지 일의 근면함을 면려하게 되어, 나아

135 부지런히……임하셨사옵니다 : 원문의 '宵旰'은 '날이 새기 전에 일어나 옷을 입고, 해가 진 뒤에 늦게 저녁을 먹는다.〔宵衣旰食〕'의 줄임말로, 임금이 정사에 몰두하여 겨를이 없음을 뜻한다.

136 빈연(賓筵) : 세자가 학문하는 자리를 가리키는 말이다.

감만 있고 물러남은 없어질 터, 이것이야말로 자손에게 편안함을 물려주는 모책일 것입니다.[137] 빈대가 아홉 차례나 빽빽이 겹쳐있다고 한들 무슨 구애될 것이 있겠습니까?

그러나 전하와 세자의 빈대가 상순과 하순으로 나누어져 있는 것에는 혹여 구애되는 바가 있을 수 있다고 생각하옵니다. 바깥에서 들어온 장계(狀啓)와 각 사(司)에서 올린 초기(草記) 중에 품계하고 품달되어야 할 것들이 있사온데, 보름 이전에만 의당 전하께 품계해야 할 경우 상황상 15일 동안은 정체되어야만 하고, 보름 이후에만 의당 세자께 품달되어야 할 경우 역시 15일 동안은 정체되어야만 합니다. 이 점을 유념하지 않을 수 없사옵니다. 신의 생각인즉 상순과 하순을 나눌 필요 없이 전하께서 한 달에 세 번 빈대하신 그 나머지 시간에 세자에게 여섯 번 빈대하게 하시어, 전례대로 거행하심이 실로 사의에 합당할 것으로 사료되옵니다.

재결하여 주시옵소서.

137 이것이야말로……것입니다 : 《시경》 〈문왕유성(文王有聲)〉에 "무왕께서 어찌 일하지 않으시리요? 그 자손에게 모훈을 남기어 자손을 편히 보호하셨다.〔武王豈不仕? 詒厥孫謀, 以燕翼子〕"라는 시구가 있다.

병을 구실로 면직을 애걸한 소

引病乞免疏

삼가 아뢰옵니다. 가을 절기가 깊어갈 적에 전하께서 능침 전배(展拜)[138]를 거행하시었으니, 엎드려 생각건대 서리 이슬에 마음이 동하시어 성심의 애모가 배로 깊어졌을 것이옵니다. 계속된 장마에 달리는 행렬이 젖은 것을 제하고라도, 정섭(靜攝) 중의 여러 절목에 어찌 아무 탈이 없었겠나이까.

신은 병세가 줄곧 위중하여 모시어 호종(扈從)하지 못하고, 길가로 달려가 엎드려 그저 의장행렬[139]을 우러러보기만 하였나이다. 인정이 이지러지고 예절이 어그러졌으니, 실로 엄벌로 다스려 마땅할 것이옵니다. 또 엎으려 생각하옵건대, 신이 일전에 입시(入侍)했을 적에 구구하고도 지극한 뜻을 대략 드러냈사온데, 해와 같은 밝음으로 신의 속내를 통찰해주시고, 신의 병을 불쌍히 여겨주셨습니다. 위로의 말씀과 불쌍히 여겨주심에서 나온 전교는 신처럼 죄과가 있는 사람이 받을 수 있는 바가 아니었기에, 흐느끼고 오열하느라 말을 다 마치지도 못하고 물러나고 말았습니다.

신은 침석(枕席)에 몸을 맡긴 채 가끔씩 혼잣말을 해보았습니다.

138 전배(展拜) : 왕이 능침이나 종묘 또는 왕실의 사당 등을 배알하면서 무릎을 꿇고서 절하는 의식을 말한다.

139 의장행렬 : 원문의 '羽旄'은 의장행렬에 꽂아놓은 깃발을 가리키는데, 더 나아가 의장행렬 자체를 상징하기도 한다.

"지난번 자리에서 다 밝히지 못한 심정은 오직 글로만 다 펼칠 수 있다. 그러나 성청(聖聽)을 어지럽히는 것은 (군신의) 분의(分義)상 감히 하지 못할 바이다. 그저 갑자기 죽어버려 이 마음이 조금이나마 편해졌으면 좋겠구나."

그러다 다시 말했습니다.

"군신지간은 부자지간과 같다. 고통이 극에 달했는데 아비를 부르지 않는다면 이는 그 아비에게서 스스로 거리를 두는 것이다. 자식으로서 아비에게서 스스로 멀어지고 신하로서 임금에게서 스스로 거리를 두어서야 되겠는가?"

그래서 감히 속내를 모조리 털어놓으면서 우러러 처분을 청하는 것이옵니다.

아아! 신의 병세는 신이 말씀 올리지 않아도 밝디 밝은 성감(聖鑑)[140]으로 남김이 통촉하고 계실 것이옵니다. 아직 목숨이 다하지 않아 한 가닥 숨통이 붙어 있기는 하지만, 위태로운 증세와 쇠퇴해가는 징조로 보건대 조만간 죽을 사람일 뿐이거늘, 중임(重任)에 헛되이 이름을 매어놓은 채 버젓이 한 해를 보냈습니다. 전하께서는 매번 '대신의 직책은 분주함에 있지 않다.'라고 가르치셨으나, 신은 그 덕음(德音)을 받자올 때마다 황공하고 부끄러운 마음에 죽고만 싶었나이다. 옛말에 이른바 대신의 직책이란, 최고의 것은 덕(德)이요 그 다음은 재(才)라고 하였습니다. 덕과 재는 신이 논할 수 있는 바가 아니며, 직책을 맡은 이후로 스스로 힘쓰던 바라야 부서기회(簿書期會)[141]의 일로 분주

140 성감(聖鑑) : 어떤 대상의 참과 거짓 따위를 판단하는 임금의 식견을 말한다.

141 부서기회(簿書期會) : 1년의 회계(會計)를 장부에 기입해서 기일 안으로 조정에

히 뛰어다닌 것뿐입니다. 그런데 지금은 병까지 들어 분주히 뛰어다니던 말단의 일조차도 힘을 바치지 못하게 되었습니다. 하루의 직무를 방기(放棄)하여도 그만큼의 죄가 있다고 하였는데, 하물며 한 해를 지나는 오랜 기간이니 (그 죄가) 어떠하겠습니까? 만약 신의 죄를 논한다면, 부월(鈇鉞)의 형벌이건 영해(嶺海 유배지를 상징한다)로의 귀양이건 그 무엇이든 불가하겠습니까? 그런데 전하께서는 도리어 관대히 용서해주시고 널리 포용해주셨으며, 또 신이 계속해서 드러누워 쉬는 것을 용납해주시면서 "너의 직책은 분주함에 있지 않다."라고 말씀해주셨습니다. 신이 국사(國事)를 병들게 하고, 현자의 통로를 방해한 것이 그 얼마입니까? 이런데도 국법이 있다고 말할 수 있겠습니까?

아아! 신은 본디 용속하고 나약하여 누구와 다투는 일이 없었으나, 세상에서 신을 좋아하지 않는 자들은 일찍이 하루도 신이 앞뒤에서 사건에 걸려들 것을 잊지 않고 있습니다. 세도(世道)는 신으로 인해 갈수록 각박해지고, 조정의 상황은 신으로 인해 갈수록 격변하며, 성심의 번뇌 또한 신으로 인해 몇 차례나 일었습니다. 가만히 돌이켜 생각해보니, 신의 죄가 아닌 것이 없습니다. 신이 이승에 붙어 있는 것이라곤 몸뚱이 하나뿐입니다. 이미 말라버린 나무처럼 이미 식어버린 재처럼 생기라곤 찾아볼 수 없으니, 저들이 신을 잊을 만도 하건만, 오직 직명(職名)이 아직 몸에 매어 있는 탓에 또 한 차례 위험한 함정에 빠지고 말았습니다.

신은 지금 베개에 엎어진 채 혼미한 상태로 지내는지라 온갖 상념이

보고하는 것을 말한다. 보통 관리들이 하는 좀스러운 일을 표현할 때 '부서기회'라는 말을 사용하였다.

텅 비어있습니다. 뜬금없이 일어났다 사라지는 비방과 칭찬, 그리고 시비 따위도 모두 언젠간 사라지겠지 하고 맡겨버렸습니다. 더구나 위에 계신 성명하신 주상께서 이런 것으로 반드시 신의 거취를 결정하실 리도 없을 것이옵니다. 그럼에도 하늘을 향한 애달픈 호소가 갈수록 다급해지고, 만 번의 죽음을 무릅쓰면서도 그칠 줄을 모르는 것은 오직 병 때문입니다.

엎드려 생각하옵건대, 지극히 인자하신 천지가 만물의 뜻을 곡진히 이루어주듯, 전하께서 신을 비호해 주시고 신을 온전히 지켜 주시어 오늘에 이르렀을 것이며, 정수리부터 발뒤꿈치까지, 그리고 머리털 하나까지 모두가 커다란 은혜이옵니다. 그러니 죽음에 임해 슬피 울어 본다면, 성심의 가련히 여기심을 입어 시작과 끝맺음을 온전히 할 수 있을 것이옵니다. 전하께서 신의 체직을 허여하시어 추부(樞府) 산관직(散官職)[142]을 내려주심으로써 신으로 하여금 마음 놓고 몸조리할 수 있게 해주시고, 하늘의 영령(英靈)에 의지해 남은 목숨 조금이나마 더 연명하게 해주신다면, 신이 어찌 차마 전하를 저버리겠나이까? 임금을 우러러 따르고, 성은을 감격하여 받들며, 매사에 분수를 다함으로써 만분의 일의 보답으로 삼을 것이옵니다. 간절한 이 마음, 하늘은 내려다보시겠지요.

한유(韓愈)가 말했습니다.

142 추부(樞府) 산관직(散官職) : 조선 시대 때 중추원을 달리 부르던 이름이다. 고려 시대의 중추원과 달리 조선 시대의 중추부는 특정하게 관장하는 일이 없었고, 문무 당상관으로서 소임이 없는 사람들을 대우하는 기관이었기에 산관(散官)이라는 표현을 쓴 것이다.

"가련히 여기는 것도 운명이요, 가련히 여기지 않는 것도 운명입니다."[143]

이는 바로 지금 신을 대신하여 한 말일 것입니다. 엎드려 바라옵건대, 성명하심과 자애로우심으로 신의 말이 폐부(肺腑)에서 우러나와 추호의 가식도 없음을 굽어살피시고, 속히 윤허를 내려주시어 살리고 이루어주는 은택을 완성시켜 주신다면 천만 지극한 행운이겠나이다.

신은 날로 절박해지는 간절한 기원을 감당할 길이 없사옵니다.

143 가련히…운명입니다 : 이는 당나라 문인 한유(韓愈)가 지은 〈과목에 응하면서 누군가에게 준 편지(應科目時與人書)〉에 나오는 글귀이다. 당나라 과거제도는 예부(禮部)의 시험에 합격한 다음에 이부(吏部)의 시험에 합격해야지만 관직에 나아갈 수 있었는데, 한유는 예부에 합격해 놓고 이부 시험에 거듭 낙방하였다. 이에 시험에 응하기 전에 주고관(主考官)에게 자신을 천거해줄 것을 청탁하면서 이런 편지를 보냈다.

다시 영의정에 배수되어 병을 이유로 면직을 애걸한 소
重拜領議政 引病乞免疏

삼가 아뢰옵니다. 세월이 쏜살같이 흘러 효소전(孝昭殿 인원왕후의 혼전(魂殿)) 재기(再朞)[144] 일자가 임박했습니다. 백성과 신하들 모두 슬퍼하고 있나니, 그 슬픔에 어찌 끝이 있겠나이까? 엎드려 생각건대 성심의 애모는 그 배나 망극할 것이니, 고요히 심신을 다스리는 여러 절목에 어찌 아무 탈이 없었겠나이까. 보잘것없는 신의 심정으로도 근심을 이길 길이 없나이다.

엎드려 생각건대, 신은 병들어 엎어진 채 거의 죽어가고 있는 터라 이미 폐인이나 진배없거늘, 갑자기 영의정에 배수한다는 어명을 삼가 받들게 되었습니다. 돈유(敦諭)[145]와 제지(除旨)[146]가 일시에 나란히 내려왔는데, 신은 어명을 듣고서 놀랍고도 황망한 나머지 오장이 다 무너지는 것만 같아 어찌할 바를 몰랐습니다.

아아! 신은 작년에 죄를 지었사온데, 하늘에 떠 있는 해와 같은 밝음으로 신의 간절하고 애틋한 마음을 굽어살펴주시었습니다. 전후로 내려주신 덕음(德音)을 지금까지도 장중하게 외며 감읍하고 있는 마당에, 어찌 감히 이러한 것을 사정이라 끌어들여 성명께 스스로 거리를

144 재기(再朞) : 돌아가신 후 2년째 되는 날을 말한다.

145 돈유(敦諭) : 임금이 의정(議政)이나 유현(儒賢)에게 면려(勉勵)를 권하는 말이나 글월을 가리킨다.

146 제지(除旨) : 임명하는 칙지이다.

두듯 할 수 있겠나이까? 다만 신은 오랜 고질병인 어지럼증[147]으로 인해 추부(樞府)의 한관직(閒官職)[148]에 있으면서 몸조리에만 전념해온 지 벌써 한 해가 넘었습니다. 그러나 여전히 기력 없이 주저앉아 있을 뿐, 침석에 누워있는 것은 그저 빈껍데기일 따름입니다. 오로지 바라는 바는 무거운 짐을 몸에서 벗어던지고[149] 물러나 본문을 지키는 일이니, (그렇게만 된다면) 비록 오늘 죽는다고 하여도 눈을 감을 수 있을 것이옵니다.

이 직책이 무엇을 하는 것이관데 다시 신의 차지가 되었단 말입니까? 지금까지 헛되이 이름만 매어둔 채 중서(中書 의정부(議政府))라는 막중한 자리를 신의 요양처(療養處)로 삼아온 지 꼭 2년이 되었습니다. 조정의 업무는 신으로 인해 적체되었고, 성상의 체후는 신으로 인해 유독 고달프나니, 스스로를 돌아보며 옛일을 생각해봄에 죽고도 남을 죄가 있사옵니다. 하물며 예사롭지 않은 천재지변으로 국사에 어려움이 많은 지금, 전하께서 믿고 맡기시며 책임을 독려할 사람은 오직 재상들뿐입니다. 그런데 갑자기 노련한 대신의 사임을 허락하시고, 쌓인 죄와 질병으로 오직 한 가닥 남은 목숨만 연명하고 있는 자로

147 어지럼증 : 원문의 '風眩'은 감기로 인하여 생기는 현기증을 말한다. 목덜미가 뻣뻣해지고 구역질을 하기도 한다.

148 추부(樞府)의 한관직(閒官職) : 이때 이천보는 영중추부사((領中樞府事)로 재임하고 있었다. 고려 시대의 중추원은 국가 기밀과 왕명의 출납을 담당하는 핵심적 관부였으나, 조선 시대의 중추부는 형식상 서반(西班)의 최고 관부로 편제되어 있었을 뿐, 일정한 소관 사무가 없는 유명무실한 기구였다. 따라서 영중추부사나 판중추부사, 지중추부사 등의 관직도 맡은 일이 없는 명목상의 직위에 지나지 않았다.

149 벗어던지고 : 원문의 '祛' 자는 '袪' 자의 가차자로 쓰인 듯하여 고쳐 번역하였다.

그 자리를 충당하시려 하시다니, 필경 신의 죄만 늘어나고 신의 목숨만 재촉할 것이며, 국사는 더욱 무너질 것인지라 신은 몹시도 두렵사옵니다.

지극히 인자하시고 지극히 자애로우신 전하께서 원래부터 있던 신의 병세를 헤아려 걱정해주시지 않음이 없을 터이오나, 신이 한직에 거한 지 조금 오래되었기로 혹 애써볼 만한 힘이 만에 하나라도 남아 있을까 여기시어 이러한 명을 내리신 것인지요? 그러나 증상은 더해감만 있고 나아짐은 없어서, 갈수록 더욱 고질이 되어 신의 몸과 함께 끝나려고 하는데, 아직까지 곡진히 살펴주심을 얻지 못하였사옵니다. 신은 이에 하늘을 우러러 눈물 흘리면서 오직 빨리 죽기만을 소원할 따름이옵니다.

아아! 신은 땅처럼 두터운 성모(聖母 인원 왕후)의 자애로우신 교화에 흠뻑 젖었사오나, 불행히도 이 몸이 기이한 질병에 걸린 탓에 인산(因山)[150] 이후로 구구한 정의와 예의를 다 바치지 못한 것이 이미 적지 않습니다. 아래를 굽어보고 위를 우러르며 비통해하나니, 살아도 죽느니만 못합니다. 이번 상사(祥事)[151]를 며칠 앞두고도 미련하게 엎드려 드러누운 채, 개나 말 같은 천한 질병으로 우러러 엄려(嚴廬)[152]를 더럽혔사옵니다. 신의 죄가 이 지경에 이르렀으니, 더욱이 중죄로 다스려야 마땅할 것입니다.

150 인산(因山) : 조선 시대 태상왕과 그 비, 왕과 왕비, 왕세자와 그 빈, 왕세손과 그 빈의 장례를 인산이라고 표현한다. 자세한 내용은 **쪽 각주 ** 참고.

151 상사(祥事) : 사람이 죽은 뒤 두 돌만에 지내는 제사이다.

152 엄려(嚴廬) : 상중(喪中)에 임금이 거처하는 곳을 말한다.

엎드려 비옵건대, 천지와도 같은 부모께서 특별히 양찰하시어 불쌍히 여겨주시옵고, 속히 신을 체직하시어 새로운 직명을 내려주시옵소서. 또 신의 죄를 다스림으로써 조정의 기강을 엄숙히 하시어 사사로운 분수를 편안히 할 수 있게 해주시옵소서. 신 지극히 초조하고 간절한 마음, 감당할 길이 없사옵니다.

재이를 만나 경계할 바를 아뢴 차자[153]

因災異陳戒箚

삼가 아뢰옵니다. 하늘이 견책의 뜻을 알려오심이 올봄 들어 어찌 이리도 그치지 않고 이어지는지요? 요성(妖星)[154]이 두 달 사이에 나타나더니 어제는 또 홍관(虹貫)의 변[155]까지 일어났습니다. 신이 비록 병들어 거의 죽을 지경이지만, 아직도 한 치의 지각이 남아 있기에, 베개를 치며 경악하면서 오로지 빨리 죽기만을 바랐습니다.

오호라! 재이(災異)를 초래하는 이유야 한 가지가 아니겠으나, 재상된 자가 자리에 걸맞은 인물이 아닌 것도 그중 하나입니다. 신은 이미

153 재이를……차자 : 영조 때 요성(妖星)이 나타났다는 기록은 영조 35년(1759)에 집중적으로 보인다.(4월 11일, 12일, 13일). 흰 무지개가 나타나는 변고 역시 35년에 집중되어 있다. (영조 35년 1월 18일, 19일, 4월 11일, 12일, 13일에 흰 무지개가 해나 달을 뚫었다는 기록이 보인다.) 그중 《영조실록》 권93, 35년(1759) 4월 11일 기사인 〈교리 송형중 등이 수성하라는 상서를 올리다〉를 보면, 송형중 등이 세자의 수성(修省)이 부족하여 이런 일이 일어났다고 간하자 "왕세자가 대답하기를, '근래에 재이(災異)가 없는 해가 없는 중에 요성(妖星)이 다시 나타나고 홍관(虹貫)의 변이 두 달 사이에 거듭 나타났으니 마음이 실로 놀랍고 두렵다. 나의 불민으로 말미암아 성의(聖意)를 우러러 본받지 못하고 언제나 성교(聖敎)를 번거롭게 하니 늠척(懍惕)스러운 마음이 더욱 간절하다. 면계(勉戒)한 바가 간절하고 지극하니, 마땅히 심부(心腑)에 새기겠다.'"고 하였다는 내용이 있다.

154 요성(妖星) : 재해의 징조로 나타난다고 하는 별로 형혹성(熒惑星)을 가리킨다.

155 홍관(虹貫)의 변 : '백홍관일(白虹貫日)', 즉 흰 무지개가 해를 관통하는 변고를 가리킨다. 흰 무지개란 일종의 햇무리인데 이것이 나타나면 옛날 사람은 임금의 신상에 해로움이 가하여진다고 여겼다.

폐인이거늘 새로운 임명을 거듭 받았습니다. 중서(中書 의정부(議政府))라는 무거운 자리를 숨만 안 끊겼을 뿐인 시체에게 맡기셨으나, 임명받은 지 한 달이 넘었어도 산 것도 죽은 것도 아닌 채 멍하니 조정 업무가 무엇인지조차 모르고 지냈사옵니다. 나라에서 재상 둠이 이와 같을진대 하늘이 재이를 내리지 않는다고 한다면, 신은 믿지 못하겠나이다. 엎드려 비옵건대 전하께 알리시어 속히 신을 내침으로써 하늘의 견책에 답하소서.

신 바야흐로 견책을 청할 겨를도 없거늘, 어찌 감히 우리 저하를 우러러 면려할 수 있겠나이까? 그러나 한 가닥 숨이 붙어 있는지라, 국사(國事)를 생각할 때면[156] 저도 모르게 목메어 흐느낍니다. 신이 작년 여름에 병든 몸을 이끌고 입대(入對)하였을 때 혈성(血誠)을 바쳐가며 경계할 바를 아뢰면서 말 한번 하고 눈물 한번 흘리니, 저하께서도 신의 간절한 정성을 굽어 통촉하여 주시었습니다. 그때 저하의 말씀[157]에 척연히 슬퍼하는 뜻이 담겨 있었기에, 신은 아직까지도 마음에 간직한 채 감히 잊지 못하고 있사옵니다. 저하께서 과연 마음을 비우고 신의 말을 받아들여, 반성하고 바꾸신 바가 있었는지는 알 길이 없사옵니다. 그러나 손꼽아 세월을 헤아려봄에 벌써 일 년이 지났는데도 끝내 아무런 소리도 듣지 못하였기에 신은 한밤중에 가슴 치고 울며 아뢰옵니다.

신이 저하를 모셔온 지 몇 해가 지나 이제 늙고 병들어 죽어가고

156 생각할 때면 : 《시경》 〈소융(小戎)〉의 "군자를 생각하나니, 그 모습 구슬처럼 온화하네.〔言念君子, 溫其如玉〕"라는 구절에서 나왔다.

157 저하의 말씀 : 원문의 '睿教'는 세자가 한 말을 높여 부르는 말이다.

있는데, 저하께서 차마 신을 속일 수 있사옵니까? 아! 동루(銅樓)[158]가 깊고 그윽하니, 전하의 동정 하나 하나는 저 신료들을 속일 수 있을 것입니다. 그러나 위에 성대히 임해 있는 것은 하늘입니다. 그 하늘도 속일 수 있사옵니까? 하늘은 본디 높고 멀다 치더라도, 저하께서 우리 전하의 마음을 우러러 헤아리지 않을 수 있사옵니까? 저하께서 하늘을 섬기는 마음과 전하를 섬기는 마음은 다르지 않습니다. 지금 재이를 없앨 방책인즉 다른 데서 찾으실 필요 없나니, 그저 우리 전하를 기쁘게 해드리기 위해 힘쓰는 것보다 나은 것은 없사옵니다.

엎드려 바라옵건대, 저하께서는 홀로 거하실 적에 더욱 조심하시고, 편히 쉬실 적에 더욱 경건히 하십시오. 마음을 다잡는 공력[159]에 더욱 힘을 쏟으시면서 인애(仁愛)의 경고[160]를 소홀히 하지 마시옵소서.

신 정신이 어지럽고 어두워, 몇 줄의 글마저 제대로 완성하지 못하다가 이제야 겨우 어리석은 정성을 대략 펼치었사옵니다. 신 죽을죄를 지었나이다.

158 동루(銅樓) : 동룡(銅龍)을 조각한 문루로, 태자의 궁실을 가리킨다.

159 마음을……공력 : 《맹자》 〈고자상(告子上)〉에 "공자께서 말씀하시기를, '잡으면 보존되고 놓으면 없어지며, 출입함에 일정한 때가 없고, 그 향하는 곳을 알지 모사니, 오직 마음을 말하는 것이로다.'라고 하였다.〔孔子曰: '操則存, 舍則亡, 出入無時, 莫知其鄉. 惟心之謂與.'〕"라는 구절이 보인다.

160 인애(仁愛)의 경고 : 한나라 동중서(董仲舒)의 〈천인삼책(天人三策)〉에 나오는 말이다. "나라가 도리를 잃고 장차 패망하려 하면 하늘이 먼저 재앙과 이변을 나타내어 경고하고, 그래도 스스로 반성하지 못하면 또 괴이한 징조를 보여 경계하고 두려워하게 하며, 그래도 여전히 고칠 줄 모를 때라야 손상과 패망이 비로소 닥친다. 이는 하늘의 마음이 임금을 인애하여 그 어지러움을 멈추게 하려 함을 내보이기 위함이다."

유소[161]

遺疏

삼가 아뢰옵니다. 신은 보잘 것이라곤 없는 주제에 크나큰 은혜를 외람되이 입어 지위가 삼사(三事)[162]에 이르렀사온데, 한 가지도 보답하지 못하고서 이제 한 가닥 목숨마저 끊어지려 하고 있습니다. 이제 천안(天顔 임금)과 영영 멀어지게 되었으니, 우러러 바라봄에 그리움이 가슴에 맺혀 장차 눈을 감지 못할 듯하옵니다.

엎드려 생각하건대 전하의 보산(寶筭)[163]이 칠순이오나 정력이 강건하시어 백성과 신하들 모두 강릉(崗陵)과도 같은 만수무강을 크게 빌고 있사옵니다. 지금 신이 외람되이 구구한 말씀을 바치는 것은, 돌아보건대 한도 없는 만 가지 일 중에 성궁(聖躬)을 잘 보호하고 아끼는 것만큼 중요한 일이 없기 때문이옵니다. 기쁨과 노여움이 간혹 발하기에 이르면 중정(中正)을 잃게 될뿐더러, 혈기가 손상될 염려도 있사옵니다. 시행과 조치가 간혹 번뇌를 격발시키면 정령을 해칠뿐더러 정신이 소모될 우환도 있사옵니다. 엎드려 바라옵건대 전하께서는 중화(中和)의 도에 더욱 힘쓰시어 강녕(康寧)의 아름다움을 누리소서.

161 유소 : 죽음을 앞두고 올린 소장(疏章)을 유소(遺疏)라고 부른다. 《영조실록》 37년(1761) 1월 5일 〈영중추부사 이천보의 졸기〉에 보면 "영중추부사(領中樞府事) 이천보(李天輔)가 졸(卒)하였는데, 그의 유소(遺疏)에 대략 이르기를……"을 시작으로 이 〈유소〉 중 한 단락이 인용되어 있다.

162 삼사(三事) : 영의정, 좌의정, 우의정을 아울러 이르는 말이다.

163 보산(寶算) : 군주의 수명 또는 나이를 말한다.

신은 전하를 보호하는 직책을 헛되이 몸에 지닌 채 한 차례도 기거와 안부를 여쭙지 못하였으니, 죄과가 본디 많고도 많사옵니다. 평소 나라를 근심하는 정성만은 실로 가슴속에 맺혀 있사오나, 지금 죽음에 임하여 숨이 차고 말을 길게 할 수 없는 탓에 일일이 진언할 길이 없사옵니다. 이에 오직 '보호하고 아끼라〔保嗇〕'는 두 글자로써 신의 어리석은 충정을 바치고자 하나, 베개에 엎드려 눈물 흘리며 고할 바를 모르겠나이다.

신 하늘을 우러르고 성상을 바라봄에 지극히 황공하고도 서글픈 마음 감당할 길이 없사옵니다.

계 啓

백관이 조정에서 탕제 드실 것을 간청한 첫 번째 계[164]

百官庭請進湯劑初啓

신 등은 전하의 예사롭지 않을 만큼 과도한 처사를 목도하였나이다. 사흘 동안 빈청(賓廳)[165]에서 올린 장계는 단 한 글자의 비지(批旨 비답)도 받지 못하였고, 죽음을 무릅쓰고 돌려보낸 수서(手書)도 들이는 족족 다시 내리셨기에,[166] 신 등은 한자리에 모여 고뇌하느라 심장과

164 백관이……계 : 이와 관련된 내용은 《영조실록》 27년(1751) 10월 12일 〈빈청에서 약을 올릴 것을 허락하도록 청하다〉에 보인다. "빈청에서 아뢰기를, '신 등의 어제 일제히 호소한 계사(啓辭)는 근심하고 두려워하며 몹시 절박한 나머지 말의 뜻을 제대로 전달하지 못하였는데, 돌려보냈던 수서(手書)에 대한 비지(批旨)가 또 내렸습니다. 신 등이 머리를 맞대고 매우 두려워하였으나 계책이 나오질 않아서 하루 동안에 비지를 봉환(封還)한 것이 두 번 세 번에 이르렀습니다. 받은 바의 엄중한 하교는 모두 인신(人臣)의 극죄이니 얼굴을 쳐들고 다시 들어간다면 어찌 이런 이치가 있을 수 있겠습니까? 그런데 지금 성상의 마음은 평온함을 잃고 백료들은 초조하고 황급하여 구구한 정세(情勢)는 감히 돌아볼 수 없기 때문에 또다시 서로 인솔하고 일제히 호소합니다. …… 삼가 바라건대 위로는 종묘와 태후를 생각하시고 아래로는 백관과 만민을 생각하시어 다시는 불평스러운 뜻으로써 심경에 간직하지 마시고 이내 즉시로 약을 올릴 것을 허락하소서.' 하였다. "

165 빈청(賓廳) : 궁중에서 정승이나 비변사의 당상들이 모여서 회의하는 곳이다.

쓸개가 다 떨어져 나갈 지경이옵니다. 이에 감히 백관을 거느리고 전하께 다급한 소리로 호소하옵니다.

오호라! 이것이 대체 무슨 일이란 말씀입니까? 이것이 대체 무슨 처사란 말씀입니까? 지극히 어질고 지극히 성스러운 우리 전하께서 매사에 요순(堯舜)을 본받고 계시니, 어찌 중도를 넘어서는 처사가 있을 수 있겠나이까? 다만 전하께서 당습(黨習 당파의 악습)을 몹시도 미워하시어[167] 반드시 제거하고자 하시었거늘, 불충하고 못난 신하들

166 죽음을……내리셨기에 : 《영조실록》 27년(1751) 10월 12일 〈빈청에서 약을 올릴 것을 허락하도록 청하다〉를 이어서 읽어보면, "빈청의 계사가 들어가자, 임금이 어필로써 '성심 실평(聖心失平)'이라는 네 글자를 지워버렸다. 또 먹으로 '지뉴구습(只狃舊習)'의 '구(舊)' 자를 지워버리고 '당(黨)' 자로 고쳐 썼다. 또 먹으로 '극류(極謬)'라는 두 글자를 지우고 '이통심(已痛心)'이라는 세 글자로 고쳐 썼으며 또 먹으로 '몽연(矇然)이라는 두 글자를 지우고 '방자(放恣)'라는 두 글자로 고쳐 썼다. 또 먹으로 '역극망의(亦極妄矣)'라는 네 글자를 지우고 '기역당심(其亦黨心)'이라고 고쳐 써서 내렸다. 하교하기를, '어제 내린 비답에 대하여 경(卿) 등이 이와 같기 때문에 다시 비답을 내리니, 이것을 승수(承受)하라.' 하였다. 빈청에서 또 아뢰기를, '이번에 내린 이 수서는 더욱 어제 내린 수서의 비답이 아니니, 마지못하여 죽음을 무릅쓰고 환납합니다.' 하였다."라는 내용이 나온다. 또 이틀 후인 10월 14일 〈영의정 김재로가 백관을 인솔하고 정청하여, 하교를 환수하고 탕제를 들 것을 청하다〉에도 "영의정 김재로(金在魯)가 백관들을 인솔하고 정청(庭請)하여 아뢰기를, '신 등은 전하의 비상(非常)한 지나치신 거조를 눈으로 보았습니다. 3일 동안 빈청에서의 아룀에 한 자(字)의 비답도 받지 못하였는데, 죽음을 무릅쓰고 돌려보낸 수서는 환납하는 대로 다시 내려졌습니다.'"라는 기록이 보인다.

167 당습(黨習)을……미워하시어 : 10월 12일 기사에 이어서 이러한 내용이 나온다. "전하께서 당습을 몹시 싫어하시어 반드시 제거하고자 하는데 뭇 신하들이 불충(不忠) 무상(無狀)하여 제대로 봉승(奉承)하지 못하고 전하의 지나치신 거조가 있도록 하는 결과를 초래하게 하였으며, 무릇 몇 번에 걸쳐 이런 경우를 당하여 오늘날 약을 물리치시는 데까지 이르러 전하의 지나치신 거조가 더욱 크신데다가 내리신 수교(手敎)는

이 성스러운 뜻을 받들지 못한 탓에 이토록 과한 처사를 야기한 것이 무릇 몇 차례이옵니다.

첫째로는 방문을 닫아 건 일이었으니, 전하로 하여금 방문을 닫아 걸게 한 것은 신 등의 죄이옵니다. 둘째로 수라를 물리셨으니, 전하로 하여금 수라를 물리게 한 것 역시 신 등의 죄이옵니다. 그런데 오늘에 이르러서는 탕약까지 물리치고 계시온데, 이는 전하의 과한 처사 중 가장 큰 것입니다. 전하께서 직접 쓰고 내리신 전교가 다시금 온 나라를 요동치게 하였으니, 신 등의 죄는 더더욱 죽음으로도 갚을 길이 없사옵니다.

임금과 신하는 아비와 자식이나 마찬가지입니다. 자식에게 죄과가 있다면 그 아비 된 자가 자식을 꾸짖고 매질하여 경계할 바를 알게 하고, 깨우치고 가르쳐 행실을 고치게 한다 해도 안 될 것이 없습니다. 그런데 도리어 병이 났는데도 약을 들지 않아 스스로 몸을 상하게 하는 지경에 이르고도 돌아보지 않는다면, 자식의 마음이 응당 어떠하겠습니까? 오호라! 지금 신 등의 사정이 불행히도 이와 비슷합니다. 머리가 하늘에 닿을까 두려워 몸을 구부리고, 땅이 꺼질까 두려워 살금살금 걸으며[168] 돌아갈 곳을 잃은 저 곤궁한 자들과 진배없사옵니다. 자애롭

또 온 나라로 하여금 진탕(震蕩)하게 하였으니, 신 등의 죄는 더욱 이루 주벌할 수 없게 되었습니다. 삼가 바라건대 성상의 마음을 돌리시어 빨리 연일 내리신 하교를 환수하시고 이어서 즉시 탕제를 올릴 것을 허락하시어 종사(宗社)와 신인(神人)의 여망을 위로하소서."

168 머리가…걸으며 : 원문의 '국고척후(跼高蹐厚)'는 '높은 하늘에 닿을까 몸을 구부리고, 두터운 땅이 꺼질까 살금살금 걷는다.〔跼高天, 蹐厚地〕'의 줄임말로, 위축되어 몸을 구부린 채 감히 펴지 못하는 모양을 가리키는 성어이다. 주로 조심할 때 혹은

게 덮어주시던 전하의 평소 인자함으로 어찌 차마 이렇게 하실 수 있단 말이옵니까?

아아! 전하의 성스러운 덕과 지극한 행실은 하늘에 뜬 태양과도 같아 만물이 함께 우러르며, 동국(東國) 수천 리를 빙 둘러 비록 우부우부(愚夫愚婦)라 할지라도 감격하여 칭송하고, 흠모하여 탄복하지 않는 자가 없사옵니다. 그런즉 이 일들은 모두 뭇 신하들의 죄이옵니다. 죄가 신하들에게 있사오니, 성스러운 덕에 터럭만큼이나마 해 될 바가 있겠나이까? 그런데도 전하께서는 한번 격노하심에 지나치게 스스로 몸을 상하게 하시면서, 누차 신하로서 감히 받들을 수 없는 전교를 내리셨사옵니다. 이것이 어찌 신 등이 전하께 바라는 바이겠나이까?

더구나 지금 보산(寶算 임금의 나이)이 점차 높아지시어 증후가 빈번히 도지고 있어, 신 등은 천안(天顔)을 우러르며 더 이상 예전과 같은 않은 모습에 가슴 졸이며, 기뻐했다 두려워했다 하고 있사옵니다. 이러한 때에 섭생을 조절하고 몸을 보하기 위해서는 오직 탕약만이 가장 시급할 따름이옵니다. 지금 약을 물리치시고 드시지 않은 것이 벌써 한 달이 넘었습니다. 성심의 번뇌가 더욱 깊어져 정섭(靜攝) 중의 여러 절목을 잃었을 뿐 아니라, 보이지 않은 데서 쇠해지고 암암리에 줄어든 기력은 또 이루 말로 다 할 수가 없사옵니다. 전하께서 설령 스스로를 가벼이 여기신다손, 고묘(高廟)와 태후(太后)께는 어찌하려 하십니까?[169] 전하의 성스러운 학문과 고명하심으로 한가로운 여가에 한번

황송하여 어찌할 바를 모를 때 사용한다. 이 말은《시경》〈정월(正月)〉의 "하늘을 일컬어 높다고 하나 감히 몸을 굽히지 않을 수 없고, 땅을 일컬어 두텁다 하나 감히 살금살금 걷지 않을 수 없네..〔謂天蓋高, 不敢不局, 謂地蓋厚, 不敢不蹐〕"에서 나왔다.

조용히 생각해보신다면, 신 등이 말을 다 마칠 때까지 기다릴 것도 없이 필시 두려운 듯 느끼고, 불현듯 깨닫는 바가 있을 것이옵니다.

신 등이 금정(禁庭 궁중)을 시끄럽게 하고 소란스럽게 한 죄, 만 번 죽어 마땅하다는 것을 모르는 바 아니오나, 윤허를 얻기 전까지는 오직 죽음만 있을 뿐 (간언을) 그치지 않을 것이옵니다.

엎드려 비옵건대, 과감히 생각을 돌리시어 속히 매일같이 내리시는 죽어도 감히 받들 수 없는 전교를 거두시고, 탕제 올리는 것을 윤허하심으로써 종묘사직 신인(神人)의 바람을 위로하여 주시옵소서.

169 고묘(高廟)와……하십니까? : 이 말은《사기(史記)》권101, 〈원앙・조조열전(袁盎・晁錯列傳)〉에 나온다. 서한의 효문제(孝文帝)가 수레를 몰고 가파른 산비탈을 내려가려 하자 원앙이 간언하였다. "성주는 위험한 것을 타면서 요행을 바라지 않는다고 하였습니다. 지금 폐하께서 6필의 말이 끄는 수레를 몰고 가파른 산을 내려가려 하시는데, 만일 말이 놀라 수레가 전복되기라도 한다며, 폐하가 설령 스스로를 가벼이 여기신다손, 고조와 태후는 어찌하려 하십니까?〔聖主不乘危而僥倖幸. 今陛下騁六騑, 馳下峻山, 如有馬驚車敗, 陛下縱自輕, 柰高廟太后何?〕" 이 말에 효문제는 수레에서 내려왔다고 한다.

네 번째 계[170]

第四啓

신 등은 죽음을 무릅쓰고 일제히 호소하나이다. 천청(天聽)[171]이 더욱 아득해져, 어제 저녁 창졸간에 올린 짧은 계(啓)도 비지(批旨)를 받지 못하였는데, 감히 받들 수 없는 수서(手書)가 다시금 내려옴에, 신 등은 하늘이 무너지고 가슴이 턱 막히는 것만 같아 그저 이대로 죽어 사라지고만 싶었사옵니다. 감히 밤중에 (성심을) 어지럽힐 수 없는지라 심정을 억누르고 퇴청하였으나, 밤새 초조하고 절박하였습니다. 이에 부득불 동료들을 이끌고 나와 다시금 인자하게 덮어주시는 전하께 호소하옵나이다.

오호라! 전하의 지극한 아픔은, 비록 백 대(代) 후에 태어난 사람이라 할지라도 전하의 전교를 듣고 전하의 마음을 생각해본 자라면 분명 감읍할 것이옵니다. 그러니 오늘날 신하 된 자야 어떻겠습니까! 신하 된 자가 어둡고도 못나게 군부의 마음도 알지 못하고서 당론(黨論)만을 일삼는다면, 비록 만 번 죽음으로도 속죄하기 부족할 것이옵니다. 신 등에게 아직 사람의 마음이 아직 있기에, 어제 두 번이나 내려온 전교를 엎드려 받들고 저도 모르게 눈물을 흘렸습니다.

170 네……계 : '네 번째 계'라고 나왔는데, 《영조실록》을 살펴보건대 10월 12일과 14일에 실린 내용에 이 두 편의 계(啓)가 대략 포함되어 있음을 알 수 있다.

171 천청(天聽) : 임금의 귀라는 뜻으로, 신하들의 간언을 받아들이는 것을 상징한다.

오호라! 옛날 제왕으로부터 그 누구인들 형제가 없었겠나이까? 그러나 마음속으로부터 우애롭고[172], 서로 지극히 돈독하기가 우리 경묘(景廟 경종)와 전하 같은 사이가 어디 또 있었겠나이까? 험난하고 어려운 길을 걸어옴이 우리 전하 같은 분이 또 어디 있었겠나이까? 아아! 신 등이 감히 긴 말로 성심을 거듭 슬프게 해드릴 수는 없사오나, 경묘의 지극한 사랑의 인자하심과 태후(太后)[173]의 지극한 자애의 덕이 아니었다면, 무엇으로 성궁(聖躬)을 보호하시어 오늘처럼 무궁한 종사(宗社) 대업의 기틀을 다질 수 있었겠나이까? 전하께서는 경묘 섬기기를 태후 섬기듯 하고, 경묘 사모하기를 성고(聖考)[174] 사모하듯 하며, 천승(千乘)의 존엄함으로 증자(曾子)의 효(孝)[175]와 강굉(姜肱)의 우애[176]를 겸하셨으니, 움직일 때나 쉴 때나, 생각할 때나 숨 쉴 때나 그 무엇 하나 효제(孝悌)가 아닌 것이 없었사오며, 왕위에 오르신 이래 30년 동안 백성을 이끌고 다스린 도(道)[177] 모두 효제로부터 흘러나왔

172 마음속으로부터 우애롭고 : 《시경》 〈황의(皇矣)〉에 "이 왕계가 마음속으로부터 우애로웠다.〔維此王季, 因心則友〕"라는 시구가 보인다. 따라서 형제간에 진심으로 우애 있는 것을 '인심지우(人心之友)'라고 한다.

173 태후(太后) : 원문의 '東朝'는 태후를 비유하는 별칭이다. 여기서는 인원 왕후를 가리키는 말로 사용되었다.

174 성고(聖考) : 임금의 돌아가신 아버지를 말한다. 여기서는 숙종을 가리킨다.

175 증자(曾子)의 효(孝) : 증자는 공자의 제자 중 효(孝)로 일컬어지는 인물이다. 공자와 증자의 문답 가운데 효(孝)에 관한 내용을 간추린 《효경(孝經)》이라는 책이 전해지기도 한다.

176 강굉(姜肱)의 우애 : 강굉은 후한 사람으로, 자가 백회(伯淮)이다. 두 아우인 중해(仲海)·계강(季江)과 지극히 우애하며 늘 한 이불을 덮고 잤다 하여 '강굉공피(姜肱共被)'라는 고사가 생겨났다.

습니다. 이에 전국 팔도 안에 혈기가 붙어 있는 생령(生靈)이라면 누구라 할 것 없이 우러러 칭송하며 그 교화에 따르고 있사옵니다. 다만 신 등의 임금 섬김이 너무도 형편없어 성덕을 널리 드날리지 못한 탓에, 전하로 하여금 과도하게 스스로 몸을 상해가며 결연히 약재를 거부하는 지경에 이르게 하고 말았습니다. 이에 온 나라가 놀라 들끓으며 머물 바를 알지 못하오니, 신 등의 죄가 주벌을 면할 수 있겠나이까?

신 등은 모두 당목(黨目 당파의 목록)에 들어있는 사람들입니다. 저 한두 명의 신하에게 어찌 당습이 없겠습니까? 그러나 아무리 당습에 젖어 과격하게 당론을 일삼는다 해도, 그저 그 사람이 망령된 것에 불과할 뿐, 성덕(聖德)에는 터럭만큼의 손상도 입히지 못할 것이옵니다. 그런즉 전하께서 이로 인해 번뇌하시고, 지난날의 전적에서 찾아볼 수 없는 거조(擧措)까지 하신다면, 이것이 평정심으로 이치를 살피는 대성인의 도에 있어 어찌 어긋남이 없겠나이까?

아! 옛날 우리 효묘(孝廟 효종)께서 구궁(舊宮)[178]에 임해 다스리신 것처럼 전하께서 입승대통(入承大統)[179]하시고, 이곳저곳을 둘러보시

177 다스린 도(道) : '남면출치(南面出治)'의 줄임말로, 임금의 자리에 오르거나 임금이 되어 나라를 다스림을 이르는 말이다. 임금이 남쪽을 향하여 신하와 대면한 데서 유래했다.

178 구궁(舊宮) : 여기서는 '하어의궁(下於義宮)'을 가리킨다. 인조가 살았던 옛 어의궁은 상어의궁이라 부르고, 봉림대군이 머무는 어의궁은 하어의궁으로 불렀는데, 소현세자 사망 이후 봉림대군이 효종으로 즉위하면서 하어의궁이 본궁이 되었고 인조에 이어 효종까지 두 왕을 배출했다 하여 '용흥궁(龍興宮)'으로 불리기도 했다. 숙종은 이곳에 '용흥구궁(龍興舊宮)'이란 현판을 남겼다.

179 입승대통(入承大統) : 왕에게 아들이 없을 때, 왕족 중의 한 사람이 왕의 대를 잇는 것을 말한다.

며 배회하시다 척연히 느낀 바가 있으셨으니, 갱장(羹墻)[180]의 성심을 가히 상상할 수 있사옵니다. 그런즉 지금 전하께서 선왕의 뜻을 이어나갈 도는 성스러운 뜻을 분발하는 데 있으며, 분발하는 도는 성체를 보양하는 데 있사옵니다. 그런데 탕제를 불허하시며 도리어 질병을 조심하라[181]는 경계를 소홀히 하시다니, 전하께서는 삼종(三宗)[182]이 맡기신 중임이 전하의 한 몸에 달려 있다는 사실을 생각지 않으시옵니까?

성스러운 전교 중에 "황형(皇兄)[183]께서는 알고 계신다."는 말씀이 있었사옵니다. 오호! 전하의 말씀 한 마디면 신명과 감통할 수 있사옵니다. 신 등 외람되오나, 전하의 근자의 처사는 대비[184]께 근심을 끼칠 뿐만 아니라, 하늘에 계신 경묘의 영령께서도 필시 근심하시며 기뻐하지 않을 것이라 생각하옵니다. 전하께서 만약 전하를 사랑하던 경묘의

180 갱장(羹墻) : 사람을 심히 그리워한다는 뜻이다. 옛날 순임금은 "요임금이 죽고 나서 3년 동안 앙모하기를 그치지 않으며, 앉아서는 요임금을 담장에서 보았고, 식사할 때는 국에서 보았다.〔昔堯死之後, 舜仰慕三年, 坐則見堯於墻, 食則見堯於羹.〕"고 한다. (《후한서(後漢書)》 권63, 〈이고전(李固傳)〉)

181 질병을 조심하라 : 《논어》 〈술이(述而)〉에 "공자께서 조심하신 것은 재계함과 전쟁과 질병이었다.〔子之所愼, 齊, 戰, 疾〕"는 말이 나온다.

182 삼종(三宗) : 여기서 삼종은 현종, 숙종, 경종을 가리킨다.

183 황형(皇兄) : 경종과 영조처럼 형, 아우 관계로 왕위를 이었을 경우 아우인 임금이 형인 선왕을 일컬을 때 황형이라고 한다.

184 대비 : 동조(東朝)는 원래 대비가 머물던 곳을 가리키는 말이다. 한나라 때 황태후가 머물던 장락궁(長樂宮)이 황제의 거처인 미앙궁(未央宮)의 동쪽에 있었기 때문에 동조라고 부른 데에서 비롯되었다. 이후 동조는 공간뿐 아니라 그곳의 주인인 대비를 가리키는 말로 사용되었다. 이러한 고사에 따라 《조선왕조실록》에서 동조는 대부분 대비를 가리킨다.

마음을 전하의 마음으로 삼는다면, 아마도 불현듯 깨닫는 바가 있을 것이옵니다.

신 등이 경황없고 놀라운 마음에 흉중의 말을 꺼냈사오니, 엎드려 비옵건대 성명하신 전하께서 성심을 돌리시어 탕제 들이는 것을 윤허하여 주시고, 감히 받을 수 없는 수서를 거두어 주시는 것이 천만 지극한 소원이겠나이다.

빈청에서 존호의 가상[185]을 청한 두 번째 계[186]

賓廳請加上尊號第二啓

신 등이 어제 조당(朝堂)에 모여 회의를 열고 신 등의 뜻을 우러러 아뢰었사오나, 정성이 얕고 언사가 졸렬한 탓에 천청(天聽)을 움직여 되돌리지 못하였나이다. 친히 글을 쓰시어 성대하신 뜻을 크게 펼치셨사온데,[187] 열 줄 윤음(綸音 조서)이 간곡하면서도 엄정하였으며, 신 등이 감히 받자올 수 없는 내용마저 있었습니다. 이에 신 등은 한자리에 모여 고뇌하면서 자신도 모르는 사이 우충(愚衷)이 더욱 격해졌사옵니다. 신 등이 아무리 형편없다고는 하나 임금을 모시는 도리만은

185 존호의 가상 : '가상존호(加上尊號)'란 왕이나 왕후의 존호에 존호를 더 붙이는 것을 말한다. 왕과 왕비를 상왕(上王)이나 대비로 존숭하거나, 경사나 공덕을 기리기 위해 올리는 호를 일반적으로 존호라고 한다.

186 빈청에서……계 : 영조가 1749년(영조 25년)에 대보단(大報壇)에 관한 의절을 정리하여 《황단의(皇壇儀)》를 완성하고, 제향의 대상으로 신종 이외에 명나라 마지막 황제인 의종(毅宗)과 태조(太祖)를 추가하여 삼황(三皇)으로 정했는데, 이 일을 기리기 위해 존호를 가상해야 한다는 내용의 계문이다. 자세한 내용은 《영조실록》 28년(1752) 2월 20일 기사인 〈영의정 김재로 등이 존호를 정하는 일의 윤허를 청하는 계사〉에 실려 있다. 영의정 김재로(金在魯) 등이 백관(百官)을 거느리고 정청(庭請)하면서 계사(啓辭)를 올려, 대보단을 증수(增修)하고 삼황(三皇)을 제사 지낸 일은 마땅히 간책(簡策)에 기록하여 후손에게 전해야 한다고 건의하였다. 그러나 영조는 "경 등은 청정(請庭)을 고수하고 있지만, 나는 마음을 고수하고 있다."라고 답하였다.

187 펼치셨사온데 : 원문의 '誕敷'는 《서경》 〈대우모(大禹謨)〉에 나오는 말이다. "임금이 문교와 덕을 크게 펴시고 두 계단 사이에서 춤을 추었는데, 이에 70일 만에 묘족이 감복하였다.〔帝乃誕敷文德, 舞干羽于兩階, 七旬有苗格.〕"

거칠게나마 알고 있사온데, 어찌 감히 그만두어도 되고 그만두지 않아도 되는 부화한 글[188]을 가지고 성총을 굳이 어지럽힘으로써 성상의 휘겸(撝謙)[189]의 덕에 누를 끼치고자 하겠나이까?

오호라! 존주대의(尊周大義)[190]는 전하의 가법(家法)으로, 열성조께서 전수하신 것 모두 이 의리가 아닌 것이 없사옵니다. 그러나 천운이 한번 가고 돌아오지 않아[191] 신주(神州 중국)가 침몰한 지 백여 년이 옵니다. 춘추 대일통(春秋大一統)의 주지가 점차 멀어지고 점차 민멸되고 있으니, 만일 전하의 황단(皇壇)의 거사[192]가 없었다면 어두워가는 의리가 장차 끝없이 긴 밤 속으로 떨어지고 말았을 것이며, 성조

188 부화한 글 : 원문의 '彌文'은 과장되거나 문채(文彩)가 지나치게 화려한 글을 가리킨다.

189 휘겸(撝謙) : 생각과 행동이 이 세상에 걸릴 것이 없이 자유로우면서도 겸도(謙道)를 깨달아 누구에게도 폐를 끼치지 않는 것을 가리킨다.

190 존주대의(尊周大義) : 주나라를 높이는 큰 의리라는 뜻으로, 춘추대의(春秋大義)에 의거하여 중화(中華)를 명나라로, 이적(夷賊)을 청나라로 구분하여 밝히는 것을 말한다.

191 천운이……않아 : 주희의 《대학장구서(大學章句序)》에 "하늘의 운세는 돌고 돌아, 한번 가 버리고 다시 오지 않는 것은 없다.(天運循環, 無往不復)"라는 말이 보인다. 여기서 돌아오지 않았다고 표현한 것은 한족의 나라인 명이 망하고 오랑캐의 나라 청이 들어선 이래 다시 한족의 정권으로 돌아가지 못하는 것을 빗대어 한 말이다.

192 황단(皇壇)의 거사 : 황단은 대보단(大報壇)을 말한다. 숙종 30년(1704) 창덕궁 후원에 설치된 명나라 신종(神宗) 황제의 제사를 위한 제단이다. 영조는 1749년(영조 25년)에 예관, 부제학, 유신 등에게 명해 대보단에 관한 의절을 정리하여 《황단의(皇壇儀)》를 완성하게 하였는데, 이때 제향의 대상에 이때 명나라 마지막 황제인 의종(毅宗)과 태조(太祖)가 추가되어 삼황(三皇)이 되었다. 이후 영조는 대보단의 제단에 올라 망례(望禮)를 올렸다.

성고의 지업(志業)도 천하 후세에 밝히 드러나지 못하였을 것입니다. 그런즉 전하의 황단 거사는 실로 충과 효로부터 비롯되었을 터이거늘, 비답하신 글의 뜻은 이와 크게 상반되는지라 신 등은 이에 대해 지극한 당혹감을 더욱 이길 길이 없었나이다.

아아! 충(忠) 중에 주나라를 높이는 것보다 더 큰 것은 없으며, 효(孝) 중에 뜻을 잇는 것보다 더 큰 것은 없습니다.[193] 황단의 추향(追享)은 실로 천인(天人)의 기강과 관계되는 커다란 요처이오나, 전하께서는 당연한 일을 하였다 하시면서 과하게 몸을 낮추셨사옵니다. 대저 요순이 요순이 될 수 있었던 까닭은 그저 당연한 이치를 오로지 따랐기 때문이오나, 성인의 성대한 덕과 위대한 사업을 본디 당연하다고 말하면서 찬미하지 않을 수 있사옵니까? 자고로 제왕이 선왕의 뒤를 계승했을 때,[194] 휘호(徽號)가 혹 있거나 혹 없거나 구애받지 않았거늘 하물며 숫자의 증감이겠습니까? 전하께서 이런 일을 가지고 성효(聖孝)에 부족함을 남기시려는 이유를, 신 등은 정말이지 감히 알 수가 없습니다.

《중용》에서 이르길, "대덕은 반드시 이름을 얻는다."[195]고 하였습니

193 효(孝)……없습니다 : 대보단을 처음 설치한 것이 바로 영조의 아버지 숙종이기 때문에 아버지의 뜻을 이어받은 것이 큰 효였다고 말한 것이다.

194 자고로……때 : 《시경》 〈민여소자(閔予小子)〉에 "이 어린 자식도 밤낮없이 공경해 받들겠습니다. 아, 할아버님과 아버님 남기신 법도 생각하면서 잊지 않겠습니다.〔維予小子, 夙夜敬止. 於乎皇王, 繼序思不忘〕"라는 표현이 보인다. '계서(繼序)'란 뒤를 잇는다는 뜻이다.

195 대덕은……얻는다 : 《중용장구(中庸章句)》 제17장에 "큰 덕의 소유자는 반드시 이에 합당한 지위를 얻고, 반드시 이에 합당한 작록을 받고, 반드시 이에 합당한 이름을

다. 전하의 주나라를 높이는 지극한 정성을, 아아! 빛나는 삼황(三皇)[196]과 성조 성고께서 드넓게 강림하여 좌우에서 내려다보고 계실 것입니다. 전하께서 언제 이름에 뜻을 두었겠습니까마는 내실이 있으면 이름이 절로 따라오는 법이거늘 전하께서 어떻게 이를 사양할 수 있겠나이까?

아! 전하께서 애써 좇아야 하는 것이 세 가지 있습니다. 대의를 밝게 닦으시어 성망을 영구히 세우시는 것이 첫째이고, 심법(心法)을 계술(繼述)하여 전대 열성조에게 빛을 더하는 것이 둘째이고, 지극한 충과 변함없는 효를 만세에 모범으로 남기시는 것이 셋째이옵니다. 우리 성고처럼 겸양의 덕이 지극하신 분도 뭇 신하들의 뜻을 애써 따르면서 마침내 현호(顯號)를 받으셨으니,[197] 대개 중히 여기시는 바가 있다

얻고, 반드시 이에 합당한 수명을 누리게 마련이다.〔大德必得其位, 必得其祿, 必得其名, 必得其壽〕"라는 공자의 말이 나온다.

196 삼황(三皇) : 여기서 삼황이란 명나라 신종(神宗)과 대보단에 새롭게 추향된 의종(毅宗)과 태조(太祖) 세 황제를 가리킨다.

197 우리……받으셨으니 : 현호(顯號)는 아름다운 명호(名號)를 말한다. 여기서 '성고'라고 지칭한 왕은 숙종이다. 《숙종실록》 권53, 39년(1713) 1월 17일 기사인 〈백관들이 정청하고 왕자와 종친들이 존호 올리는 일을 계청하니 윤허하다〉에 "백관(百官)들이 정청(庭請)하고, 왕자(王子)와 여러 종친들이 잇따라 존호 올리는 일로써 계청하니, 이때에 이르러 임금이 비로소 마지못해 윤허하며 말하기를, '여러 날 동안 조정의 뜰에 모여서 극력 청함이 이에 이르니, 겸양을 지키려던 당초의 마음을 끝내 스스로 이루기 어려워서 힘써 따르지 않을 수가 없다.'"라는 내용이 보인다. 앞에 인용한 〈영의정 김재로 등이 존호를 정하는 일의 윤허를 청하는 계사〉에서도 이 일을 언급하며, "옛사람이 제왕의 효를 논함에 있어 반드시 '선계(善繼)하고 선술(善述)하였다.'고 했습니다. 대저 우리 숙고(肅考)께서는 겸손하여 빛나는 지극한 덕으로도 뭇 신하들의 똑같은 마음에 핍박되어 억지로 현호(顯號)를 받으시고 끝내 사양하지 못했습니다. 이제 전하께서

하더라도 위에서 논한 세 가지를 넘어서지 못했기 때문일 것이옵니다.

얻드려 비옵건대, 성고께서 애써 따랐던 은미한 뜻을 체찰하시어 성심을 돌리시고, 속히 유음(兪音)[198]을 내려주신다면 천만다행이겠나이다.

는 이미 숙고의 지사(志事)를 계술(繼述)하였는데, 어찌하여 유독 현호를 올리자는 청에 대해서만 한결같이 굳게 거절하시면서 힘써 따를 방도를 생각하지 않으십니까? 원컨대, 속히 선조(先朝)에서 이미 행한 준례를 윤허하심으로써 온 나라가 크게 바라고 있는 뜻에 부합되게 하소서."라고 하는 내용이 이어진다.

198 유음(兪音) : 예전에, 신하가 아뢴 것에 대하여 임금이 내리는 대답을 이르던 말이다.

조정에서 존호 가상을 청하는 다섯 번째 계
庭請第五啓

신 등이 합사하여 정유(庭籲)[199]한 것이 벌써 며칠이 지났으나, 지금까지 한 차례의 유음(兪音)도 듣지 못하다가 성비(聖批)를 받들었는데, 읽어보니 천청(天聽)은 더욱 아득해지고, 차마 들을 수 없는 네 글자 전교마저 있었사옵니다. 이에 신 등 서로 바라보고 놀람을 금치 못했으며, 황공하고 답답한 심경에 곧장 땅속으로 들어가고만 싶었으나 그렇게 하지도 못하였습니다. 신 등의 정성이 보잘것없고 언사가 졸렬하여 성상의 뜻을 움직이지도 못하였거니와, 이런 전교까지 받들게 되었으니, 신 등의 죄는 실로 만 번 죽고도 남음이 있습니다. 그러나 한 목소리로 전하를 어지럽히면서 그칠 줄을 모르는 것은 몰래 간절한 고심이 있어서입니다. 한 달이 지나고 한 해가 간다고 해도 청원을 윤허하지 않으시면 물러서지 않을 것이니, 성명하신 전하께서 조금이나마 살펴주시옵소서.

아아! 전하께서 지키고 계신 것은 겸덕(謙德)이고 신 등이 붙들고 있는 것은 대의(大義)입니다. 겸양은 본디 제왕의 성절(聖節 성스러운 절의)이오나 전하 한 분의 덕에 지나지 않습니다. 반면 존주대의(尊周大義)인즉 천지를 떠받치고, 일월을 매달고, 나라가 나라 될 수 있고,

199 정유(庭籲) : 정청(庭請)과 같은 말이다. 국가에 중대한 일이 있어 임금의 윤허가 필요한데 임금이 윤허에 난색을 보일 때에 세자나 의정이 백관을 거느리고 궁정(宮庭)에 나아가 윤허를 청하는 일.

사람이 사람 될 수 있는, 사람의 떳떳한 도리와 만물의 법칙이 관계된 요처이며, 성조 성고께서 전수하신 심법(心法)이 전하에게까지 이어진 것입니다. 전하의 일시적인 겸덕과 비교해볼 때, 그 대소의 구분이 과연 어떠합니까? 게다가 의리라는 것은 천하의 공(公)이라 임금이라 하여도 사사로이 할 수 없습니다. 그런데 지금 전하께서 당당한 대일통(大一統)의 뜻을 단지 성궁(聖躬 임금의 몸)과 연관되어 있다는 이유만으로 사적인 개인사로 간주하시면서 도리어 겸덕을 가지고 이를 덮고자 하시다니, 이는 곧 전하께서 대소의 구분도, 공사의 분별도 잃어버린 처사이옵니다.

삼가 생각하옵건대 우리 성고(聖考)의 성학(聖學)의 고명하심은 뭇 왕들을 뛰어넘으셨을 터인데, 의리와 관계되는 중요한 대목에 있어 방금 말씀드린 대소와 공사(公私)를 깊이 변별해야 할 때는 애써 중의(衆議)를 따르시며 영광스럽게도 대호(大號)를 받으셨습니다. 옛 책에 이르기를, "선왕의 법도를 따르고서 과오를 범한 사람은 아직 없었다."[200]고 하였으니, 이것이 어찌 전하께서 마땅히 계술하고 법도를 따라야 할 바가 아니겠사옵니까?

오호라! 《춘추(春秋)》라는 책은 곧 전하의 가법(家法)입니다. 그러나 오늘날 사방을 돌아보아도 《춘추》를 읽는 곳은 아무 데도 없고, 오직 한 구석에 있는 황단(皇壇)[201]만이 홀로 춘추대의를 빛내고 있습

200 선왕의……없었다 : 이 내용은 《맹자》 〈이루상(離婁上)〉에 보인다. "(《시경》에) '잘못되지 않고 선왕의 법도를 잊지 아니함은 옛 법을 따르기 때문이다.'라고 하였으니 선왕의 법을 따르고도 잘못되는 자는 있지 않다." 여기서 인용한 구절은 《시경》의 〈가락(假樂)〉이다.

201 황단(皇壇) : 황단은 대보단(大報壇)을 말한다. **쪽 각주 ** 참고.

니다. 신 등이 전하께 청하는 바에 대해 전하께서는 오직 그 일이 혹시라도 크게 벌어질까 봐 걱정하시지만, 신 등은 오직 춘추대의가 혹시라도 크게 벌어지지 않을까 봐 걱정하고 있사옵니다. 신 등의 구구한 뜻은 비단 전하의 큰 공렬을 드날리기 위해서만은 아닙니다. 기필코 존주의 남겨진 뜻을 넓히고 확대시켜 한 시대에 널리 알림으로써 순음(純陰)의 달[202]에 한 줄기 미양(微陽)을 부지하고자 함이기도 하니, 그 마음이 슬프고 그 뜻이 깊습니다. 전하께서 여기에 생각이 미치신다면 분명 개연히 탄식하시고 퍼뜩 깨닫는 바가 있을 것이옵니다.

엎으려 비옵건대 전하께서 속히 먼저 어제 내리신 네 글자 전교를 취하해주시고, 성심을 돌리시어 유음을 내려주심으로써 온 나라의 우러러 바라는 마음을 위로해주신다면 천만 지극한 다행이겠나이다.

202 순음(純陰)의 달 : 음력 10월을 가리키는데, 이때 음기가 극한 상태가 되면서 양기는 아래로 숨어든다.

서계 書啓

별유[203] 후에 올린 서계

別諭後書啓

죄를 지은 천한 신하로서[204] 감히 궐에 남아 지체할 수 없는 노릇이기

203 별유 : '別諭'란 예전에 임금이 특별히 내리는 지시나 분부를 이르던 말이다.

204 죄를……신하로서 : 이천보는 57세 되던 해인 1754년 11월에 남의 아내를 빼앗아 첩으로 삼았다는 탄핵을 받고 대명(待命)하였는데, 그 자세한 내용은《영조실록》권 82, 30년(1754) 11월 20일 기사인 〈지평 조종부가 영의정 이천보가 남의 아내를 빼앗은 일을 탄핵하다〉에 자세히 보인다. "지평 조종부(趙宗溥)가 영의정 이천보(李天輔)가 남의 아내를 빼앗고 그 지아비를 병들어 죽게 하였다 하여 상서하여 통렬하게 탄핵하였는데, 대략 이르기를, '여염의 강성(姜姓)을 가진 사람의 아내가 자색(姿色)으로 이름이 났는데, 그 지아비가 멀리 나간 것을 보고 부정한 방법으로 겁주어 데려다가 그대로 첩을 만들었습니다. 그 지아비가 억울함을 호소한다는 말을 듣고는 후환이 있을 것을 염려하여 포장(捕將) 정찬술(鄭纘述)에게 분부하여 때려죽이게 하였으나, 정찬술이 그 억울함을 알고 기꺼이 거행하지 않으니, 다른 일을 꾸며서 청하여 파직하였습니다. 정찬술을 대신한 자도 그 번거로움을 꺼려서 감히 결장(決杖)하지 못하고, 별간(別間)에 가두고 10여 일 동안 물도 마시지 못하게 하였으므로, 굶주리고 목마른 것을 견디지 못하여 흙을 긁고 자리를 씹어먹다가 짚을 물고 죽었습니다. 얼마 안 가서 포장이 앓아 죽으니 세상 사람들이 그 재앙을 받았다고 하고, 지난 여름에 크게 가무니 사람들이 다 원기(冤氣)가 가져온 것이라고 하였습니다. 아! 천하에 어찌 이런 일이 있겠습니까?'"

에, 경련(京輦 도성) 아래에 상소한 후 교외로 나가 공손히 부월(斧鉞)의 형벌을 기다리고 있었사온데, 뜻밖에도 사관(史官)이 멀리서부터 찾아와서 성지를 크게 전하였습니다. 열 줄 조서(詔書)가 완곡하고 진지하였으므로 신 땅에 엎드려 봉독(奉讀)하다가, 저도 모르게 눈물을 줄줄 흘렸사옵니다.

신이 비록 지극히 어리석으나 아직까지 사람의 마음만은 남아 있거늘, 성은이란 저버려서는 안 되고, 군명(君命)이란 태만히 해서는 안 된다는 사실을 어찌 모르겠습니까? 게다가 앞뒤로 (죄에서) 풀려나는 일로 성충(聖衷)을 지나치게 번거롭게 해드렸으니, 형편없는 불충이 신의 몸에 있거늘, 왕장(王章)[205]을 가하지 않았을 뿐만 아니라 도리어 그 허물을 전하께 돌리셨습니다. 신은 감격스럽고도 황공하였나니, 어찌 감히 추호라도 성명한 세상과 스스로 멀리할 수 있겠나이까? 그러나 줄곧 엎드려 숨어지내며 어명을 어기는 죄를 외람되이 범하는 것은 실로 사정이 지극히 고달프고 형세가 지극히 좁아져 여기에 나아갈 수 없었기 때문입니다.

지난번에 추함(樞銜)[206]을 받고 대궐에 들어가 사은숙배(謝恩肅拜)하고서는 그저 후반(候班)[207]에 참여하여 신하로서의 분의(分義)를 약간 펼치는 정도에 지나지 않았을 뿐이온데, 예복(禮服)을 입고 다니자니 부끄러워 땀이 등을 다 적시었으므로 얼굴을 들고 사람을 대할 수가

205 왕장(王章) : 왕법(王法), 조정의 법률을 말한다.

206 추함(樞銜) : 중추부의 관직을 말한다.

207 후반(候班) : 신하가 임금을 뵐 때, 품계나 관등에 따라서 뵈는 차례를 이르던 말이다.

없었습니다. 신의 죄는 신이 본디 잘 알고 있사옵니다. 성상께서 비록 신을 애달피 여기시고 가련히 여기시어 (신의 죄를) 덮어주시고 문질러 닦아주시어 삼정승의 반열에 다시금 올리셨으나, 신이 총애를 믿고 태연하게 망령되이 나아간다면, 고금에 이런 일이 어찌 있을 수 있겠사옵니까? 천지와 같은 인애도 그 은택이 너무 넘칠 때도 있고, 일월(日月)과 같은 밝음도 환히 비춤에 놓치는 곳도 있사옵니다. 은혜로운 예우가 더욱 정성스럽고 가르쳐 깨우치시는 뜻이 더욱 절실하여, 마치 신을 나아갈 수 있는데도 나아가지 아니하며 군신의 의리를 전혀 모르는 사람처럼 여기고 계시니, 신은 답답한 마음에 가슴을 쳤고, 죽고 싶었으나 죽지도 못하였습니다.

신은 평소에 앓아오던 관격(關格)[208] 증상이 추위를 만나 더욱 심해져서 베개에 엎드린 채 고통을 호소하느라 지극히 간절한 상황을 다 드러내지 못하였사옵니다. 응당 다시 문자를 들여 성심을 다해야 하겠사오나 특별한 유지가 내려온 앞에서 변동할 길이 없사와 석고대죄하겠나이다.

208 관격(關格) : 먹은 음식이 갑자기 체하여 가슴이 답답하고 계속 토하며 대소변이 통하지 않는 위급한 증상을 일러 관격증이라고 한다.

세자께서 친히 글을 보내 돈면하신 후에 올린 서달[209]

手書敦勉後書達

신은 물러나 황야에 엎드려 지내면서, 밤낮으로 엄한 주벌이 내려오기만을 공손히 기다리고 있었사온데, 뜻밖에도 근신(近臣)이 찾아와 저하의 서신을 전해주었습니다. 보묵(寶墨)이 찬란하여 글자마다 규벽(奎璧)[210]인지라 이에 누추한 집에 빛이 났습니다.[211] 말씀으로 가르쳐 주심이 진지하시고 꾸짖어 면려하심이 완곡하여 죽을죄를 지은 천한 신이 감히 감당할 수 있는 바가 아니었기에, 신 두 손으로 받들고 읽다가 저도 모르게 눈물이 흘러 얼굴을 적셨습니다.

아아! 임금을 섬김이 형편없어서, 지난날 대전에 입시(入侍)할 적에 받은 지엄한 가르침은 지금 거슬러 생각해보아도 간담이 땅에 떨어질 듯하옵니다. 신은 나약하여 스스로 목숨을 끊음으로써 신인(神人 귀신과 사람)에게 사죄하지도 못하고, 피눈물로 허물을 해명하고서 위로 하늘에 맹세하고 아래로 마음에 맹세하기를, 종신토록 사람 축에 다시는 끼지 않겠노라 하였으니, 신하로서의 분의(分義)를 조금이나마 온전

209 서달(書達) : 왕세자에게 서면으로 아뢰는 일을 말한다.

210 규벽(奎壁) : 이십팔수(二十八宿)에 들어있는 규수와 벽수이다. 규성은 문장을 주관하고 벽성은 문서를 주관한다고 하여 화려한 문장을 뜻하는 말로 사용되었다.

211 누추한……났습니다 : 봉필(蓬蓽)은 가난한 집안을 가리키는 용어이다. 쑥으로 짠 문과, 가시나무 대나무로 만든 울타리라는 뜻이다. '봉필생휘(蓬蓽生輝)'라는 말이 있는데, 훌륭한 사람이 찾아와 가난한 집에서 빛이 남을 이르는 말로, 일종의 겸손한 표현이다.

히 하여 지금과 후세에 할 말이 있기를 바랐기 때문입니다. 지금 신은 전하를 보호하는 겸직에 있사온데,[212] 대조(大朝 임금)께 매일같이 탕제를 올려야 하는 이때를 당하여 고향 집에 드러누워 쉬고만 있습니다. 신은 본디 사는 것이 죽느니만 못한 몸, 차라리 부월(斧鉞)의 형벌을 받을지언정 차마 구구히 지켜오던 바를 스스로 망가트림으로써 다시금 천지간의 죄인이 될 수는 없사옵니다. 신에게는 그저 천 번 만 번의 죽음만 있을 따름이옵니다.

지금 심한 한질(寒疾 감기)에 걸려 베개에 엎드려 고통에 소리치고 있사온데, 조금 안정되거든 외람되이 글을 적어 지극히 간절한 상황을 다 말씀드리겠나이다.

212 지금……있사온데 : 당시 이천보가 겸직하고 있던 것은 내국 도제조였다.

돈유 후에 올린 서계[213]

敦諭後書啓

신은 황야에서 석고대죄하다가 겨우 현도(縣道)[214]를 통해 소조(小朝 세자)께 피로써 호소하였사온데, 미처 답을 받들기도 전에 뜻밖에 근신(近臣)[215]이 찾아와 성지를 전해주었습니다. 열 줄 조서가 곡진하고도 간절하여, 우둔한 자[216]를 감격케 하기에 족하였으나, 신은 땅에 엎드려 봉독하면서 가슴이 미어질 듯하고 놀라움에 벌벌 떨면서, 하늘을 쳐다보며 죽여 달라 기원할 뿐이었습니다.

아! 신이 비록 지극히 우매하나 어찌 군신의 분의(分義)를 모르겠나이까? 더구나 성상을 보호하는 책임을 겸하고 있어 연이어 탕제를 올려야 하는데 진연(診筵)에도 참석하지 못하고,[217] 슬피 묘소에 임해

213 돈유……서계 : 《승정원일기》 영조 30년(1754) 2월 11일 기사에 〈우부승지 임위(任瑋)의 서계〉가 기록되어 있는데, "신이 성유를 삼가 받들고 광주 학탄 의정부 좌의정 이천보의 집으로 달려가 전교를 성독하자 그가 말하길……〔右副承旨任瑋書啓. 臣敬奉聖諭, 馳往傳宣于廣州鶴灘議政府左議政李天輔所住處, 則以爲……〕"이라는 내용과 더불어 이천보의 이 서계가 기록되어 있다.

214 현도(縣道) : 향리에 있는 재신이 현(縣)이나 도(道)를 통하여 임금에게 상소를 올리던 일, 또는 그 상소문을 말한다.

215 근신(近臣) : 〈우부승지 임위(任瑋)의 서계〉로 알 수 있듯이 성지를 들고 이천보를 찾아온 근신은 바로 임위이다.

216 우둔한 자 : 원문의 '豚魚'는 돼지와 물고기를 아울러 이르는 말로, 우둔한 사람을 비유한 말이다.

217 성상을……못하고 : 내국 도제조(內局都提調)로 있었기에 이렇게 말한 것이다.

야 하는데 배반(陪班)에도 참석하지 못하였으니, 인정이 이지러지고 예절이 어그러져 만 번 죽어 합당하옵니다. 그러나 마음이 실로 지극히 고달프고 형세가 실로 지극히 다급하여 여기에 나아갈 수 없었사옵니다.

아! 옛날 죄를 지었을 때 받았던 엄한 가르침은 인륜과 의리에 관한 것인지라 실로 신하 된 자가 받들어서는 안 되는 것이었습니다. 신하로서 이런 가르침을 받았다면 어찌 하루라도 숨을 쉬고 살 수 있겠나이까? 그러나 성스러운 도량으로 포용해주시고, 도리어 차근차근 일러 깨우쳐주시는 것이 마치 신을 나아올 수 있는 상황인데 지나치게 고집을 피우고 있는[218] 사람처럼 여기시는 것 같았습니다. 하늘에 떠 있는 해의 밝음으로도 다 밝힐 수 없는 곳이 있는 것은 아닌지 두려울 따름입니다. 지금 신의 죄명은, 나라에 형정(刑政)이 없다면 그만이지만 만약에 형정이 있다면 영해(嶺海)[219]로의 귀양이건 부월(斧鉞)의 형벌이건 모두 신이 받아 마땅한 처분일 것입니다. 머리 들어 애원하오며, 오직 처분만을 기다립니다.

내려주신 명소(命召)[220]의 경우, 왕의 사신이 왔다 갔다 하자면 부질없이 국가의 체모만 손상될 터이기에, 황량한 시골의 가난한 집이 비록

218 지나치게……있는 : 원문의 '撕捱'는 서로 자기주장을 내세워 승강이 하는 것을 가리키는 말인데, 주로 임금의 명을 받들지 않고 고집을 피우고 있는 상황을 '시애(撕捱)하면서 명을 받들지 않는다.'고 표현한다.

219 영해(嶺海) : 옛날의 유배지를 가리킨다. 중국의 유배지가 주로 오령(五嶺) 이남 바닷가였던 데서 유래한 말이다.

220 명소(命召) : 증명서의 하나이다. 왕이 나라의 중요한 일을 신속히 처리하기 위해 의정대신 이하의 중신들을 은밀히 부르고자 발급한 증명패이다.

명소를 받들어 보관해 둘 만한 곳은 아니지만 일단 보관해두고 있다가 신의 죄를 처분하는 날을 기다리겠나이다.

특별 유지 후에 올린 서계

別諭後書啓

신은 사정이 궁박하고 상황이 극한에 달하여 오로지 속히 왕장(王章 국법)에 처해지기만을 바라고 있었사온데, 열 줄 사륜(絲綸 윤음 혹은 조서)이 다시 하늘에서 떨어졌기에 엎드려 채 반도 읽지 못하고서 저도 몰래 피눈물을 흘렸습니다. 아! 지난날 성비의 뜻은 보통을 훨씬 뛰어넘는 것이었습니다. 융성한 대우와 곡진한 해명은 비록 대등한 지위 이하의 사람으로부터 들었다 하더라도 감격하였을 터인데, 하물며 신하가 임금께 들었으니 어떠했겠습니까? 또 더구나 신의 죄를 문질러 닦아주시고 덮어주시며, 과다하게 성상의 탓으로 허물을 돌리시어, 죽을죄를 지은 천한 신이 감히 받아 들을 수 없는 말씀이 있기까지 하였습니다.

신이 비록 못났으나 하늘에 뿌리내린 천성은 목석과 다를진대, 감히 노함 아닌 가르침[221]이 있음에도 천지 부모에게 스스로 멀어지겠는가마는, 지은 죄가 너무 무거워 낯을 들고 버젓이 다닐 수가 없기에 죽음을 무릅쓰고 어명을 어기면서 일월과 같은 밝음으로 굽어 헤아려 주시기를 바랐던 것이옵니다. 그러나 오늘 이 하교는 신을 마치 분의(分義)조

221 노함……가르침 : 《시경》 〈반수(泮水)〉에 "그 말들이 굳세고 굳세니 그 소리가 밝고 밝으셨다. 낯빛이 화하고 웃으시니 노함이 아니라 가르치심이었다.〔其馬蹻蹻, 其音昭昭, 載色載笑, 匪怒伊教.〕"라는 구절이 보이는데, 그중 마지막 구절 '匪怒伊教'을 인용하였다.

차 전혀 몰라 성비(聖批)가 내려왔음에도 여전히 생각을 바꾸지 않는 사람처럼 여기었기에, 신은 가슴을 치며 슬피 흐느끼면서, 오직 성의가 얄팍하여 성상의 마음을 움직이지 못함이 이 지경에 이르렀음을 한탄하였습니다.

또 엎드려 생각하건대, 의소세손(懿昭世孫)[222]의 담제(禫祭)[223] 일자가 임박하여 뭇 신하들이 정의와 예제를 다할 날은 오직 이 날만이 남았기에, 다른 것은 돌볼 겨를도 없이 염치를 무릅쓰고라도 담제에 참여하고자 하오나, 근래 들어 유행성 감기에 심하게 걸린 데다가 본디 앓는 병까지 도져 증세가 위급해진 터라 도무지 운신할 길이 없사와 줄곧 드러누운 채 죽을죄만 보태고 있습니다. 부축을 받아서라도 길을 나서 성 밖에 들어가 있다가, 병세에 조금 차도가 있거든 다시 글을 들이겠나이다.

우러러 아뢰었습니다.

222 의소세손(懿昭世孫, 1750～1752) : 영조의 장손이자 사도세자의 적장자로 헌경왕후(獻敬王后) 소생이다. 이름은 정(琔)이고 시호는 의소이다. 원손으로 태어나 1751년 5월 13일에 영조가 직접 왕세손에 책봉하였으나 이듬해에 병사했다.

223 담제(禫祭) : 3년의 상기가 끝난 뒤 상주가 평상으로 되돌아감을 고하는 제례의 식이다. 《영조실록》 권81, 영조 30년 윤 4월 5일 갑인 첫 번째 기사(1754년)에 〈좌의정 이천보, 우의정 조재호에게 하유하다〉가 인용되어 있다. "좌의정 이천보에게 하유하기를, '사관(史官)이 지켜 기다린 지 이제 며칠인가? 신하의 분의(分義)는 그 임금이 한때 하교한 것 때문에 감히 고집부리지 않아야 할 것이다. 더구나 접때 타이른 것이 한두 번이 아닌데, 나라를 깊이 생각하는 정성이 있는 경으로서 어찌하여 이것을 헤아리지 않고 이처럼 언짢아하는가? 의소(懿昭)의 입묘(入廟)가 사흘 남았을 뿐이니, 나에게는 언짢아할지라도 어찌 세 살인 내 손자의 담제(禫祭) 날을 생각하지 않고 시골에서 머뭇거리겠는가? 경은 헤아려야 한다.'"

특별 유지 후에 올린 서계

別諭後書啓

신이 성심을 다해 호소하면서 처분이 내려오기를 바라던 중 뜻밖에 사관(史官)이 임하여 성비(聖批)를 전해주었사온데, 열 줄 사륜(絲綸 조서)이 곡진하고 간절하여, 귀신도 울게 하고 돼지나 물고기도 감격케 하기에 족하였습니다. 신이 땅에 엎드려 봉독(奉讀)하자니 위안(威顏)이 지척에 있는 듯 직접 덕음을 받드는 듯하였기에, 황공하고 감격에 겨워 저도 모르게 눈물이 두 뺨에 흘렀습니다.

아! 신의 죄를 어찌 다 처벌할 수 있겠나이까? 첫째도 죽을죄요 둘째도 죽을죄라 만 번 주륙을 당한다 해도 여죄가 있을 것입니다. 그러나 하늘처럼 큰 성상의 도량으로 부월의 형벌을 가하지 않았을 뿐만 아니라, 신의 죄를 덮어주시고 문질러 닦아주셨으며, 도리어 죄를 성궁 탓으로 돌리시면서 은유(恩諭)를 누누이 펼치셨습니다. 심지어는 신이 감히 받들 수 없는 말씀도 있었습니다.

신은 죽어 마땅함에도 죽지 아니하고서 이 세상에 편히 누워 쉬고 있습니다. 또 관직의 거취로써 성교를 어지럽힘이 이 지경에 이르렀으니, 이 또한 신의 죄인지라 머리가 하늘에 닿을까 몸을 구부리고 땅이 꺼질까 살금살금 걸으며[224] 오직 빨리 죽기만을 바라고 있을 따름입니

224 머리가…걸으며 : 원문의 '국고척후(跼高蹐厚)'는 '높은 하늘에 닿을까 몸을 구부리고, 두터운 땅이 꺼질까 살금살금 걷는다,(跼高天, 蹐厚地)'의 줄임말로, 위축되어 몸을 구부린 채 감히 펴지 못하는 모양을 가리키는 성어이다. 주로 조심할 때 혹은

다. 본디 변변치 못한 신이 외람되이 재상 자리를 차지하고 있다 보니 추하고도 졸렬한 작태가 다 드러났는데도 과다하게 포용해주시고, 허물과 재앙이 쌓여가는데도 차마 죽이지 않으셨습니다. 전후로 받은 견책이라야 모두 노함 아닌 가르침뿐이었습니다. 서릿발 같은 위엄은 채 반나절을 가지 못하고, 우로와 같은 은택은 이 한 몸에 치우치셨습니다.[225] 신의 죄가 더욱 드러날수록 성은은 더욱 높아져만 갔으니, 신이 성세의 형법에 우러러 누를 끼친 지도 이미 오래입니다.

지금 돌아봄에 죄명이 지극히 무거운데, 신하가 이러한 죄를 짓고도 목을 보존하고 있다는 것은 요행입니다. 신이 만약 총애를 믿고서 낯을 들고 사람 축에 다시 끼고자 한다면, 위로는 국체를 보존할 길 없을 것이요 아래로는 신하의 본분을 펼칠 길이 없을 것이옵니다. 신 이에 죽음만이 있을 따름입니다.

은혜로운 어지가 내려왔으나 운신할 길이 없기에, 황야에 석고대죄하면서 엄한 주벌을 공경히 기다리겠나이다.

황송하여 어찌할 바를 모를 때 사용한다. 이 말은《시경》〈정월(正月)〉의 "하늘을 일컬어 높다고 하나 감히 몸을 굽히지 않을 수 없고, 땅을 일컬어 두텁다 하나 감히 살금살금 걷지 않을 수 없네.(謂天蓋高, 不敢不局, 謂地蓋厚, 不敢不蹐)"에서 나왔다.

225 서릿발……치우치셨습니다 : 서릿발은 임금의 위엄을, 우로는 임금의 은택을 상징한다. 따라서 나 하나로 인해 임금의 위엄이 오래가지 않고 은택 또한 나에게만 치우치게 되어 결국 임금에게 피해를 주었다는 뜻으로 볼 수 있다.

세자께서 몸소 글을 보내 돈면한 후에 올린 서달
手書敦勉後書達

신 겨우 성유(聖諭)를 받들고 감동의 눈물을 흘리고 있던 차에 열 줄의 예찰(睿札)[226]까지 한밤중에 받들게 되었사온데, 간곡하신 위로의 말씀은 죄지은 천한 신하가 감당할 수 있는 바가 아니었습니다. 그럼에도 여전히 글로는 뜻을 다할 수 없다 여기시어 사관(史官)으로 하여금 서신에 적지 못한 뜻을 입으로 전하게 하셨습니다.

아! 신이 당한 일들을 어찌 차마 말로 할 수 있겠습니까. 신명(身命 몸과 목숨을 아울러 이르는 말)의 더럽힘이 극에 달하였으니, 조정의 수치가 참으로 큽니다. 또한 신으로 인하여 대조(大朝 영조)께서 정섭(靜攝)하시는 중에 성심을 번거롭게 해드린 것 역시 신의 죄이옵니다. 저하로 하여금 밤새도록 (전하를) 모시고 앉아, 성궁을 우러러 염려케 한 것도 신의 죄이옵니다. 오직 한스러운 것은 신이 죄를 짓고도 죽지 않아 인간 세상에 얼굴을 들고 다니며 어디를 가건 그 죄를 더하지 않음이 없다는 것이니, 구부려 땅을 보고 우러러 하늘을 보아도 부끄럽고 통탄스러울 뿐이옵니다. 신은 대체 어떤 사람이란 말입니까?

조사가 끝났으면 즉시 성문을 나서야 마땅한 법, 일각이라도 지체해서는 안 될 것입니다. 성문이 이미 닫혀서 앉은 채로 날이 밝기를 기다리고 있으나, 거취에 관한 사항은 다시 논할 바가 아닙니다.

226 예찰(睿札) : 열 줄〔十行〕은 임금의 조서를 가리키는데, 여기서는 세자의 글을 가리킨다. '예찰' 역시 세자나 세손 시절 쓴 편지를 말한다.

돈유 후에 올린 서계
敦諭後書啓

신 피눈물로 봉장(封章)[227]을 올려 간곡한 애원을 다 드러냈사오나, 며칠을 공손히 기다려도 처분을 받지 못하였기에 황공하고도 답답한 마음에 하늘을 향해 가슴을 칠 뿐이었습니다. 그러다 전하의 근신(近臣)이 처소에 임하여 성비(聖批)를 전하였는데,[228] 열 줄 윤음[229]이 정성스럽고도 간곡하여, 신을 애달파하고 신을 불쌍해하며 물불에서 구해주고 함정에서 꺼내주고자 하는 뜻이 아닌 것이 없었습니다. 하늘의 해가 환히 떠 있어 (신을) 무고하는 말들이 남김없이 눈 녹듯 사라졌으니, 신은 오늘 죽는다 하여도 눈을 감을 수 있사옵니다. 궁궐을 우러르며 땅에 머리 조아리자니 저도 모르는 사이 감격의 눈물이 얼굴을 뒤덮었습니다.

227 봉장(封章) : 봉사(封事)와 같은 말로, 밀봉에 부쳐 임금에게 올리는 주장(奏章)을 뜻한다.

228 전하의……전하였는데 : 《승정원일기》 영조 31년(1755) 1월 24일 기사에 〈영의정(領議政) 이천보에게 전유(傳諭)하고 와서 보고하는 남태혁(南泰赫)의 서계(書啓)〉가 기록되어 있는데, "남태혁 서계. 신이 삼사 성비를 받들고 광주 학탄에 있는 영의정 이천보의 거처로 가 유지를 전하였사온데, 그가 이르기를……〔南泰赫書啓, 臣敬奉聖批, 傳諭于廣州鶴灘議政府領議政李天輔所住處, 則以爲〕"로 시작하여 이 글 전문을 싣고 있다. 따라서 이번에 유지를 받들고 이천보를 찾아온 근신은 남태혁이었음을 알 수 있다.

229 열……윤음 : 원문의 '십행사륜(十行絲綸)'은 열 줄의 글, 임금의 조서를 가리킨다.

아! 신의 지극한 원통함을 만약 철저히 씻어내지 못한다면, 살아서는 인간 세상에 얼굴을 들 수 없을 것이요 죽어서는 돌아가 조상을 볼 낯이 없을 것입니다. 지난번의 상소에서 조사, 함문(緘問)해 달라 청한 두 건의 일[230]이 국체를 손상시킨 것임을 신인들 어찌 모르겠사옵니까? 그러나 신은 외람되이 대관의 자리에 있으면서 근거도 없이 날조된 의심스러운 안건으로 인해 사지에 놓이고 말았습니다. 이는 조정의 형정(刑政)에 있어서 결단코 단 하루라도 모호한 가운데 방치해서

230 지난번의……일 : 《영조실록》 권82, 30년(1754) 12월 26일 기사인 〈형조 판서 김상성에게 이천보의 일을 다시 사핵하게 하다〉에 다음과 같은 내용이 보인다. "형조 판서 김상성(金尙星) 등에게 명하여 이천보의 일을 다시 사핵(査覈)하게 하였다. 김상성이 사양하였으나 허락받지 못하고, 참판 이성중(李成中), 참의 박사눌(朴師訥)과 함께 이천보의 첩 이녀(李女)의 의육촌(義六寸)인 고대성(高大成)의 족속을 사문(査問)하였는데 공초(供招)가 처음과 같았으며, 그때의 포장 정찬술(鄭纘述)에게 함문(緘問)하였는데 대답이 또한 처음과 같았다. 임금이 하교하기를, '영상이 반드시 신백(伸白)하고자 하므로, 다시 사핵하는 일이 있었으나, 나라의 체통을 손상한 것은 크다.' 하고, 관련되어 사문한 자를 놓아 보내라고 명하였다. 김상성이 말하기를, '대신이 다시 사핵하기를 스스로 청하고, 성상께서 특별히 명하여 다시 사핵하게 하시고, 신이 명을 받아 다시 사핵한 것은 군신 상하가 모두 쇠미(衰微)한 세상의 일을 한 것임을 면하지 못하나, 이것은 오히려 작은 일일 뿐입니다. 대신·경재(卿宰)가 법을 어겨서 논할 만한 일이 있으면, 오직 대각(臺閣)에서 말할 수 있습니다. 그러나 근래에 대각으로서 죄를 받은 자가 전후에 서로 잇달았는데, 저들이 과연 당심(黨心)에서 나왔다면 진실로 죄줄 수 있겠지만 일을 가리켜 논열(論列)하였다면 그 허실(虛實)이 어떠한지를 살펴보고 처치해서 재상과 대각이 서로 견제하게 한 후에야 국가의 장구한 계책이 될 수 있을 것입니다. 또 귀양보내는 것은 사지(死地)에 두려는 것이 아닌데, 한추위·한더위에 이틀 길을 하루에 걸어 압송하면, 또한 어찌 길에서 죽을 걱정이 없겠습니까? 이것은 염려하지 않을 수 없습니다.' 하니, 임금이 말하기를, '경의 말이 옳다. 내가 이미 뉘우쳤으니, 뒤에는 명심하겠다.' 하였다."

는 안 될 일인데, 죄를 짓지 않았음을 밝히지 않아 신을 질시하는 원수들로 하여금 터무니없는 죄명을 날조해 마음껏 사람을 잔멸시키고야 말도록 맡겨두었을 뿐입니다. 인자하게 덮어주시는 하늘을 향해 구구히 우러러 기도하옵는 것은 그 마음이 실로 서글프고 그 상황이 실로 다급하기 때문이온데, 성상께서는 끝내 윤허치 않으시고, '오래되면 절로 소멸될 것이니 경은 모름지기 아픔을 참아야 한다.'고 하교하셨습니다.

아! 아픔이 극에 달하면 반드시 어미 아비를 부르는 것은 인지상정입니다. 신이 화를 당한 지 벌써 세 달이거늘 (소문은) 갈수록 더욱 괴이해져 가며 그칠 날을 기약할 수 없습니다. 이 궁액으로 인한 아픔과 해독을 잠시 눌러보고자 하였으나 번뇌와 원한이 가슴에 가득 차 저도 모르는 사이 다급한 소리로 애달피 호소하였기에, 성상을 더럽히고 번거롭게 하는 죄를 거듭 범하였사옵니다. 신의 죄가 이 지경에 이르렀으니 실로 만 번 죽어 마땅합니다.

면대하여 하교하신 말씀의 경우, 신 엎드려 읽은 이후 유독 근심겨워하며 홀로 가슴 아파하고 홀로 애도하였습니다. 신의 죄안(罪案)은 국법이 용납할 수 있는 바가 아님에도 성상께서는 온전히 지켜주셨고, 신의 치욕은 다시 사람 축에 낄 수 없을 정도임에도 성상께서는 깨끗이 씻어주셨습니다. 생사운결(生死隕結)[231]을 도모할 길도 없는 마당에 어찌 어전(御前)에 한 번 올라 천안(天顔)을 우러르며 흉중에 담고 있는 생각들을 다 드러낸 뒤에 산골짝으로 물러나 죽고 싶지 않겠사옵

231 생사운결(生死隕結) : 살아서는 목숨을 바치고, 죽어서는 결초보은하겠다는 뜻이다.

니까? 그러나 신의 더럽혀진 발로는 감히 수문(脩門)[232]에 들어올 수 없습니다. 은혜를 저버리고 의를 등졌으니, 살아도 죽느니만 못한지라 황폐한 시골에서 석고대죄하며 오직 어명을 어긴 죗값을 기다리고 있겠나이다.

232 수문(脩門) : 대궐 문을 가리킨다.

의 議

적자의 복제에 관한 의[1]

嫡子服制議

신은 말단의 학문이나 할 줄 알고 아는 것이 적으며, 예학(禮學)에는

1 적자의……의 : 《영조실록》 27년(1751) 12월 15일 조에 〈예조 판서 이익정이 아뢴 장례의 복제에 대하여 논의하다〉 기사가 기록되어 있다. "영의정 김재로(金在魯)는 말하기를, '예(禮)는 정명(正名)보다 더 큰 것이 없는데, 갑진년 국휼(國恤) 때에 주상께서 산발을 하고 무신년 효장 세자(孝章世子)의 상(喪)에 대비전께서 증손복(曾孫服)을 입고 선의 왕후(宣懿王后)께서 손자복(孫子服)을 입은 것은 전연 명리(名理)가 성립되지 않습니다. 비록 계체(繼體)를 중히 여긴다고 하지만 형제의 천륜을 어찌 변란(變亂)시킬 수가 있겠습니까? 전하께서 경종과 선의 왕후의 상에 삼년복을 입으신 것은 옳습니다. 다만 형제의 윤기(倫氣)로써 부자의 친애로 삼는다면 아주 불가하니, 무신년의 복제는 이미 큰 오류를 범한 것입니다. 이제 적손부(嫡孫婦)의 복(服)으로써 결정한 것은 실로 타당함을 얻은 것이 되니 어찌 고칠 수가 있겠습니까? 다만 지금의 복제는 고례(古禮)에 대해서도 또한 의문스러운 바가 있습니다. 《의례(儀禮)》에 말하기를, '적자(嫡子)가 있으면 적손(嫡孫)이 없다' 하였고, 《주자가례(朱子家禮)》에는 '적손부는 소공복을 입는데 그 시어머니가 있으면 그렇게 하지 않는다.' 하였습니다. 이것으로써 살펴 본다면 마땅히 소공복을 강등시켜 시복(緦服)으로 해야 하는데 국조(國朝)에서 이미 시행한 예(禮)의 고거(考據)할 만한 것이 없으니, 마땅히 강정(講定)하는 바가 있어야 합니다." 이처럼 상복을 둘러싸고 이론이 분분하자 영조가 대신과 유신(儒臣)에게 문의(問議)할 것을 명하였다. 이에 이천보가 이 글을 지어 자신의 입장을 피력한 것이다.

더욱이 깜깜한지라, 서민들 집안의 상제에 관한 절목(節目)들조차도 고금을 고증하여 득실을 논하지 못하옵니다. 하물며 하문하신 적자(嫡子) 삼년복 제도와 같은 것은 왕조의 막중한 예법에 관계되는 바, 어찌 감히 알지도 못하는 것을 가지고 억지로 어명을 백성에게 널리 알릴 수 있겠나이까?[2]

대개 적자에 대한 삼년복은 고례(古禮)[3]에도 기록되어 있으며, 임금 종통(宗統)[4]의 무거움은 대부(大夫)나 사(士)의 전중(傳重)[5]과 비교해 볼 때 이만저만 무거운 것이 아닙니다. 그런즉 성인께서 예법을 정한 뜻에 상하의 차이가 없는 듯하나[6] 삼대 이래로 이 제도를 행한 임금이 없고, 우리나라 열성조께서도 의문(儀文)[7]을 계승하시어 찬란하게 대대적으로 갖추어 놓으셨으되 여전히 이 제도를 행하지 않은 것은 임금은 종사 신인(神人)의 주인으로서 부탁받은 바의 막대함과 짊어진 바의 막중함이 모두 한 몸에 있기에 위로 종통을 잇는 것 외에 삼년복을

2 어명을……있겠나이까? : 원문의 '대양휴명(對揚休命)'은 임금의 명을 받들어 그 뜻을 백성에게 널리 알리어 드높인다는 뜻이다.

3 고례(古禮) : 유교의 오복제는 고대 중국 주(周)나라의 상례 예속에서 비롯된 것으로 이해되고 있다. 최초로 오복을 명기한 유교 경전은 주공(周公)이 제정하고 공자가 정리한 것으로 알려진 《의례(儀禮)》 〈상복(喪服)〉편이다. 여기에는 상복에 관한 규정이 치밀하게 구성되어 있지만, 이는 대개 한대(漢代)의 학자들이 정비한 것이며 당초부터 이렇게 완비되었던 것은 아니다.

4 종통(宗統) : 종실 혹은 종가 맏아들의 혈통을 말한다.

5 전중(傳重) : 조상의 제사를 자손에게 전하여 잇는 것을 말한다.

6 성인께서……듯하나 : 《논어》 〈양화(陽貨)〉에 "자식은 낳은 지 삼 년이 지난 후에야 부모의 품에서 벗어나니, 삼년의 상은 천하에 통하는 상이다."라고 한 내용이 보인다.

7 의문(儀文) : 의식 절차에 관해 기록해놓은 글을 말한다.

더 보태기에는 어려움이 있었기 때문일 터, 지금의 왕의 상제를 기복제(朞服制)로 하는 것은 대개 이런 이유에서가 아니겠습니까?

우리 성상께서 제도를 세우는 자리에 계시면서 고례를 밝히 닦아 영원히 전하고자 하시니, 그 뜻이 매우 성대하옵니다. 그러나 자고로 제왕가에서 이 제도를 시행하지 않은 데는 반드시 까닭이 있을 터, 신은 사방에서 에둘러 증거를 끌어다가 성상의 하문에 우러러 답할 길이 없는지라, 지극한 황공함을 감당할 길이 없나이다.

오직 엎드려 바라옵건대, 성상께서 더욱 널리 묻고 논의하시어 대중들의 의견을 모으고 뭇사람들의 말을 채납하신 연후에 처리하도록 하소서.

진안위[8]의 봉사손[9]을 세우는 것에 관한 논의

晉安尉奉祀孫立後議

유경윤(柳慶胤)[10]의 양자인 묵(默)과 양손인 정열(庭說) 두 대(代)를 뜬금없이 파양하고, 다시 족질인 환(爟)을 유경윤의 양자로 삼은 것은 법례를 크게 어기는 일입니다. 유묵과 유정열의 파양에는 별다른 이유가 있는 것이 아니고, 그저 정열의 아들 항렬에 뒤를 이을 만한 자가 없다는 것에 불과할 따름입니다. 설령 지금 당장 뒤를 이을 만한 자가 없다 치더라도, 두 대(代) 동안 이미 정해진 인륜은 외려 가벼이 논해서는 안 되거니와 오늘 예관이 올린 주장(奏章)을 보니 그 아들 항렬에 뒤를 이을 만한 자가 없지 않다고 하였으니, 당초 예조에서 파양을 허락한 것은 단지 경솔함을 드러낼 뿐입니다. 이제 와서 바로잡을 방법이라면 유묵과 정열은 도로 뒤를 잇고, 다시 정열을 위해 후사를 세워주는 것 이외에는 달리 방책이 없습니다. 또 묵이 이미 도로 뒤를 이었다면 환은 자연히 파양되어야 마땅합니다.

8 진안위 : '晉安尉'는 선조(宣祖)의 9녀 정정옹주(貞正翁主)의 남편인 유적(柳頔, 1595~1619)의 봉호이다. 본관은 진주, 자는 군미(君美)이다. 유시행(柳時行)의 아들로, 어려서부터 신동으로 불렸으며 부마라는 존귀한 신분으로서도 몸가짐을 삼가, 거처(居處)나 여마(輿馬), 포대(袍帶), 음식 등을 일체 한사(寒士)처럼 소박하게 하였다. 광해군 때 두문불출하다가 25세의 젊은 나이로 죽었다. 《星湖全集 卷58 晉安尉柳公神道碑銘》

9 봉사손 : '奉祀孫'이란 조상의 제사를 맡아 올리는 자손을 부르는 말이다.

10 유경윤(柳慶胤) : 유적의 증손자이다.

혹자는 환이 이미 양모 홍씨(洪氏)의 복(服)을 입었기에 파양할 수 없다고 말하는데, 정열 역시 경윤을 위해 승중상(承重喪)[11]의 복을 입었으니, 후사로 들어간 집을 위해 복상하기는 마찬가지입니다. 처음 정열을 파양할 때는 어렵게 여기지 않다가 지금 유독 환에게만 어렵게 여기는 것을 어째서입니까? 혹자는 또 묵이 이미 본종(本宗)으로 돌아가 다시 그 아들을 세워 (유경윤의 아우인) 유경홍(柳慶弘)의 제사를 주관하였으니, 묵이 만약 도로 뒤를 이었다면 정열 또한 장차 묵의 뒤를 이어야 할 텐데, 그러면 후사로 세운 아들은 어찌 처리해야 하느냐고 말합니다.

그러나 묵이 다시 정열을 아들로 삼아 인륜의 순서를 바로잡는다면, 본종으로 돌아가서 세운 아들에게 무슨 구애될 바가 있겠습니까? 인가가 예법을 변통할 때는 오직 본령만을 가지런히 해야 할 따름입니다. 형편상 두 가지를 다 온전히 하기 어렵다면 오직 대체만을 보아야지 한두 가지 불편한 사항에 일일이 구애되어서는 아마도 안 될 것입니다. 말단을 온전히 하겠다고 그 시초를 바로잡지 않는다면 그로 인해 손상될 경중과 역순(逆順)을 어찌한단 말입니까?

신의 뜻인즉, 일괄 예관(禮官)이 상주한 바에 따라 환은 파양하고 묵과 정열은 특별히 도로 경윤의 뒤를 잇게 하며, 정열의 처 허씨로 하여금 그 후사를 선택해 세워서 진안위의 봉사손으로 삼게 하는 것이 사의에 합당한 듯하옵니다.

11 승중상(承重喪) : 아버지를 여읜 맏아들이 할아버지나 할머니가 돌아가셔서 치르게 된 상을 말한다. 유정열에게 유경윤은 조부가 된다.

〈육상궁[12] 제문〉 중 호칭에 관한 의[13]

毓祥宮祭文中稱號議

근자에 예관(禮官)이 〈육상궁 제문〉 중 한 글자에 관해 성교를 받들고

12 육상궁 : '毓祥宮'에 관해서는 《영조실록》 1년(1725년) 12월 23일 조에 〈숙빈의 사당이 완성되다〉라는 기록이 보인다. "숙빈(淑嬪)의 사당(祠堂)이 이루어졌다. 숙빈은 곧 임금의 사친(私親)이다. 즉위(卽位)하던 처음에 땅을 골라 사당을 세우라고 명하였는데, 이때에 와서 사당이 이루어졌으니, 경복궁(景福宮)의 북쪽에 있다. 20년 후에 묘호(廟號)를 고쳐 정하여 '육상궁(毓祥宮)'이라고 하였다."

13 육상궁……의 : 《영조실록》 29년(1753년) 10월 22일 조에 〈사친을 선자 또는 자친이라 칭하기로 하다〉라는 기록이 보인다. "예조판서 홍봉한(洪鳳漢), 지사(知事) 원경하(元景夏)에게 명하여 입시(入侍)하게 하였다. 임금이 말하기를, '육상궁(毓祥宮)에 이미 관제(官祭)를 지냈으니, 축문(祝文)에 사친(私親)이라 칭하는 것이 어찌 미안한 것이 아니겠는가? 지난번 이익정(李益炡)이 비(妣) 자를 더하기를 청하였으나, 선조(先朝)에서 내리신 작호(爵號)를 내가 감히 고칠 수 없다. 그러나 사가(私家)에서도 또한 어머니를 선비(先妣)라 칭하니, 이제 사친을 선비라 칭하는 것이 어떠한가?' 하매, 도승지(都承旨) 조명리(趙明履)가 말하기를, '비(妣) 자는 후비(后妃)의 비(妃) 자와 다를 듯합니다.' 하고, 원경하가 말하기를, '사친이라 칭하는 것은 경전(經典)에 실려 있지 않으므로 신은 일찍이 미안하게 여겼습니다. 삼가 《이아(爾雅)》를 살펴보건대, 부모를 고비(考妣)라 하는데, 곧 상하(上下)의 통칭(通稱)입니다. 그러므로 명나라 효종(孝宗)이 생모를 추존(追尊)하여 모비(某妣)라 하였다가 뒤에 다시 황모(皇母)라 칭하였으니, 대개 《이아》의 뜻을 취한 것입니다. 신은 선비라 칭하여도 예의(禮意)에 무방하다고 생각합니다.' 하니, 임금이 말하기를, '그러면 이것으로 정호(定號)하라.' 하였다. 홍봉한이 말하기를, '신은 바로 예관(禮官)입니다마는 본디 전례(典禮)에 어둡고 돌아보건대 사체(事體)는 매우 중대하니, 대신(大臣)에게 물어서 결정하는 것이 신중히 할 수 있는 방도일 듯합니다.' 하니, 임금이 말하기를, '경이 내 뜻으로 두 정승에게 가서 묻도록 하라.' 하였다. 이 내용 다음에 영의정 김재로(金在魯)와 좌의정 이천보의 의(議)가 인용되어 있다.

와서 의론하였사옵니다. 신은 전례(典禮)에 대해 본디 익힌 바가 없어 '비(妣)' 자 앞에 어떤 글자를 넣어야 정의와 문장에 합당하는지도 알지 못하지만, 구구한 견해인즉 '비' 자에는 아무래도 다시 논의해보아야 할 부분이 있는 듯하옵니다.

'비' 자를 상하 통용하는 것은[14] 실로 성교(聖敎)와 다르지 않으나, 여항의 일반 백성이라 할지라도 남의 집 후사가 된 자는 낳아준 부모를 '고(考)'나 '비'라고 칭할 수 없으니, 대개 높이는 바가 후사로 들어간 집에 있기 때문입니다. 하물며 국가 예법의 지엄함이야 말할 것이 있겠나이까?

전하께서는 들어가 왕통(王統)을 이으시어[15] 위로 종묘를 받들고 계십니다. 이번 궁원(宮園)의 예는 전적으로 근본을 잊지 않고 보답하고자 하는 지극한 정성에서 나온 것이라 예절에 관계된 것이라면 하나도 빠트려서는 안 될 것이나, '비' 자의 경우만은 이미 중대한 바가 있으므로 병칭해서 안 될 듯하옵니다. 만약 ('비' 자) 위에 한 글자를 더한다면, 어떤 글자인지를 막론하고 외려 다른 뜻이 되고 말 것입니다. 전하께서 '사친(私親)'이라는 두 글자에 못내 편치 못한 바가 있으시다면, 혹 '선자(先慈)'와 '자친(慈親)'으로 대신 사용하심이 아마도 예의에 어긋나지 않을 듯하옵니다.

엎드려 재결을 기다리겠나이다.

14 '비'……것은 : 《이아(爾雅)》에 보면 "부모를 고비라고 하는 것은 상하의 통칭이다.〔父母曰考妣, 乃上下之通稱也.〕"라는 말이 보인다.

15 들어가……이으시어 : 원문의 '입승(入承)'은 왕에게 아들이 없을 때, 왕족 중의 한 사람이 왕의 대를 잇는 것을 말한다.

지은이 **이천보(李天輔)**

1698(숙종 24)~1761(영조 37). 조선 후기의 문신으로, 본관은 연안(延安). 자는 의숙(宜叔), 호는 진암(晉庵)이다. 할아버지는 이성조(李成朝), 아버지는 옥천군수 이주신(李舟臣)이다. 경기도 광주군 언주면(지금의 강남구 압구정동)에 거주하였다. 1739년(영조 15) 알성문과에 을과로 급제하여 이듬해 정자가 되고 교리(校理)·헌납(獻納)·장령(掌令) 등 언관직을 역임하였다. 1748년 부제학이 된 후 이조판서·병조판서 등을 거쳐 1752년 우의정에 승진하였다. 이때 동궁이 대리한 이후부터 영조가 소장을 일체를 보지 않아 상하의 언로가 막혔다고 지적했고, 이광좌(李光佐)를 탄핵하자 이에 동조했다가 파직되었다. 곧 복직되어 판중추부사를 거쳐 1753년 좌의정·영의정이 되었다. 1755년 세제의 대리청정 추진과 신임사화의 진위를 둘러싼 노론·소론 간의 시비에서 노론과 영조의 승리를 상징하는 대훈의 역사적 기록을 맡는 천의리편감찬수청 도제조(闡義理編鑑纂修廳都提調)가 되었다. 1761년에 영의정이 되었으나 곧 사망하였다. 영조 재임 기간 동안 탕평책(蕩平策)을 추진하는데 앞장섰으며, 시문으로 명성을 얻었다. 시호는 문간(文簡)이다. 저서로는 《진암집(晉庵集)》이 있다.

옮긴이

박재금(朴在錦)

1953년 부산에서 태어났다. 이화여대 국문과를 졸업하고 동대학원에서 한문학을 공부하여 〈무의자 혜심의 시 연구〉로 박사학위를 받았다. 현재 이화여대 한국문화연구원 연구교수로 재직하고 있다. 〈고려후기 게송을 통해 본 禪과 일상〉 등의 논문과 저서 《한국 선시(禪詩) 연구》가 있고, 번역서로 《심양장계》(공역), 《와신상담의 마음으로 일본을 기록하다(元重擧의 和國志)》, 《강한집》, 《월곡집》 등이 있다.

이은영(李恩英)

1965년 충북 음성에서 태어났다. 이화여대 국어국문학과를 졸업하고 동대학원에서 〈조선 초기 제문 연구〉로 박사학위를 받았다. 민족문화추진회 국역연수원 연수부와 일반연구부 과정을 졸업하였다. 현재 이화여대 한국문화연구원 연구교수로 있다. 저서에 《제문, 양식적 슬픔의 미학》·《예와 정의 조화와 변주》, 공역서에 홍길주 문집 《현수갑고》·《표롱을첨》·《항해병함》과 《역주 점필재집》, 《강한집》, 《월곡집》 등이 있다.

이주해(李珠海)

연세대학교 중어중문학과를 졸업하고 타이완국립대학에서 석사 및 박사학위를 받았다. 현재 이화여자대학교 한국문화원 연구교수로 재직 중이다. 저서로 〈펑쯔카이 만화 고시사(豊子凱漫畵古詩詞)〉(공저), 〈집단감성의 계보〉(공저)가 있고, 역서로 〈육구연집〉, 〈파사집〉, 〈한유문집〉, 〈우초신지〉 등이 있다.

홍학희(洪學姬)

1965년 서울에서 태어났다. 이화여대 국어국문학과를 졸업하고 동대학원에서 〈율곡 이이의 시문학 연구〉로 박사학위를 받았다. 현재 이화여대 한국문화연구원 연구교수로 재직하고 있다. 〈한국 도학시 연구의 몇 가지 문제〉, 〈18~19세기 성해응 집안 여성들의 삶〉 등을 저술하였으며 《부사산 비파호를 날듯이 건너(成大中의 日本錄)》, 《19세기·20세기 초 여성생활사 자료집 1》, 《강한집》, 《월곡집》 등을 번역하였다.

권역별거점연구소협동번역사업 연구진

연구책임자 김동준(이화여자대학교 국어국문학과 교수)
공동연구원 조혜란(이화여자대학교 국어국문학과 교수)
교열 김동주(전통문화연구회 국역위원)
책임연구원 박재금(이화여자대학교 한국문화연구원 연구교수)
이은영(이화여자대학교 한국문화연구원 연구교수)
이주해(이화여자대학교 한국문화연구원 연구교수)
홍학희(이화여자대학교 한국문화연구원 연구교수)

진암집 2

이천보 지음 | 박재금 · 이은영 · 이주해 · 홍학희 옮김
2021년 12월 31일 초판 1쇄 발행
편집 · 발행 학자원
등록 2011.4.6 제2011-14호
주소 (134-814) 서울시 강동구 천호대로 1121
전화 02-6403-1000 | 팩스 02-6338-1001 | 이메일 hakjaone@daum.net

값 40,000원
ISBN 979-11-6247-252-1 94810
979-11-6247-205-7 (세트)